高职高专会计专业
工学结合系列教材

# 财务会计实务

## 第四版

● 陈 强 主编
● 王颖毅 罗丽娟 副主编

清华大学出版社
北京

## 内 容 简 介

本书根据高等职业教育财务会计类专业标准要求,以最新会计准则和税法为依据,以会计信息生成为主线,按照项目导向、任务驱动设计体例编写而成。全书共分为12个项目42个学习性工作任务。本着立德树人的根本目的,本书以提高学生能力为本位,重点培养学生对企业日常会计实务的会计处理能力、协作能力,以及一定的会计职业判断能力,使学生具备学习后续专业课程的专业基础能力和可持续发展能力。另外,本书配有与教材内容对应的《财务会计全真实训(第四版)》及配套的数字课程。教材、配套教材及丰富的平台配套资源,既能解决学生"如何学、学什么——自主学习",又能解决教师"如何教、教什么——线上线下混合式教学";既能让学生学知识、学技能,更能让学生学会做人,同时有助于学生获取初级会计专业技术资格考试证书及相关1+X职业技术等级证书,实现毕业证书与职业资格证书的"双证融通",并有助于学生从传统的会计核算向致力于业务发展转变。

本书既可作为应用型本科院校、高等职业教育、中等职业教育财务会计课程的教材,也可作为财会人员的岗位培训教材,还可作为财会工作者和经营管理人员的参考用书。

本书封面贴有清华大学出版社防伪标签,无标签者不得销售。
版权所有,侵权必究。举报: 010-62782989, beiqinquan@tup.tsinghua.edu.cn。

**图书在版编目(CIP)数据**

财务会计实务/陈强主编. —4版. —北京: 清华大学出版社,2021.4(2024.2重印)
高职高专会计专业工学结合系列教材
ISBN 978-7-302-57194-0

Ⅰ. ①财… Ⅱ. ①陈… Ⅲ. ①财务会计-高等职业教育-教材 Ⅳ. ①F234.4

中国版本图书馆CIP数据核字(2020)第260209号

责任编辑: 左卫霞
封面设计: 杨昆荣
责任校对: 赵琳爽
责任印制: 沈 露

出版发行: 清华大学出版社
网 址: https://www.tup.com.cn, https://www.wqxuetang.com
地 址: 北京清华大学学研大厦A座　　邮 编: 100084
社 总 机: 010-83470000　　邮 购: 010-62786544
投稿与读者服务: 010-62776969, c-service@tup.tsinghua.edu.cn
质量反馈: 010-62772015, zhiliang@tup.tsinghua.edu.cn
课件下载: https://www.tup.com.cn, 010-83470410

印 装 者: 三河市人民印务有限公司
经 销: 全国新华书店
开 本: 185mm×260mm　　印 张: 21　　字 数: 509千字
版 次: 2010年4月第1版　2021年4月第4版　　印 次: 2024年2月第2次印刷
定 价: 59.00元

产品编号: 088752-01

# 丛书总序

2019年2月13日,国务院发布了《国家职业教育改革实施方案》(国发〔2019〕4号,简称职教20条),提出:"建立健全学校设置、师资队伍、教学教材、信息化建设、安全设施等办学标准,引领职业教育服务发展、促进就业创业。落实好立德树人的根本任务,健全德技并修、工学结合的育人机制,完善评价机制,规范人才培养全过程。深化产教融合、校企合作,育训结合,健全多元化办学格局,推动企业深度参与协同育人,扶持鼓励企业和社会力量参与举办各类职业教育。推进资历框架建设,探索实现学历证书和职业技能等级证书互通衔接。"建设融"教、学、做"为一体、强化学生能力培养的优质教材显得更为重要。

2016年5月1日起,营业税改征增值税在全国范围内全面推开,营业税退出了历史舞台;2016年7月1日起,全面推行资源税改革;2019年1月1日起,施行修订后的《中华人民共和国个人所得税法实施条例》;2019年4月1日起,增值税税率原适用16%的调整为13%,原适用10%的调整为9%;2019年5月1日起,降低社会保险费率。会计法规在变,税法在变,教材也应及时更新、再版。

为满足教学改革和教学内容变化的需要,我们对2007年立项,梁伟样教授主持的清华大学出版社重点规划课题"高职院校会计专业工学结合模式的课程研究"成果,2009年以来出版的"高职高专会计专业工学结合系列教材"陆续进行修订、再版,包括《出纳实务》《基础会计实务》《财务会计实务》《成本会计实务》《企业纳税实务》《会计电算化实务》《审计实务》《财务管理实务》《财务报表阅读与分析》,前7种教材单独配备了"全真实训",以方便教师的教学与学生的实训练习。

本系列教材具有以下特色。

(1) 项目导向、任务驱动。以真实的工作目标作为项目,以完成项目的典型工作过程(环节、方法、步骤)作为任务,以任务引领知识、技能和态度,让学生在完成工作任务中学习知识,训练技能,获得实现目标所需要的职业能力。

(2) 内容适用、突出能力。根据高职毕业生就业岗位的实际情况,以会计岗位的各种业务为主线,以介绍工作流程中的各个程序和操作步骤为主要内容,围绕职业能力培养,注重内容的实用性和针对性,体现职业教育课程的本质特征。

(3) 案例引入、学做合一。每个项目以案例展开并贯穿于整个项目之中,打破长期以来的理论与实践分离的局面,以任务为核心,配备相应的全真实训教材,便于在做中学、学中做,学做合一,实现理论与实践一体化教学。

(4) 资源丰富、方便教学。在教材出版的同时为教师提供教学资源库,主要内容有教学课件、习题答案、趣味阅读、课程标准、模拟试卷等,以便于教师教学参考。

本系列教材无论从课程标准的开发、教学内容的筛选、教材结构的设计还是到工作任务的选择,都倾注了职业教育专家、会计教育专家、企业会计实务专家和清华大学出版社各位编辑的心血,是高等职业教育教材为适应学科教育到职业教育、学科体系到能力体系两个转变进行的有益尝试。

本系列教材适用于高等职业院校、高等专科学校、成人高校及本科院校的二级职业技术学院、继续教育学院和民办高校的财会类专业,也可作为在职财会人员岗位培训、自学进修和岗位职称考试的教学用书。

本系列教材难免有不足之处,敬请各位专家、老师和广大读者不吝指正,希望本系列教材的出版能为我国高职会计教育事业的发展和人才培养作出贡献。

**高职高专会计专业工学结合系列教材**
**编写委员会**

# 第四版前言

作为浙江省重点教材,《财务会计实务》自面市以来,得到了全国各地高职院校的关注,许多高职院校把它作为指定教材。由于相关财经法规以及教学理念发生变化,基于此,我们对《财务会计实务(第三版)》进行了全面修订,进而推出《财务会计实务(第四版)》。

编者弘扬工匠精神,真正用心出版优质教材。教材本着立德树人的根本目的,以我国最新颁布的企业会计准则和税法为依据,以培养学生会计职业岗位能力和取得初级会计专业技术资格及相关 1+X 职业技能等级证书为目标,以会计信息生成为主线,根据完成实际会计工作任务的逻辑顺序整合、序化教材内容,科学地设计了 12 个项目 41 个学习性工作任务。本教材着重突出以下 4 个特点。

(1) 教材以提高学生会计职业能力为本位,以实践为导向,以任务为驱动,以学生为主体,做到"做、学、教、证、赛、创"相结合,形成"业财融合、实理合一、职业判断"的课程结构,使学生真正掌握会计工作所需的知识和技能,实现毕业证书与会计职业资格证书的"双证融通"。

(2) 教材编写由浅入深,系统完整,注重实务性和可操作性。每一项目的开篇均以真实案例思政引导,强调会计职业精神,每一项目后均附有针对性强、多角度、多形式的课后练习,通俗易懂,适合自学和教学。

(3) 配有与教材内容——对应的《财务会计全真实训(第四版)》,该教材由会计实训操作要点、财务会计单项实训、财务会计综合实训三部分内容组成,并配有真实的职业判断案例,以进一步提高学生的动手操作能力、职业判断能力和综合处理问题的能力。

(4) 配有丰富的网络教学资源,由陈强教授主持的教育部职业教育"财务管理"专业资源库立项建设项目子项目"企业会计实务"建设课程,在智慧职教平台建有相关数字课程(智慧职教—MOOC 学院—陈强—企业会计实务、初级会计实务、会计基础),帮助学生自学和教师线上线下混合式教学。

本教材由浙江商业职业技术学院陈强教授担任主编,对全教材初稿进行统稿、修订、总纂,并编写了项目 1、项目 2、项目 4 和项目 11;内蒙古北方重工业集团有限公司培训中心王颖毅副教授担任副主编,编写项目 5、项目 10 和项目 7;山西财贸职业技术学院罗丽娟担任副主编,编写项目 3 和项目 6;浙江商业职业技术学院余茗敏会计编写项目 8 和项目 9;渤海船舶职业学院戴薇副教授编写项目 12;浙江晨龙锯床集团有限公司周杰高级会计师/浙江省会计领军人才负责审稿。

本教材编写过程中得到了清华大学出版社、相关企业专家,以及相关院校领导和教师的大力支持,并借鉴了许多财务、会计方面的书籍和报纸、杂志的有关观点,以及会计法规辅导讲解资料,编者在此一并表示感谢!同时限于编者水平及能力,书中难免有不足之处,敬请专家和广大读者批评指正。

编　者

2020 年 10 月

# 第一版前言

"经济越发展,会计越重要。"随着市场经济的不断发展,财务会计人员在企业中的重要性与日俱增,在企业中的地位也不断上升。那么,要成为一名合格的财务会计人员,应该掌握哪些必要的技能和知识呢?财务会计无疑是会计专业最核心的专业课程之一。

本书根据教育部《全面提高高等职业教育教学质量的若干意见》(教高〔2006〕16号)文件精神,以我国最新颁布的税法和企业会计准则为依据,以培养学生会计职业岗位能力和取得初级会计专业技术资格认证为目标,以会计信息生成为主线,根据完成实际会计工作任务的逻辑顺序整合、序化教材内容,科学地设计了12个项目45个学习性工作任务。本书编写时在内容体系、难易程度等方面进行了特殊处理,力图做到由浅入深,系统完整,注重实务性和可操作性。每一个项目的开篇均以案例导入,每一个项目后均附有针对性强、多角度、多形式的课后练习,学生可根据自身需要有针对性地学习。

另外,本书配有《财务会计全真实训》,由会计实训操作要点、财务会计单项实训、财务会计综合实训三大部分内容组成,并配有真实的职业判断案例,以提高学生的动手操作能力、职业判断能力和综合处理问题的能力,为学生应对职业生涯的可持续发展做准备。

本书配有建设理念领先、功能齐全、方便实用、高质量、高水平的国家级精品课程网站(2007年度国家级精品课程),突破了根据单一统编教材进行教学的模式,构建网上平台,实现优质资源共享。该网站为实现课堂重实训、讲授突出重点、课堂教学和网络教育有机结合的教学模式创造了条件,为学生进行自主学习、自我训练、研究性学习和扩充性学习,以及学生和教师交流提供了一个功能强大的远程会计教育平台。

本书由浙江商业职业技术学院陈强老师担任主编,对全书初稿进行统稿、修订、总纂,并编写了项目一、项目四、项目十和项目十一。四川商务职业学院李莉老师担任副主编,编写了项目七和项目十二。浙江商业职业技术学院谢国珍老师编写了项目二。山西财贸职业技术学院罗丽娟老师编写了项目三。浙江商业职业技术学院何荣华老师编写了项目五和项目六。唐山职业技术学院李友林老师编写了项目八和项目九。

本书在编写过程中得到了清华大学出版社及相关院校领导和教师的大力支持,并借鉴了财务、会计等方面的书籍和报纸、杂志的有关观点,以及会计法规辅导讲解资料,编者在此一并表示感谢!同时限于编者认知水平及能力,加之时间仓促,书中难免有不足之处,敬请专家和广大读者批评指正。

编　者
2009年12月

# 目录

## 项目1 财务会计内容认知 ... 1
### 任务1.1 财务会计要素内容认知 ... 2
- 1.1.1 财务会计内容认知 ... 2
- 1.1.2 会计要素计量属性认知 ... 5
- 1.1.3 会计核算内容认知 ... 6
- 1.1.4 会计核算方法认知 ... 7

### 任务1.2 财务会计法规认知 ... 9
- 1.2.1 财务会计法规体系认知 ... 9
- 1.2.2 企业会计准则认知 ... 9
- 1.2.3 《小企业会计准则》认知 ... 15

课后练习 ... 16

## 项目2 货币资金核算 ... 19
### 任务2.1 库存现金核算 ... 20
- 2.1.1 现金管理的主要内容 ... 20
- 2.1.2 库存现金收付的账务处理 ... 22
- 2.1.3 库存现金清查的账务处理 ... 24

### 任务2.2 银行存款核算 ... 26
- 2.2.1 银行存款管理制度 ... 26
- 2.2.2 银行支付结算 ... 27
- 2.2.3 银行存款收付的账务处理 ... 36
- 2.2.4 银行存款核对的账务处理 ... 37

### 任务2.3 其他货币资金核算 ... 39
- 2.3.1 其他货币资金概述 ... 39
- 2.3.2 其他货币资金的账务处理 ... 39

课后练习 ... 42

## 项目3 应收及预付款项核算 ... 46
### 任务3.1 应收账款核算 ... 46
- 3.1.1 应收账款概述 ... 46
- 3.1.2 应收账款的账务处理 ... 47

  任务 3.2 应收票据核算 ………………………………………………………… 53
    3.2.1 应收票据概述 ……………………………………………………… 53
    3.2.2 应收票据的账务处理 ……………………………………………… 53
  任务 3.3 预付账款核算 ………………………………………………………… 56
    3.3.1 预付账款概述 ……………………………………………………… 56
    3.3.2 预付账款的账务处理 ……………………………………………… 56
  任务 3.4 其他应收款核算 ……………………………………………………… 58
    3.4.1 其他应收款概述 …………………………………………………… 58
    3.4.2 其他应收款的账务处理 …………………………………………… 58
  课后练习 ……………………………………………………………………………… 59

## 项目4 存货核算

  任务 4.1 原材料核算 …………………………………………………………… 66
    4.1.1 采用实际成本核算 ………………………………………………… 67
    4.1.2 采用计划成本核算 ………………………………………………… 78
  任务 4.2 库存商品核算 ………………………………………………………… 82
    4.2.1 产品制造企业库存商品核算 ……………………………………… 82
    4.2.2 商品流通企业库存商品核算 ……………………………………… 84
  任务 4.3 周转材料核算 ………………………………………………………… 87
    4.3.1 周转材料概述 ……………………………………………………… 87
    4.3.2 周转材料的账务处理 ……………………………………………… 87
  任务 4.4 委托加工物资核算 …………………………………………………… 90
    4.4.1 委托加工物资概述 ………………………………………………… 90
    4.4.2 委托加工物资的账务处理 ………………………………………… 90
  课后练习 ……………………………………………………………………………… 92

## 项目5 投资核算

  任务 5.1 交易性金融资产核算 ………………………………………………… 99
    5.1.1 交易性金融资产概述 ……………………………………………… 99
    5.1.2 交易性金融资产的账务处理 ……………………………………… 100
  任务 5.2 以摊余成本计量的金融资产核算 …………………………………… 104
    5.2.1 以摊余成本计量的金融资产概述 ………………………………… 104
    5.2.2 以摊余成本计量的金融资产的账务处理 ………………………… 105
  任务 5.3 以公允价值计量且其变动计入其他综合收益的金融资产
      核算 …………………………………………………………………… 109
    5.3.1 以公允价值计量且其变动计入其他综合收益的金融资产
       概述 ………………………………………………………………… 109
    5.3.2 其他债权投资的核算 ……………………………………………… 110
    5.3.3 其他非交易性权益工具投资的核算 ……………………………… 113

任务5.4　长期股权投资核算 ················································································· 116
　　　　5.4.1　长期股权投资概述 ················································································ 116
　　　　5.4.2　采用成本法核算长期股权投资的账务处理 ··············································· 117
　　　　5.4.3　采用权益法核算长期股权投资的账务处理 ··············································· 119
　　　　5.4.4　长期股权投资减值的账务处理 ······························································· 123
　　课后练习 ··························································································································· 123

## 项目6　固定资产及投资性房地产核算

　　任务6.1　固定资产核算 ································································································ 129
　　　　6.1.1　固定资产概述 ······················································································ 129
　　　　6.1.2　固定资产取得核算 ················································································ 133
　　　　6.1.3　固定资产折旧核算 ················································································ 139
　　　　6.1.4　固定资产后续支出核算 ········································································· 143
　　　　6.1.5　固定资产减值核算 ················································································ 146
　　　　6.1.6　固定资产处置核算与清查核算 ······························································· 148
　　任务6.2　投资性房地产核算 ······················································································· 153
　　　　6.2.1　投资性房地产概述 ················································································ 153
　　　　6.2.2　采用成本模式计量的投资性房地产核算 ·················································· 155
　　　　6.2.3　采用公允价值模式计量的投资性房地产核算 ··········································· 159
　　课后练习 ··························································································································· 162

## 项目7　无形资产及其他资产核算

　　任务7.1　无形资产核算 ································································································ 169
　　　　7.1.1　无形资产概述 ······················································································ 170
　　　　7.1.2　无形资产的账务处理 ············································································· 171
　　任务7.2　其他资产核算 ································································································ 177
　　　　7.2.1　长期待摊费用核算 ················································································ 177
　　　　7.2.2　其他长期资产核算 ················································································ 178
　　课后练习 ··························································································································· 179

## 项目8　流动负债核算

　　任务8.1　短期借款核算 ································································································ 184
　　　　8.1.1　短期借款概述 ······················································································ 184
　　　　8.1.2　短期借款的账务处理 ············································································· 184
　　任务8.2　应付及预收账款核算 ··················································································· 185
　　　　8.2.1　应付票据核算 ······················································································ 185
　　　　8.2.2　应付账款核算 ······················································································ 186
　　　　8.2.3　预收账款核算 ······················································································ 188
　　任务8.3　应付职工薪酬核算 ······················································································· 189

8.3.1　应付职工薪酬的确认 ········································································ 189
　　　8.3.2　应付职工薪酬的计量 ········································································ 190
　　　8.3.3　应付职工薪酬的账务处理 ·································································· 190
　任务8.4　应交税费核算 ····················································································· 196
　　　8.4.1　应交增值税核算 ··············································································· 197
　　　8.4.2　应交消费税核算 ··············································································· 203
　　　8.4.3　其他应交税费核算 ··········································································· 207
　任务8.5　其他流动负债核算 ············································································· 209
　　　8.5.1　应付股利核算 ·················································································· 209
　　　8.5.2　应付利息核算 ·················································································· 210
　　　8.5.3　其他应付款核算 ··············································································· 210
　课后练习 ············································································································· 211

## 项目9　非流动负债核算

　任务9.1　借款费用核算 ····················································································· 216
　　　9.1.1　借款费用概述 ·················································································· 216
　　　9.1.2　借款费用的账务处理 ········································································ 217
　任务9.2　长期借款核算 ····················································································· 217
　　　9.2.1　长期借款概述 ·················································································· 217
　　　9.2.2　长期借款的账务处理 ········································································ 218
　任务9.3　应付债券核算 ····················································································· 219
　　　9.3.1　应付债券概述 ·················································································· 219
　　　9.3.2　一般公司债券的账务处理 ·································································· 219
　任务9.4　长期应付款核算 ················································································· 221
　　　9.4.1　长期应付款概述 ··············································································· 221
　　　9.4.2　应付融资租赁款的账务处理 ······························································· 221
　　　9.4.3　融资性质延期付款的账务处理 ···························································· 222
　课后练习 ············································································································· 224

## 项目10　收入、费用和利润核算

　任务10.1　收入核算 ·························································································· 229
　　　10.1.1　收入概述 ······················································································· 229
　　　10.1.2　收入的确认 ···················································································· 229
　　　10.1.3　收入核算的账户设置 ······································································· 232
　　　10.1.4　收入核算的账务处理 ······································································· 233
　　　10.1.5　合同成本 ······················································································· 241
　任务10.2　费用核算 ·························································································· 244
　　　10.2.1　主营业务成本核算 ·········································································· 244
　　　10.2.2　其他业务成本核算 ·········································································· 245

    10.2.3 税金及附加核算 ………………………………………………… 245
    10.2.4 销售费用核算 …………………………………………………… 245
    10.2.5 管理费用核算 …………………………………………………… 246
    10.2.6 财务费用核算 …………………………………………………… 247
  任务10.3 利润核算 …………………………………………………………… 248
    10.3.1 营业外收支核算 ………………………………………………… 249
    10.3.2 所得税费用核算 ………………………………………………… 254
    10.3.3 利润结转核算 …………………………………………………… 261
  课后练习 ……………………………………………………………………………… 262

## 项目11 所有者权益核算

  任务11.1 实收资本核算 ……………………………………………………… 269
    11.1.1 实收资本概述 …………………………………………………… 269
    11.1.2 有限责任公司实收资本的账务处理 …………………………… 269
    11.1.3 股份有限公司股本的账务处理 ………………………………… 271
    11.1.4 实收资本（或股本）增加的账务处理 ………………………… 272
    11.1.5 实收资本（或股本）减少的账务处理 ………………………… 273
  任务11.2 资本公积核算 ……………………………………………………… 275
    11.2.1 资本公积概述 …………………………………………………… 275
    11.2.2 资本公积的账务处理 …………………………………………… 275
  任务11.3 其他综合收益核算 ………………………………………………… 277
    11.3.1 其他综合收益概述 ……………………………………………… 277
    11.3.2 其他综合收益的账务处理 ……………………………………… 278
  任务11.4 留存收益核算 ……………………………………………………… 279
    11.4.1 利润分配概述 …………………………………………………… 279
    11.4.2 盈余公积核算 …………………………………………………… 280
    11.4.3 未分配利润核算 ………………………………………………… 282
  课后练习 ……………………………………………………………………………… 283

## 项目12 财务报表编制

  任务12.1 资产负债表编制 …………………………………………………… 289
    12.1.1 资产负债表概述 ………………………………………………… 289
    12.1.2 资产负债表编制说明 …………………………………………… 290
    12.1.3 资产负债表编制实例 …………………………………………… 292
  任务12.2 利润表编制 ………………………………………………………… 297
    12.2.1 利润表概述 ……………………………………………………… 297
    12.2.2 利润表编制说明 ………………………………………………… 298
    12.2.3 利润表编制实例 ………………………………………………… 300
  任务12.3 现金流量表编制 …………………………………………………… 302

|  |  |  |
|---|---|---|
| 12.3.1 | 现金流量表概述 | 302 |
| 12.3.2 | 现金流量表编制方法 | 303 |
| 12.3.3 | 现金流量表编制实例 | 308 |

**任务12.4 所有者权益变动表编制** ........................... 311

|  |  |  |
|---|---|---|
| 12.4.1 | 所有者权益变动表概述 | 311 |
| 12.4.2 | 所有者权益变动表编制说明 | 314 |

**任务12.5 财务报表附注编写** ........................... 315

|  |  |  |
|---|---|---|
| 12.5.1 | 财务报表附注概述 | 315 |
| 12.5.2 | 财务报表附注的披露内容 | 315 |

课后练习 ........................... 317

**参考文献** ........................... 322

# 财务会计内容认知

**项目 1**
Xiangmu 1

## 知识目标

1. 熟悉会计要素定义及确认条件,掌握会计要素计量属性及应用原则。
2. 熟悉财务会计规范体系的构成。
3. 熟悉财务报告目标,理解会计基础假设和会计基础。
4. 掌握会计信息的质量要求。
5. 熟悉财务报告的构成。

## 案例导入

20×1年12月,某高校会计专业毕业生李萍到某公司顶岗实习。该公司是一家国有大型企业。20×1年12月,公司总经理针对公司效益下滑、面临亏损的情况,电话请示正在外地出差的董事长。董事长指示把财务会计报告做得漂亮一些,总经理把这项工作交给公司总会计师,要求按董事长意见办。总会计师按公司领导意图,对当年度的财务会计报告进行了技术处理,虚拟了若干笔销售交易,从而使公司报表由亏变盈。经光大会计师事务所审计后,公司财务会计报告对外报出。

20×2年4月,在检查中,当地财政部门发现该公司存在重大会计作假行为,依据会计相关法律、法规、制度,拟对该公司董事长、总经理、总会计师等相关人员进行行政处罚,并分别下达了行政处罚通知书。该公司相关人员接到行政处罚通知书后,均要求举行听证会。

在听证会上,有关当事人作了如下陈述。

公司董事长辩称:"我前一段时间出差在外,对公司情况不太了解,虽然在财务会计报告上签名并盖章,但只是履行会计手续,我不能负任何责任。具体情况可由公司总经理予以说明。"

公司总经理辩称:"我是搞技术出身的,主要抓公司的生产经营,对会计我是门外汉,我虽在财务会计报告上签名并盖章,那也只是履行程序而已。以前也是这样做的,我不应承担责任。有关财务会计报告情况应由公司总会计师解释。"

公司总会计师辩称:"公司对外报出的财务会计报告是经过光大会计师事务所审计的,他们出具了无保留意见的审计报告。光大会计师事务所应对本公司财务会计报告的真实性、完整性负责,承担由此带来的一切责任。"

请问:根据我国会计法律、法规相关规定,李萍应如何分析公司董事长、总经理、总会计师在听证会上的陈述?

# 任务 1.1 财务会计要素内容认知

## 1.1.1 财务会计内容认知

财务会计(accounting)首先出现在美国,逐步成为一门系统的学科是在 1939—1965 年。传统会计主要是以货币为主要计量单位,运用复式记账原理,按照规定的程序,对某一会计主体的经济活动进行记录、计量、分类整理,定期编制反映一定期间经营成果、财务状况和现金流量情况的会计报表。20 世纪 50 年代以来,随着现代科学技术的发展,传统会计逐步发展成为财务会计和管理会计两大分支,开创了现代会计的新纪元,共同服务于市场经济下的现代企业。

财务会计是以货币为主要计量单位,依据会计规范,运用若干普遍接受的会计惯例,通过确认、计量、记录和报告等程序,对企业或其他主体范围内大量的、日常的业务数据进行加工,把数据转换为有助于决策和合乎其他目标的有用信息,旨在向企业或其他外部主体提供以会计信息为主的经济信息系统。管理会计是利用财务会计提供的会计信息及其他生产经营活动中的有关资料,运用数学、统计等方面的一系列方法,通过运用整理、计算、对比、分析等手段,向企业内部各级管理人员提供用于短期和长期经营决策、制订计划、指导和控制企业经营活动的信息。

财务会计与管理会计是现代会计的两大分支,源于同一母体,共同构成了现代企业会计系统的有机整体。两者所处的工作环境相同,共同为实现企业管理目标和经营目标服务。两者相互分享部分信息,管理会计所需的许多资料来源于财务会计系统,其主要工作内容是对财务会计信息进行深加工和再利用,因而受到财务会计工作质量的约束。同时管理会计信息有时也使用一些与财务会计并不相同的方法来记录、分析和预测企业的经营状况。总之,两者相互依存、相互制约、相互补充,而且财务会计的改革有助于管理会计的发展。

但财务会计与管理会计是有区别的,表现如下。

(1) 从服务对象来看,财务会计服务于会计信息的外部使用者;而管理会计主要服务于会计信息的内部使用者。

(2) 从提供信息的范围来看,财务会计受会计准则约束且具有强制性;而管理会计受经营管理决策中成本与效益关系的约束但相对灵活。

(3) 从会计核算过程来看,财务会计的核算程序、核算方法统一,具有严格的历史信息;而管理会计的核算程序、核算方法灵活,反映过去、现在和将来的信息。

(4) 从信息的报告来看,财务会计具有规定公认的报告格式;而管理会计不注重报告形式。

财务会计的内容是财务会计核算和监督的具体内容,包括资产、负债、所有者权益、收入、费用和利润六大会计要素(accounting elements)。其中前三项为资产负债表要素,用来反映企业在一定期间的财务状况;后三项为利润表要素,用来反映企业在一定期间的经营成果。事业单位会计要素分为五大类,即资产、负债、净资产、收入和支出。这是了解财务会计实务的一个非常重要的切入点。

1. 资产

资产（assets）是指企业过去的交易或者事项形成的、企业拥有或者控制的、预期会给企业带来经济利益的资源。一个企业从事生产经营活动,必须具备一定的物质资源,或者说物质条件。将一项资源确认为资产,只有符合资产的定义并同时满足以下两个条件:一是与该资源有关的经济利益很可能流入企业;二是该资源的成本或者价值能够可靠地计量。因此,符合资产定义和资产确认条件的资源,才能确认为资产,列入资产负债表。

任何企业要进行正常的经营活动,都必须拥有一定数量和结构的资产。资产按照不同的标准可以作不同的分类。按是否具有实物形态,资产可以分为有形资产和无形资产;按资产来源不同,资产可以分为自有资产和租入资产。为了正确反映企业的财务状况,通常将企业的全部资产按其流动性分为流动资产和非流动资产。根据《企业会计准则——财务报表列报》规定,当资产满足下列条件之一时,应当归类为流动资产:一是预计在一个正常营业周期中变现、出售或耗用;二是主要为交易目的而持有;三是预计在资产负债表日起一年内（含一年,下同）变现;四是在资产负债表日起一年内,交换其他资产或清偿负债的能力不受限制的现金或现金等价物。流动资产可分为货币资金、交易性金融资产、应收票据、应收账款、预付账款、其他应收款、存货等。

流动资产以外的资产应当归类为非流动资产,非流动资产可分为长期股权投资、固定资产、无形资产及其他资产等。

2. 负债

负债（liabilities）是指企业过去的交易或者事项形成的、预期会导致经济利益流出企业的现时义务。将一项现时义务确认为负债,需要符合负债的定义,并同时满足以下两个条件:一是与该义务有关的经济利益很可能流出企业;二是未来流出的经济利益的金额能够可靠地计量。因此,符合负债定义和负债确认条件的项目,才能确认为负债,应当列入资产负债表。

为了正确反映企业的财务状况,通常将企业的全部负债按其流动性分为流动负债和非流动负债。负债满足下列条件之一时,应当归类为流动负债:一是预计在一个正常营业周期中清偿;二是主要为交易目的而持有;三是在资产负债表日起一年内到期应予以清偿;四是企业无权自主地将清偿推迟至资产负债表日后一年以上。流动负债主要包括短期借款、应付票据、应付账款、预收账款、应付职工薪酬、应交税费、应付利息、应付股利、其他应付款等。流动负债以外的负债应当归类为非流动负债,并应按其性质分类列示,主要包括长期借款、应付债券和长期应付款等。

3. 所有者权益

所有者权益（equity）是指企业资产扣除负债后由所有者享有的剩余权益。公司的所有者权益又称为股东权益,所有者权益是所有者对企业资产的剩余索取权,既可反映所有者投入资本的保值增值情况,又体现了保护债权人权益的理念。

由于所有者权益体现的是所有者在企业中的剩余权益,因此所有者权益的确认主要依赖于其他会计要素,尤其是资产和负债的确认;所有者权益金额的确定也主要取决于资产和负债的计量。

不同组织形式的企业,其所有者权益的构成不同。本书仅以公司制企业为例进行说明。

所有者权益包括所有者投入的资本、直接计入所有者权益的利得和损失,以及留存收益等。

上述三要素之间的关系用公式表示是:资产=负债+所有者权益,这是最基本的会计等式,是复式记账法的理论基础,也是编制资产负债表的依据。

**4. 收入**

收入(income)是指企业在日常活动中形成的、会导致所有者权益增加的、与所有者投入资本无关的经济利益的总流入。收入在确认时除了应当符合收入定义外,还应当满足严格的确认条件。收入只有在经济利益很可能流入,从而导致企业资产增加或负债减少,且经济利益的流入额能够可靠计量时才能予以确认。符合收入定义和收入确认条件的项目,应当列入利润表。

收入按企业从事日常活动的性质不同可分为销售商品收入、提供劳务收入和让渡资产使用权收入等。收入按其在经营业务中的主次不同可分为主营业务收入和其他业务收入。主营业务收入是指企业为完成其经营目标所从事的经常性活动所实现的收入。其他业务收入是指企业为完成其经营目标所从事的与经营活动相关的活动实现的收入。在企业经营多元化的情况下,主营业务收入和其他业务收入的区分呈逐渐淡化的趋势。企业应当根据收入的性质,按照收入确认的原则,合理地确认和计量各项收入。

**5. 费用**

费用(cost)是指企业在日常活动中发生的、会导致所有者权益减少的、与向所有者分配利润无关的经济利益的总流出。费用只有在经济利益有可能流出从而导致企业资产减少或者负债增加,且经济利益的流出额能够可靠计量时才能予以确认。符合费用定义和费用确认条件的项目,应当列入利润表。

费用包括企业日常活动所产生的经济利益的总流出,主要是指企业为取得营业收入进行产品销售等营业活动所发生的企业货币资金的流出,具体包括成本费用和期间费用。企业为生产产品、提供劳务等发生的可归属于产品成本、劳务成本等的费用,应当在确认销售商品收入、提供劳务收入等时,将已销售商品、已提供劳务的成本等计入当期损益。成本费用主要包括主营业务成本、其他业务成本、税金及附加等。期间费用是指企业日常活动发生的不能计入特定核算对象的成本,而应计入发生当期损益的费用。期间费用主要包括销售费用、管理费用和财务费用。

**6. 利润**

利润(profit)是指企业在一定会计期间的经营成果。利润作为企业生产经营活动的综合成果,是我国衡量企业经营业绩的重要指标,是企业管理当局、投资者、债权人、政府都非常关注的信息。

利润反映的是收入减去费用、利得减去损失后的净额。利润包括收入减去费用后的净额,直接计入当期利润的利得和损失等。因此,利润的确认主要依赖于收入和费用,以及利得和损失的确认,其金额的确定也主要取决于收入、费用、利得、损失金额的计量。利润项目应当列入利润表。企业应当严格区分收入和利得、费用和损失之间的区别,以更加全面地反映企业的经营业绩。

上述收入、费用和利润之间关系用公式表示是:收入-费用+利得-损失=利润,这个公式是编制利润表的基础。

此外,企业在会计期末结账之前,资产、负债、所有者权益、收入和费用这五个要素之间也有一个等量关系,用公式表示是：资产＝负债＋所有者权益＋收入－费用。这个公式动态地反映了企业财务状况和经营成果之间的关系,被称为会计等式的扩展等式。但到会计期末收支结转后,计算出企业在一定期间实现的利润或发生的亏损,利润按规定的程序进行分配后,归入所有者权益项目,这时,上述扩展的会计等式又恢复成基本会计等式,即"资产＝负债＋所有者权益"。

以上六项会计要素相互之间存在一定的数量关系,反映这种数量关系的恒等式就是会计等式,也称会计平衡式或会计方程式。它是复式记账、试算平衡及编制会计报表的理论依据,是会计核算方法体系的理论基础。

## 1.1.2 会计要素计量属性认知

会计计量(accounting measurement)是在一定的计量尺度下,运用特定的计量单位,选择合理的计量属性,确定应予记录的经济事项金额的会计记录过程。会计计量包括计量尺度、计量单位、计量对象和计量属性。其中,计量属性是指计量客体的特征或外在的表现形式。

企业在将符合确认条件的会计要素登记入账并列报于财务报表时,应当按照规定的会计计量属性进行计量,确定其金额。

1. 会计计量属性的构成

会计计量属性的构成主要包括以下几个方面。

(1) 历史成本(historical cost)。在历史成本计量下,资产按照购置时支付的现金或者现金等价物的金额,或者按照购置资产时所付出的对价的公允价值来计量。负债按照因承担现时义务而实际收到的款项或者资产的金额,或者承担现时义务的合同金额,或者按照日常活动中为偿还负债预期需要支付的现金或者现金等价物的金额计量。在实务中,历史成本是基本的、首要的、首选的计量属性。

(2) 重置成本(replacement cost)。在重置成本计量下,资产按照重新取得与其所拥有的该项资产相同或与其功能相当的资产需要支付的现金或现金等价物计量。一般情况下,重置成本可分为复原重置成本和更新重置成本。复原重置成本是指运用原来相同的材料、建筑或制造标准、设计、格式及技术等,以现行市价复原构建原来某项全新资产所发生的支出；更新重置成本是指利用新型材料,并根据现行建筑或制造标准设计及格式,以现行市价生产或建造具有相同功能的全新资产所发生的支出。在重置成本计量下,资产按照现在购买相同或者相似资产所需支付的现金或者现金等价物的金额计量；负债按照现在偿付该项债务所需支付的现金或者现金等价物的金额计量。在实务中,重置成本多应用于盘盈固定资产的计量等。

(3) 可变现净值(net realizable value)。在可变现净值计量下,资产按照其正常对外销售所能收到现金或者现金等价物的金额扣减该资产至完工时估计将要发生的成本、估计的销售费用以及相关税费后的金额计量。未来现金流量现值是指企业在正常的生产经营活动过程中,以估计的未来现金流入扣除未来现金流出后的余额,用恰当的折现率予以折现而得到的现值。在实务中,可变现净值通常应用于存货资产减值情况下的后续计量。

(4) 现值(present value)。在现值计量下,资产按照预计从其持续使用和最终所产生的

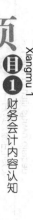

未来净现金流入量的折现金额计量,负债按照预计期限内需要偿还的未来净现金流出量的折现金额计量。现值通常用于非流动资产可收回金额和以摊余成本计量的金融资产价值的确定等。在实务中,在确定固定资产、无形资产等可收回金额时,通常需要计算资产预计未来现金流量的现值;对于持有至到期投资等以摊余成本计量的金融资产,通常需要使用实际利率法将这些资产在预期存续期间或使用的更短期间内的未来现金流量折现,再通过相应的调整确定其摊余成本。

(5) 公允价值(fair value)。在公允价值计量下,资产和负债按照在公平交易中,熟悉情况的交易双方自愿进行资产交换或者债务清偿的金额计量。在实务中,公允价值主要应用于交易性金融资产、可供出售金融资产的计量等。

2．会计计量属性的应用原则

《企业会计准则——基本准则》明确规定,企业在对会计要素进行计量时,以历史成本为主要计量属性,但又不限于历史成本。在某些情况下为了提高会计信息质量,实现财务报告目标,企业会计准则允许采用重置成本、可变现净值、现值和公允价值计量的,应当保证所确定的会计要素金额能够取得并可靠地计量,如果这些金额无法取得或者可靠地计量,则不允许采用其他计量属性。考虑中国市场发展的现状,新企业会计准则体系中主要在金融工具、投资性房地产、非共同控制下的企业合并、债务重组和非货币性交易等方面采用了公允价值。

### 1.1.3 会计核算内容认知

各单位必须按照会计规范的规定,及时、如实地组织会计核算。财务会计核算的内容具体表现为生产经营过程中的各种经济业务,具体包括如下内容。

(1) 款项和有价证券的收付。款项是作为支付手段的货币资金,主要包括现金、银行存款,以及其他视同现金和银行存款使用的外埠存款、银行汇票存款、银行本票存款、存出投资款、信用卡存款、信用证保证金存款等。有价证券是指表示一定财产拥有权或支配权的证券,如国库券、股票、企业债券和其他债券等。款项和有价证券是单位流动性最强的资产。

(2) 财物的收发、增减和使用。财物是单位财产物资的简称,是反映一个单位进行或维持经营活动的具有实物形态的经济资源,一般包括原材料、燃料、包装物、低值易耗品、在产品、商品等流动资产,以及房屋建筑物、机器、设备、设施、运输工具等固定资产。这些财物价值较大,在单位资产总额中占很大的比重。财物的收发、增减和使用是会计核算中经常性发生的业务。

(3) 债权债务的发生和结算。债权是指单位收取款项的权利,一般包括各种应收和预付款项等。债务是指单位承担的能以货币计量的、需要以资产或劳务偿付的义务,一般包括各项借款、应付和预收款项及应交款项等。债权和债务都是单位日常生产经营和业务活动中大量发生的经济业务事项。

(4) 资本、基金的增减。资本是投资者为开展经营活动而投入的本钱。这里所指的资本仅指所有者权益中的投入资本。基金是各单位按照国家法律、法规的规定而设置或筹集的、具有某些特定用途的专项基金,如政府基金、社会保险基金、教育基金等。资本、基金的利益关系人比较明确,用途基本定向。

(5) 收入、支出、费用、成本的计算。收入是指公司、企业在销售商品、提供服务及让渡资产使用权等日常活动中所形成的经济利益的总流入。支出是指行政事业单位和社会团体在履行法定职能、发挥特定功能时所发生的各项开支,以及企业在正常经营活动以外的支出和损失。费用是指企业在销售商品、提供服务等日常活动中所发生的经济利益流出。成本是指公司、企业为生产某种产品而发生的费用,它与一定种类和数量的产品相联系,是对象化了的费用。

(6) 财务成果的计算和处理。财务成果主要是指企业和企业化管理的事业单位,在一定时期内通过从事经营活动而在财务上所取得的结果,具体表现为盈利或亏损。财务成果的计算和处理一般包括利润的计算、所得税的计算和缴纳、利润分配或亏损弥补等。财务成果的计算和处理,涉及所有者、国家等方面的利益及法规制度的规定,要正确计算和处理财务成果。

(7) 需要办理会计手续、进行会计核算的其他事项。其他事项是指除上述六项经济业务事项以外的,按照国家统一会计规范的规定,应当办理会计手续和进行会计核算的其他经济业务事项。随着我国经济的不断发展,新的会计业务不断出现,对此都应及时办理有关会计手续,进行会计核算和反映。

### 1.1.4 会计核算方法认知

会计核算是一个连续、系统和完整的过程,包括确认、计量、记录和报告四个环节。会计确认和计量贯穿于会计核算的全过程。会计确认(accounting recognition)是依据一定标准,确认某经济业务事项,应记入会计账簿,并列入会计报告的过程。会计计量是指在会计核算过程中,对各项财产物资都必须以某种尺度为标准确定它的量。会计记录是指各项经济业务经过确认、计量后,采用一定方法在账户中加以记录的过程。会计报告(accounting reports)又称财务会计报告,是指以账簿记录为依据,采用表格和文字形式,将会计数据提供给信息使用者的书面报告,会计报表是会计报告的主要构成内容。

在实施会计确认、计量、记录和报告的会计核算的全过程中,需要运用一系列会计核算方法,会计核算主要包括以下方法。

1. 设置账户

设置账户是对会计核算的具体内容进行分类核算和监督的一种专门方法。由于会计对象的具体内容复杂多样,要对其进行系统的核算和经常性监督,就必须对经济业务进行科学的分类,以便分门别类、连续地记录,据以取得多种不同性质、符合经营管理所需要的信息和指标。

2. 复式记账

复式记账是指对所发生的每项经济业务,以相等的金额,同时在两个或两个以上相互联系的账户中进行登记的一种记账方法。采用复式记账方法,可以全面地反映每一笔经济业务的来龙去脉,而且可以防止差错,便于检查账簿记录的正确性和完整性,是一种比较科学的记账方法。

3. 填制和审核凭证

会计凭证是记录经济业务,明确经济责任,作为记账依据的书面证明。正确地填制和审核会计凭证,是核算和监督经济活动财务收支的基础,是做好会计工作的前提。

4. 登记会计账簿

登记会计账簿简称记账,是以审核无误的会计凭证为依据在账簿中分类、连续、完整地记录各项经济业务,以便为经济管理提供完整、系统的各项经济业务,为经济管理提供完整、系统的会计核算资料。账簿记录是重要的会计资料,是进行会计分析、会计检查的重要依据。

5. 成本计算

成本计算是按照一定对象归集和分配生产经营过程中发生的各种费用,以便确定该对象的总成本和单位成本的一种专门方法。产品成本是综合反映企业生产经营活动的一项重要指标。正确地进行成本计算,可以考核生产经营过程的费用支出水平,同时又是确定企业盈亏和制定产品价格的基础,并为企业进行经营决策提供重要数据。

6. 财产清查

财产清查是指通过盘点实物,核对账目,以查明各项财产物资实有数额的一种专门方法。通过财产清查,可以提高会计记录的正确性,保证账实相符。同时,还可以查明各项财产物资的保管和使用情况以及各种结算款项的执行情况,以便对积压或损毁的物资和逾期未收到的款项,及时采取措施,进行清理和加强对财产物资的管理。

7. 编制会计报表

编制会计报表是以特定表格的形式,定期并总括地反映企业、行政事业单位的经济活动情况和结果的一种专门方法。会计报表主要以账簿中的记录为依据,经过一定形式的加工整理而产生一套完整的核算指标,用来考核、分析财务计划和预算执行情况以及作为编制下期财务和预算的重要依据。

以上会计核算的七种方法,虽各有特定的含义和作用,但并不是独立的,而是相互联系、相互依存、彼此制约的。它们构成了一套完整的方法体系。在会计核算中,应正确地运用这些方法。一般在经济业务发生后,按规定的手续填制和审核凭证,并应用复式记账法在有关账簿中进行登记;一定期末还要对生产经营过程中发生的费用进行成本计算和财产清查,在账证、账账、账实相符的基础上,根据账簿记录编制会计报表。

会计核算工作程序如图1-1所示。

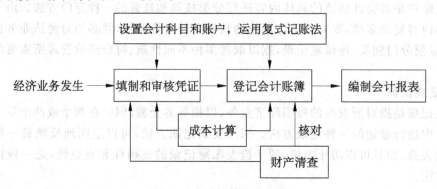

图1-1 会计核算工作程序

# 任务 1.2　财务会计法规认知

## 1.2.1　财务会计法规体系认知

财务会计规范(accounting standards)是会计人员正确处理工作所要遵循的行为标准，是指导和约束会计行为向合法化、合理化和有效化方向发展的目标。为了保证会计信息的真实性、完整性和可比性，目前我国通过各种法律、财经法规和制度、企业会计准则、会计制度等予以规范。

我国会计法规体系从立法的规划来看，大体有以下四个层次。

第一个层次是会计法律，是指由国家最高权力机关——全国人民代表大会及其常务委员会经过一定立法程序制定的有关会计工作的法律，包括《中华人民共和国会计法》(以下简称《会计法》)和《中华人民共和国注册会计师法》。

第二个层次是会计的行政法规，是指由国家最高行政管理机关——国务院制定并发布，或者国务院有关部门拟定并经国务院批准发布，调整经济生活中某些方面会计关系的法律规范。会计行政法规制定的依据是《会计法》，它通常以条例、办法、规定等具体名称出现。会计的行政法规主要有1990年发布的《总会计师条例》，2001年实行的《企业财务会计报告条例》，作为《会计法》的配套法律，对企业会计的六大会计要素进行了重新定义。

第三个层次是国家统一会计制度，是指由国务院、财政部根据《会计法》制定的关于会计核算、会计监督、会计机构和会计人员，以及会计工作管理的制度，包括规章和规范性文件。会计规章如《会计从业资格管理办法》和《企业会计准则——基本准则》等。会计规范性文件如《企业会计准则——具体准则》《企业会计准则——应用指南》《小企业会计准则》等。

第四个层次是地方性会计法规，是指由各省、自治区、直辖市人民代表大会及其常务委员会在与宪法和会计法律、行政法规不相抵触的前提下制定发布的会计规范性文件，也是我国会计法律制度的重要组成部分。如计划单列市、经济特区的人民代表大会及其常务委员会制定的会计法规，如《深圳市会计条例》。

## 1.2.2　企业会计准则认知

我国多年来一直重视会计准则的建设，尤其是自改革开放以来，会计制度不断改革创新。改革开放初期，为了吸引外资而建立的外商投资企业会计制度，到后来为了适应股份制改革而建立的股份制企业会计制度，再到后来建立的不分行业、不分所有制的统一的会计制度，即《企业会计制度》《金融企业会计制度》和《小企业会计制度》，适应了我国改革开放和市场经济发展的需要。

1992年，我国发布了第一项会计准则，即《企业会计准则》，之后又陆续发布了包括关联方关系及其交易的披露、现金流量表、非货币性交易、投资、收入、或有事项、资产负债表日后事项、会计政策、会计估计变更和会计差错更正、借款费用、债务重组、固定资产、无形资产、存货、中期财务报告在内的十几项具体准则。

为适应我国市场经济发展和经济全球化的需要,按照立足国情、国际趋同、涵盖广泛、独立实施的原则,财政部对上述准则作了系统性修改,于 2006 年发布了包括《企业会计准则——基本准则》(以下简称《基本准则》)、38 项具体准则及应用指南,并自 2007 年 1 月 1 日起在上市公司施行,逐步扩大到其他企业,这标志着我国构建了一套涵盖各类在中华人民共和国境内设立的企业(小企业除外)各项经济业务,独立实施的会计准则体系,这是我国会计发展史上新的里程碑。

最近几年,为解决我国现行准则实施中存在的具体问题,财政部又相继发布了《企业会计准则——公允价值》等准则及解释,并对《企业会计准则——金融工具确认和计量》等准则进行了修订,规范了企业会计准则体系体例。由此,适应我国市场经济发展要求、与国际财务报告准则持续趋同的新企业会计准则体系得到了进一步完善并有效实施,切实满足实践需要。

我国企业会计准则体系由基本会计准则、具体会计准则、会计准则应用指南和会计准则解释公告等组成,具体如图 1-2 所示。

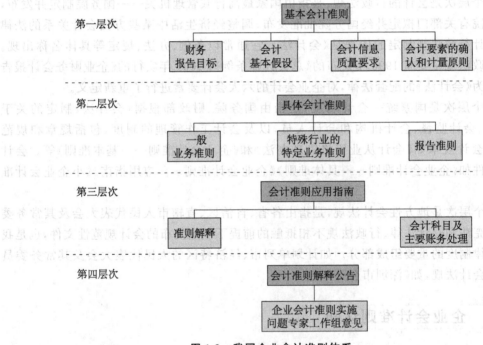

图 1-2 我国企业会计准则体系

### 1. 基本会计准则

基本会计准则在整个准则体系中起到统驭的作用。一方面,它是"准则的准则",指导具体会计准则的制定;另一方面,当出现新的业务,具体会计准则暂未涵盖时,应当按照基本会计准则所确立的原则进行会计处理。基本会计准则是对 38 项具体会计准则起统驭和指导作用,主要规范财务报告目标、会计基本假设、会计基础、会计信息质量要求、会计要素及其确认、财务报告等内容。

1) 财务报告目标

财务报告目标是向财务会计报告使用者提供与企业财务状况、经营成果和现金流量等有关的会计信息,反映企业管理层受托责任履行情况,有助于财务会计报告使用者作出经济决策。

我国财务报告目标主要包括以下两个方面。

(1) 向财务报告使用者提供决策有用的信息。财务报告使用者主要包括投资者、债权人、政府及其有关部门和社会公众等。其中最主要的使用者是投资者,其他使用者的需要服从于投资者的需要。

企业编制财务报告的主要目的是满足财务报告使用者的信息需要,有助于财务报告使用者作出经济决策。因此,向财务报告使用者提供对决策有用的信息是财务报告的基本目标。

(2) 反映企业管理层受托责任的履行情况。在现代公司制下,企业所有权和经营权相分离,企业管理层是受委托人之托经营管理企业及其各项资产,负有受托责任,即企业管理层所经营管理的各项资产基本上均为投资者投入的资本(或者留存收益作为再投资)或者由债权人借入的资金形成的,企业管理层有责任妥善保管并合理、有效地使用这些资产。因此,财务报告应当反映企业管理层受托责任的履行情况,从而有助于评价企业的经营管理责任以及资源使用的有效性。

2) 会计基本假设

会计基本假设是企业会计确认、计量和报告的前提,是对会计核算所用的时间和所处空间而做的合理假定,具体包括以下内容。

(1) 会计主体。会计主体是指企业会计确认、计量和报告的空间范围。实际工作中,会计主体一般是指独立核算的商品生产、经营企业及其他经济组织。不论独资、合伙企业、有限责任公司或股份有限公司,还是行政、事业单位,都是一个会计主体。会计主体规定了会计核算的空间范围和会计报告应予揭示的对象。

在会计主体假设下,企业应当对其本身发生的交易或者事项进行会计确认、计量和报告,反映企业本身所从事的各项生产经营活动。明确界定会计主体是开展会计确认、计量和报告工作的重要前提。因此,会计主体假设明确了会计人员在会计核算中应采取的立场。它要求会计工作区分会计主体自身的经济活动和其他会计主体以及投资者的经济活动,目的是明确各自的经济利益和经济责任。会计人员只有站在为其服务的特定会计主体的立场上,核算企业本身发生的各项经济业务,这样才能独立地反映某一特定主体的经济活动,实现会计的目标。

(2) 持续经营。持续经营是指在可预见的将来,企业不会进行清算、解散和倒闭。在持续经营的假设下,会计核算应当以企业持续、正常的生产经营活动为前提。

明确这一基本假设,就意味着会计主体将按照既定的用途使用资产,按照既定的合约条件清偿债务,会计人员就可以在此前提下选择会计程序及会计处理方法,进行会计核算。例如,企业在对会计要素进行计量时,以历史成本为主要计量属性,对长期资产的折旧和摊销方法,以及有关企业偿债能力的计算等,都是基于这一假设前提。也正是在这一假设前提条件下,会计程序才得以保持稳定,才得以在持续的基础上恰当地记录和披露企业的经济活动,从而提供可以信赖的会计信息。

当然,在市场经济环境下,任何企业都存在破产和清算的风险,即企业不能再持续经营的可能性总是存在的。因此,需要企业定期对其持续经营基本前提作出分析和判断。如果一旦企业宣告破产而清算,则此假设就不再适用,会计处理方法也要进行相应改变,按国家关于企业清算的规定办理。

(3) 会计分期。会计分期是指企业将持续不断的经营活动分割为一定的期间,据以结算账目和编制财务报告,从而及时地向有关方面反映企业财务状况、经营成果和现金流量的信息。会计分期假设是对持续经营假设的一个必要的补充。

企业的经营活动在时间上是持续不断的。从理论上说,企业的经营成果,只有企业最后结束,变卖所有财产,清偿所有负债,将所剩余资金与投资人投资的数额比较后,才能准确地确定下来,但实际上又绝不可能如此。因为在一般情况下,会计人员都无法知道企业将于何时结束它的全部业务,也就是不能等到它结束经营时才反映财务状况和计算净收益。为了满足企业内部和外部制定决策所需的经济信息,就不得不把企业经营的全部经营期间人为地划分为首尾相接、间距相等的会计期间,在连续反映的基础上,提供企业不同期间的会计信息。《企业会计准则》规定,会计期间均按公历起讫日期确定分为年度和中期。中期是指短于一个完整的会计年度的报告期间,如半年度、季度和月度。

在我国,会计年度为自公历每年的1月1日起至12月31日止。为满足人们对会计信息的需要,也要求企业按短于一个完整的会计年度的期间编制财务报告。

(4) 货币计量。货币计量是指会计主体在进行财务会计确认、计量和报告时以货币计量,反映会计主体的财务状况、经营成果和现金流量情况。

货币计量包括三个方面的内容:首先,财产物资可以采用不同的计量单位,例如劳动量度、实物量度与货币量度等。但在会计核算中,在商品货币经济条件下,很难将物化劳动换算为时间量度,不同质的财产物资又不能用相同的实物量度单位进行汇总计算比较,因此,会计确认计量和报告选择货币作为计量单位,才能系统、全面、连续地记录、汇总、分析和揭示企业的经营过程和财务成果。其次,在几种或多种货币同时存在的情况下,或某些业务是用外币结算时,就需要确定某一种货币为本位币。编制分录和登记账簿时,须采用某种汇率折算为记账本位币登记入账。在我国境内,一般应以人民币作为记账本位币。业务收支以外币为主的企业,也可以采用某种外币作为记账本位币,但向国家有关方面报送会计报表时,必须折算为人民币反映。最后,货币计量单位实际上是借助于价格完成的,而价格是商品在市场的交换中形成的。同时货币计量还包含币值稳定,币值不变这样一个假设前提。一般情况下不考虑币值变动对财务报告的影响。在现实生活中,通货膨胀和通货紧缩都可能使货币的购买力发生变动,对币值产生影响,从而使单位货币所包含的价值随着现行的价格的波动而变化。这时运用币值不变的货币计量的缺陷就显露出来:资产不能反映其真实价值,严重影响了会计信息的质量及其对决策的有用性。币值不变的假设所面临的挑战在我国依然存在,因此,有必要寻找解决这一问题的途径。

但是,统一采用货币计量也存在缺陷,例如,某些影响企业财务状况和经营成果的因素,如企业经营战略、研发能力、市场竞争力等,往往难以用货币来计量,但这些信息对于使用者决策很重要。为此,企业可以在财务报告中补充披露有关非财务会计信息以弥补上述缺陷。

3) 会计基础

为了更加真实、公正地反映特定会计期间的财务状况和经营成果,我国《基本准则》明确规定:企业应当以权责发生制(accrual basis)为基础进行会计确认、计量和报告。权责发生制是指对以营利为直接目的经济组织的各项业务,应当以权利、责任的发生作为确认收入和费用的标准。凡是当期已经实现的收入和已经发生或应当负担的费用，不论款项是否收付，都应作为当期的收入和费用处理；凡是不应归属当期的收入和费用，即使款项已经在当期收付，也都不应作为当期的收入和费用。

与权责发生制相对应的一种会计基础是收付实现制(accounting on cash basis)，它是以收到或支付的现金作为确认收入和费用等的依据。目前，我国政府财政总预算会计采用收付实现制，与本级政府财政部门发生预算拨款关系的行政机关、军队、政党组织、社会团体、事业单位和其他单位要求在同一会计核算系统中实现财务会计和预算会计双重功能，财务会计采用权责发生制，预算会计采用收付实现制。

4) 会计信息质量要求

会计信息质量要求是对企业财务报告中所提供的会计信息质量的基本要求，是使财务报告中所提供会计信息对使用者的决策有用所应具备的基本特征。为了统一企业会计标准，规范会计行为，保证会计信息质量，我国《企业会计准则》根据几十年来会计实践的经验，同时借鉴国际惯例，规定了会计信息的八条质量要求。

(1) 可靠性(reliability)要求。可靠性要求是指企业应当以实际发生的交易或者事项为依据进行确认、计量和报告，如实反映符合确认和计量要求的各项会计要素及其他相关信息，保证会计信息真实可靠、内容完整。

可靠性是对会计信息质量的一项基本要求。因为财务报告所提供的会计信息是投资者、债权人等的决策依据，如果财务信息不能真实反映企业的经济活动的实际情况，势必无法满足有关方面了解企业财务状况和经营成果以进行决策的需要，甚至可能导致错误的决策。

(2) 相关性(relevance)要求。相关性要求是指企业提供的会计信息应当与财务报告使用者的经济决策需要相关，有助于财务报告使用者对企业过去、现在或者未来的情况作出评价或者预测。

会计信息的价值，关键是看其与使用者的决策需要是否相关，是否有助于决策或者提高决策水平。相关的会计信息应当有助于使用者评价企业过去的决策，证实或者修正过去的有关预测，因而具有反馈价值。相关的会计信息还应当具有预测价值，有助于使用者根据财务报告所提供的会计信息预测企业未来的财务状况、经营成果和现金流量。

(3) 可理解性(understandability)要求。可理解性要求是指企业提供的会计信息应当清晰明了，便于财务报告使用者理解和使用。

企业编制财务报告、提供财务信息的目的在于使用，而要让使用者有效地使用会计信息，应当让其了解会计信息的内涵，弄懂会计信息的内容，这就要求财务报告所提供的会计信息清晰明了、易于理解。只有这样，才能提高会计信息的有用性，实现财务报告目标，满足使用者对提供决策有用信息的要求。

(4) 可比性(comparability)要求。可比性要求是指企业提供的会计信息应当具有可比性。可比性主要包括以下两层含义。

一是同一企业对于不同时期发生的相同或者相似的交易或者事项，应当采用一致的会计政策，不得随意变更。当然，满足会计信息可比性的要求，并不表明不允许企业变更会计政策，企业按照规定或者会计政策变更后可以提供更可靠、更相关的会计信息时，就有必要变更会计政策，以向使用者提供更为有用的信息，但是有关会计政策变更的情况，应当在附注中予以说明。

二是不同企业发生的相同或者相似的交易或者事项,应当采用规定的会计政策,确保会计信息口径一致、相互可比,即对于相同或者相似的交易或者事项,不同企业应当采用一致的会计政策,以使不同企业按照一致的确认、计量和报告基础提供有关会计信息。

(5) 实质重于形式(substance over form)要求。实质重于形式要求是指企业应当按照交易或者事项的经济实质进行会计确认、计量和报告,不应仅以交易或者事项的法律形式为依据。如果企业仅仅以交易或者事项的法律形式为依据进行会计确认、计量和报告,那么就容易导致会计信息失真,无法如实反映经济现实和实际情况。

企业发生的交易或事项在多数情况下其经济实质和法律形式是一致的,但在有些情况下也会出现不一致。遵循实质重于形式要求,体现了对经济实质的尊重,能够保证会计核算信息与客观经济事实相符。

(6) 重要性(materiality)要求。重要性要求是指企业提供的会计信息应当反映与企业财务状况、经营成果和现金流量有关的所有重要交易或者事项。

企业会计信息的省略或者错报会影响使用者据此作出经济决策,所以企业会计信息就具有重要性要求。重要性的应用需要依赖职业判断,企业应当根据其所处环境和实际情况,从项目的性质和金额大小两方面判断其重要性。

(7) 谨慎性(conservatism)要求。谨慎性要求是指企业对交易或者事项进行会计确认、计量和报告时应当保持应有的谨慎,不应高估资产或者收益、低估负债或者费用。

会计信息质量的谨慎性要求,需要企业在面临不确定性因素的情况下作出职业判断时,保持应有的谨慎,充分估计到各种风险和损失,既不高估资产或收益,也不低估负债或费用。

但是,谨慎性的应用并不允许企业设置秘密准备,如果企业故意低估资产或者收益,或者故意高估负债或者费用,这将不符合会计信息的可靠性和相关性要求,损害会计信息质量,扭曲企业实际的财务状况和经营成果,从而对使用者的决策产生误导,这是会计准则所不允许的。

(8) 及时性(timeliness)要求。及时性要求是指企业对于已经发生的交易或者事项,应当及时进行确认、计量和报告,不得提前或者延后。

在会计确认、计量和报告过程中贯彻及时性,一是要求及时收集会计信息,即在经济交易或者事项发生后,及时收集整理各种原始单据或者凭证;二是要求及时处理会计信息,即按照会计准则的规定,及时对经济交易或者事项进行确认或者计量,并编制财务报告;三是要求及时传递会计信息,即按照国家规定的有关时限,及时地将编制的财务报告传递给财务报告使用者,便于其及时使用和决策。

5) 会计要素及其确认

各会计要素的具体内容及其确认前已述及。

6) 财务报告

财务报告又称财务会计报告,是指企业对外提供的反映企业某一特定日期的财务状况和某一会计期间的经营成果、现金流量等会计信息的文件。财务报告包括财务报表和其他应当在财务报告中披露的相关信息和资料。

财务报表至少应当包括资产负债表、利润表、现金流量表等报表及其附注。小企业编制的财务报表可以不包括现金流量表。

其中,资产负债表是反映企业在某一特定日期(月末、季末、半年末、年末)财务状况的报表。利润表是反映企业在一定会计期间生产经营成果的会计报表。现金流量表是反映企业一定会计期间现金和现金等价物流入、流出的会计报表。所有者权益变动表是指反映构成所有者权益各组成部分当期增减变动情况的会计报表。附注是财务报表不可或缺的组成部分,是对资产负债表、利润表、现金流量表和所有者权益变动表等报表中列示项目的文字描述或明细资料,以及对未能在这些报表中列示项目的说明等。

具体内容详见"项目12 财务报表编制"。

2．具体会计准则

具体会计准则是指确认、计量和报告某一会计主体的具体业务对财务状况和经营成果的影响时所应遵循的准则。具体会计准则是根据基本会计准则的要求,针对具体的交易或者事项会计处理的规范。在我国企业会计准则体系中,具体会计准则包括存货、长期股权投资、投资性房地产、固定资产等具体准则。按其所规范的内容可以分为以下三大类。

（1）一般业务准则,主要规范各类企业普遍适用的一般经济业务的确认和计量,如存货、投资、固定资产、无形资产、资产减值、借款费用、收入、外币折算等准则项目。

（2）特殊行业的特定业务准则,主要规范特殊行业中特定业务的确认和计量,如石油天然气开采、农业、金融工具和保险合同等准则项目。

（3）报告准则,主要规范普遍适用于各类企业通用的报告类的准则,如现金流量表、合并财务报告、中期财务报告、分部报告等准则项目。

3．会计准则应用指南

会计准则应用指南是为促进新企业会计准则的顺利实施,对会计准则正文的进一步解释、说明,对具体准则的一些重点、难点问题作出的操作性规定,指导企业会计处理。对于全面贯彻执行新会计准则具有重要的指导作用,为投资者提供更加有价值的信息具有全面的保障作用,对于建设与国际趋同的新准则具有划时代的重要意义。

4．会计准则解释公告

会计准则解释公告是随着企业会计准则的贯彻实施,就实务中遇到的实施问题而对准则作出的具体解释。

## 1.2.3 《小企业会计准则》认知

《小企业会计准则》于2011年10月18日由中华人民共和国财政部以财会〔2011〕17号印发。该准则分总则、资产、负债、所有者权益、收入、费用、利润及利润分配、外币业务、财务报表、附则10章90条,自2013年1月1日起施行。财政部2004年发布的《小企业会计制度》（财会〔2004〕2号）予以废止。

为贯彻落实《中华人民共和国中小企业促进法》和《国务院关于进一步促进中小企业发展的若干意见》（国发〔2009〕36号）,工业和信息化部、国家统计局、发展改革委、财政部研究制定了《中小企业划型标准规定》（工信部联企业〔2011〕300号）。中小企业划分为中型、小型、微型三种类型,具体标准根据企业从业人员、营业收入、资产总额等指标,结合行业特点制定。

《小企业会计准则》适用于在中华人民共和国境内依法设立的、符合《中小企业划型标准规定》中所规定的小型企业标准的企业。

目前,企业会计标准体系基本建成,并在大、中、小型企业全面实施,管理会计体系已列为今后会计改革与发展的重点方向。

## 课后练习

### 一、判断题

1. 管理会计与财务会计相同,受统一的会计准则等法规的约束,在统一的会计准则的约束下,为会计信息的使用者提供信息服务。（    ）
2. 明确会计主体可确定会计核算的范围。（    ）
3. 会计核算的可比性要求同一会计主体在不同时期尽可能采用相同的会计程序和会计处理方法,以便于不同会计期间会计信息的纵向比较。（    ）
4. 会计核算谨慎性要求,一般是指对可能发生的损失和费用应当合理预计,对可能实现的收益不预计,但对很可能实现的收益应当预计。（    ）
5. 某一会计事项是否具有重要性,在很大程度上取决于会计人员的职业判断。对于同一会计事项,在某一企业具有重要性,在另一企业则不一定具有重要性。（    ）
6. 企业采用的会计政策前后各期应保持一致,一经选定则不得变更。（    ）
7. 按照我国《企业会计准则》的规定,企业应当以权责发生制为基础进行会计确认、计量和报告。（    ）
8. 企业在一定期间发生亏损,则企业在这一会计期间的所有者权益总额一定减少。（    ）
9. 如果某项资产不能再为企业带来经济利益,即使是企业拥有或者控制的,也不能作为企业的资产在资产负债表中列示。（    ）
10. 利润是企业在日常活动中取得的经营成果,因此它不应包括企业在偶发事件中产生的利得和损失。（    ）
11. 流动负债和非流动负债是以一年为划分依据的。（    ）
12. 财务会计报告包括会计报表及其附注和其他应当在财务会计报告中披露的相关信息和资料。（    ）

### 二、单项选择题

1. 财务会计报告的目标是（    ）。
   A. 企业利润最大化
   B. 股东利益最大化
   C. 为企业外部使用者提供会计信息,反映企业管理层受托责任的履行情况
   D. 为企业内部和外部使用者提供共享的会计信息

2. 在会计核算的基本前提中,既是企业会计处理方法和程序的前提条件,也是企业会计处理方法和程序保持稳定的基本假设是（    ）假设。
   A. 会计主体        B. 会计分期        C. 持续经营        D. 货币计量

3. 下列不属于资产特征的是（    ）。
   A. 资产必须是由过去的交易、事项形成并由企业拥有或控制的经济资源
   B. 资产必须具有一定的实物形态

C. 资产作为一项资源,它必须具有能为企业带来经济利益的能力
D. 资产作为一项资产,应当能以货币计量其价值

4. 下列项目中,能引起负债和所有者权益同时发生变动的是(　　)。
A. 摊销无形资产价值　　　　　　B. 计提坏账准备
C. 董事会通过现金股利分配方案　　D. 盈余公积转增资本

5. 企业采用的会计处理方法不能随意变更,是依据会计信息质量要求的(　　)要求。
A. 一贯性　　B. 可比性　　C. 客观性　　D. 重要性

6. 下列项目中,能够引起负债和所有者权益同时变动的是(　　)。
A. 盈余公积转增资本
B. 股东大会通过董事会提出的分派现金股利方案
C. 董事会宣告分派股票股利
D. 无形资产摊销

7. 下列各项中,体现谨慎性要求的是(　　)。
A. 存货采用历史成本计价　　　　B. 应收账款计提坏账准备
C. 当期销售收入与费用配比　　　D. 无形资产摊销

8. 下列各项中,不属于会计核算信息质量要求的是(　　)。
A. 会计核算方法一经确定不得变更
B. 会计核算应当注重交易或事项的实质
C. 会计核算应当以实际发生的交易或事项为依据
D. 企业提供的会计信息应当清晰明了,便于财务报告使用者理解和使用

9. 下列各项中,符合收入会计要素定义,可以确认为收入的是(　　)。
A. 出售无形资产收取的价款　　　B. 出售固定资产收取的价款
C. 出售原材料收取的价款　　　　D. 出售长期股权收取的价款

10. 甲公司于20×1年3月销售商品一批,增值税发票已经开出,商品已经发出,已经办妥托收手续,但此时得知对方企业在一次交易中发生重大损失,财务发生困难,短期内不能支付货款。为此甲公司本月未确认收入。本例遵循的会计信息质量要求是(　　)要求。
A. 实质重于形式　　B. 相关性　　C. 可比性　　D. 重要性

11. 企业提供的会计信息应有助于财务会计报告使用者对企业过去、现在或者将来的情况作出评价或者预测,这体现了会计核算质量要求的(　　)。
A. 相关性　　B. 可靠性　　C. 可理解性　　D. 可比性

12. 我国《企业会计准则》规定,企业会计的确认、计量和报告应当以(　　)为基础。
A. 权责发生制　　B. 实地盘存制　　C. 永续盘存制　　D. 收付实现制

### 三、多项选择题

1. 会计信息的使用者主要包括(　　)。
A. 企业管理当局　　B. 政府部门　　C. 出资者　　D. 债权人

2. 下列各项中,属于会计基本假设的有(　　)假设。
A. 历史成本　　B. 持续经营　　C. 会计主体　　D. 会计分期

3. 下列组织可以作为一个会计主体进行核算的有(　　)。
A. 某一独立核算的生产车间　　B. 销售部门

C. 分公司  D. 母公司及其子公司组成的企业集团

4. 下列经济业务事项会计处理的方法,依据"资产"定义进行会计处理的有( )。
   A. 期末对外提供报告前,将待处理财产损失予以转销
   B. 计提各项资产减值准备
   C. 已霉烂变质的存货,将其账面价值一次转入管理费用
   D. 将预期不能给企业带来经济利益的无形资产全部转入当期损益

5. 下列事项中,可以引起所有者权益减少的有( )。
   A. 以低于成本价销售产品           B. 用盈余公积弥补亏损
   C. 宣告分配利润                   D. 宣布发放股票股利

6. 下列业务中,( )可以引起资产与所有者权益总额同时发生增减变化。
   A. 计提盈余公积                   B. 接受资产捐赠
   C. 计提长期债券投资利息           D. 分配现金股利

7. 关于收入会计要素,下列说法中正确的有( )。
   A. 收入可能表现为企业资产的增加
   B. 收入可能表现为企业负债的减少
   C. 若收入表现为企业负债的减少,就一定不会表现为企业资产的增加
   D. 收入只含本企业经济利益流入,而不含为第三方或客户代收的款项

8. 客观性要求( )。
   A. 内容真实    B. 数字准确    C. 资料可靠    D. 对应关系清楚

9. 可比性要求( )。
   A. 企业提供的会计信息应当具有可比性
   B. 同一企业不同时期发生的相同或者相似的交易或者事项,应当采用一致的会计政策,不得随意变更
   C. 不同企业发生的相同或者相似的交易或者事项,应当采用规定的会计政策,确保会计信息口径一致、相互可比
   D. 企业对于已经发生的交易或者事项,应当及时进行会计确认、计量和报告,不得提前或者延后

10. 相关性要求会计报表的信息应该满足( )。
    A. 企业加强内部经营管理的需要    B. 投资者进行投资决策的需要
    C. 潜在投资者进行投资决策的需要  D. 债权人进行信贷决策的需要

11. 关于会计确认,下列说法中正确的有( )。
    A. 会计确认的条件之一是与该项目有关的经济利益很可能流入或流出企业
    B. 如果公司所售的商品完全满足合同要求,同时没有其他例外情况发生,公司能够在未来某一时日完全收回款项,则表明该项应收账款所包含的经济利益很可能流入企业
    C. 若某项目有关的经济利益能够可靠地计量,则意味着该项目不需要进行估计
    D. 企业自创的商誉应作为无形资产核算

12. 会计计量属性主要包括( )。
    A. 历史成本    B. 重置成本    C. 可变现净值    D. 现值    E. 公允价值

# 货币资金核算

项目2
Xiangmu 2

## 技能目标

1. 能正确识别并按规范要求填写票据和结算凭证。
2. 基本会办理出纳岗位的现金及票据结算业务。
3. 能按照规范流程和方法进行库存现金、银行存款和其他货币资金等业务的账务处理。

## 知识目标

1. 熟悉《现金管理办法》《人民币银行结算账户管理办法》《支付结算办法》《中华人民共和国外汇管理条例》等与货币资金管理相关的财经法规。
2. 熟悉各类银行结算方式的结算程序、票据的结算与传递方法。
3. 掌握货币资金业务的会计核算方法。熟悉银行结算业务中不同方式的结算程序、票据填开与传递方法。

## 案例导入

20×1年12月,某高校会计专业毕业生张英到甲工厂出纳岗位进行顶岗实习。该企业12月银行存款月初余额为81 000元,库存现金余额为1 000元。12月发生如下相关经济业务。

(1) 3日,开出现金支票,从银行提取现金1 000元。

(2) 5日,采购员张某出差到天津购买材料,预借差旅费800元,开出现金支票支付。

(3) 6日,厂部管理人员参加市内业务会议,报销交通费80元,经确认可抵扣增值税2.33元。

(4) 10日,开出转账支票付给某工厂材料款共6 780元。其中材料价款6 000元,增值税税款780元。

(5) 12日,向五金商店购入辅助材料一批,价款200元,以转账支票付讫,取得普通发票。

(6) 15日,厂部报销购买办公用品费用25元,以现金支付,未取得增值税抵扣单据。

(7) 17日,出售废料收到现金20元。

(8) 19 日,通过银行汇款至武汉 15 000 元,开立采购专户。

(9) 23 日,银行转来委托收款结算收款通知,收到湖南支付的货款 22 600 元。其中价款 20 000 元,增值税税款 2 600 元。

(10) 24 日,开出现金支票 40 000 元,从银行提取现金,备发工资。

(11) 24 日,以现金 15 000 元,支付职工工资。

(12) 25 日,采购员张某报销差旅费 700 元,余款退回,其中可抵扣增值税税款 44.81 元。

(13) 27 日,银行转来自来水公司托收承付结算凭证支款通知和有关凭证,支付厂部耗用水费 700 元及增值税税款 57.80 元。

(14) 30 日,工厂以银行存款支付电话费 200 元,取得增值税专用发票注明税款 16.51 元。

请问:张英应如何根据上述经济业务编制相应的会计分录并逐笔登记"库存现金日记账"和"银行存款日记账"?

### 知识链接 2-1　　货币资金管理和控制的原则

任何企业要进行生产经营活动都必须拥有货币资金。货币资金(currency funds)是指企业在生产经营过程中直接以货币形态存在的那部分经营资金。根据货币资金的存放地点及用途的不同,货币资金分为库存现金、银行存款及其他货币资金。货币资金是流动性最强的一项资产,是流动资产的重要组成部分,并且是唯一能够直接转化为其他任何资产形态的流动资产,也是唯一能够代表企业现实购买水平的资产。

企业在组织和进行生产经营的过程中,有关商品或服务的购买和销售、款项的支付和收取、工资和费用的支付、税金的缴纳、利润的上缴以及银行借款的借入和偿还等业务,都必须通过货币资金来进行。就会计核算而言,货币资金的核算并不复杂,但由于货币资金具有高度的流动性,因此,企业在组织会计核算过程中,必须遵循以下原则:一是严格职责分工,即将涉及货币资金不相容的职责分别由不同的人员担任,形成严密的内部牵制制度;二是实行交易分开处理,即将现金支出和现金收入业务分开进行处理;三是实施内部稽核,即设置内部稽核制度,以加强对货币资金的监督;四是实施定期轮岗制度,即对涉及货币资金和控制的业务人员定期轮换岗位。总之,加强货币资金的内部控制,对于保障企业资产安全完整,提高货币资金周转速度和使用效益,具有重要意义。

## 任务 2.1　库存现金核算

### 2.1.1　现金管理的主要内容

现金的概念有广义和狭义之分。广义的现金是指库存现金(cash)、银行存款(bank deposit)和其他符合现金特征的票证;狭义的现金仅指企业的库存现金,包括库存纸币和硬币。我国会计界所界定的现金概念,通常是指狭义的现金即库存现金,是指存放在企业财会部门由出纳人员经管的那部分货币资金。其目的是满足企业日常的零星开支。在企业所拥有的资产中,现金的流动性最强。现金不仅具有普遍的可接收性和流动频繁的特点,而且极易发生差错或被挪用、侵吞、盗窃。因此,企业必须加强现金的管理和内部控制。

我国对各企事业单位的现金管理作了明确规定,要求各企事业单位必须按照这些规定使用和保管现金。根据国务院发布的《现金管理暂行条例》的规定,现金管理制度主要包括以下内容。

### 1. 库存现金的使用范围

企业、事业单位在经济往来中的结算业务,直接用现金收付的叫现金结算。企业可在下列范围内使用现金。

(1) 职工工资、津贴。

(2) 个人劳务报酬。

(3) 根据国家规定发给个人的各种奖金。

(4) 各种劳保、福利费用以及国家规定的对个人的其他支出。

(5) 向个人收购的农副产品和其他物资的价款。

(6) 出差人员必须随身携带的差旅费。

(7) 中国人民银行规定结算起点(1 000元)以下的零星支出。

(8) 中国人民银行确定的需要支付现金的其他支出。

超出上述范围的一切经济往来,企业应通过开户银行予以结算,即转账结算。转账结算与现金结算具有同等效力。企业购买国家规定的专控商品,须采取转账方式,不得以现金结算。

### 2. 库存现金的限额管理

为了加强企业现金的日常收支管理,企业应严格控制库存现金的限额。这一限额由开户银行核定,一般为企业3～5天的日常零星开支所需的库存现金。边远地区和交通不便地区的企业,库存现金限额可以多于5天,但不得超过15天的日常零星开支。企业必须严格遵守核定的库存现金限额,超过限额的现金,应当于当日送存开户银行。当日送存确有困难由开户银行确定送存时间。

### 3. 现金日常收支的管理

企业在办理有关现金收支业务时,应当依照下列规定进行办理。

(1) 企业现金收入的主要来源,是零售商品的销售收入、各种业务收入以及其他的零星收入。企业现金收入应当于当日送存银行,当日送存确有困难的由银行确定时间。企业一般不得从本单位的现金收入中直接支付现金(即坐支)。

(2) 企业根据规定从开户银行提取现金,应当写明用途,由本单位财会部门负责人签字。经过开户银行审核后,予以支付现金。

(3) 企业不准以不符合财务制度的凭证顶替库存现金,即不得"白条抵库";不准谎报用途套取现金;不准将银行账户代其他单位和个人存入或支取现金;不准将企业收入的现金以个人名义存入储蓄,即不得"公款私存";不准保留账外公款,即不得设置"小金库"等。

(4) 出纳人员应定期编制"现金收入报表",反映本企业收入款项情况。定期编制"现金支出报表",可按照各项费用分类,也可按部门分类反映费用支出,通过现金支出管理加强费用管理。

**4. 企业现金的内部控制制度**

一个有效的内部控制制度,不允许由单独一人自始至终地操纵和处理一笔业务的全过程,必须在各个独立的岗位之间有明确、合理的分工。企业库存现金收支与保管应由出纳人员负责,经营现金的出纳人员不得兼管收入、费用、债权、债务等账簿的登记工作,以及会计档案保管工作。企业的出纳人员应定期进行轮换,不得一人长期从事出纳人员工作。对企业的库存现金,出纳人员应做到日清月结,由财务主管人员进行抽查与稽核,发现的溢缺,必须查明原因并按规定进行处理,以保证现金的正确使用和安全完整。

企业的所有现金收付业务,首先都必须办理凭证手续,即取得或填制证明收付款的原始凭证并由主管会计人员或其指定人员审核后,方可据以填制现金收款凭证或现金付款凭证。对现金收付的交易必须根据原始凭证编制收款或付款凭证并在原始凭证盖上"现金收讫"与"现金付讫"章。对于不真实、不合法的原始凭证不予受理;对记载不明确、手续不完善的原始凭证应退回给经办人,要求其更正或补办手续。

## 2.1.2 库存现金收付的账务处理

为核算和监督库存现金的收入、支出和结存情况,企业应设置"库存现金"账户,分别进行企业库存现金的总分类核算和明细分类核算。"库存现金"账户属于资产类,借方登记现金收入的金额,贷方登记现金支出的金额,期末借方余额表示企业实际持有的库存现金。

**1. 库存现金收付的总分类核算**

库存现金总账由负责总账的财会人员进行总分类核算,可以根据现金收付款凭证和银行存款、付款凭证直接登记。如果企业日常现金收支量较大,为了简化核算工作,可以根据实际情况,采用科目汇总表或汇总记账凭证的核算形式,根据科目汇总表或汇总记账凭证定期或月终登记。

企业收入现金时,借记"库存现金"账户,贷记相关账户;支出现金时,借记相关账户,贷记"库存现金"账户。

**【例 2-1】**

某企业 20×1 年 2 月发生了部分现金收付业务,请编制相应的会计分录。

该企业应作会计分录如下。

(1) 2 月 14 日,企业行政管理部门报销办公用品费 700 元,未取得可抵扣增值税税款的凭证。

  借:管理费用        700
    贷:库存现金        700

(2) 2 月 14 日,采购员张力外出采购,预借差旅费 2 000 元。

  借:其他应收款——张力    2 000
    贷:库存现金        2 000

(3) 2 月 16 日,张力出差回来,经审核,报销差旅费 1 800 元(假定不考虑相关税费)。

  借:库存现金        200
     管理费用        1 800
    贷:其他应收款——张力    2 000

## 2. 库存现金收付的明细分类核算

为了加强对现金的管理与核算，系统地了解现金收付的动态，企业库存现金的收付业务除了要进行总分类核算外，还要进行明细分类核算。企业应设置"现金日记账"，并由出纳人员每日根据审核无误的收付款凭证，按照业务发生的先后顺序，逐日逐笔进行登记。每日终了，应当计算当日的现金收入合计数、现金支出合计数和结余数，并将结余数与实际库存数核对，做到账款相符。每月终了，应将"现金日记账"当月最后一天的余额与"现金"总分类账借方余额核对相符。

## 3. 定额备用金制度及其核算

现金内部控制制度要求企业必须每天将现金收入全部、及时地解缴银行，又要求企业对每笔现金支出在经过严格的审批手续后用支票支付。但企业在日常经营过程中会频繁地发生小额零星支出，这些日常小额零星支出不便或不必经过逐级审核、审批及逐项签发支票的手续，根据重要性原则，可以建立定额备用金制度，以满足企业内部单位或人员经常使用现金的日常零星开支的需要。

采用定额备用金制度的企业，一般应事先由会计部门根据实际需要提出一笔金额固定的备用金。备用金采用先领后用、用后报销的办法，即由会计部门根据企业内部各单位或人员日常零星开支的需要，预先付给一定数额的现金，支出以后凭单据向会计部门报销。这就要求在使用备用金的过程中，负责备用金的经营人员必须将其所支付事项的凭证收据、发票及各种用途的报销凭证妥善保管，以按规定间隔日期或在备用金金额不敷周转时，凭有关各种凭证向会计部门报销，补足备用金达到规定的固定金额。

企业备用金的会计处理，可通过"备用金"账户进行。由企业财务部门单独拨给企业内部各单位周转使用的备用金，借记"备用金"账户，贷记"库存现金"账户或"银行存款"账户。自备用金中支付零星支出，应根据有关的支出凭单，定期编制备用金报销清单，财务部门根据内部各单位提供的备用金报销清单，定期补足备用金，借记"管理费用"等账户，贷记"库存现金"账户或"银行存款"账户。除了增加或减少拨入的备用金外，使用或报销有关备用金支出时不再通过"备用金"账户核算。收回备用金时，借记"库存现金"账户，贷记"备用金"账户。

### 【例 2-2】

某企业的会计部门对总务部门的采购人员实行定额备用金制度。发生了下列经济业务，请编制相应的会计分录。

（1）会计部门付给总务部门定额备用金800元。应作会计分录如下。

借：备用金　　　　　　　　　　　　　　　　　800
　　贷：库存现金　　　　　　　　　　　　　　　　　800

（2）采购人员支付差旅费180元，文具用品费300元，书报费150元。然后将所保存的各笔支出的单据一次向会计部门报销，其报销和补足余额时应作会计分录如下（假定不考虑相关税费）。

借：管理费用　　　　　　　　　　　　　　　　630
　　贷：库存现金　　　　　　　　　　　　　　　　　630

（3）假定经管备用金的采购人员调动工作，会计部门收回定额备用金。该采购员持尚未报销的开支凭证600元和余款200元,到会计部门办理报销和交回备用金,应作会计分录如下(假定不考虑相关税费)。

　　借:管理费用　　　　　　　　　　　　　　　　600
　　　　库存现金　　　　　　　　　　　　　　　　200
　　　　贷:备用金　　　　　　　　　　　　　　　　　　800

(4)如果该项备用金没有继续设置的必要,则企业可以取消该项备用金。假定最后一次报销590元,并将多余现金210元交还给出纳,应作会计分录如下(假定不考虑相关税费)。

　　借:管理费用　　　　　　　　　　　　　　　　590
　　　　库存现金　　　　　　　　　　　　　　　　210
　　　　贷:备用金　　　　　　　　　　　　　　　　　　800

备用金经管人员一般应设置"备用金登记簿",用以记录各项零星开支。

## 2.1.3 库存现金清查的账务处理

为了加强对出纳工作的监督,及时、准确地反映库存现金的余额,防止各种不法行为的发生,确保库存现金的安全、完整,除了须实行钱、账分管,经常核对账目外,还应该经常对库存现金进行清查,做到日清月结,保证账款相符。库存现金的清查工作应由内部审计或稽核人员进行。

1. 库存现金清查核算的账户设置

为了核算企业在清查财产过程中查明的各种财产盘盈、盘亏和毁损的价值,应设置"待处理财产损溢"账户,该账户属于资产类,借方登记尚待处理的盘亏、毁损的各种材料、库存商品、固定资产的净损失,以及报经批准后处理的盘盈的各种材料、库存商品等的净溢余;贷方登记报经批准后的盘亏、毁损的各种材料、库存商品、固定资产等的净损失,以及尚待处理的盘盈的各种材料、库存商品等的净溢余;该账户处理前的借方余额反映企业尚未处理的各种财产的净损失;该账户处理前的贷方余额反映企业尚未处理的各种财产的净溢余。期末,经批准处理后该账户应无余额。该账户应可按盘盈、盘亏的资产种类和项目进行明细核算。

值得注意的是,企业清查的各种财产的损溢,应于期末前查明原因,并根据企业的管理权限,经股东大会或董事会、经理(厂长)会议等类似机构批准后,在期末结账前处理完毕。如清查的各种财产的损溢,在期末结账前尚未经批准的,在对外提供财务会计报告时先按上述规定进行处理,并在会计报表附注中作出说明;如果其后批准处理的金额与已处理的金额不一致,则调整会计报表相关项目的年初数。

2. 库存现金清查的账务处理

企业每日终了结算现金收支、财产清查等发现有待查明原因的现金短缺或溢余时,应通过"待处理财产损溢"账户核算。属于现金短缺,应按实际短缺的金额,借记"待处理财产损溢——待处理流动资产损溢"账户,贷记"库存现金"账户;属于现金溢余,按实际溢余的金额,借记"库存现金"账户,贷记"待处理财产损溢——待处理流动资产损溢"账户。待查明原因后作如下处理。

(1)如为库存现金短缺,属于应由责任人赔偿或保险公司赔偿的部分,计入其他应收款；属于无法查明的其他原因，计入管理费用。

(2) 如为库存现金溢余，属于应支付给有关人员或单位的，计入其他应付款；属于无法查明原因的，计入营业外收入。

### 【例 2-3】

企业清查库存现金发现库存现金短缺 180 元，原因待查。请编制相应的会计分录。

企业应作会计分录如下。

借：待处理财产损溢——待处理流动资产损溢　　　180
　　贷：库存现金　　　　　　　　　　　　　　　　　　　180

经查明原因，应由出纳员赔偿 50 元，其余 130 元经批准作为管理费用，应作会计分录如下。

借：其他应收款——应收现金短缺款（出纳员）　　50
　　管理费用——现金短缺　　　　　　　　　　　　130
　　贷：待处理财产损溢——待处理流动资产损溢　　　180

### 【例 2-4】

企业库存现金清查发现库存现金溢余 240 元，原因待查。请编制相应的会计分录。

企业应作会计分录如下。

借：库存现金　　　　　　　　　　　　　　　　　　240
　　贷：待处理财产损溢——待处理流动资产损溢　　　240

以后无法查明现金溢余原因，经批准后，转做营业外收入，应作会计分录如下。

借：待处理财产损溢——待处理流动资产损溢　　　240
　　贷：营业外收入——现金溢余　　　　　　　　　　240

综上所述，库存现金收入及库存现金支出的核算程序如图 2-1 和图 2-2 所示。

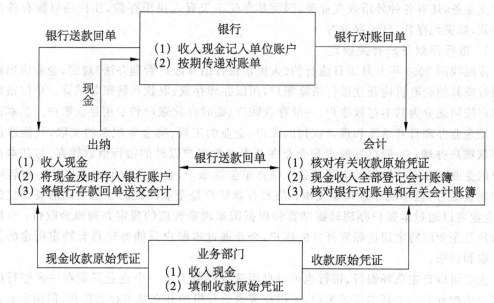

图 2-1　库存现金收入的核算程序

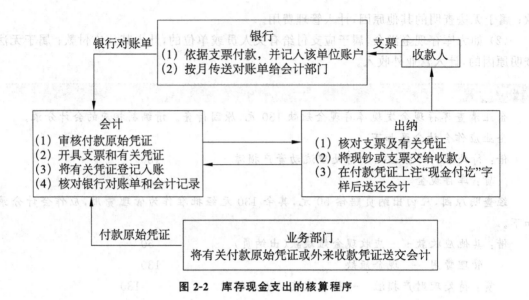

图 2-2 库存现金支出的核算程序

## 任务 2.2 银行存款核算

### 2.2.1 银行存款管理制度

银行存款是指企业存放在银行或其他金融机构的那部分货币资金。一般企业的银行存款是指人民币银行存款,而对于涉外企业,如外商投资企业、外贸企业等,由于不仅有人民币的收支业务,还有各种外币收支业务,因而其存款不仅有人民币存款,往往还可能有各种外币存款,如美元存款、日元存款等。

1. 银行存款开户有关规定

按照我国 2003 年 9 月 1 日施行的《人民币银行结算账户管理办法》规定,企业应当在当地银行或其他金融机构开立银行结算账户,用以办理存款、取款和转账等结算。单位银行结算账户按用途分为基本存款账户、一般存款账户、临时存款账户和专用存款账户。基本存款账户是企业办理日常结算和现金收付的账户,企业的工资、奖金等现金的支取,只能通过基本存款账户办理;一般存款账户是企业在基本存款账户以外的银行借款转存、与基本存款账户的企业不在同一地点的附属非独立核算单位的账户,企业可以通过本账户办理转账结算和现金缴存,但不能办理现金支取;临时存款账户是企业因临时经营活动需要开立的账户,企业可以通过本账户办理转账结算和根据国家现金管理的规定办理现金收付;专用存款账户是企业因特定用途需要开立的账户,企业通过本账户只能办理具有特定用途的款项的存取和转账。

企业可以自主选择银行,银行也可以自愿选择存款人。一个企业只能在一家银行的一个营业机构开立一个基本存款账户,不得在多家银行机构开立基本存款账户,但国家另有规定的除外;不得在同一家银行的几个分支机构开立一般存款账户。

企业在银行开立账户后,可到开户银行购买各种银行结算使用的凭证(如送款单、进账单、现金支票、转账支票等),用以办理银行存款的收付款项。

2. 银行结算纪律

企业通过银行办理支付结算时,应当认真执行国家各项管理办法和结算制度。

中国人民银行 1997 年 9 月 19 日颁布的《支付结算办法》规定了结算原则和结算纪律,保证结算活动的正常运行。结算原则:恪守信用,履约付款;谁的钱进谁的账,由谁支配;银行不垫款。结算纪律:单位和个人办理支付结算,不准签发没有资金保证的票据或远期支票,套取银行信用;不准签发、取得和转让没有真实交易和债权债务的票据,套取银行和他人资金;不准无理拒绝付款,任意占用他人资金;不准违反规定开立和使用账户。

3. 及时核对银行账户

企业应当及时核对银行账户,确保银行存款账面余额与银行对账单相符。对银行账户核对过程中发现的未达账项,应查明原因,及时处理。

### 2.2.2 银行支付结算

结算方式是指用一定的形式和条件来实现企业间或企业与其他单位和个人间货币收付的程序和方法,分为现金结算(cash settlement)和支付结算(payment and settlement)两种。企业除按规定的范围使用现金结算外,大部分货币收付业务应使用支付结算。

根据中国人民银行有关支付结算办法的规定,目前企业发生的货币资金收付业务可以采用以下几种结算方式,通过银行办理转账结算。它们的基本规定和会计处理不尽相同。

1. 银行汇票

1) 定义及适用范围

银行汇票(bank draft)是汇款人将款项交存当地银行,由银行签发给汇款人持往异地办理转账结算或支取现金的票据。银行汇票具有使用灵活、票随人到、兑现性强等特点,是方便企事业单位和个人以满足其异地采购活动等需要而创设的一种支付结算工具。适用于单位和个人之间的商品交易和劳务供应以及其他异地款项的结算。其结算程序如图 2-3 所示。

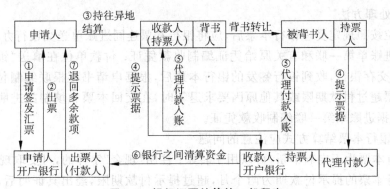

图 2-3 银行汇票结算的一般程序

2) 账务处理方法

收款单位应根据银行的进账通知和有关的原始凭证编制收款凭证;付款单位应在收到

银行签发的银行汇票后,根据"银行汇票委托书"(存根)联编制付款凭证。如有多余款项或因汇票超过付款期等原因而退款时,应根据银行的多余款进账通知编制收款凭证。

3) 采用银行汇票结算方式应注意的问题

(1) 银行汇票的提示付款期为一个月,超过提示付款期限,经出具证明后,仍可以请求出票银行付款。银行汇票见票即付。填明"现金"字样和代理付款行的银行汇票丢失,失票人可以向银行申请挂失,或者向法院申请公示催告或提起诉讼;但未填明"现金"字样和代理付款行的银行汇票丢失不得挂失。

(2) 银行汇票一律记名,可以背书转让。背书是指在票据背面或者粘单上记载有关事项并签章的票据行为。背书是转让票据权利的重要方式,它的产生是票据成为流通证券的一个标志。

(3) 银行汇票的汇款金额起点为 500 元。

2. 银行本票

1) 定义及适用范围

银行本票(casher's check)是指申请人将款项交存银行,由银行签发给申请人凭以办理转账结算或支取现金的票据。单位和个人在同城范围内的商品交易和劳务供应以及其他款项的结算可采用这种方式。其结算程序如图 2-4 所示。

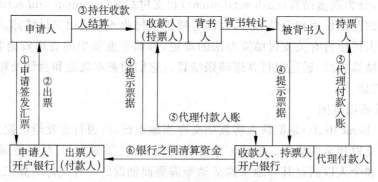

图 2-4 银行本票结算的一般程序

2) 账务处理方法

收款单位按照规定受理银行本票后,应将银行本票连同进账单送交银行办理转账,根据盖章退回的进账单第一联和有关原始凭证编制收款凭证;付款单位在填送"银行本票申请书"并将款项交存银行,收到银行签发的银行本票后,根据申请书存根联编制付款凭证。企业因银行本票超过付款期限或其他原因要求退款时,在交回本票和填制的进账单经银行审核盖章后,根据进账单第一联编制收款凭证。

3) 采用银行本票结算方式应注意的问题

(1) 银行本票为不定额本票,可以用于转账;注明"现金"字样的,可支取现金。

(2) 银行本票的提示付款期为两个月,超过提示付款期限,经出具证明后,仍可请求出票银行付款。

(3) 银行本票见票即付,资金转账速度是所有票据中最快、最及时的。可以背书转让,但填明"现金"字样的银行本票不得背书转让。不予挂失,对银行本票应视同现金,应妥善保管。

3. 商业汇票

1) 定义及适用范围

商业汇票(commercial draft)是指收款人或付款人(或承兑申请人)签发,由承兑人承兑并于到期日向收款人或被背书人支付款项的票据。承兑是指汇票付款人承诺在汇票到期日支付汇票金额的票据行为,是汇票中所特有的。商业汇票使商业信用票据化,具有稳定、可靠、兑现性强等特点。商业汇票适用于同城或异地在银行开立存款账户的法人以及其他组织之间,订有购销合同的商品交易的款项结算(必须具有真实的交易关系或债权债务关系)。

2) 采用商业汇票结算方式应注意的问题

(1) 承兑人即付款人员有到期无条件支付票款的责任。

(2) 对信用不好的客户应慎用或不用商业汇票结算方式。

(3) 商业汇票一律记名。允许背书转让,但背书应连续。

(4) 商业汇票的承兑期限由交易双方商定,但最长不得超过6个月。商业汇票的提示付款期限自汇票到期日起10日内。付款人应当自收到提示承兑的汇票之日起3日内承兑或者拒绝承兑。付款人拒绝承兑的,必须出具拒绝承兑的证明。

3) 商业汇票的分类及账务处理方法

商业汇票分为商业承兑汇票(commercial acceptance)和银行承兑汇票(bank acceptance)。商业承兑汇票由银行以外的付款人承兑。银行承兑汇票由银行承兑。商业汇票的付款人为承兑人。

(1) 商业承兑汇票。它是指由收款人签发,付款人承兑,或由付款人签发并承兑的票据。商业承兑汇票按双方约定签发。由收款人签发的商业承兑汇票应交付款人承兑,由付款人签发的商业承兑汇票应经本人承兑。付款人须在商业承兑汇票正面签署"承兑"后,将商业承兑汇票交给收款人。在实务中,一般以由付款人签发的商业承兑汇票居多。其结算程序如图2-5所示。

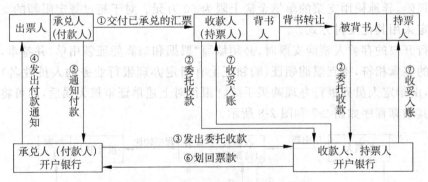

图2-5 商业承兑汇票结算的一般程序

采用商业承兑汇票结算方式,付款人应于汇票到期前将款项足额存到银行,银行在到期日凭票将款项划转给收款人、被背书人或贴现银行。如到期日付款人账户存款不足支付票款,开户银行不承担付款责任,将汇票退回收款人、被背书人或贴现银行,由其自行处理,并对付款人处以罚款。

商业承兑汇票的账务处理方法:收款单位凭银行盖章的进账通知编制收款凭证,付款单位凭承兑汇票委托书存根联编制付款凭证。

(2) 银行承兑汇票。它是指由收款人或承兑申请人签发,并由承兑申请人向开户银行申请,经银行审查同意承兑的票据。其结算程序如图 2-6 所示。

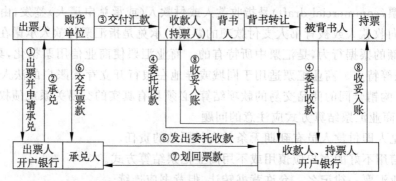

图 2-6　银行承兑汇票结算的一般程序

采用银行承兑汇票结算方式,承兑申请人应持购销合同向开户银行申请承兑,银行按有关规定审查同意后,与承兑申请人签订承兑协议,在汇票上盖章并按票面金额收取一定的手续费。承兑申请人应于到期前将票款足额交存银行。到期未能存足票款的,承兑银行除凭票向收款人、被背书人或贴现银行无条件支付款项外,还将按承兑协议的规定,对承兑申请人执行扣款,并将未扣回的承兑金额作为逾期贷款,同时收取一定的罚息。

银行承兑汇票的账务处理方法:收款单位凭银行盖章的进账通知编制收款凭证,付款单位凭银行承兑汇票委托书存根联编制付款凭证。

4. 支票

1) 定义及适用范围

支票(check)是指银行的存款人签发给收款人办理结算或委托开户银行将款项支付给收款人的票据。支票适用于全国各单位之间的商品交易、劳务供应及其他款项的结算。为防范支付风险,异地使用支票的单笔金额上限为 50 万元。对于超过规定限额的支付,收、付款人可约定采用其他支付方式。

在银行开户的存款人领购支票时,必须填写"票据和结算凭证领用单"并签章,签章应与预留银行的签章相符,持支票购领证(购领证上有指定办理银行业务的人员姓名)及指定人员身份证,由指定人员到银行办理购买手续。银行对上述单证审核无误后,即可将支票售给存款人。其结算程序如图 2-7 和图 2-8 所示。

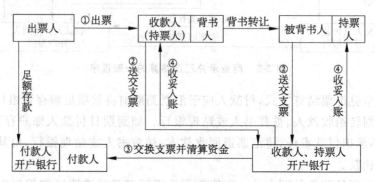

图 2-7　收款人持票办理结算的一般程序

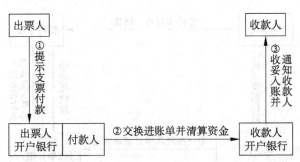

图 2-8　出票人持票委托开户行将付款项划转给收款人结算的一般程序

2）账务处理方法

收款单位对于收到的支票,应在收到支票的当日填制进账单连同支票送交银行,根据银行盖章退回的进账单第一联和有关的原始凭证编制收款凭证;对于付出的支票,应根据支票存根和有关原始凭证编制付款凭证。

3）采用支票结算方式应注意的问题

（1）支票分为现金支票、转账支票和普通支票。现金支票只能用于支取现金;转账支票只能用于转账;支票上未印有"现金"或"转账"字样的为普通支票,普通支票可以用于支取现金,也可以用于转账。在普通支票左上角画两条平行线的,为画线支票,画线支票只能用于转账,不得支取现金。

（2）支票一律记名。中国人民银行总行批准的地区转账支票可以背书转让。

（3）支票见票即付,但支票持票人委托其开户银行向付款人提示付款的,进账时间为经过同城票据交换系统将票款划回的时间。支票的提示付款期限为自出票日起 10 日内,中国人民银行另有规定的除外。超过提示付款期的,持票人开户银行不予受理,付款人不予付款。

（4）不准签发空白支票。签发支票,不能超过银行存款的余额,超过的即为"空头支票",银行将予以退票,并处以票面金额 5% 但不低于 1 000 元的罚款。

5. 信用卡

1）定义及适用范围

信用卡(credit card)是指商业银行向个人和单位发行的,凭以向特约单位购物、消费和向银行存取现金,且具有消费信用的特制载体卡片。凡在中国境内金融机构开立基本存款账户的单位可申领单位卡。信用卡按使用对象分为单位卡和个人卡,按信誉等级分为金卡和普通卡。其结算程序如图 2-9 所示。

2）采用信用卡结算方式应注意的问题

（1）单位卡可申领若干张,持卡人资格由申领单位法定代表人或其委托的代理人书面指定和注销。申领信用卡时,企业应按规定填写申请表,连同有关资料一并送发卡银行。符合条件并按银行要求交存一定金额备用金后,银行为申领人开立信用卡存款账户,并发给信用卡。

（2）持卡人不得出租或转借信用卡。单位卡账户的资金一律从其基本存款账户转账存入,在使用过程中,需要向其账户续存资金的,也一律从其基本存款账户转账存入,不得交存现金,不得将销货收入的款项存入该账户。单位卡一律不得用于 10 万元以上的商品交易、

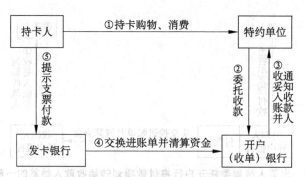

图 2-9　信用卡结算的一般程序

劳务供应款项的结算,不得支取现金。

(3) 信用卡在规定的限额和期限内允许善意透支,严禁将单位的款项存入个人卡账户中。

(4) 企业如不需要继续使用单位卡,应持单位卡主动到发卡银行办理销户。销户时,单位账户余额应转入其基本存款账户,不得提取现金。

6. 汇兑

1) 定义及适用范围

汇兑(exchange)是指汇款人委托银行将款项汇给外地收款人的结算方式,适用于异地之间各种款项的结算。这种结算方式划拨款项简便、灵活。其结算程序如图 2-10 所示。

图 2-10　汇兑结算的一般程序

2) 分类

汇兑可分为信汇和电汇两种。信汇是指汇款人委托银行通过邮寄方式将款项划转给收款人。电汇是指汇款人委托银行通过电报将款项划给收款人。这两种汇兑方式由汇款人根据需要选择使用。

3) 账务处理方法

收款单位对于汇入的款项,应在收到银行的收账通知时,据以编制收款凭证;付款单位对于汇出的款项,应在向银行办理汇款后,根据汇款凭证回单编制付款凭证。汇款人应向汇款银行填写信汇或电汇凭证,然后送交银行,委托银行将款项汇给收款单位,同时将款项从付款单位账户中支出,并划转到收款单位开户银行。收款单位开户银行将款项收进收款单位账户后,将信汇或电汇的收款通知联送交收款单位作为收款证明。

7. 委托收款

1) 定义及适用范围

委托收款(commission receivables)是指收款人委托银行向付款人收取款项的结算方式。适用于同城或异地在银行或其他金融机构开立账户的单位和个体经营户的商品交易、劳务款项及其他款项的结算。单位和个人凭已承兑商业汇票、债券、存单等付款人债务证明办理款项的结算,均可以使用委托收款结算方式。但收款人如果在同城范围内使用委托收款结算方式收取公用事业费,必须具有收付双方事先签订的经济合同,由付款人向开户银行授权,并经开户银行同意,报经中国人民银行当地分支行批准。其结算程序如图 2-11 所示。

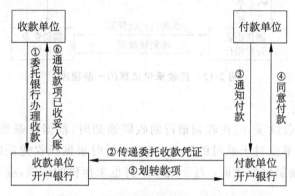

图 2-11 委托收款结算的一般程序

2) 账务处理方法

收款单位对于托收款项,应在收到银行的收账通知时,根据收账通知编制收账凭证;付款单位在收到银行转来的托收凭证后,应于付款期满的次日,根据托收凭证的付款通知联和有关的原始凭证编制付款凭证。

3) 采用委托收款结算方式应注意的问题

(1) 收款人办理委托收款,应填写银行印制的托收凭证和有关的债务证明并向开户银行提交。付款人开户银行收到收款人开户银行寄来的委托收款凭证,审查无误后,应及时通知付款人。款项划回的方式分为邮寄和电报两种,由收款单位根据需要选择使用。付款人接到通知和有关附件,应在规定付款期(3 天)内付款。从付款人开户银行发出通知的次日算起(付款期内遇节假日顺延),在 3 天内未向银行提出异议,银行视作同意付款,并在付款期满的次日(节假日顺延)银行开始营业时,将款项主动划给收款人开户银行。

(2) 付款人在审查有关单证后,对收款人委托收取的款项如果全部或部分拒付,应在付款期内出具拒付理由书,连同有关单证送交银行,由银行将拒付理由书和有关凭证及单证寄给收款人开户银行转交收款人。

(3) 付款人在付款期满日营业终了前,若无足够的资金支付全部款项,即为无款支付,银行于次日上午开始营业时,通知付款人将有关单证在两天内退回开户银行,由银行将有关凭证连同单证退回收款人开户银行转交收款人。

8. 托收承付

1) 定义及适用范围

托收承付(collection and acceptance)是指根据经济合同由收款单位发货后委托银行向

异地付款单位收取款项,由付款单位向银行承认付款的结算方式,适用于异地特定单位签订购销合同的商品交易及其产生的劳务供应的款项结算。其结算程序如图2-12所示。

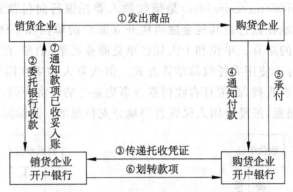

**图 2-12 托收承付结算的一般程序**

2) 账务处理方法

收款单位对于托收款项,应在收到银行的收账通知时,根据收账通知和有关原始凭证,编制收款凭证;付款单位对于承付的款项,应于承付时根据托收凭证的承付通知和有关发票账单等原始凭证,编制付款凭证;对于既未承付也未拒付的款项,应于规定的承付期满的次日,编制付款凭证。

3) 采用异地托收承付结算方式应注意的问题

(1) 托收承付款项划回的方式分为邮寄和电报两种,由收款单位根据需要选择使用。收款单位办理托收承付,必须提供商品发出的证件或其他证明。托收承付结算每笔的金额起点为10 000元,新华书店系统每笔金额起点为1 000元。

(2) 在托收承付结算方式下,收款单位按照购销合同发货后,应填写托收凭证,盖章后连同发运证件(包括铁路、航运、公路等运输部门签发的运单、运单副本和邮局包裹回执)或其他符合托收结算的有关证明和交易单证送交开户银行办理托收手续。收款单位开户银行接受委托后,将托收结算凭证回单联退给企业,作为企业进行账务处理的依据,并将其他结算凭证寄往付款单位开户银行,由付款单位开户银行通知付款单位承付货款。

(3) 购货企业收到托收凭证和所附单据后,应立即审核是否符合订货合同的规定。按照《支付结算办法》的规定,承付货款分为验单付款与验货付款两种,这在双方签订合同时约定。在承付期内,只要购货企业未向银行提出拒绝付款,银行视为同意付款,于期满的次日上午银行开始营业时,将款项划给收款人。

(4) 在承付期内,如果购货企业发现与购销合同不符,应在承付期满之前向银行提出拒付,付款人开户银行审核同意全部或部分拒绝付款时,应将拒绝付款的理由书及有关单证邮寄收款人开户银行,由其转交销货企业。

9. 国内信用证

1) 定义及适用范围

国内信用证(简称信用证)是开证银行依照申请人(购货方)的申请向受益人(销货方)开出的有一定金额、在一定期限内凭信用证规定的单据支付款项的书面承诺。国内信用证结算方式只适用于国内企业之间商品交易产生的货款结算,并且只能用于转账结算,不得支取现金。

2）账务处理方法

企业使用信用证办理国内结算,应当填写开证申请书、信用证申请人承诺书,连同有关购销合同一并提交开证行,开证行受理开证业务后,企业需向开证行交存一定金额的保证金;开证行开立信用证并以邮寄或电传方式将其发送通知行,通知行将信用证转交受益人;受益人收到信用证并审核无误后,即备货装运,持跟单汇票连同信用证一同送交当地议付行;议付行审核后按票款扣除利息,垫付货款,之后将跟单汇票寄交开证行索回垫款;开证行收到跟单汇票后,通知申请人验单付款,赎单提货。受益人应根据议付单据及议付行退还的信用证等编制收款凭证;申请人在收到开证行的备款赎单通知时,根据付款赎回的有关单据编制付款凭证。

3）采用信用证结算方式应注意的问题

（1）信用证结算的当事人应遵守法律,诚实守信,认真履行义务,不得损害社会公共利益,不得利用信用证进行欺诈等违法犯罪活动。

（2）信用证只限于转账结算,不能支取现金。

（3）信用证应包括以下基本条款：开证银行名称与地址,开证日期,信用证编号,不可撤销或不可转让信用证,开证申请人名称与地址,受益人名称与地址,通知银行名称,信用证有效期与有效地点,交单期,信用证金额,付款方式,运输条款,货物名称、数量及价格,据以付款或议付的单据,开证银行保证文句和其他条款。

（4）信用证与作为其依据的购销合同相互独立,银行在处理信用证业务时,不受购销合同的约束。

（5）在信用证结算中,各有关当事人处理的只是单据,一切以单据为准,而不是与单据有关的货物及劳务。

10. 网上支付

1）定义

网上支付是电子支付的一种形式,它是指电子交易的当事人,包括消费者、商户、银行或者支付机构,使用电子支付手段通过信息网络进行的货币支付或资金流转。

2）网上支付的主要方式

网上支付的主要方式有网上银行和第三方支付两种。

（1）网上银行也称网络银行,简称网银,就是银行在互联网上设立虚拟银行柜台,使传统银行服务不再通过物理的银行分支机构来实现,而是借助网络与信息技术手段在互联网上实现。网上银行按主要服务对象分为企业网上银行和个人网上银行。

企业网上银行可以进行账户信息查询、支付指令、B2B（企业之间进行的电子商务活动）网上支付、批量支付；个人网上银行可以完成账户信息查询、人民币转账业务、银证转账业务、外汇买卖业务、账户管理业务、B2C（企业与消费者之间的在线式零售商业活动）网上支付。

网上银行开户时,必须出具身份证或有关证件,并遵守有关实名制规定。客户使用网上银行进行交易时应通过互联网连接到网银中心,发出网上交易请求；网银中心接受并审核客户的交易请求,并将交易请求转发给相应成员行的业务主机；成员行业务主机完成交易处理,并将处理结果返回给网银中心；网银中心对交易结果进行再处理后,返回相应信息给客户。

(2) 第三方支付是指经过中国人民银行批准从事第三方支付业务的非银行支付机构,借助通信、计算机和信息安全技术,采用与各大银行签约的方式,在用户与银行支付结算系统间建立连接的电子支付模式(其中通过手机端进行的,称为移动支付),本质上是一种新型的支付手段,是互联网技术与传统金融支付的有机结合。第三方支付按支付方式分为线上支付和线下支付。

第三方支付交易流程:①开户。支付机构为客户开立支付账户的,支付机构应当对客户实行实名制管理,登记并采取有效措施验证客户身份基本信息,按规定核对有效身份证件并留存有效身份证件复印件或者影印件,建立客户唯一识别编码,并在与客户业务关系存续期间采取持续的身份识别措施,确保有效核实客户身份及其真实意愿,不得开立匿名、假名支付账户。②账户充值。客户开户后,将银行卡和支付账户绑定,付款前,将银行卡中的资金转入支付账户。③收、付款。客户下单后,付款时,通过支付平台将自己支付账户中的虚拟资金划转到支付平台暂存,待客户收到商品并确认后,支付平台会将款项划转到商家的支付账户中,支付行为完成。

### 2.2.3 银行存款收付的账务处理

企业对于银行存款的存、取和转账业务,应制定严格的收付款凭证的编制与审批手续,建立一套严密的内部控制制度。企业发生的各项银行存款收付业务,都必须按规定填制或取得各种银行结算凭证,经过有关人员审核签证后,才能据以填制银行存款的收款或付款凭证,进行银行存款的收付核算。

1. 银行存款收付的总分类核算

为了总括反映、核算和监督银行存款的收入、支出和结存情况,企业应设置"银行存款"账户。该账户属于资产类,企业将款项存入银行或其他金融机构时,借记"银行存款"账户,贷记"库存现金"账户或有关账户;提取或支付存款时,借记"库存现金"账户或有关账户,贷记"银行存款"账户。期末借方余额表示银行存款的实有数额。企业在银行的其他存款,如外埠存款、银行本票存款、银行汇票存款、信用证存款等,在"其他货币资金"账户核算,不通过"银行存款"账户进行核算。

"银行存款"总账与"库存现金"总账一样,应由不从事出纳工作的会计人员负责登记。登记时,既可以直接根据银行存款收付凭证逐笔登记,也可以定期填制科目汇总表或汇总收付款凭证汇总登记,还可以根据多栏式银行存款日记账汇总登记。

【例2-5】

某企业20×1年2月1日发生了部分银行存款收付业务,请编制相应的会计分录。
该企业应作会计分录如下:
(1) 签发转账支票一张,支付B公司的购货款30 500元。
借:应付账款——B公司　　　　　　　　　　　30 500
　　贷:银行存款　　　　　　　　　　　　　　　　30 500

(2) 收回A公司所欠货款25 000元。

借：银行存款　　　　　　　　　　　　　　　　　25 000
　　贷：应收账款——A公司　　　　　　　　　　　　　25 000

2. 银行存款收付的明细分类核算

为了加强对银行存款的管理，随时掌握银行存款收付的动态和结余的金额，企业可按开户银行和其他金融机构、存款种类等设置"银行存款日记账"，由企业的出纳人员进行银行存款的序时登记。该日记账一般为三栏式的订本账，出纳人员应根据审核无误的银行存款收付款凭证和现金付款凭证，按照银行存款业务发生的先后顺序逐日逐笔登记，每日终了，应结出余额。该明细账应按照银行或其他金融机构的名称、存款种类分别设置。银行存款日记账格式根据企业具体情况，还可以设置多栏式日记账。有外币业务的企业，允许设立现汇账户的，还应按币种（如美元、日元、英镑等）设置"外币银行存款日记账"，核算日常业务收支。

此外，企业应加强对银行存款的管理，并定期对银行存款进行检查。如果有确凿证据表明存在银行或其他金融机构的款项已经部分或者全部不能收回的，例如，吸收存款的单位已宣告破产，其破产财产不足以清偿的部分，或者全部不能清偿的，应当作为当期损失，冲减银行存款，借记"营业外支出"账户，贷记"银行存款"账户。

## 2.2.4　银行存款核对的账务处理

银行存款的清查即银行存款的核对，其主要目的是保证银行存款的安全与完整。银行存款的核对包括三个方面：一是银行存款日记账与银行存款收付款凭证及现金收付款凭证要相互核对，保证账证相符；二是银行存款日记账与银行存款总账要定期核对，保证账账相符；三是银行存款日记账与银行转来的对账单要定期核对，保证账实相符。这里仅介绍第三方面的内容。

1. 未达账项

清查银行存款时，应将银行存款日记账同银行对账单逐笔逐笔核对。实际工作中，银行存款日记账与银行对账单的余额往往不一致，造成这种不一致的原因主要有两个方面：一是企业或银行的记账错误，这种错误应由双方及时查明原因，予以更正；二是未达账项。

所谓未达账项，是指企业与银行之间对于同一项业务，由于取得凭证的时间不同，导致记账时间不一致，发生的一方已取得结算凭证登记入账，而另一方尚未取得结算凭证而未入账的款项。未达账项主要有以下4种情况。

(1) 企业已收，而银行未收的款项。如企业将款项送存银行，企业已经登记入账，而银行尚未登记入账。

(2) 企业已付，而银行未付的款项。如企业开出支票付款时，企业已经根据支票存根、发票登记付款，而银行尚未登记付款。

(3) 银行已收，而企业未收的款项。如外地购货单位给企业的汇款，银行已经登记入账，而企业由于未收到汇款凭证尚未登记入账。

(4) 银行已付，而企业未付的款项。如银行代企业支付款项的情况。

上述任何一种未达账项的存在，都会导致企业银行存款日记账与银行对账单的余额不一致。因此,企业在与银行对账时,应先查明有无未达账项。在有未达账项的情况下,企业应编制银行存款余额调节表,对未达账项进行调整。调整后,再对双方的余额进行核对,查看是否相符。

2. 银行存款余额调节表

为了准确掌握企业可运用的银行存款实有数,合理调配使用资金,企业应采用余额调节法编制银行存款余额调节表,对未达账项进行调节,调节之后的余额为企业可以实际动用的银行存款金额。

余额调节法是指编制调节表时在开户行和企业现有银行存款余额基础上,各自补记对方已入账而自己未入账的款项,然后检查经过调节后的账面价值是否相等。用公式表示为

$$企业银行存款日记账 + \frac{银行已收入账}{企业尚未入账款项} - \frac{银行已付入账}{企业尚未入账款项}$$

$$= 银行对账单余额 + \frac{企业已收入账}{银行尚未入账款项} - \frac{企业已付入账}{银行尚未入账款项}$$

【例 2-6】

某企业 20×1 年 1 月 31 日接到其开户银行对账单,银行对账单余额为 134 305 583 元,企业银行存款日记账余额为 20 038 539 元。经核对找出如下未达账项。

(1) 该企业已收入账,银行尚未入账:企业将销售收入的银行支票送开户行 5 000 元。

(2) 该企业已付入账,银行尚未入账:企业因购买原材料、支付工资、签发银行支票,其金额分别为 114 120 119 元、139 322 元、5 853 元。

(3) 银行已收入账,该企业尚未入账:银行代企业收到一笔应收款 10 000 元。

(4) 银行已付入账,该企业尚未入账:银行收取企业办理结算的手续费和电报费分别为 750 元和 2 500 元。

根据上述资料采用余额调节法编制银行存款余额调节表。

采用余额调节法编制银行存款余额调节表,如表 2-1 所示。

表 2-1　银行存款余额调节表

20×1 年 1 月 31 日　　　　　　　　　　　　　　　单位:元

| 项目 | 金额 | 项目 | 金额 |
| --- | --- | --- | --- |
| 企业银行存款日记账余额 | 20 038 539 | 银行对账单余额 | 134 305 583 |
| 加:银行已收入账 | 10 000 | 加:企业已收入账 | 5 000 |
| 　　企业尚未入账 | | 　　银行尚未入账 | |
| 减:银行已付入账 | 750 | 减:企业已付入账 | 114 120 119 |
| 　　企业尚未入账 | 2 500 | 　　银行尚未入账 | 139 322 |
| | | | 5 853 |
| 调节后余额 | 20 045 289 | 调节后余额 | 20 045 289 |

需要指出的是,编制银行存款余额调节表只是为了检查账簿记录的正确性,并不是要更改账簿记录,对于银行已经入账而本单位尚未入账的业务和本单位已经入账而银行尚未入账的业务,均不作账务处理,待以后有关结算凭证到达企业,未达账项变成已达账项,才能进行相应的账务处理。对于长期搁置的未达账项,应及时查阅凭证和有关资料,及时和银行联系,查明原因,予以解决。

## 任务 2.3　其他货币资金核算

### 2.3.1　其他货币资金概述

其他货币资金是指企业除库存现金、银行存款以外的其他各种货币资金,包括外埠存款、银行本票存款、银行汇票存款、信用证保证金存款、信用卡存款和存出投资款等。由于这些资金的存放地点和用途都与库存现金和银行存款不同,因此,需要单独设置"其他货币资金"账户核算和监督其他货币资金增减变化和结存情况。该账户属于资产类账户,借方登记其他货币资金的增加数,贷方登记其他货币资金的减少数,期末借方余额表示其他货币资金的结余数。"其他货币资金"账户下应设置"外埠存款""银行汇票""银行本票""信用卡""信用证保证金""存出投资款"等明细账户,并按外埠存款的开户银行,银行汇票或本票、信用证的收款单位等设置明细账。有信用卡业务的企业应当在"信用卡"明细账户中按开出信用卡的银行和信用卡种类设置明细账。

### 2.3.2　其他货币资金的账务处理

1. 外埠存款

外埠存款是指企业到外地进行临时或零星采购,汇往采购地银行开立采购专户的款项。银行对临时采购户一般实行半封闭式管理的办法,即该账户的存款不计利息,只付不收,付完清户。除采购人员差旅费可以支取少量现金外,一律采用转账结算。

企业汇出款项时,须填写汇款委托书,加盖"采购资金"字样。汇入银行对汇入的采购款项,以汇款单位名义开立采购账户,采购资金存款不计利息。企业将款项委托当地银行汇往采购地开立专户时,借记"其他货币资金——外埠存款"账户,贷记"银行存款"账户。收到采购员交来供应单位发票账单等报销凭证时,借记"材料采购"或"原材料""库存商品"等账户,按当月已经平台确认的可抵扣增值税税额,借记"应交税费——应交增值税(进项税额)"科目,按当月未确认的可抵扣增值税税额,借记"应交税费——待认证进项税额"科目,贷记"其他货币资金——外埠存款"账户。将多余的外埠存款转回当地银行时,根据银行的收账通知,借记"银行存款"账户,贷记"其他货币资金——外埠存款"账户。

【例 2-7】

某公司委托当地银行汇 70 000 元给采购地银行开立专户,根据汇出款项凭证,请编制相应的会计分录。

该公司应作会计分录如下。

借:其他货币资金——外埠存款　　　　　　70 000
　　贷:银行存款　　　　　　　　　　　　　　　70 000

该公司在收到外出采购员交来的供应单位发票等报销凭证 56 500 元时,假设发票于当月确认,应作会计分录如下。

借:材料采购　　　　　　　　　　　　　　　　50 000
　　应交税费——应交增值税(进项税额)　　　　 6 500
　贷:其他货币资金——外埠存款　　　　　　　　　　56 500

采购员完成了采购任务,将多余的外埠存款转回当地银行时,根据银行的收账通知,核销"其他货币资金——外埠存款"账户,应作会计分录如下。

借:银行存款　　　　　　　　　　　　　　　　13 500
　贷:其他货币资金——外埠存款　　　　　　　　　　13 500

2. 银行本票存款

银行本票存款是指企业为取得银行本票按规定存入银行的款项。

企业向银行提交"银行本票申请书"并将款项交存银行,取得银行本票后,根据银行盖章退回的申请书存根联,借记"其他货币资金——银行本票存款"账户,贷记"银行存款"账户。企业使用银行本票后,根据发票账单等有关凭证,借记"材料采购"或"原材料""库存商品"等账户,按当月已确认的可抵扣增值税税额,借记"应交税费——应交增值税(进项税额)"科目,按当月未确认的可抵扣增值税税额,借记"应交税费——待认证进项税额"科目,贷记"其他货币资金——银行本票存款"账户。企业取得的银行本票只办理全额结算,不退回多余款项,结算后仍有多余款项,可采用支票、现金等其他方式退回企业。因本票超过付款期等原因而要求退款时,应当填制进账单一式两联,连同本票一并送交银行,根据银行盖章退回的进账单第一联,借记"银行存款"账户,贷记"其他货币资金——银行本票存款"账户。

【例2-8】

某公司申请办理银行本票7 850元,企业向银行提交"银行本票申请书"并将款项交存银行取得银行本票,请根据银行盖章退回的申请书存根联编制相应的会计分录。

该公司应作会计分录如下。

借:其他货币资金——银行本票存款　　　　　　7 850
　贷:银行存款　　　　　　　　　　　　　　　　　　7 850

该公司使用银行本票后,应根据已认证的发票及有关单证,应作会计分录如下。

借:材料采购(有关账户)　　　　　　　　　　　5 000
　　应交税费——应交增值税(进项税额)　　　　　 650
　　其他应收款　　　　　　　　　　　　　　　　2 200
　贷:其他货币资金——银行本票存款　　　　　　　　7 850

如该公司因本票超过付款期等原因未曾使用而要求银行退款时,应作会计分录如下。

借:银行存款　　　　　　　　　　　　　　　　7 850
　贷:其他货币资金——银行本票存款　　　　　　　　7 850

3. 银行汇票存款

银行汇票存款是指企业为取得银行汇票,按照规定存入银行的款项。

企业在填送"银行汇票申请书"并将款项交存银行,取得银行汇票后,根据银行盖章退回的申请书存根联,借记"其他货币资金——银行汇票存款"账户,贷记"银行存款"账户。企业使用银行汇票后,根据发票账单等有关凭证,借记"材料采购"或"原材料""库存商品""应交税费——应交增值税(进项税额)"等账户,贷记"其他货币资金——银行汇票存款"账户;如有多余款或因汇票超过付款期等原因而退回款项,根据开户行转来的银行汇票第四联(多余款收账通知),借记"银行存款"账户,贷记"其他货币资金——银行汇票存款"账户。

#### 【例 2-9】

某公司要求银行办理银行汇票 7 500 元,企业填送"银行汇票委托书"将 7 500 元交存银行,取得银行汇票,请根据银行盖章的委托书存根联编制相应的会计分录。

该公司应作会计分录如下。

借:其他货币资金——银行汇票存款　　　　　　　7 500
　　贷:银行存款　　　　　　　　　　　　　　　　7 500

该公司使用银行汇票支付款项后,应根据已确认的发票账单及开户银行转来的银行汇票有关副联等凭证 6 780 元,经核对无误后,作会计分录如下。

借:材料采购　　　　　　　　　　　　　　　　6 000
　　应交税费——应交增值税(进项税额)　　　　780
　　贷:其他货币资金——银行汇票存款　　　　　　6 780

银行汇票使用完毕,应转销"其他货币资金——银行汇票存款"账户余额 480 元,作会计分录如下。

借:银行存款　　　　　　　　　　　　　　　　720
　　贷:其他货币资金——银行汇票存款　　　　　　720

如果该 7 500 元汇票因超过付款期限或其他原因未曾使用而退还款项时,应作会计分录如下。

借:银行存款　　　　　　　　　　　　　　　　7 500
　　贷:其他货币资金——银行汇票存款　　　　　　7 500

#### 4. 信用证保证金存款

信用证保证金存款是指采用信用证结算方式的企业为开具信用证而存入银行信用证保证金专户的款项。

企业向银行申请开立信用证,应按规定向银行提交开证申请书、信用证申请人承诺书和购销合同。企业向银行缴纳保证金,根据银行退回的进账单第一联,借记"其他货币资金——信用证保证金存款"账户,贷记"银行存款"账户。根据开证行交来的信用证来单通知书及有关单据列明的金额,借记"材料采购"或"原材料""库存商品""应交税费——应交增值税(进项税额)"等账户,贷记"其他货币资金——信用证保证金存款"账户和"银行存款"账户。如果企业收到未用完的信用证存款余款,应借记"银行存款"账户,贷记"其他货币资金——信用证保证金存款"账户。

#### 5. 信用卡存款

信用卡存款是指企业为取得信用卡而存入银行信用卡专户的款项。

企业应按规定填制申请表,连同支票和有关资料一并送交发卡银行,根据银行盖章退回的进账单第一联,借记"其他货币资金——信用卡存款"账户,贷记"银行存款"账户。企业用信用卡购物或支付有关费用,借记有关账户,贷记"其他货币资金——信用卡存款"账户。企业信用卡在使用过程中,需要向其账户续存资金的,借记"其他货币资金——信用卡存款"账户,贷记"银行存款"账户。有信用卡业务的企业应当在"信用卡"明细账户中按开出信用卡的银行和信用卡种类设置明细账。

### 【例 2-10】

某公司在中国建设银行申请领用信用卡,按要求于 3 月 10 日向银行交存备用金 60 000 元。3 月 12 日使用信用卡支付 2 月的电话费 3 270 元。公司取得电话费增值税专用发票并经税务平台确认可抵扣。请编制相应的会计分录。

该公司应作会计分录如下。

(1) 存入中国建设银行开立信用卡时

借:其他货币资金——信用卡存款　　　　　　60 000
　　贷:银行存款　　　　　　　　　　　　　　　　　　60 000

(2) 支付电话费时

借:管理费用　　　　　　　　　　　　　　　3 000
　　应交税费——应交增值税(进项税额)　　　　270
　　贷:其他货币资金——信用卡存款　　　　　　　　3 270

### 6. 存出投资款

存出投资款是指企业已存入证券公司但尚未进行短期投资的现金。

企业向证券公司划出资金时,应按实际划出的金额,借记"其他货币资金——存出投资款"账户,贷记"银行存款"账户;购买股票、债券时,按实际发生的金额,借记"交易性金融资产"账户,贷记"其他货币资金——存出投资款"账户。

## 课后练习

### 一、判断题

1. 为了减少货币资金管理和控制中产生舞弊的可能性,并及时发现有关人员的舞弊行为,对涉及货币资金管理和控制的业务人员应实行定期轮换岗位制度。(　　)

2. 为了减员增效,企业的出纳人员除登记现金和银行存款日记账外,还可以进行债权债务账目的登记工作。(　　)

3. 每个企业只能在银行开立一个基本存款账户,企业的工资、奖金等现金的支取可通过一般存款账户办理。(　　)

4. "库存现金"账户反映企业的库存现金,不包括企业内部各部门周转使用、由各部门保管的定额备用金。(　　)

5. 银行汇票可以用于转账,也可以用于提现。(　　)

6. 信用证结算方式作为国际结算的一种主要方式,通过一定的程序,可以予以撤销和转让。(　　)

7. 企业将汇入采购地银行的资金所取得的利息收入计入财务费用。(　　)

8. 所有在银行的存款都应通过"银行存款"账户核算。(　　)

9. 企业取得的银行本票只办理全额结算,不退回多余款项,结算后仍有多余款项,可采用支票、现金等其他方式退回企业。（　　）

10. 所有在银行的存款都应通过"银行存款"账户核算。（　　）

二、单项选择题

1. 企业一般不得从本单位的现金收入中直接支付现金,因特殊情况需要支付现金的,应事先报经(　　)审查批准。
   A. 本企业单位负责人　　　　B. 上级主管部门
   C. 开户银行　　　　　　　　D. 财税部门

2. 按照国家《人民币银行结算账户管理办法》规定,企业的工资、奖金等现金的支取,只能通过(　　)办理。
   A. 基本存款账户　　　　　　B. 一般存款账户
   C. 临时存款账户　　　　　　D. 专用存款账户

3. 对于银行已入账而企业尚未入账的未达账项,企业应当(　　)。
   A. 根据银行对账单入账
   B. 根据银行存款余额调节表入账
   C. 根据对账单和调节表自制凭证入账
   D. 待有关结算凭证到达后入账

4. 下列结算方式可以用于异地结算的是(　　)。
   A. 银行本票　　B. 银行汇票　　C. 商业汇票　　D. 汇兑

5. 除中国人民银行另有规定外,支票的提示付款期限一般为自出票日起(　　)天。
   A. 7　　　　B. 10　　　　C. 15　　　　D. 20

6. 银行汇票的提示付款期限为自出票日起(　　)个月。
   A. 1　　　　B. 2　　　　C. 3　　　　D. 6

7. 根据《现金管理暂行条例》规定,下列经济业务中,不能用现金支付的是(　　)。
   A. 支付职工奖金5 000元　　　B. 支付零星办公用品购置费800元
   C. 支付材料采购货款1 200元　D. 支付职工差旅费2 000元

8. 银行存款部分或全部不能收回的,应通过(　　)账户核算。
   A. 营业外支出　B. 财务费用　　C. 应收账款　　D. 其他应收款

9. 甲企业欲从外地采购一批材料,现向银行申请办理用于材料货款结算的银行汇票一张,在办妥汇票时应借记"(　　)"账户。
   A. 银行存款　　B. 银行汇票存款　C. 原材料　　D. 其他货币资金

10. 企业支付的银行承兑手续费应记入"(　　)"账户。
    A. 营业费用　　B. 财务费用　　C. 其他业务成本　D. 营业外支出

三、多项选择题

1. 下列规定中,(　　)属于货币资金管理和控制的原则。
   A. 内部牵制制度　　　　　　B. 不允许坐支现金
   C. 内部稽核制度　　　　　　D. 定期轮岗制度

2. 下列行为,不符合结算有关规定的有(　　)。
   A. 用现金支付出差人员差旅费

B. 用现金支付向供销社采购的农副产品款
C. 用信用卡结算10万元以上的商品交易款项
D. 签发的支票金额超过企业的银行存款余额

3. 下列票据中可以背书转让的有(    )。
   A. 现金支票   B. 商业汇票   C. 银行汇票   D. 银行本票

4. 下列结算方式可以用于异地结算的有(    )。
   A. 银行本票   B. 银行汇票   C. 商业汇票   D. 汇兑

5. 《银行结算办法》中规定了银行结算纪律,即(    )。
   A. 不准出租、出借银行账户     B. 不准签发空头支票和远期支票
   C. 不准套取银行信用           D. 不准异地转账结算

6. 下列票据中,可以背书转让的票据有(    )。
   A. 银行本票     B. 银行承兑汇票
   C. 转账支票     D. 商业承兑汇票

7. 下列存款,应在"其他货币资金"账户核算的有(    )。
   A. 外埠存款     B. 银行汇票存款
   C. 信用卡存款   D. 存出投资款

8. 银行承兑汇票到期,如果承兑申请人无力支付票款,应由(    )。
   A. 承兑银行付款           B. 银行对承兑申请人付款
   C. 收款企业付款           D. 承兑银行对承兑申请企业计收罚息

9. 企业资产负债表中"货币资金"项目的期末数应包括(    )。
   A. "库存现金"总账期末余额     B. "银行存款"总账期末余额
   C. "其他货币资金"总账期末余额  D. "其他应收款"总账期末余额

10. 中国人民银行《支付结算办法》中规定的结算纪律包括(    )。
    A. 任何单位和个人不准超出库存现金限额保留现金
    B. 任何单位和个人不准签发没有资金保证的票据和远期支票
    C. 任何单位和个人不准签发、取得和转让没有真实交易和债权债务的票据
    D. 任何单位和个人不准无理拒绝付款

### 四、业务题

1. 要求:根据本项目案例导入所述经济业务编制相应的会计分录,开设并逐笔登记"库存现金日记账"和"银行存款日记账"。

2. 某公司20×1年2月28日银行存款日记账余额为90 000元,银行送来对账单余额为100 000元。经逐笔核对,发现以下4笔未达账项。
   (1) 公司月末将转账支票14 000元送存银行,公司已记账,而银行尚未记账。
   (2) 公司月末开出支票7 000元,公司已记账,银行尚未记账。
   (3) 银行代公司收入销售款20 000元,银行已记账,而公司尚未收到银行收款通知,因而尚未记账。
   (4) 银行代企业支付水电费、电话费3 000元,银行已记账,而公司尚未收到银行付款通知,因而尚未记账。

要求：

(1) 根据上述资料编制"银行存款余额调节表"。

(2) 如果调节后的银行存款余额仍不相等，应如何处理？

3. 某工厂是增值税一般纳税人企业，适用13%税率，20×1年3月发生如下经济业务。

(1) 工厂委托银行开出银行汇票50 000元，有关手续已办妥，采购员李强持汇票到外地A市采购材料。

(2) 工厂派采购员张山到外地B市采购材料，委托银行汇款100 000元到B市开立采购专户。

(3) 李强在A市采购结束，增值税专用发票上列明的材料价款为45 000元，增值税5 850元，货款共50 850元，当月已认证。工厂已用银行汇票支付50 000元，差额850元即采用汇兑结算方式补付，材料已验收入库。

(4) 张山在B市的采购结束，增值税专用发票上列明的材料价款为80 000元，增值税10 400元，款项共90 400元，当月已认证，材料已验收入库。同时接到银行多余款收账通知，退回余款9 600元。

(5) 工厂委托银行开出银行本票20 000元，相关手续已办妥。

(6) 工厂购买办公用品2 300元，用信用卡付款。收到银行转来的信用卡存款的付款凭证及所附账单，经审核无误，未取得增值税专用发票。

(7) 工厂采购材料，增值税专用发票上列明的材料价款为15 000元，增值税1 950元，款项共16 950元，使用银行汇票支付款项，发票当月已认证。

要求：根据以上经济业务，编制会计分录。

# 项目 3  应收及预付款项核算

### 技能目标

1. 基本会办理往来账资产会计核算岗位的各项工作。
2. 能按照规范流程和方法进行应收及预付款项业务的账务处理。

### 知识目标

1. 熟悉应收账款、应收票据、预付账款和其他应收款项目会计处理的有关规定。
2. 熟悉往来账会计核算职责、相关单证的填制方法和业务办理流程。
3. 理解应收款项减值核算的基本原理。
4. 掌握应收及预付款项业务的会计核算方法。

### 案例导入

20×1 年 12 月,某高校即将毕业的会计专业毕业生李莉到 A 公司进行顶岗实习。公司为增值税一般纳税人,20×1 年 12 月发生有关应收款项业务如下。

(1) 向甲公司销售产品一批,价款 50 000 元,增值税 6 500 元,采用托收承付结算方式结算,产品发运时,以支票支付代垫运杂费 400 元,已向银行办妥托收手续。企业开出增值税专用发票,运杂费单据交给购货方。

(2) 上月应收乙单位货款 65 000 元,经协商改用商业汇票结算。工厂已收到乙单位交来的 3 个月期的商业承兑汇票一张,票面价值为 65 000 元。

(3) 向丙单位销售产品一批,价款 100 000 元,增值税 13 000 元,款项在销售时尚未收到,企业计入应收款项。

(4) 接到银行通知,应收甲公司的货款 56 900 元已收妥入账。

请问:李莉应如何进行应收款项业务的核算?

## 任务 3.1 应收账款核算

### 3.1.1 应收账款概述

**1. 应收账款的确认**

应收账款(accounts receivable)是指企业因销售商品、提供服务等业务,应向购货单位或接受服务的单位收取的款项，主要包括企业销售商品或提供服务等应向有关债务人收取的价款、增值税款及代购货单位垫付的包装费、运杂费等。凡不是因销售活动、提供服务而发生的应收款项，不应列入应收账款，如各种应收取的赔款和罚款、应向职工收取的各种垫付款、应收债务人的利息、应收已宣告分配的股利、企业付出的各种存出保证金和押金、预付款项等。

企业应收账款的确认一般应与收入实现的确认同步进行。对于收入实现的具体条件将在"项目10　收入、费用和利润核算"中详细介绍，这里不再赘述。

2. 应收账款的初始计量

应收账款的初始计量即如何确定应收账款的入账价值。根据《企业会计准则第14号——收入》《企业会计准则第22号——金融工具确认和计量》《企业会计准则第37号——金融工具列报》等相关规定，应收账款属于以摊余成本计量的金融资产，企业管理该金融资产的业务模式是以收取合同现金流量为目标，即若未包含重大融资成分或不考虑不超过一年的合同中的融资成分，则应收账款以交易价格进行初始计量。

通常应收账款的入账价值是按照合同约定应向客户收取的款项，包括销售货物或提供劳务的价款、增值税税款以及代购货方垫付的运杂费等。在确认应收账款入账价值时，应当考虑有关的折扣、折让因素。折扣包括商业折扣、现金折扣，商业折扣是销售方的促销打折行为而给予价格上的直接优惠，现金折扣是销售方为了提前收回款项而给予的鼓励减免政策；而折让通常是发生在销售之后，因为企业的产品存在质量问题而给予的优惠。若折扣、折让会影响与客户签订的合同的交易价格，企业应谨慎确认这部分可变对价因素，此部分内容与收入的确认和计量紧密关联，将在收入部分作详细说明。

### 3.1.2　应收账款的账务处理

企业应设置"应收账款"账户以核算和监督企业应收账款的发生和收回情况。不单独设置"预收账款"账户的企业，预收的账款也在"应收账款"账户核算。"应收账款"账户属于资产类，核算企业因销售商品、对外提供服务等业务，应向购货单位或接受服务的单位收取的款项。借方登记赊销时发生的应收账款金额；贷方登记客户归还或已结转坏账损失或转作商业汇票结算方式的应收账款金额；期末借方余额，反映企业尚未收回的应收账款。若企业将预收账款合并记入"应收账款"账户核算，"应收账款"账户可能会出现贷方余额，其贷方余额，反映企业预收的账款。该账户应按不同的购货单位或接受服务的单位设置明细账，进行明细核算。

1. 取得应收账款

企业发生应收账款时，按应收金额，借记"应收账款"账户，按实现的营业收入，贷记"主营业务收入"等账户，按专用发票上注明的增值税额，贷记"应交税费——应交增值税（销项税额）"等账户。企业代购货单位垫付的包装费、运杂费，借记"应收账款"账户，贷记"银行存款"等账户。

2. 收回应收账款

收回应收账款时，借记"银行存款"等账户，贷记"应收账款"账户。收回代垫费用时，借记"银行存款"账户，贷记"应收账款"账户。

如果企业应收账款改用商业汇票结算,在收到承兑的商业汇票时,按账面价值,借记"应收票据"账户,贷记"应收账款"账户。

**【例 3-1】**

A 公司是增值税一般纳税企业,适用增值税税率为 13%。20×1 年 3 月 8 日向乙企业销售钢材 10 吨,单价 3 000 元,货款共计 30 000 元。另以银行存款代垫运杂费 400 元。A 公司按双方合同中约定发出钢材,开具发票;乙企业承诺在收到钢材后的三个月内支付款项。假定不考虑融资成分,请进行相应的账务处理。

A 公司开具增值税专用发票,计算销售额、销项税额和应收款项。

$$销售额 = 10 \times 3\,000 = 30\,000(元)$$
$$销项税额 = 30\,000 \times 13\% = 3\,900(元)$$
$$应收款项合计 = 30\,000 + 3\,900 + 400 = 34\,300(元)$$

该公司应作会计分录如下。

借:应收账款——乙企业　　　　　　　　　　　　　34 300
　　贷:主营业务收入　　　　　　　　　　　　　　30 000
　　　　应交税费——应交增值税(销项税额)　　　 3 900
　　　　银行存款　　　　　　　　　　　　　　　　 400

**3. 出售应收账款**

(1) 不附追索权的应收债权出售。企业将其按照销售商品、提供服务的销售合同所产生的应收债权出售给银行等金融机构,根据企业、债务人及银行等金融机构之间的协议,在所售应收债权到期无法收回时,银行等金融机构不能向出售应收债权的企业进行追偿的,企业应将所售应收债权予以转销,结转计提的相关坏账准备,确认按协议约定预计将发生的销售退回、销售折让、现金折扣等,确认出售损益。

**【例 3-2】**

20×1 年 1 月 15 日甲公司出售一批商品给乙公司,开出增值税专用发票上注明的销售价款是 300 000 元,增值税销项税额 39 000 元,款项尚未收到。双方约定,乙公司应于 8 月 31 日付款。但在同年 4 月 4 日,甲公司与中国银行协商将应收乙公司的货款出售给中国银行,价款为 261 000 元,并约定在应收乙公司货款到期无法收回时,中国银行不能向甲公司追偿。假定不考虑其他因素,请进行出售应收债权业务的相应账务处理。

甲公司应作会计分录如下。

借:银行存款　　　　　　　　　　　　　　　　　261 000
　　营业外支出　　　　　　　　　　　　　　　　 78 000
　　贷:应收账款　　　　　　　　　　　　　　　339 000

(2) 附追索权的应收债权出售。企业在出售应收债权的过程中如附有追索权,即在有关应收债权到期无法从债务人处收回时,银行等金融机构有权向出售应收债权的企业追偿,或按照协议约定,企业有义务按照约定金额自银行等金融机构回购部分应收债权,应收债权的坏账风险由售出应收债权的企业负担,则企业应按照以应收债权为质押取得借款的方式进行账务处理。

4. 应收账款减值

1) 应收账款减值损失的确认

企业应当在资产负债表日对应收账款的账面价值进行检查,若有客观证据表明该应收账款发生减值的,应当确认减值损失,计提坏账准备。

表明应收账款发生减值的客观证据,是指应收账款初始确认后实际发生的、对该应收账款的预计未来现金流量有影响,且企业能够对该影响进行可靠计量的事项。应收账款发生减值的客观证据主要包括以下内容。

(1) 债务人发生严重财务困难。

(2) 债务人违反了合同条款,如发生违约或逾期等。

(3) 债权人出于经济或法律等方面因素的考虑,对发生财务困难的债务人作出让步。

(4) 债务人很可能倒闭或进行其他财务重组。

但对已确认为坏账的应收账款,并不意味着企业放弃其追索权,一旦重新收回,应及时入账。

2) 应收账款减值损失的计量

一般企业应收账款减值损失的计量对于单项金额重大的应收款项,应当单独进行减值测试。有客观证据表明其发生减值的,应当根据其未来现金流量现值低于其账面价值的差额,确认减值损失,计提坏账准备。

对于单项金额非重大的应收账款可以单独进行减值测试,确定减值损失,计提坏账准备;也可以与经单独测试后未减值的应收账款一起按类似信用风险特征划分为若干组合,再按这些应收账款组合在资产负债表日余额的一定比例计算确定减值损失,计提坏账准备。根据应收账款组合余额的一定比例计算确定的坏账准备,应当反映各项目实际发生的减值损失,即各项组合的账面价值超过其未来现金流量现值的金额。

企业应当根据以前年度与之相同或相类似的、具有类似信用风险特征的应收账款组合的实际损失率为基础,结合现时情况确定本期各项组合计提坏账准备的比例,据此计算本期应计提的坏账准备。

当期坏账准备计算公式为

$$\text{当期应提取(或调整)的坏账准备} = \text{期末按应收账款计算应提坏账准备余额} - (\text{或} +) \text{调整前"坏账准备"账户的贷方(或借方)余额}$$

企业可以选用的应收款项减值损失的估计方法有三种:应收款项余额百分比法、账龄分析法和个别认定法。应收款项减值损失的估计方法一经确定,不得随意变更。

(1) 应收款项余额百分比法,即根据期末应收款项余额和估计的坏账率,估计应收款项减值损失,计提坏账准备的方法。坏账损失率可以参照以往的数据资料确定。

其基本计算公式为

当期按照应收款项计算坏账准备期末余额 = 期末应收款项余额 × 估计的坏账率

【例3-3】

某公司20×1年应收账款的余额为1 600 000元,根据经验和资料,公司提取坏账损失的比例为5%。请计算该公司年末应估计的坏账损失。

当期按照应收款项计算坏账准备期末余额 = 1 600 000 × 5% = 80 000(元)

即 20×1 年年末公司 1 600 000 元的应收账款中估计有 80 000 元可能会发生坏账损失,企业应将应收账款的账面价值减记至 1 520 000(1 600 000−80 000)元。

(2) 账龄分析法,即根据应收账款账龄的长短以及当前的具体情况,估计坏账损失的方法。账龄是指客户所欠账款逾期的时间。通常情况下,账龄长短与发生坏账的可能性是成正比的。

采用账龄分析法,应先将企业应收账款按账龄长短划分为若干区段,计列各个区段上应收账款的金额,并为每一个区段估计一个坏账损失的百分比,在此基础上,进行坏账损失的估计。表 3-1 为某企业 20×1 年 12 月 31 日的应收账款"账龄分析及坏账估算表"。

表 3-1  账龄分析及坏账估算表

| 应收账款账龄 | 应收账款期末余额/元 | 估计坏账率/% | 估计坏账金额/元 |
| --- | --- | --- | --- |
| 未过信用期 | 600 000 | 1 | 6 000 |
| 过期 1 个月 | 500 000 | 2 | 10 000 |
| 过期 2 个月 | 250 000 | 3 | 7 500 |
| 过期 3 个月 | 150 000 | 5 | 7 500 |
| 过期 3 个月以上 | 100 000 | 8 | 8 000 |
| 合　计 | 1 600 000 | | 39 000 |

在账龄分析法下,该企业估计的坏账金额总计为 39 000 元。值得注意的是,账龄分析法中对"账龄"计算的新规定。采用账龄分析法计提坏账准备时,收到债务单位当期偿还的部分债务后,对账龄的确定:一是剩余的应收账款不应改变其账龄;二是存在多笔应收账款且账龄不同的情况下,应当逐笔认定收到的是哪一笔应收账款;三是确实无法认定的,按照先发生先收回的原则确定。

应收款项余额百分比法和账龄分析法,有助于企业进一步了解应收款项的可变现值,是计提坏账准备时使用较多的方法。但也存在一定的缺陷,即各会计期间所计提的坏账损失费用与当期收入并无直接联系,不利于正确计算各期损益。

(3) 个别认定法,即根据每一项应收账款的情况来估计坏账损失的方法。在采用账龄分析法、余额百分比法等方法的同时,能否采用个别认定法,应当视具体情况而定。如果某项应收款项的可收回性与其他各项应收款项存在明显的差别(如债务单位所处的特定地区等),导致该项应收款项如果按照与其他应收款项同样的方法计提坏账准备,将无法真实地反映其可收回金额的,可对该项应收款项采用个别认定法计提坏账准备。在同一会计期间内运用个别认定法的应收款项应从用其他方法计提坏账准备的应收款项中剔除。

3) 应收款项减值核算的账户设置

应收账款减值的核算有直接转销法和备抵法。我国企业会计准则规定采用备抵法,即采用一定方法按期估计坏账损失,计入当期损益,同时建立坏账准备,待实际发生坏账时冲销已提坏账准备和应收款项。采用这种方法,企业应设置"坏账准备"账户和"信用减值损失"账户核算和监督应收款项的减值情况,通过账户之间的调整关系,在财务报表上列示应收款项的净额。

"坏账准备"属于资产类账户,是"应收账款""预付账款""其他应收款""长期应收款"账户的备抵账户,核算应收款项的坏账准备的计提、转销等情况。企业当期计提的坏账准备应当计入资产减值损失。其贷方登记当期计提的坏账准备金额,以及收回已转销的坏账损失,借方登记实际发生的坏账损失金额和冲减的坏账准备金额;该账户期末贷方余额,反映企业已计提但尚未转销的坏账准备。应特别注意,平时"坏账准备"账户可能出现借方余额也可能出现贷方余额,但"坏账准备"账户年末余额一定为贷方余额,并且等于本年估计的坏账损失。该账户可按应收款项的类别进行明细核算。

"信用减值损失"账户属于损益类,核算企业根据《企业会计准则第22号——金融工具确认和计量》计提各项金融资产减值准备所形成的损失,企业应按照金融资产减值损失的项目进行明细核算。其借方登记企业根据准则确定金融资产发生减值而应减记的金额,贷方登记企业计提减值准备后,相关资产又得以恢复,在原已计提的减值准备金额内恢复增加的金额,期末将"信用减值损失"账户余额转入"本年利润"账户,结转后无余额。

4) 应收账款减值的核算

资产负债表日,有客观证据证明应收账款发生减值的,按应减记的金额,借记"信用减值损失"账户,贷记"坏账准备"账户。本期应计提的坏账准备大于其账面余额的,应按其差额计提;应计提的坏账准备小于其账面余额的差额则作相反的会计分录。

对于确实无法收回的应收款项,按管理权限报经批准后作为坏账,转销应收款项,借记"坏账准备"账户,贷记"应收账款"等账户。

已确认并转销的应收款项以后又收回的,应按实际收回的金额,借记"应收账款"等账户,贷记"坏账准备"账户;同时,借记"银行存款"账户,贷记"应收账款"等账户。

对于已确认并转销的应收款项以后又收回的,也可以按照实际收回的金额,借记"银行存款"账户,贷记"坏账准备"账户。

## 【例 3-4】

20×1年12月31日,甲公司对应收乙公司1 000 000元的账款进行减值测试,甲公司根据乙公司的资信情况确定10%计提坏账准备。请进行相应的账务处理。

甲公司20×1年12月31日计提坏账准备的会计分录如下。

借:信用减值损失——计提的坏账准备　　　　　　100 000
　　贷:坏账准备　　　　　　　　　　　　　　　　　　　　100 000

分析:首次计提坏账准备时,计提坏账准备的金额与年末"坏账准备"账户的余额相等。

## 【例 3-5】

承接例3-4,甲公司20×2年7月15日对乙公司的应收款项实际发生坏账损失40 000元。

20×2年7月15日确认坏账时应作会计分录如下。

借:坏账准备　　　　　　　　　　　　　　　　　　40 000
　　贷:应收账款——乙公司　　　　　　　　　　　　　　40 000

## 【例 3-6】

承接例3-4和例3-5,20×2年12月31日甲公司对应收乙公司1 300 000元的账款进行减值测试,甲公司根据乙公司的资信情况,决定仍按10%计提坏账准备。请进行相应账务处理。

20×2年年末应计提(调整)的坏账准备=1 300 000×10%-(100 000-40 000)=70 000(元)

20×2年12月31日甲公司计提坏账准备,应作会计分录如下。

　　借:信用减值损失——计提的坏账准备　　　　　70 000
　　　　贷:坏账准备　　　　　　　　　　　　　　　　　　70 000

分析:平时"坏账准备"账户可能出现借方余额也可能出现贷方余额,但"坏账准备"账户年末余额一定为贷方余额,即为本年年末采用一定测试确定的坏账损失。因此各期估计坏账损失应同账面上原有的"坏账准备"账户余额进行比较,并调整"坏账准备"账户使之与估计的本期坏账准备相符。结合本例说明以后年度计提准备的方法。在做题时始终分为三个步骤。

第一步,坏账准备贷方(即贷方余额)应保持的数额。先把该数算出来,坏账准备贷方要保持的数额=当年应收账款的年末余额×计提比例。

本例20×2年年末"坏账准备"账户的年末余额=当年应收账款的年末余额×计提比例
=1 300 000×10%=130 000(元)

第二步,看计提准备已经有了多少,找出计提前坏账准备账户的余额(指本年年末计提前的坏账准备账户的余额)。

本例计提前坏账准备账户的余额=100 000-40 000=60 000(元)

第三步,比较第一步和第二步的大小,确定本年年末应计入或应冲销的坏账准备金额。

当期应计提或冲销的坏账准备=期末应收款项的期末余额×估计比例-"坏账准备"调整前账户余额(若为借方余额则减负数)。

本例当期应计提的坏账准备=期末"坏账准备"的期末余额-"坏账准备"调整前账户余额
=130 000-60 000=70 000(元)

【例3-7】

承接例3-4~例3-6,甲公司20×3年1月20日收到20×2年甲公司已经转销的乙公司坏账30 000元,已存入银行。请编制相应会计分录。

20×3年1月20日已确认坏账又收回时,甲公司应作会计分录如下。

　　借:应收账款——乙公司　　　　　　　　　　　30 000
　　　　贷:坏账准备　　　　　　　　　　　　　　　　　　30 000
　　借:银行存款　　　　　　　　　　　　　　　　　30 000
　　　　贷:应收账款——乙公司　　　　　　　　　　　　30 000

分析:当年收到以前年度核销的坏账的处理,一定要作两笔会计分录。这是根据国际惯例来做的。我们知道,应收账款都有明细账,西方国家定期对企业进行信用的评级,在这种情况下,作两笔分录,就能够看出来核销的这个单位,企业都已经有证据表明这笔款项收不回来了,在这种情况下,对方还把款项还给了企业,将来在信用评级时,会给对方加分,说明对方的信誉较好。

根据上述业务的处理,甲公司对乙公司"坏账准备"账户的登记情况如表3-2所示。

表 3-2 "坏账准备"账户

| 借 方 | | 贷 方 | |
| --- | --- | --- | --- |
| | | 20×1年期末余额 | 100 000 |
| 20×2年7月15日确认坏账时 | 40 000 | 20×2年实际计提 | 70 000 |
| | | 20×2年期末余额 | 130 000 |
| | | 20×3年1月20日已核销又收回 | 30 000 |
| | | 20×3年1月31日期末余额 | 160 000 |

## 任务 3.2 应收票据核算

### 3.2.1 应收票据概述

1. 应收票据的确认

应收票据(notes receivable)是指企业持有的、尚未到期兑现的商业票据。商业票据是一种载有一定付款日期、付款地点、付款金额和付款人的无条件支付证券,也是一种可以由持票人自由转让给他人的债权凭证,因而具有较强的法律约束力。在我国,除商业汇票外,大部分票据如支票、银行本票、银行汇票均为即期票据,可以即刻收款或存入银行成为货币资金,不需要作为应收票据核算。因此,我国的应收票据即指商业汇票。

2. 应收票据的初始计量

商业汇票的付款期限最长不得超过6个月。利息金额相对来说不大,用未来现金流量的现值入账不但计算麻烦,而且其折价还要逐期摊销,过于烦琐,所以根据重要性要求简化了核算。应收票据一般按其面值予以计量。商业汇票的提示付款期限为自汇票到期日起10日。符合条件的商业汇票持票人,可以持未到期的应收票据到银行申请贴现。

3. 应收票据到期日的确定

应收票据到期日应按不同的约定方式来确定。如约定按日计算,则应以足日为准,采用票据签发日与到期日"算头不算尾"或"算尾不算头"的方法,按实际天数计算到期日。例如,4月20日开出的60天商业汇票,到期日为6月19日。如约定按月计算,即票据到期日以签发日数月后的对日计算,而不论各月是大月还是小月。例如,4月16日签发、3个月到期的商业汇票,到期日为7月16日。如果票据签发日为月末的最后一天,则到期日为若干月后的最后一天。例如,1月31日签发、1个月到期的商业汇票,到期日为2月28日或29日;若为两个月到期的商业汇票,到期日为3月31日;若是3个月到期的商业汇票,到期日为4月30日,以此类推。

### 3.2.2 应收票据的账务处理

为了总括核算和监督企业应收票据的发生和到期收回等情况,企业应设置"应收票据"账户,进行应收票据的总分类核算。该账户属资产类,借方登记取得的应收票据的面值;贷方登记到期收回票款或到期前向银行贴现的应收票据的票面余额,或因未能收回票款而转作应收账款的应收票据账面金额;期末借方余额反映企业持有的商业汇票的票面金额。

为便于管理和分析各种票据的具体情况,企业应当设置"应收票据备查簿",逐笔登记商业汇票的种类、号数和出票日、票面金额、交易合同号和付款人、承兑人、背书人的姓名或单位名称、到期日、背书转让日、贴现日、贴现率和贴现净额以及收款日和收回金额、退票情况等资料。商业汇票到期结清票款或退票后,在备查簿中应予注销。

1. 取得应收票据

企业取得商业汇票有两种情况:一是企业因销售商品、提供服务等而收到开出、承兑的商业汇票,按应收票据的面值,借记"应收票据"账户,按实现的营业收入,贷记"主营业务收入"等账户,按专用发票上注明的增值税税额,贷记"应交税费——应交增值税(销项税额)"等账户;二是企业收到应收票据以抵偿应收账款时,按应收票据面值,借记"应收票据"账户,贷记"应收账款"账户。

**【例 3-8】**

甲企业于 20×1 年 3 月 1 日销售一批商品给乙企业,销售收入为 600 000 元,增值税税额为 78 000 元,商品已经发出,已办妥托收手续。适用的增值税税率为 13%。请编制相应的会计分录。

甲企业应作会计分录如下。

借:应收账款——乙企业　　　　　　　　　　　　　　678 000
　　贷:主营业务收入　　　　　　　　　　　　　　　　　600 000
　　　　应交税费——应交增值税(销项税额)　　　　　　78 000

**【例 3-9】**

20×1 年 4 月 18 日甲企业收到乙企业寄来的一张 3 个月期的商业承兑汇票,面值为 678 000 元。请编制相应的会计分录。

甲企业应作会计分录如下。

借:应收票据——乙企业　　　　　　　　　　　　　　678 000
　　贷:应收账款　　　　　　　　　　　　　　　　　　678 000

2. 到期应收票据

企业应收票据到期,应分别情况处理:一是收回应收票据时,应按票据面值借记"银行存款"账户,贷记"应收票据"账户;二是到期不能收回的应收票据,按账面金额转入"应收账款"账户。

**【例 3-10】**

承接例 3-9,7 月 18 日,甲企业上述应收票据到期收回票面金额 678 000 元,存入银行。请编制相应的会计分录。

甲企业应作会计分录如下。

借:银行存款　　　　　　　　　　　　　　　　　　　678 000
　　贷:应收票据　　　　　　　　　　　　　　　　　　678 000

若乙企业到期无力支付票款,则甲企业应作会计分录如下。

借：应收账款　　　　　　　　　　　　　　　　　　678 000
　　贷：应收票据　　　　　　　　　　　　　　　　　　678 000

3. 转让应收票据

应收票据转让是指持票人因偿还前欠货款等原因，将未到期的商业汇票背书转让给其他单位或个人的业务活动。背书转让的，背书人应当承担票据责任。

企业将持有的应收票据背书转让，以取得所需物资时，按应计入取得物资成本的价值，借记"材料采购"或"原材料""库存商品"等账户，按专用发票上注明的可抵扣增值税额，借记"应交税费——应交增值税（进项税额）"账户，按商业汇票的票面金额，贷记"应收票据"账户，如有差额，借记或贷记"银行存款"等账户。

4. 贴现应收票据

企业收到商业汇票，如在未到期前急需资金，可持未到期的商业汇票经过背书后向其开户银行申请贴现。贴现（discount）是指企业将未到期的票据转让给银行，由银行按票据的票面金额扣除贴现日至票据到期日的利息后，将余额付给企业的融资行为，是企业与贴现银行之间就票据权利所作的一种转让。

应收票据贴现额的计算可分以下两个步骤。

贴现息＝票据票面金额×贴现率×贴现期

贴现所得＝票据票面金额－贴现息

（1）银行拥有追索权。如果银行对应收票据拥有追索权，则是指贴现后的票据，在到期时如果票据承兑人无力向贴现银行支付票款，则银行将向申请贴现企业提示票据，申请贴现企业应负责偿还票据金额的连带责任。企业持未到期的商业汇票向银行贴现，应按实际收到的金额（即减去贴现息后的净额），借记"银行存款"等账户，按贴现息部分，借记"财务费用"等账户，按商业汇票的票面金额，贷记"短期借款"账户。

（2）银行不拥有追索权。如银行对应收票据无追索权，则应收票据贴现如同应收账款的直接出售，所有的兑现风险和利益在出售时全部转移给银行，票据贴现额与票据账面金额的差额作为财务费用，计入当期损益。

企业持未到期的商业汇票向银行贴现，应按实际收到的金额（减去贴现息后的净额），借记"银行存款"等账户，按贴现息部分，借记"财务费用"等账户，按商业汇票的票面金额，贷记"应收票据"账户。

【例3-11】

20×1年4月1日，甲公司销售一批商品给乙公司，开出的增值税专用发票上注明销售价款为500 000元，增值税销项税额为65 000元，乙公司签发并承兑了一张不带息商业汇票，票面值为565 000元，期限为6个月。6月1日，甲公司因急需流动资金，经与中国银行协商，甲公司将此票据贴现给银行，银行支付520 000元的贴现款，同时甲公司对此票据的如期偿付承担连带责任。10月1日乙公司因资金困难未能兑付此票款，由甲公司按协议代为偿付此票据金额。请编制相应的会计分录。

甲公司应作会计分录如下。

① 4月1日销售实现时

借：应收票据 565 000
　　贷：主营业务收入 500 000
　　　　应交税费——应交增值税（销项税额） 65 000
② 6月1日取得贴现款时
借：银行存款 520 000
　　财务费用 45 000
　　贷：短期借款 565 000
假如银行不拥有追索权，6月1日取得贴现款时
借：银行存款 520 000
　　财务费用 45 000
　　贷：应收票据 565 000
③ 10月1日乙公司无法兑付票款而由甲公司代为偿付时
借：短期借款 565 000
　　贷：银行存款 565 000
同时，将应收票据转为应收账款作会计分录。
借：应收账款——乙公司 565 000
　　贷：应收票据 565 000
如果乙公司到期如约兑付了票款，则甲公司应作会计分录。
借：短期借款 565 000
　　贷：应收票据 565 000
此外，应收票据减值核算比照应收账款减值核算相关规定进行账务处理。

## 任务 3.3　预付账款核算

### 3.3.1　预付账款概述

预付账款（prepayments）是指企业按照有关合同，预先支付给供货方（包括提供服务者）的款项，如预付的材料货款、商品采购货款等。预付账款和应收账款一样，都是企业的短期债权，但是两者又有区别。应收账款是企业因销售商品或提供服务而产生的债权；而预付账款是企业因购货或接受服务而产生的债权，是预先付给供货方或服务提供方的款项。故两者应分别进行核算。

### 3.3.2　预付账款的账务处理

为反映企业按照购货合同规定预付给供应单位的款项及结算情况，应设置"预付账款"账户进行核算。该账户属于资产类账户，借方登记企业向供货方预付的货款，贷方登记企业收到所购货物时结转的预付款项，期末如为借方余额，反映企业实际预付的款项；期末如为

贷方余额,反映企业尚未补付的款项。该账户应按供货单位设置明细账,进行明细核算。预付款项情况不多的企业,也可以将预付的款项直接记入"应付账款"账户的借方,不设置"预付账款"账户。通过"应付账款"账户核算预付货款业务,会使应付账款的某些明细账户出现借方余额。在期末编制资产负债表时,若"应付账款"账户所属明细账户有借方余额的,应将该部分借方余额列示在资产负债表的资产方。

预付账款的账务处理主要包括预付货款、收到货物以及补付或退回多余货款等业务事项。企业因购货而预付的款项,借记"预付账款"账户,贷记"银行存款"账户。收到所购物资时,根据发票账单等列明应计入购入物资成本的金额,借记"材料采购"或"原材料""库存商品"等账户,按当月已确认的可抵扣增值税额,借记"应交税费——应交增值税(进项税额)"账户,按当月未确认的可抵扣增值税额,借记"应交税费——待认证进项税额"账户,按应付金额,贷记"预付账款"账户。补付的款项,借记"预付账款"账户,贷记"银行存款"账户;退回多付的款项,借记"银行存款"账户,贷记"预付账款"账户。

### 【例 3-12】

某企业于 20×1 年 3 月 10 日按照合同规定开出转账支票一张,预付给甲单位购买原材料的款项 80 000 元。企业于 4 月 5 日收到原材料,甲单位开来的专用发票上注明价款 80 000 元,增值税税额 10 400 元,当月已经平台确认。4 月 10 日该企业向甲单位补付剩余货款。请进行相应的账务处理。

该企业应作会计分录如下。

(1) 3 月 10 日预付货款时

借:预付账款——甲单位　　　　　　　　　　　　　　　80 000
　　贷:银行存款　　　　　　　　　　　　　　　　　　　　　　80 000

(2) 4 月 5 日收到原材料时

借:原材料　　　　　　　　　　　　　　　　　　　　　80 000
　　应交税费——应交增值税(进项税额)　　　　　　　10 400
　　贷:预付账款——甲单位　　　　　　　　　　　　　　　　90 400

(3) 4 月 10 日补付货款时

借:预付账款——甲单位　　　　　　　　　　　　　　　10 400
　　贷:银行存款　　　　　　　　　　　　　　　　　　　　　　10 400

(4) 若实际收到的材料价款为 60 000 元,增值税税额为 7 800 元,该企业收到多余货款 12 200 元,则

借:原材料　　　　　　　　　　　　　　　　　　　　　60 000
　　应交税费——应交增值税(进项税额)　　　　　　　7 800
　　贷:预付账款——甲单位　　　　　　　　　　　　　　　　67 800

同时应作会计分录如下。

借:银行存款　　　　　　　　　　　　　　　　　　　　12 200
　　贷:预付账款——甲单位　　　　　　　　　　　　　　　　12 200

此外,预付账款减值核算比照应收账款减值核算相关规定进行账务处理。

## 任务 3.4　其他应收款核算

### 3.4.1　其他应收款概述

其他应收款(other receivables)是指除应收账款、应收票据、预付账款等以外的其他各种应收、暂付款项,是企业发生的非购销活动的应收债权。对于这类应收项目,通常与应收账款和预付账款等项目分开,以便会计报表的使用者把这些项目与由于购销业务而发生的应收项目识别清楚。它主要包括以下内容。

(1) 企业应收的保险公司或其他单位和个人的各种赔款。
(2) 企业应收的各种罚款。
(3) 企业应收的各种存出保证金。
(4) 企业应收的出租包装物的租金。
(5) 企业应向职工收取的各种垫付的款项。
(6) 其他各种应收、暂付款项。

其他应收款所包括的内容是相当繁杂的。在实际生活中,由于一些企业内部管理不严,其他应收款长期得不到清理,致使其他应收款金额巨大,因此,企业必须加强对其他应收款的管理和控制。

### 3.4.2　其他应收款的账务处理

企业为核算和监督其他应收款项的结算情况,应设置"其他应收款"账户。该账户属于资产类账户,企业核算除应收票据、应收账款、预付账款、应收股利、应收利息、长期应收款等以外的其他各种应收及暂付款项,应向职工收取的各种垫付款项,以及已不符合预付账款性质而按规定转入的预付账款等。借方登记企业发生的各种其他应收款的增加;贷方登记企业其他应收款的收回;期末余额一般在借方,反映企业尚未收回的其他应收款。该账户应按其他应收款的项目分类,并按不同的债务人设置明细账,进行明细分类核算。

企业发生其他各种应收款项时,借记"其他应收款"账户,贷记有关账户;收回各种款项时,借记有关账户,贷记"其他应收款"账户。

【例 3-13】

A 公司租入包装物一批,以银行存款向出租方支付押金 4 000 元。公司应作会计分录如下。

借:其他应收款——存出保证金　　　　　　　　　　4 000
　　贷:银行存款　　　　　　　　　　　　　　　　　　　　4 000

【例 3-14】

承接例 3-13,租入包装物按期退回,A 公司收到出租方退还的押金 4 000 元,已存入银行。公司应作会计分录如下。

借：银行存款　　　　　　　　　　　　　　　　4 000
　　贷：其他应收款——存出保证金　　　　　　　　　　4 000

此外，其他应收款减值核算比照应收账款减值核算相关规定进行账务处理。

## 课后练习

一、判断题

1. 在存在折扣的情况下，应收账款应按销售收入扣除预计的折扣后的金额确认。
（　　）
2. 在我国"应收票据"账户的核算内容包括商业汇票和银行汇票，但不包括支票。
（　　）
3. 取得应收票据时，无论是商业承兑汇票还是银行承兑汇票，也无论是带息商业汇票还是不带息商业汇票，一般应按其到期值入账。（　　）
4. 企业计提坏账准备时，按照应计提的金额大于其账面余额的差额，借记"信用减值损失"账户。
（　　）
5. 企业如果不设置"预付账款"账户，而将预付账款经济业务记录在"应付账款"账户借方的，在编制资产负债表时仍需要将其列入"预付账款"账户中。（　　）
6. 企业存在无法收回的应收账款，应当按照管理权限经批准后作为坏账损失处理，确认坏账损失。
（　　）
7. "坏账准备"账户年末结账后的余额可能在借方也可能在贷方。（　　）
8. 企业采用账龄分析法计提坏账准备时，收到债务单位当期偿还的部分债务后，剩余的应收账款，可以改变其账龄。
（　　）
9. 企业将应收债权出售给银行，且不承担相应的坏账风险，则应按应收债权出售处理，并计提坏账准备。
（　　）
10. 企业应当根据应收款项的实际可收回情况，合理计提坏账准备，不得多提或少提，否则视为重大会计差错进行会计处理。（　　）

二、单项选择题

1. 下列项目中，属于应收账款范围的是（　　）。
　A. 应向接受劳务单位收取的款项　　　B. 应收外单位的赔偿款
　C. 应收存出保证金　　　　　　　　　D. 应向职工收取的各种垫付款项
2. "应收票据"账户应按（　　）作为入账金额。
　A. 票据面值　　　　　　　　　　　　B. 票据到期价值
　C. 票据面值加应计利息　　　　　　　D. 票据贴现额
3. 某企业持有一张20×1年5月26日签发、期限为30天的商业汇票。该商业汇票的到期日为（　　）。
　A. 6月27日　　B. 6月26日　　C. 6月24日　　D. 6月25日

4. 企业采用托收承付方式销售一批商品,增值税专用发票上注明价款为1 000万元,增值税税额为130万元,销售商品代客户垫付运输费5万元,相关票据已交给客户,全部款项已办妥托收手续。则该企业应确认的应收账款为( )万元。

  A. 1 000    B. 1 005    C. 1 130    D. 1 135

5. 若企业"应收账款"账户有贷方余额,则反映的是( )。

  A. 应付账款    B. 预付账款    C. 预收账款    D. 其他应收款

6. 预付货款情况不多的企业,可以不单独设置"预付账款"账户,而将预付的货款直接记入"( )"账户的借方。

  A. 应收账款    B. 应付账款    C. 其他应收款    D. 其他应付款

7. 甲企业销售一批商品给乙企业,收到乙企业商业承兑汇票一张,甲企业在该票据到期前向银行贴现,且银行拥有追索权,则甲企业实际收到的金额与票据金额之间的差额应确认为( )。

  A. 应收账款    B. 投资收益    C. 财务费用    D. 应收票据

8. 某企业"应收账款"总账账户年末借方余额为50 000元,共有三个明细账:应收甲单位有借方余额30 000元,应收乙单位有贷方余额10 000元,应收丙单位有借方余额30 000元。"预收账款"总额账户年末贷方余额为100 000元,共有两个明细账:预收A公司有借方余额10 000元,预收B公司有贷方余额110 000元。"坏账准备"账户年初贷方余额100元,年度内实际核销坏账600元,本年坏账率为5%,则该企业本年应计提的坏账准备为( )元。

  A. 2 500    B. 3 000    C. 3 500    D. 4 000

9. 某企业采用账龄分析法核算坏账。该企业20×1年12月31日应收账款余额为200万元,"坏账准备"账户贷方余额为5万元;20×2年发生坏账8万元,发生坏账回收2万元。20×2年12月31日应收账款余额为120万元(其中未到期应收账款为40万元,估计损失1%;过期1个月应收账款为30万元,估计损失2%;过期两个月应收账款为20万元,估计损失4%;过期3个月应收账款为20万元,估计损失6%;过期3个月以上应收账款10万元,估计损失10%)。企业20×2年应提取的坏账准备为( )万元。

  A. 5    B. 4    C. 3    D. −5

10. 甲企业20×1年年末应收账款余额为500万元;20×2年实际确认坏账50万元,年末应收账款余额为400万元;20×3年收回已转销的坏账30万元,年末应收账款余额为450万元。该企业坏账准备的提取率为5%,则连续三年计提坏账准备对损益的累计影响金额为减少利润( )万元。

  A. 67.5    B. 87.5    C. 50    D. 42.5

### 三、多项选择题

1. 应通过"应收票据"或"应付票据"科目核算的票据有( )。

  A. 银行本票      B. 银行汇票
  C. 银行承兑汇票    D. 商业承兑汇票

2. 按照现行准则规定,确认应收账款入账价值时应考虑以下( )项目金额。

  A. 产品销售合同标明的金额    B. 收取的销项税额
  C. 确定的折扣优惠       D. 代垫的运杂费

3. 通过"其他应收款"核算的有( )。
   A. 应收的各种赔款　　　　　　　　B. 代购货单位垫付的运杂费
   C. 应收股票股利　　　　　　　　　D. 应收出租包装物租金
4. 下列各项中,应计提坏账准备的有( )。
   A. 应收账款　　　　　　　　　　　B. 应收票据
   C. 其他应收款　　　　　　　　　　D. 预付账款
5. 下列关于"预付账款"账户的说法正确的是( )。
   A. 属于负债类账户
   B. 贷方余额反映应付供应单位款项
   C. 核算因销售业务产生的往来款项
   D. 预付情况不多的企业,可以不设置"预付账款"账户,而将其发生额记入"应付账款"账户的借方
6. 企业采用备抵法核算坏账,收回过去已确认并转销的坏账时,应作会计分录为( )。
   A. 借记"应收账款"账户,贷记"资产减值损失"账户
   B. 借记"应收账款"账户,贷记"坏账准备"账户
   C. 借记"银行存款"账户,贷记"应收账款"账户
   D. 借记"资产减值损失"账户,贷记"坏账准备"账户
7. 下列各项中,应通过"其他应收款"账户核算的有( )。
   A. 无法收回的预付账款　　　　　　B. 收到的出租包装物的押金
   C. 应向购货方收取的代垫运杂费　　D. 应向职工收取的各种垫付款项
8. 下列各项中,应入"坏账准备"账户贷方的有( )。
   A. 按规定补提的坏账准备　　　　　B. 已发生的坏账
   C. 收回过去已确认并转销的坏账　　D. 确实无法支付的应付账款
9. 下列各项中,会引起期末应收账款账面价值发生变化的有( )。
   A. 确认的实际发生的坏账　　　　　B. 收回已核销的坏账
   C. 计提应收账款坏账准备　　　　　D. 冲销多提的坏账准备
10. 企业已经计提坏账准备的应收账款确实无法收回时,应按管理权限报经批准作为坏账转销,涉及的账户有( )。
    A. 信用减值损失　　B. 应收账款　　C. 坏账准备　　　D. 营业外支出

### 四、业务题

1. 甲公司为增值税一般纳税人,适用增值税税率为13%。20×1年3月发生以下经济业务。

(1) 10日,采用委托收款方式向乙公司销售一批商品,该业务符合收入确认条件。开具的增值税专用发票上注明价款50万元,增值税税额6.5万元,用银行存款垫付运费4万元及增值税税额0.36万元,直至月末款项尚未收到,发票已交给乙公司。

(2) 28日,购入一批原材料,取得并经税务机关确认的增值税专用发票上注明价款27万元,增值税税额3.51万元,材料验收入库。甲公司背书转让面值为30万元的不带息银行承兑汇票结算款项,不足部分以银行存款支付。

要求：

(1) 编制向乙公司确认应收账款、垫付运杂费的会计分录。

(2) 编制购买材料、背书转让票据、补付余款的会计分录。

2. 要求：根据本项目案例导入所述经济业务编制相应的会计分录。

3. 某企业20×1年3月发生有关采用预付款项的方式采购材料的经济业务如下。

(1) 3月3日，向甲企业采购材料，开出转账支票一张，预付材料款100 000元。

(2) 3月25日，收到甲企业的材料及有关结算单据，材料价款为100 000元，增值税为13 000元，当月全部认证，材料已验收入库。同时开出转账支票一张，补付材料款13 000元。

要求：根据上述经济业务编制会计分录。

4. 某企业有关应收账款业务资料如下。

(1) 该公司于20×1年年末开始计提坏账准备，年末应收账款余额为627万元，经过减值测试，公司决定按5%计提坏账准备。

(2) 20×2年3月经过核实，应收甲公司5 775元和乙公司4 125元的两笔货款已无法收回，转为坏账损失。

(3) 20×2年7月，该公司收到于3月已转销为坏账损失的甲公司账款5 775元。

(4) 至20×2年12月31日，该公司应收账款共计998万元，经过减值测试，公司决定仍按5%计提坏账准备。

要求：

(1) 编制20×1年年末计提坏账准备的会计分录。

(2) 编制确认为坏账损失的会计分录。

(3) 编制收到已转销为坏账损失的应收账款的会计分录。

(4) 编制20×2年年末计提坏账准备的会计分录。

# 存货核算

项目4
Xiangmu 4

## 技能目标

1. 基本会办理存货会计核算岗位的各项工作。
2. 能根据业务资料运用合理方法计算各项存货的实际成本。
3. 能按照规范流程和方法进行原材料、库存商品和周转材料等存货业务的账务处理。

## 知识目标

1. 熟悉《企业会计准则——存货》,理解存货确认条件,掌握存货取得的初始计量。
2. 掌握存货采用实际成本核算方法。
3. 掌握存货采用计划成本核算方法。
4. 理解存货减值核算的基本原理和方法。
5. 熟悉商品流通企业库存商品业务的会计核算方法。

## 案例导入

20×1年12月,某高校会计专业毕业生陈云到B企业进行顶岗实习。该企业为增值税一般纳税人,材料采用实际成本核算。取得的增值税专用发票均于当月确认。20×1年12月发生有关原材料采购与发出业务如下。

(1) 1日,将上月末已收到尚未付款的暂估入账材料用红字冲回,金额为75 000元。

(2) 7日,上月已付款的在途A材料已验收入库,A材料成本为50 000元。

(3) 9日,向甲企业购入A材料,买价100 000元,增值税13 000元,该企业已代垫运费,已取得增值税专用发票,注明金额1 500元,税额135元。企业签发并承兑一张票面金额为114 635元、两个月期的商业汇票结算材料款项,材料已验收入库。

(4) 10日,按照合同规定,向乙企业预付购料款80 000元,已开出转账支票支付。

(5) 15日,向丙企业采购B材料,材料买价为30 000元,增值税为3 900元,款项33 900元用银行汇票存款支付,材料已验收入库。

(6) 18日,向丁企业采购A材料1 000千克,买价为120 000元,增值税为15 600元,该企业已代垫运杂费2 000元(其中1 000元为运费,运费已取得增值税专用发票,注明金额1 000元,税额90元)。货款137 690元已通过托收承付结算方式支付,材料尚未收到。

(7) 22日,向丁企业购买的A材料运达,验收入库950千克,短缺50千克,原因待查。

(8) 25日,用预付货款方式向乙企业采购的B材料已验收入库,有关的发票单据列明材料价款75 000元,增值税9 750元,即开出一张转账支票补付货款4 750元。

(9) 29日,A材料短缺50千克的原因已查明,是丁企业少发货所致,丁企业已同意退款但款项尚未收到。

(10) 30日,向甲企业购买A材料,材料已验收入库,结算单据等仍未到达,按暂估价60 000元入账。

(11) 31日,根据发料凭证汇总表,本月基本生产车间领用原材料423 000元,车间一般性消耗领用80 500元,厂部管理部门领用78 600元,在建厂房领用52 300元。

请问：陈云应如何进行上述原材料业务的账务处理？

### 知识链接 4-1　　　　存货的确认与计量

**1. 存货的确认**

存货是指企业在日常活动中持有以备出售的产成品或商品、处在生产过程中的在产品、在生产过程或提供服务过程中耗用的材料和物料等。根据《企业会计准则——存货》规定,存货只有在符合存货定义,并同时满足以下两个条件时,才能加以确认：一是该存货包含的经济利益很可能流入企业；二是该存货的成本能够可靠地计量。在会计核算上,存货对应的会计账项很多,存货项目的真实性与正确性直接影响其他会计账项。因此,存货会计的主要目的有两个：一是确定期末存货数量,以便计算列入资产负债表中的存货价值；二是计算确定销货成本,以便和当期营业收入相匹配,从而正确合理地确定本期损益。

存货在企业的不同生产过程和阶段中具有不同的实物形态。由此可见,存货包括下列三类有形资产：一是在正常经营过程中储存以备出售的存货,如库存产成品、库存商品等,但企业的特种储备以及国家指令专项储备的资产不属于存货的范围；二是为了最终出售正处于生产过程中的存货,如在产品、半成品等；三是为了生产供销售的商品或提供服务以备消耗的存货,如产品生产所需的原材料、为生产产品服务的其他材料及低值易耗品等。

**2. 存货的分类**

不同行业的企业,存货的内容和分类有所不同。存货一般依据企业的性质、经营范围,并结合存货的用途进行分类。作为服务性企业,如旅馆、律师事务所、证券公司、美容院等,既不生产产品,也不经销产品。这些单位一般存有各种物料用品,如办公用品、家具用具等,供业务活动时使用这些货品就作为存货；商业企业也有可能有少量物料用品,但它的资金有很大部分投放在准备转售的商品上,称为库存商品；制造业,以加工或生产产品为主,故其存货的构成最为复杂。具体分为以下几种。

(1) 原材料。原材料是指企业生产过程中经加工改变其形态或性质并构成产品主要实体的各种原料以及主要材料、辅助材料、外购半成品、修理用备件、包装材料和燃料等。

(2) 在产品。在产品是指企业正在制造但尚未完工的产品,包括正在各个生产工序加工的产品和已加工完毕,但尚未检验或者已检验但尚未入库的相关的产品。

(3) 半成品。半成品是指经过一定生产过程,并已检验合格,交付半成品库保管,但尚未制造完工成为产成品,仍需进一步加工的中间产品。半成品不包括从一个车间转给另一个车间继续加工的自制半成品以及不能单独计算成本的自制半成品(这类自制半成品属于在产品)。

(4) 产成品。产成品是指工业企业已经加工完成并验收入库,可以按合同规定的条件向相关单位予以交货,或者可以对外销售的产品,企业接受外来原材料加工制造的代制品和为外单位加工修理的代修品,制造和修理完成验收入库以后应该视同企业的产品。

(5) 商品。商品是指商品流通企业外购或委托加工完成验收入库用于销售的各种产品。

(6) 包装物。包装物是指包装本企业商品而储备的各种包装容器。不包含包装材料(包装材料在原材料核算),仅指出租、出售、出借的包装物(除此以外的包装物应作为固定资产或低值易耗品核算)。

(7) 低值易耗品。低值易耗品是指不作为固定资产的各种用具物品。

(8) 委托代销商品。委托代销商品是指企业委托其他单位代销的商品。

需要说明的是,为建造固定资产等各项工程而储备的各种材料,虽然也具有存货的某些特征,但它们并不符合存货的定义,因此不能作为企业的存货进行核算。企业的特准储备以及按国家指令专项储备的资产也不符合存货的定义,因而也不属于企业的存货。

3. 存货取得的初始计量

正确估价存货是企业正确计算损益的重要前提。《企业会计准则——存货》规定,各种存货应当以其成本进行初始计量。企业可以通过外购、自制半成品、委托加工物资、接受投资、接受捐赠、非货币性资产交换、债务重组等不同的方式取得存货,不同存货的成本构成内容不同。原材料、商品、低值易耗品等通过购买而取得的存货的成本由采购成本构成;产成品、在产品、半成品、委托加工物资等通过进一步加工而取得的存货的成本由采购成本、加工成本,以及使存货达到目前场所和状态所发生的其他成本构成。

1) 存货的采购成本

存货的采购成本主要是指企业外购存货所发生的各类合理的、必要的相关支出。一般包括购买价款、相关税费、运输费、装卸费、保险费,以及其他可归属于存货采购成本的费用。

其中,存货的购买价款,是指企业购入的材料或商品的发票账单上列明的价款,但不包括按规定可以抵扣的增值税税额。

存货的相关税费是指企业购买、自制或委托加工存货发生的进口关税、消费税、资源税和不能从销项税额中抵扣的增值税进项税额,以及相应的教育费附加等应计入存货采购成本的税金。

其他可直接归属于存货采购成本的费用是指存货采购过程中发生的运输费、装卸费、保险费、包装费、仓储费、运输途中的合理损耗、入库前的挑选整理费等。这些费用能够分清费用负担对象的,应当直接计入所负担对象的采购成本。如果不能够归属于某负担对象的,应当选择合理的分配方法,分配计入有关存货的采购成本。

但是，下列费用不应计入存货成本，而应在其发生时计入当期损益。

（1）对于运输途中会发生一定的短缺和损耗，除合理的途耗应当计入物资的采购成本外，能确定由过失人负责的，应向责任单位或过失人索取赔偿，不计入进货成本。至于因自然灾害而发生的意外损失，减去保险赔偿款和可以收回的残值作价后的净损失，应作为营业外支出处理，不得计入进货成本。属于无法收回的其他损失，计入管理费用，也不得计入进货成本。总之，超定额损耗不计入外购存货的成本中。

（2）对于制造业企业市内零星运杂费、采购人员的差旅费和采购机构的经费，通常列为期间费用。

（3）企业在采购入库后发生的仓储费用，应计入当期损益；但是在生产过程中为达到下一个生产阶段所必需的仓储费用则应计入存货成本，如某种酒类产品生产为使该存货达到规定的产品质量标准，而必须发生的仓储费用，应计入酒的成本，而不应计入当期损益。

需要说明的是，商品流通企业在采购商品过程中发生的运输费、装卸费、保险费，以及其他可归属于存货采购成本的费用等进货费用，应当计入存货采购成本，也可以先进行归集，期末根据所购商品的存销情况进行分摊。对于已售商品的进货费用，计入当期损益；对于未售商品的进货费用，计入期末存货成本。企业采购商品的进货费用金额较小的，可以在发生时直接计入当期损益。

2）存货的加工成本

存货的加工成本是指存货在加工过程中发生的追加费用，包括直接人工和按照一定方法合理分配的制造费用。其中直接人工是指企业在生产产品的过程中，直接从事产品生产的工人工资、奖金、津贴等工资性支出和福利费。制造费用是指企业为生产产品和提供劳务而发生的各项间接费用。企业应当根据制造费用的性质，合理地选择制造费用的分配方法。在同一生产过程中，同时生产两种或两种以上的产品，并且每种产品的加工成本不能直接区分的，其加工成本应当按照合理的方法在各种产品之间进行分配。

3）存货的其他成本

存货的其他成本是指除采购成本、加工成本以外的，使存货达到目前场所和状态所发生的其他支出。企业设计产品发生的设计费用通常应计入当期损益，但是为特定客户设计产品所发生的、可直接确定的设计费用应计入存货的成本。

# 任务 4.1 原材料核算

原材料（raw materials）是产品制造企业的主要存货，是企业用于制造产品并构成产品实体的购入物品及购入后供生产耗用但不构成产品实体的辅助性物品。具体包括原料及主要材料、辅助材料、外购半成品、修理用备件及燃料等。

企业原材料的日常核算，可以采用实际成本（actual cost）计价或计划成本（cost of the project）计价。即使在同一个企业，对于不同的存货，也可以分别采用实际成本计价和计划成本计价两种计价方法进行日常核算,这取决于企业的实际需要。

## 4.1.1 采用实际成本核算

原材料按实际成本计价,是指每种材料的收、发、存核算均按实际成本计价。其特点是从收发凭证到明细分类核算和总分类核算,全部按实际成本计价。它适用于规模较小、存货品种简单、采购业务不多的企业。

1. 账户设置

原材料按实际成本计价,企业主要设置"原材料"和"在途物资"两个账户进行核算。另外,还应设置"应付账款""预付账款""应交税费——应交增值税(进项税额)""应交税费——待认证进项税"等账户进行核算。

(1)"原材料"账户。该账户属于资产类账户,用于核算和监督原材料(包括原料、主要材料、辅助材料、外购半成品、修理用备件、包装材料及燃料等)的收入、发出和结存情况。其借方登记外购、自制、委托加工完成、其他单位投入、盘盈等原因增加的材料的实际成本;贷方登记领用、发出加工、对外销售,以及盘亏、毁损等原因减少的库存材料的实际成本;期末借方余额反映库存材料的实际成本。

"原材料"账户应按材料的保管地点、材料的类别、品种和规格设置材料明细账(或原材料卡片)。原材料明细账应根据收料凭证和发料凭证逐笔登记。

(2)"在途物资"账户。该账户属于资产类账户,用于核算已付款或已开出承兑商业汇票,但尚未到达或尚未验收入库材料的实际采购成本。该账户的借方登记已支付或已开出承兑的商业汇票材料的实际成本,贷方登记已验收入库材料的实际成本;其余额在借方,反映已经付款或已经开出承兑的商业汇票,但尚未验收入库的在途物资的实际成本。该账户应按供货单位设置明细账户,进行明细分类核算。

(3)"应付账款"账户。该账户属于负债类账户,用于核算企业购买材料、商品和接受服务等应付给供应单位的款项。本账户的贷方登记企业因购入材料、商品等所欠的款项;借方登记偿还应付款项的数额;余额一般在贷方,表示尚未偿还的应付账款数额。

2. 外购原材料

外购原材料时,由于结算方式和采购地点的不同,材料入库和货款的支付在时间上不一定完全同步。企业从本地采购的材料,通常在货款支付后就能立即收到材料。从外地采购的材料,由于材料运输时间和结算凭证的传递以及承付时间的不一致,经常会发生结算凭证已到,货款已支付,但材料尚在运输途中的情况;有时也会发生材料已到,而结算凭证尚未到达,货款也未支付的情况。因此,材料采购要根据具体情况进行账务处理。

(1)单货同到。对于结算凭证等单据与材料同时到达的采购业务,企业在收到发票账单、材料验收入库后,应根据结算凭证、发票账单和收料单等凭证,借记"原材料"账户,贷记"银行存款""应付账款""应付票据"等账户。

小规模纳税人或购入物资未能取得增值税专用发票的公司,购入物资,按购入物资应支付的金额,借记"在途物资""原材料""销售费用"等账户,贷记"银行存款""应付账款""应付票据"等账户。下述所列明的会计事项,除特别注明外,均指能取得增值税专用发票的一般纳税人的账务处理。

【例 4-1】

某公司购入一批 A 材料,取得的增值税专用发票上注明的原材料价款为 20 000 元,增值税税额为 2 600 元,并于当月经税务平台确认可抵扣。材料已验收入库,货款已通过银行支付。请编制相应的会计分录。

该公司应作会计分录如下。

借:原材料——A 材料　　　　　　　　　　　　20 000
　　应交税费——应交增值税(进项税额)　　　　2 600
　　贷:银行存款　　　　　　　　　　　　　　　　　22 600

(2) 单到货未到。对于已经支付货款或已经开出承兑的商业汇票,但材料尚未运达的采购业务,应根据结算凭证、发票账单等单据,借记"在途物资""应交税费"等账户,贷记"银行存款""应付票据"等账户;待收到材料后,根据收料单,借记"原材料"账户,贷记"在途物资"账户。

【例 4-2】

某公司向外地甲公司购入 B 材料计 30 000 元,增值税为 3 900 元,收到银行转来外地单位的结算凭证和发票,货款已经支付,材料尚未到达。发票于当月确认可抵扣。请编制相应的会计分录。

根据收到的结算凭证和发票账单,该公司应作会计分录如下。

借:在途物资　　　　　　　　　　　　　　　　30 000
　　应交税费——应交增值税(进项税额)　　　　3 900
　　贷:银行存款　　　　　　　　　　　　　　　　　33 900

待材料运达并验收入库时,再根据收料单作会计分录如下。

借:原材料——B 材料　　　　　　　　　　　　30 000
　　贷:在途物资　　　　　　　　　　　　　　　　　30 000

值得注意的是:在材料收入业务较少的企业中,材料收入的总分类核算可以根据收料凭证逐日编制记账凭证,并据以登记总分类账;在材料收入业务较多的企业中,则可以根据收料凭证,整理汇总,定期编制"收料凭证汇总表",月终一次登记总分类账,进行总分类核算。

(3) 货到单未到。对于材料已到,结算凭证未到,货款尚未支付的采购业务,一般在短时间内,发票账单就可能到达。为了简化核算手续,在月内发生的,可以暂不进行账务处理,而只将收到的材料登记明细分类账,待收到发票账单,再按实付货款登记总账。如果月末结算凭证仍未到达企业,则应先按材料的暂估价,借记"原材料"账户,贷记"应付账款——暂估应付账款"账户。下月初用红字做同样的记录,予以冲销。待企业取得相关增值税扣税凭证并经确认可抵扣后,借记"原材料""应交税费——增值税(进项税额)"账户,贷记"银行存款"等账户。

【例 4-3】

承接例 4-2 中购入材料的业务,材料已经运到并验收入库,但发票结算凭证尚未到达,货款尚未支付。月末按暂估价入账,暂估价为 30 500 元。请编制相应的会计分录。

月末该公司应编制会计分录如下。

借：原材料——B材料　　　　　　　　　　　　　　　　　30 500
　　贷：应付账款——暂估应付账款　　　　　　　　　　　　　30 500

下月初要用红字编写与上列会计分录相同的记账凭证，冲销暂估入账的记录，会计分录如下。

借：原材料——B材料　　　　　　　　　　　　　　　　　30 500
　　贷：应付账款——暂估应付账款　　　　　　　　　　　　　30 500

（4）采用预付货款方式采购材料。根据有关规定，预付材料价款时，应借记"预付账款"账户，贷记"银行存款"账户。已经预付货款的材料验收入库，应根据发票账单所列的价款、税额等，借记"原材料"，按当月已确认的可抵扣增值税额，借记"应交税费——应交增值税（进项税额）"账户，按当月未确认的可抵扣增值税额，借记"应交税费——待认证进项税额"账户，贷记"预付账款"账户；预付款项不足，应按所需补付的金额借记"预付账款"账户，贷记"银行存款"账户；退回多付的款项，应借记"银行存款"账户，贷记"预付账款"账户。

【例 4-4】

某公司于20×1年3月5日，向甲企业预付材料款40 000元以购买某种比较紧缺的材料，3月20日，所购材料运到并验收入库，收到甲企业开具的增值税专用发票上注明材料价款40 000元，增值税税额5 200元，并于当月确认可抵扣，该公司当日以银行转账方式补付余额。请编制相应的会计分录。

该公司应作会计分录如下。

① 3月5日，预付材料款时
借：预付账款　　　　　　　　　　　　　　　　　　　　40 000
　　贷：银行存款　　　　　　　　　　　　　　　　　　　　40 000

② 3月20日，材料到达并验收入库时
借：原材料　　　　　　　　　　　　　　　　　　　　　40 000
　　应交税费——应交增值税（进项税额）　　　　　　　　5 200
　　贷：预付账款　　　　　　　　　　　　　　　　　　　　45 200

③ 补付余款时
借：预付账款　　　　　　　　　　　　　　　　　　　　5 200
　　贷：银行存款　　　　　　　　　　　　　　　　　　　　5 200

对于自制的材料完工验收入库的原材料，应按照实际成本，借记"原材料"账户，贷记"生产成本"账户。对于投资者投入的原材料，应按实际成本，借记"原材料"账户，按专用发票上注明的增值税税额，按当月已确认的可抵扣增值税额，借记"应交税费——应交增值税（进项税额）"账户，按当月未确认的可抵扣增值税额，借记"应交税费——待认证进项税额"账户，按照投资合同或协议约定的价值确定，贷记"实收资本"（或"股本"）等账户。

从生产中回收的废料，根据废料交库单估价入账，借记"原材料"账户，贷记"生产成本"等有关账户，以冲减产品成本中的材料费用。

3. 发出原材料

1）发出原材料存货的计价方法

存货的成本流转与实物流转应当一致，但实际工作中，这种情况非常少。因为企业的存货进出量很大,存货的品种繁多,存货的单位成本多变。同一种存货尽管单价不同,但均能满足生产和销售的需要,无须逐一辨认哪一批实物被发出,从而使成本与实物相分离。这样就出现了存货成本流转的假设。采用某种假设,在期末存货和发出存货之间分配成本,就产生了不同的存货成本分配方法,即发出存货的计价方法。

存货计价方法的选择是制定企业会计政策的一项重要内容。选择不同的存货计价方法将会导致不同的报告利润和存货估价,并对企业的税收负担、现金流量产生影响。一般来讲,在物价平稳的条件下,发出同样的存货,采用不同的计价方法,其结果差别不大,对所得税也不会产生大的影响。但在通货膨胀的条件下,物价呈上升趋势,采用不同的存货计价方法,其结果会有很大的差别。虽然从整体来看,所有存货最终都要发出,全部发出存货的成本必然等于全部存货进价的成本;但分阶段来看,由于采取不同的计价方法,发出同样的存货其成本都是不同的。因此,精明的纳税人应当根据经济形势和企业经营商品价格的变化情况,选择不同的存货计价方法,使发出存货尽可能早地摊销到当期销售成本中,以减少期初的应纳税所得额,实际上是从政府拿到了一笔无息贷款,相当于享受到了国家给予的延期纳税的税收优惠。《企业会计准则——存货》规定:"企业应当采用先进先出法、加权平均法或者个别计价法确定发出存货的实际成本。"企业应当根据各类存货的实物流转方式、企业管理的要求、存货的性质等实际情况合理地确定发出存货成本的计算方法。存货计价方法一经确定,不得随意变更。如需变更,应在财务报表附注中加以说明。

根据存货准则规定,该存货按照不同的方法计算确定发出存货和结存存货的成本结果如下。

(1)个别计价法。个别计价法又称个别认定法、具体辨认法、分批实际法,其特征是注重所发出存货具体项目的实物流转与成本流转之间的联系,逐一辨认各批发出存货和期末存货所属的购进批别或生产批别,分别按其购入或生产时所确定的单位成本作为计算各批发出存货成本和期末存货成本,即按每一种存货的实际成本作为计算发出存货成本和期末存货成本的基础。对于不能替代使用的存货、为特定项目专门购入或制造的存货(如珠宝、名画等贵重物品)以及提供劳务的成本,通常采用个别计价法确定发出存货成本。

(2)先进先出法。先进先出法是依据先购入的存货应先发出(销售或耗用)这样一种存货实物流动假设为前提,对发出存货进行计价。采用这种方法,先购入的存货成本在后购入存货成本之前发出,据此确定发出存货和期末存货的成本。采用先进先出法时,期末结存存货成本接近现行的市场价值。这种方法的优点是企业不能随意挑选存货的计价以调整当期利润;缺点是工作量比较烦琐,特别是对于存货进出量频繁的企业更是如此。同时,当物价上涨时,会高估企业当期利润和库存价值;反之,会低估企业存货价值和当期利润。

(3)月末一次加权平均法。月末一次加权平均法是指以当月全部进货数量加上月初存货数量作为权数,去除当月全部进货成本加上月初存货成本,计算出存货的加权平均单位成本,以此为基础计算当月发出存货的成本和期末存货的成本的一种方法。采用加权平均法的优点是计算方法比较简单,而且在市场价格上涨或下跌时所计算出来的单位成本平均化,对存货成本的分摊较为折中;缺点是无法从账上提供发出和结存存货的单价及金额,不利于加强对存货的管理。计算存货的平均单位成本的公式如下:

$$存货单位成本 = \frac{月初结存存货实际成本 + 本月收入存货实际成本}{月初存货数量 + 本月收入存货数量}$$

本月发出存货成本 = 本月发出存货数量 × 存货单位成本

本月月末库存存货成本 = 月末库存存货的数量 × 存货单位成本

（4）移动平均法。移动平均法是指本次收货的成本加原有库存的成本,除以本次收货数量与原有库存存货数量之和,据以计算加权平均单价,并对发出存货进行计价的一种方法。采用这种方法的优点是能及时了解存货的结存情况,而且计算的平均单位成本以及发出和结存的存货成本比较客观；缺点是每次收货时都要计算一次平均单价,计算工作量较大。计算存货的移动平均单位成本的公式如下：

$$存货单位成本 = \frac{原有库存存货的实际成本 + 本次进货的实际成本}{原有库存存货数量 + 本次进货数量}$$

本次发出存货成本 = 本次发出存货数量 × 本次发货前存货的单位成本

本月月末库存存货成本 = 月末库存存货数量 × 本月末存货单位成本

【例 4-5】

某公司 20×1 年 4 月材料存货的收入、发出及购进情况如表 4-1 所示。

表 4-1　材料明细账

存货类别：　　　　　　　　　　　　　　　　　　　　　计量单位：件
存货编号：　　　　　　　　　　　　　　　　　　　　　最高存量：
　　　　　　　　　　　　　　　　　　　　　　　　　　　最低存量：
存货名称及规格：甲　　　　　　　　　　　　　　　　　单位：元

| 20×1年 | | 凭证号数 | 摘要 | 收入 | | | 发出 | | | 结存 | | |
|---|---|---|---|---|---|---|---|---|---|---|---|---|
| 月 | 日 | | | 数量 | 单价 | 金额 | 数量 | 单价 | 金额 | 数量 | 单价 | 金额 |
| 4 | 1 | | 期初 | | | | | | | 3 000 | 2.9 | 8 700 |
| | 9 | （略） | 购入 | 4 100 | 3.1 | 12 710 | | | | 7 100 | | |
| | 10 | | 领用 | | | | 2 500 | | | 4 600 | | |
| | 12 | | 购入 | 6 000 | 3.2 | 19 200 | | | | 10 600 | | |
| | 13 | | 领用 | | | | 5 500 | | | 5 100 | | |
| | 20 | | 购入 | 4 500 | 3.3 | 14 850 | | | | 9 600 | | |
| | 25 | | 领用 | | | | 7 000 | | | 2 600 | | |
| | 26 | | 购入 | 1 800 | 3.4 | 6 120 | | | | 4 400 | | |
| | 30 | | 合计 | 16 400 | | 52 880 | 15 000 | | | 4 400 | | |

采用加权平均法和先进先出法分别计算甲材料 20×1 年 4 月的发出存货成本和月末结存原材料的成本。

① 加权平均法。

$$原材料单位成本 = \frac{8\ 700 + 12\ 710 + 19\ 200 + 14\ 850 + 6\ 120}{3\ 000 + 4\ 100 + 6\ 000 + 4\ 500 + 1\ 800} = 3.174\ 2(元)$$

本月发出原材料的成本 = 15 000 × 3.174 2 = 47 613(元)

月末结存原材料的成本 = (8 700 + 12 710 + 19 200 + 14 850 + 6 120) − 47 613
　　　　　　　　　　 = 13 967(元)

② 先进先出法。如表 4-2 所示的材料明细账。

表 4-2　材料明细账(先进先出法)

存货类别：　　　　　　　　　　　　　　　　　　　　　　　计量单位：件
存货编号：　　　　　　　　　　　　　　　　　　　　　　　最高存量：
　　　　　　　　　　　　　　　　　　　　　　　　　　　　最低存量：
存货名称及规格：甲　　　　　　　　　　　　　　　　　　　单位：元

| 20×1年 | | 凭证号数 | 摘要 | 收入 | | | 发出 | | | 结存 | | |
|---|---|---|---|---|---|---|---|---|---|---|---|---|
| 月 | 日 | | | 数量 | 单价 | 金额 | 数量 | 单价 | 金额 | 数量 | 单价 | 金额 |
| 4 | 1 | | 期初结存 | | | | | | | 3 000 | 2.90 | 8 700 |
| | 9 | (略) | 购入 | 4 100 | 3.10 | 12 710 | | | | 3 000 | 2.90 | 8 700 |
| | | | | | | | | | | 4 100 | 3.10 | 12 710 |
| | 10 | | 领用 | | | | 2 500 | 2.90 | 7 250 | 500 | 2.90 | 1 450 |
| | | | | | | | | | | 4 100 | 3.10 | 12 710 |
| | 12 | | 购入 | 6 000 | 3.20 | 19 200 | | | | 500 | 2.90 | 1 450 |
| | | | | | | | | | | 4 100 | 3.10 | 12 710 |
| | | | | | | | | | | 6 000 | 3.20 | 19 200 |
| | 13 | | 领用 | | | | 500 | 2.90 | 1 450 | 5 100 | 3.20 | 16 320 |
| | | | | | | | 4 100 | 3.10 | 12 710 | | | |
| | | | | | | | 900 | 3.20 | 2 880 | | | |
| | 20 | | 购入 | 4 500 | 3.30 | 14 850 | | | | 5 100 | 3.20 | 16 320 |
| | | | | | | | | | | 4 500 | 3.30 | 14 850 |
| | 25 | | 领用 | | | | 5 100 | 3.20 | 16 320 | 2 600 | 3.30 | 8 580 |
| | | | | | | | 1 900 | 3.30 | 6 270 | | | |
| | 26 | | 购入 | 1 800 | 3.40 | 6 120 | | | | 2 600 | 3.30 | 8 580 |
| | | | | | | | | | | 1 800 | 3.40 | 6 120 |
| | 30 | | 本月合计 | 16 400 | | 52 880 | 15 000 | | 46 880 | 2 600 | 3.30 | 8 580 |
| | | | | | | | | | | 1 800 | 3.40 | 6 120 |

本月发出原材料的成本 = 2 500×2.9+500×2.9+4 100×3.1+6 000×3.2
　　　　　　　　　　　+1 900×3.3
　　　　　　　　　　 = 46 880(元)
月末结存原材料的成本 = 2 600×3.3+6 120 = 14 700(元)
　　　　　　　　　或 = (8 700+12 710+19 200+14 850+6 120)-46 880
　　　　　　　　　　 = 14 700(元)

2) 发出原材料的会计处理

企业材料的日常领、发业务频繁，为了简化核算，平时一般只登记材料明细分类账，反映各种材料的收发和结存数量，月末根据按实际成本计价的发料凭证，按领用部门和用途汇总编制"发料凭证汇总表"，据以登记总分类账，进行材料发出的总分类核算。

企业发出材料，凡车间生产产品领用的，借记"生产成本"账户；车间管理及一般消耗领用的，借记"制造费用"账户；厂部管理及一般消耗领用的，借记"管理费用"账户；专设销售机构领用的，借记"销售费用"账户；委托加工业务发出的，借记"委托加工物资"账户；基建部门领用的，借记"在建工程"账户，贷记"原材料"账户；但福利部门领用的外购原材料，按实际成本加上不予抵扣的增值税税额等，借记"应付职工薪酬"等账户，按实际成本贷记"原材料"账户,按不予抵扣的增值税税额,贷记"应交税费——应交增值税(进项税额转出)"等账户。企业出售材料结转发出材料成本时,应借记"其他业务成本"账户,贷记"原材料"账户。

**【例 4-6】**

某公司为一般纳税人,20×1 年 4 月按照领用部门和用途归类汇总编制的"发料凭证汇总表"如表 4-3 所示,据以进行本月材料发出的总分类核算。

表 4-3 发料凭证汇总表

20×1 年 4 月 单位:元

| 应借账户 | 原材料 | | | |
|---|---|---|---|---|
| | 原料及主要材料 | 辅助材料 | 燃料 | 合计 |
| 生产成本 | 100 000 | 20 000 | 3 000 | 123 000 |
| 制造费用 | | 8 000 | 2 000 | 10 000 |
| 销售费用 | | 4 000 | | 4 000 |
| 管理费用 | | 3 500 | | 3 500 |
| 本月发生合计 | | | | |

该公司应作会计分录如下。

借:生产成本 123 000
　　制造费用 10 000
　　销售费用 4 000
　　管理费用 3 500
　贷:原材料 140 500

**4. 原材料盘盈、盘亏和毁损**

由于原材料的种类繁多,收发频繁,日常收发过程中可能发生计量错误、计算错误、自然损耗,还可能发生损坏变质以及贪污、盗窃等情况,造成账实不符,形成原材料的盘盈、盘亏和毁损。对于原材料的盘盈、盘亏和毁损,企业应及时填写有关存货盘点报告单,及时查明原因,按照规定程序报批处理。

(1) 原材料盘盈的核算。发生原材料的盘盈,应及时办理入账手续,根据存货盘点报告表上所列示的盘盈数,调整存货账户的实存数,即借记"原材料"账户,贷记"待处理财产损溢——待处理流动资产损溢"账户;其盘盈的存货,通常是由企业日常收发计量或计算上的差错所造成的,盘盈报经有关部门批准后,可冲减管理费用,即借记"待处理财产损溢——待处理流动资产损溢"账户,贷记"管理费用"等账户。

**【例 4-7】**

某公司根据"实存账存对比表"所列盘盈 C 材料 3 000 元,要求进行相应的会计处理,调整材料账存数。

该公司应作会计分录如下。

借:原材料——C 材料 3 000
　贷:待处理财产损溢——待处理流动资产损溢 3 000

经查明盘盈是由于计量差错所导致的。在有关部门核实后,编制记账凭证,结转"待处理财产损溢",应作会计分录如下。

借：待处理财产损溢——待处理流动资产损溢　　　　　3 000
　　贷：管理费用　　　　　　　　　　　　　　　　　　　　3 000

（2）原材料盘亏和毁损的核算。发生原材料盘亏和毁损时，应按盘亏原材料的账面价值、已提存货跌价准备，借记"待处理财产损溢——待处理流动资产损溢""存货跌价准备"等账户，按盘亏原材料的账面余额，贷记"原材料"账户，并按规定结转不能抵扣的增值税进项税额，借记"待处理财产损溢"账户，按原已计入进项税额、待认证进项税额或待抵扣进项税额，贷记"应交税费——应交增值税（进项税额转出）""应交税费——待认证进项税额"或"应交税费——待抵扣进项税额"账户。

在按管理权限报经批准后应作如下会计处理：对于入库的残料价值，借记"原材料"等账户；对于应由保险公司和过失人负责的赔款，借记"其他应收款"账户；扣除残料价值和应由保险公司、过失人赔款后的净损失，属于一般经营损失的部分，借记"管理费用"账户；属于非常损失的部分，借记"营业外支出——非常损失"账户，贷记"待处理财产损溢——待处理流动资产损溢"账户。

### 【例 4-8】

某公司根据"实存账存对比表"盘亏 A 原材料 5 000 元，该材料应分摊的增值税为 650 元，已记入应交税费——应交增值税（进项税额）。要求进行相应的会计处理，调整材料账存数。

该公司应作会计分录如下。

借：待处理财产损溢——待处理流动资产损溢　　　　　5 650
　　贷：原材料——A 材料　　　　　　　　　　　　　　　　5 000
　　　　应交税费——应交增值税（进项税额转出）　　　　　650

经查明原因如下：盘亏属于管理员过失造成，经研究由管理员负责赔偿 60%。公司应作会计分录如下。

借：其他应收款——某管理员　　　　　　　　　　　　3 390
　　管理费用　　　　　　　　　　　　　　　　　　　2 260
　　贷：待处理财产损溢——待处理流动资产损溢　　　　　5 650

5. 原材料减值

1）原材料期末计量原则

企业期末原材料的价值通常是以历史成本来确定的。但是，由于原材料市价的下跌或者材料陈旧、过时、毁损等原因，导致原材料的价值减少，采用历史成本不能真实地反映原材料的价值。因此，基于谨慎性要求，《企业会计准则——存货》规定，资产负债表日存货应当按照成本与可变现净值孰低法计量。即当成本低于可变现净值时，存货按成本计量；当可变现净值低于成本时，存货可按可变现净值计量，同时按照成本高于可变现净值的差额计提存货跌价准备，计入当期损益。

成本与可变现净值孰低法中的"成本"是指存货的实际成本；"可变现净值"是指在日常活动中，存货的估计售价减去至完工时估计将要发生的成本、估计的销售费用以及相关税费后的金额。可变现净值的特征表现为存货的预计未来净现金流量，而不是存货的售价或合同价。企业预计的销售存货现金流量，并不完全等于存货的可变现净值。存货在销售过程中可能发生的销售费用和相关税费，以及为达到预定可销售状态还可能发生的加工成本等相关支出,构成现金流入的抵减项目。企业预计的销售存货现金流量,扣除这些抵减项目后,才能确定存货的可变现净值。

期末对存货采用成本与可变现净值孰低法计量,主要是使存货符合资产的定义。当存货的可变现净值下跌至成本以下时,由此所形成的损失已不符合存货的定义,因而应将这部分损失从资产价值中扣除,计入当期损益;否则,当存货的可变现净值低于其成本价值时,如果仍以其历史成本计价,就会出现虚夸资产的现象,导致会计信息失真。

2) 原材料减值迹象的判断

原材料存在下列情况之一的,表明原材料的可变现净值低于成本。

(1) 该原材料的市场价格持续下跌,并且在可预见的未来无回升的希望。

(2) 企业使用该项原材料生产的产品的成本大于产品的销售价格。

(3) 企业因产品更新换代,原有库存原材料已不适应新产品的需要,而该原材料的市场价格又低于其账面成本。

(4) 因企业所提供的商品或劳务过时或消费者偏好改变而使市场的需求发生变化,导致市场价格逐渐下跌。

(5) 其他足以证明该项原材料实质上已经发生减值的情形。

原材料存在下列情形之一的,表明原材料的可变现净值为零。

(1) 已霉烂变质的原材料。

(2) 已过期且无转让价值的原材料。

(3) 生产中已不再需要,并且已无使用价值和转让价值的原材料。

(4) 其他足以证明已无使用价值和转让价值的原材料。

3) 不同情况下原材料可变现净值的确定

《企业会计准则——存货》规定,企业在确定存货的可变现净值时,应当以取得的确凿证据为基础,并且考虑持有存货的目的、资产负债表日后事项的影响等因素。下面分别介绍不同情况下原材料可变现净值的确定。

(1) 直接用于出售没有销售合同约定的原材料,其可变现净值为在正常生产经营过程中,该存货的估计售价减去估计的销售费用和相关税费后的金额。

【例 4-9】

某公司 20×1 年根据市场需求的变化,决定停止生产丙产品。为减少不必要的损失,决定将原材料中专门用于生产丙产品的外购 D 材料全部出售,20×1 年 12 月 31 日其账面价值(成本)为 2 000 000 元,数量为 10 吨。据市场调查,D 材料的市场销售价格为每吨 100 000 元,同时销售 10 吨 D 材料可能发生的销售费用及税金为 10 000 元。要求确定 20×1 年 12 月 31 日 D 材料可变现净值。

根据上述资料,确定 20×1 年 12 月 31 日 D 材料可变现净值为 990 000(100 000×10－10 000)元。

(2) 确定需要经过加工的原材料的可变现净值时,要以其生产的产成品的可变现净值与该产品的成本进行比较。

① 如果用其生产的产成品的可变现净值预计高于成本,则该原材料应按照成本计量。

【例 4-10】

20×1 年 12 月 31 日,丙公司 A 原材料的账面成本为 1 000 000 元,A 原材料的估计售价为900 000元；A原材料用于生产甲商品，假设用A原材料1 000 000元生产成甲商品的成本为1 400 000元，甲商品的估计售价为1 600 000元，估计的销售费用及税金为80 000元。要求确定20×1年12月31日A材料的账面价值。

分析：根据上述资料，可按照以下步骤进行确定。

第一步，计算用该原材料所生产的产成品的可变现净值。

甲商品可变现净值＝估计售价－估计的销售税费＝1 600 000－80 000＝1 520 000(元)

第二步，将该原材料所生产的产成品的可变现净值与其成本进行比较。

因甲商品的可变现净值1 520 000元高于甲商品的成本1 400 000元，故A原材料按其自身的成本计量，即账面价值为1 000 000元。

② 如果用其生产的产成品的可变现净值预计低于成本，则该原材料应按可变现净值计量。其可变现净值为在正常生产经营过程中，以该材料所生产的产成品的估计售价减去至完工时估计将要发生的成本、估计的销售费用以及相关税费后的金额确定。

【例4-11】

20×1年12月31日，甲公司B原材料的成本为1 200 000元，市场购买价格总额为1 100 000元，假设不发生其他购买费用。由于B材料市场销售价格下降，市场上用B材料生产的W2型机器的市场销售价格也发生了相应下降，下降了10%。由此造成该公司W2型机器的市场销售价格总额由3 000 000元降为2 700 000元，但生产成本仍为2 800 000元，将B材料加工成W2型机器尚需投入1 600 000元，估计销售费用及税金为100 000元。要求确定20×1年12月31日B材料的价值。

分析：根据上述资料，可按照以下步骤进行确定。

第一步，计算用该原材料所生产的产成品的可变现净值。

W2型机器的可变现净值＝W2型机器估计售价－估计销售费用及税金
$$=2\ 700\ 000-100\ 000=2\ 600\ 000(元)$$

第二步，将用该原材料所生产的产成品的可变现净值与其成本进行比较。

W2型机器的可变现净值2 600 000元小于其成本2 800 000元，即B材料价格的下降表明W2型机器的可变现净值低于成本，因此B材料应当按可变现净值计量。

第三步，计算该原材料的可变现净值，并确定其期末价值。

B材料的可变现净值 ＝ W2型机器的售价总额 － 将B材料加工成W2型机器尚需投入的成本 － 估计销售费用及税金
$$=2\ 700\ 000-1\ 600\ 000-100\ 000=1\ 000\ 000(元)$$

B材料的可变现净值1 000 000元小于其成本1 200 000元，因此B材料的期末价值应为其可变现净值1 000 000元，即B材料应按1 000 000元列示在20×1年12月31日的资产负债表的存货项目中。

4) 存货跌价准备的账务处理

企业应设置"存货跌价准备""资产减值损失"账户核算和监督存货的减值情况。

"存货跌价准备"账户，核算企业存货发生减值时计提的存货跌价准备。该账户属于资产类，是存货各项目的备抵账户。借方登记存货跌价准备的转回和结转金额；贷方登记存货跌价准备的提取金额；期末余额一般在贷方，反映企业已计提尚未转销的存货跌价准备。

"资产减值损失"账户属于损益类,核算企业根据企业会计准则相关规定计提各项资产减值准备所形成的损失,企业应按照资产减值损失的项目进行明细核算。其借方登记企业根据准则确定资产发生的减值应减记的金额,贷方登记企业计提减值准备后,相关资产的价值又得到恢复,在原已计提的减值准备金额内登记的恢复增加的金额,期末将"资产减值损失"账户余额转入"本年利润"账户后,该账户无余额。

(1)存货跌价准备的计提与转回。企业通常应当按单个存货项目计提存货跌价准备。但是对于数量繁多、单价又较低的存货,可以按照存货类别计提存货跌价准备。与在同一地区生产和销售的产品系列相关,具有相同或类似最终用途或目的,且难以与其他项目分开计量的存货,可以合并计提存货跌价准备。

资产负债表日,企业应比较存货成本与可变现净值,当成本低于可变现净值时,不需作账务处理,资产负债表中的存货仍按期末账面价值列示;当可变现净值低于成本时,计算出应计提的存货跌价准备,再与已提数进行比较,若应提数大于已提数,应予以补提。企业计提的存货跌价准备,应计入当期损益(资产减值损失)。借记"资产减值损失——计提的存货跌价准备"账户,贷记"存货跌价准备"账户。

当以前减记存货价值的影响因素消失后,减记的金额应当予以恢复,并在原已计提的存货跌价准备金额内(即"存货跌价准备"余额冲减至零为限)转回,转回的金额计入当期损益(资产减值损失)。借记"存货跌价准备"账户,贷记"资产减值损失——计提的存货跌价准备"账户。

【例4-12】

甲企业采用成本与可变现净值孰低法对A存货进行期末计价。20×1年年末,A存货的账面成本为100 000元,由于本年以来A存货的市场价格持续下跌,并在可预见的将来无回升的希望。资产负债表日状况确定的A存货的可变现净值为94 000元,"存货跌价准备"账户余额为零,要求比较成本与可变现净值,计提相应的减值准备,进行相应的会计处理。

20×1年年末应计提的存货跌价准备＝100 000－94 000＝6 000(元)

甲企业应编制会计分录如下。

借:资产减值损失　　　　　　　　　　　　　　6 000
　　贷:存货跌价准备——计提的存货跌价准备　　　　6 000

假设20×2年年末,A存货的种类和数量、账面成本和已计提的存货跌价准备均未发生变化,20×2年年末,A存货的可变现净值为96 000元,计算出应计提的存货跌价准备为4 000(100 000－96 000)元。由于A存货已计提存货跌价准备6 000元,因此,应冲减已计提的存货跌价准备2 000(6 000－4 000)元。企业应编制会计分录如下。

借:存货跌价准备——计提的存货跌价准备　　　　2 000
　　贷:资产减值损失　　　　　　　　　　　　　　2 000

假设20×3年年末,存货的种类和数量、账面成本和已计提的存货跌价准备均未发生变化,但是,20×3年以来,A存货市场价格持续上升,市场前景明显好转,至20×3年年末,根据当时状态确定的A存货的可变现净值为120 000元。根据以上资料,可以判断以前造成减记存货价值的影响因素已经消失,减记的金额应当在原已计提的存货跌价准备金额4 000元内予以恢复。甲企业应编制会计分录如下。

借：存货跌价准备——计提的存货跌价准备　　4 000
　　贷：资产减值损失　　　　　　　　　　　　　　　4 000

(2) 存货跌价准备的结转。企业计提了存货跌价准备，如果其中有部分存货已经销售，则企业在结转销售成本时，应同时结转对其已计提的存货跌价准备。借记"存货跌价准备"账户，贷记"主营业务成本""其他业务成本"等账户。

【例 4-13】

20×1 年年末，甲公司库存 D 材料为 15 000 元，已经计提的存货跌价准备为 3 500 元。20×2 年，甲公司将库存的 D 材料以 20 000 元的价格售出。假定不考虑可能发生的销售费用及税金的影响，甲公司应将 D 材料已经计提的跌价准备在结转其销售成本的同时，全部予以结转。请进行相应的账务处理（收入核算略）。

根据上述资料，甲公司应编制会计分录如下。

借：其他业务成本　　　　　　　　　　　　　　11 500
　　存货跌价准备　　　　　　　　　　　　　　　 3 500
　　贷：原材料——D 材料　　　　　　　　　　　　　15 000

### 4.1.2　采用计划成本核算

原材料按计划成本计价，是指每种存货的日常收、发、存核算都按预先确定的计划成本计价。其主要特点是：先制定各种存货的计划成本目录，规定存货的分类、各种存货的名称、规格、编号、计量单位和计划单位成本。计划单位成本在年度内一般不作调整。平时所有收发凭证按存货的计划成本计价；总账及明细分类账，按计划成本登记；存货的实际成本与计划成本的差异，通过"材料成本差异"账户进行核算。月度终了，通过分配材料成本差异，将发出存货的计划成本调整为实际成本。一般适用于存货品种繁多、收发业务频繁的企业。在管理上需要分别核算其计划成本和成本差异的，也可采用计划成本进行日常核算。

1. 账户设置

原材料按计划成本计价核算，主要设置"原材料"账户、"材料采购"账户和"材料成本差异"账户等。

(1) "原材料"账户，该账户属于资产类，核算企业原材料的计划成本，借方登记增加的原材料计划成本，贷方登记减少的原材料计划成本，期末借方余额表示库存原材料的计划成本。

(2) "材料采购"账户，该账户是采用计划成本进行材料日常核算的企业设置和使用。该账户属于资产类，用来核算企业购入材料的采购成本，反映采购业务成果。该账户借方登记支付或承付的材料价款和运杂费等，以及结转实际成本小于计划成本的差异数（节约额）；贷方登记已经付款或已开出、承兑商业汇票，并已验收入库的材料的计划成本，以及结转实际成本大于成本的差异额（超支额），应向供应单位、运输单位收回的材料短缺或其他应冲减采购成本的索赔款项，需要报经批准或尚待查明原因处理的途中短缺和毁损，由于意外灾害造成的非常损失等；月末借方余额为已经收到发票账单付款或已开出、承兑商业汇票，但物资尚未到达或尚未验收入库的在途物资。该账户应按供应单位和物资品种设置明细账，进行明细核算。

(3) "材料成本差异"账户,该账户属于资产类,反映企业已入库的各种材料的实际成本与计划成本的差异,借方登记超支差异及发出材料应负担的节约差异,贷方登记节约差异及发出材料应负担的超支差异。期末如为借方余额,反映企业库存材料的实际成本大于计划成本的差异(即超支差异);如为贷方余额,反映企业库存材料的实际成本小于计划成本的差异(即节约差异)。企业应分"原材料""周转材料""委托加工物资"等,按照类别或品种进行明细核算,不能使用一个综合差异率。

2. 外购原材料

原材料按计划成本计价核算时,不论材料是否入库,都必须先通过"材料采购"账户进行核算。材料验收入库后,再转入"原材料"账户,同时结转材料成本差异,这是材料按计划成本进行核算的一般程序。由于采购过程中情况不同,因而外购材料的账务处理也不完全相同。在材料收入业务较少的企业中,材料收入的总分类核算可以根据收料凭证逐日编制记账凭证,并据以登记总分类账;在材料收入业务较多的企业中,为了简化日常核算工作,企业平时可以不进行材料入库和结转材料成本差异的总分类核算,待到月终时,通过编制"收料凭证汇总表",进行总分类核算。下面对后一种形式举例说明。

(1) 单货同到。对于结算凭证等单据与材料同时到达的采购业务,企业在支付货款或开出、承兑商业汇票、材料验收入库后,平时应根据有关单证确定的材料实际成本,借记"材料采购"账户;根据取得的增值税专用发票,按当月已确认的可抵扣增值税额,借记"应交税费——应交增值税(进项税额)"账户,按当月未确认的可抵扣增值税额,借记"应交税费——待认证进项税额"账户;按应支付的款项,贷记"银行存款""应付账款""应付票据"等账户。

【例 4-14】

某公司购入 A 材料一批,货款为 200 000 元,增值税税额为 26 000 元,发票账单已经收到,并确认可抵扣计划成本为 210 000 元,材料已到达企业并已验收入库,全部款项已由银行存款支付。请编制相应的会计分录。

该公司应作会计分录如下。

借:材料采购            200 000
  应交税费——应交增值税(进项税额)  26 000
 贷:银行存款           226 000

【例 4-15】

某公司购入 B 材料一批,取得的增值税专用发票上注明的原材料价款为 50 000 元,增值税税额为 6 500 元,且当月已经过平台确认。双方商定采用商业承兑汇票方式支付货款,付款期限为 3 个月,材料已到达企业并已验收入库,该材料的计划成本为 48 000 元。请编制相应的会计分录。

该公司应作会计分录如下。

借:材料采购            50 000
  应交税费——应交增值税(进项税额)  6 500
 贷:应付票据           56 500

(2) 单到货未到。对于已经支付货款或已经开出承兑的商业汇票,但材料尚未运达的采购业务,应根据结算凭证、发票账单等单据,借记"材料采购""应交税金"等账户,贷记"银行存款""应付票据"等账户;待收到材料后,根据收料单,借记"原材料"账户,贷记"在途物资"账户。

【例 4-16】

某公司以银行存款购入 B 材料一批,货款为 30 000 元,增值税税额为 3 900 元,发票账单已经收到,当月已确认,计划成本为 33 000 元,材料尚未入库。请编制相应的会计分录。

该公司应作会计分录如下。

| | |
|---|---|
| 借:材料采购 | 30 000 |
| 　　应交税费——应交增值税(进项税额) | 3 900 |
| 　贷:银行存款 | 33 900 |

(3) 货到单未到。对于尚未收到发票账单等单据而材料已到的业务,平时暂不做账,应在月末按材料的计划成本暂估入账,借记"原材料"账户,贷记"应付账款"账户。下月初用红字作同样的记账凭证,予以冲回。下月,待取得相关增值税扣税凭证并经确认后,应借记"材料采购""应交税费——应交增值税(进项税额)"账户,贷记"银行存款"或"应付账款"或"应付票据"等账户。

【例 4-17】

某公司采用托收承付结算方式购入 B 材料一批,材料已经验收入库,发票账单未到,月末按计划成本 70 000 元估价入库。请编制相应的会计分录。

该公司应作会计分录如下。

| | |
|---|---|
| 借:原材料——B 材料 | 70 000 |
| 　贷:应付账款——暂估应付账款 | 70 000 |

下月初用红字冲回,作会计分录如下。

| | |
|---|---|
| 借:原材料——B 材料 | 70 000 |
| 　贷:应付账款——暂估应付账款 | 70 000 |

(4) 月终,企业应根据已经付款或已开出、承兑商业汇票的收料凭证,按计划成本,借记"原材料"账户,贷记"材料采购"账户。同时结转入库材料的成本差异,当实际成本小于计划成本时,应按节约额,借记"材料采购"账户,贷记"材料成本差异"账户;相反,当实际成本大于计划成本时,应按超支额,借记"材料成本差异"账户,贷记"材料采购"账户。

【例 4-18】

月末汇总本月已经付款或已开出承兑商业汇票的收料凭证的计划成本 258 000 元。请编制相应的会计分录。

该公司应作会计分录如下。

| | |
|---|---|
| 借:原材料——A 材料 | 258 000 |
| 　贷:材料采购 | 258 000 |

上述入库材料的实际成本为 250 000(200 000+50 000)元,入库材料的成本差异节约 8 000(258 000-250 000)元。

该公司应作会计分录如下。

借：材料采购　　　　　　　　　　　　　　　8 000
　　贷：材料成本差异　　　　　　　　　　　　　　　8 000

3. 发出原材料

在计划成本法下，发出原材料的核算，一方面根据计划成本计价的领发料凭证，按领用部门和用途进行归类汇总结转到"生产成本""制造费用""管理费用""销售费用""委托加工物资""其他业务成本"等成本费用类账户；另一方面必须计算发出材料应负担的成本差异，结转发出材料应负担的成本差异，按实际成本大于计划成本的差异借记"生产成本""制造费用""管理费用""销售费用""委托加工物资""其他业务成本"等成本费用类账户，贷记"材料成本差异"账户；实际成本小于计划成本的差异则作相反的会计分录。

其中，发出材料应负担的成本差异，必须按月分摊，不得在季末或年末一次计算。发出材料应负担的成本差异，除委托外部加工发出材料可按上月的差异率计算外，都应使用当月的实际差异率；如果上月的成本差异率与本月成本差异率相差不大的，也可按上月的成本差异率计算。计算方法一经确定，不得随意变动。

材料成本差异的计算公式如下：

$$本月材料成本差异率 = \frac{月初结存材料成本差异 + 本月收入材料成本差异总额}{月初结存材料计划成本 + 本月收入材料计划成本总额} \times 100\%$$

本月发出材料应分摊的成本差异额 = 本月发出材料的计划成本 × 本月材料成本差异率

本月发出材料的实际成本 = 本月发出材料的计划成本 ± 本月发出材料应分摊的成本差异额

【例 4-19】

某公司为增值税一般纳税人，其原材料按计划成本计价核算。甲材料计划单位成本为每千克 10 元。该企业 20×1 年 4 月有关资料如下。

(1)"原材料"账户月初余额 40 000 元，"材料成本差异"账户月初贷方余额 500 元，"材料采购"账户月初借方余额 10 600 元（上述账户核算的均为甲材料）。

(2) 4 月 5 日，企业上月已付款的甲材料 1 000 千克如数收到，已验收入库。

(3) 4 月 15 日，从外地 A 公司购入甲材料 6 000 千克，增值税专用发票注明的材料价款为 59 000 元，增值税税额为 7 670 元，当月已认证，企业已用银行存款支付上述款项，材料尚未到达。

(4) 4 月 20 日，从 A 公司购入的甲材料到达，验收入库时发现短缺 40 千克，经查明为途中定额内自然损耗。按实收数量验收入库。

(5) 4 月 30 日，汇总本月发料凭证，本月共发出甲材料 7 000 千克，全部用于产品生产。

根据上述业务，计算该公司本月材料成本差异率、本月发出材料应负担的成本差异及月末库存材料的实际成本，并编制相应的会计分录如下。

(1) 4 月 5 日收到材料时

借：原材料　　　　　　　　　　　　　　　　10 000
　　材料成本差异　　　　　　　　　　　　　　　600
　　贷：材料采购　　　　　　　　　　　　　　　　10 600

(2) 4月15日从外地购入材料时
借：材料采购　　　　　　　　　　　　　　　　　59 000
　　应交税费——应交增值税（进项税额）　　　　7 670
　贷：银行存款　　　　　　　　　　　　　　　　　66 670
(3) 4月20日收到4月15日购入的材料时
借：原材料　　　　　　　　　　　　　　　　　　59 600
　贷：材料采购　　　　　　　　　　　　　　　　　59 000
　　　材料成本差异　　　　　　　　　　　　　　　　600
(4) 4月30日结转发出材料的计划成本以及应负担的材料成本差异时
材料成本差异率＝(－500＋600－600)÷(40 000＋10 000＋59 600)×100％＝－0.456 2％
发出材料应负担的材料成本差异＝70 000×(－0.456 2％)＝－319.34(元)
借：生产成本　　　　　　　　　　　　　　　　　70 000
　贷：原材料　　　　　　　　　　　　　　　　　　70 000
借：材料成本差异　　　　　　　　　　　　　　　　319.34
　贷：生产成本　　　　　　　　　　　　　　　　　　319.34
(5) 月末结存材料的实际成本
月末结存材料的实际成本＝(40 000＋10 000＋59 600－70 000)－(500－319.34)
　　　　　　　　　　　＝39 419.34(元)

## 任务4.2　库存商品核算

　　库存商品(stock merchandise)是指在企业已经完成全部生产过程并已验收入库，可以作为商品直接对外出售的产品以及企业从外部购入直接出售的商品库存商品。包括库存的外购商品、自制商品产品、存放在门市部准备出售的商品、发出展览的商品以及寄存在外库或存放在仓库的商品等。已完成销售手续但购买单位在月末仍未提取的产品，不应作为库存商品，而应作为代管商品设置备查簿单独登记。

### 4.2.1　产品制造企业库存商品核算

**1. 库存商品概述**

　　产品制造企业的库存商品，主要是指产成品。产成品是指企业已经完成全部生产过程并已验收入库合乎标准规格和技术条件，可以按照合同规定的条件送交订货单位，或者可以作为商品对外销售的产品。企业接受外来原材料加工制造的代制品和为外单位加工修理的代修品，制造和修理完成验收入库后，视同企业的产成品。

**2. 验收入库商品和销售商品**

　　为了核算和监督库存商品的收发和结存情况，企业应设置"库存商品"账户。该账户属资产类，借方登记验收入库的库存商品的成本，贷方登记发出库存商品的成本，期末借方余额反映企业结存库存商品的实际成本。

产品制造企业的产成品一般应按实际成本进行核算。核算方法一经确定,不得随意变更。如需变更,应在会计报表附注中予以说明。在这种情况下,产成品的收入、发出和销售,平时只记数量不记金额;月度终了,计算生产完工验收入库产成品的实际成本。按实际成本借记"库存商品"账户,贷记"生产成本"等账户;对发出和销售的产成品,可以采用先进先出法、加权平均法、移动平均法或者个别计价法等方法确定其实际成本。盘盈盘亏的库存商品核算,比照原材料核算相关规定进行账务处理。

产成品种类比较多的企业,也可以按计划成本进行日常核算,其实际成本与计划成本的差异,可以单独设置"产品成本差异"账户进行核算。在这种情况下,产成品的收入、发出和销售,平时可以用计划成本进行核算,月度终了,计算入库产成品的实际成本,按产成品的计划成本记入本账户,并将实际成本与计划成本的差异记入"产品成本差异"账户,然后再将产品成本差异在发出、销售和结存的产成品之间进行分配。

【例 4-20】

某公司 20×1 年 4 月末汇总编制的"库存商品入库汇总表"如表 4-4 所示。

表 4-4　库存商品入库汇总表

20×1 年 4 月 30 日

| 产品名称 | 单位 | 数量 | 单位成本/元 | 总成本/元 |
| --- | --- | --- | --- | --- |
| A 产品 | 件 | 500 | 300 | 150 000 |
| B 产品 | 件 | 400 | 400 | 160 000 |
| 合　计 | | | | 310 000 |

请编制相应的会计分录。

根据表 4-4,该公司应作会计分录如下。

借:库存商品——A 产品　　　　　　　　　　　　150 000
　　　　　　——B 产品　　　　　　　　　　　　160 000
　　贷:生产成本——基本生产成本　　　　　　　310 000

【例 4-21】

某公司月末汇总的发出商品中,当月已实现销售的 A 产品 400 件,单位成本 300 元,计 12 000 元;B 产品 300 件,单位成本 400 元,计 12 000 元。请编制相应的会计分录。

该公司应作会计分录如下。

借:主营业务成本　　　　　　　　　　　　　　24 000
　　贷:库存商品——A 产品　　　　　　　　　　12 000
　　　　　　　——B 产品　　　　　　　　　　　12 000

3. 库存商品减值

库存商品减值的核算比照原材料存货减值核算规定进行处理,但库存商品可变现净值应分别由下列不同情形确定。

(1) 产成品、商品等直接用于出售的商品存货,没有销售合同约定的,其可变现净值为在正常生产经营过程中,产成品或商品一般销售价格(即市场销售价格)减去估计的销售费用和相关税费后的金额。

**【例 4-22】**

20×1 年 12 月 31 日,某公司的 P3 型机器的账面价值(成本)为 3 000 000 元,数量为 10 台,单位成本为 300 000 元。据市场调查,P3 型机器的市场销售价格为每台 400 000 元。公司没有签订有关 P3 型机器的销售合同。请确定 P3 型机器的可变现净值。

根据上述资料分析,P3 型机器的可变现净值应以一般销售价格总额 4 000 000 (400 000×10)元作为计量基础。

(2) 产成品、商品等是为执行销售合同或者服务合同而持有的存货,其可变现净值应当以合同价格,而不是估计售价减去估计的销售费用和相关税费等后的金额确定。

企业与购买方签订了销售合同(或服务合同,下同),如果销售合同订购的数量大于或等于企业持有的存货数量,那么与该项销售合同直接相关的存货,应以销售合同所规定的价格作为可变现净值的计量基础;超出部分存货的可变现净值应以一般销售价格(市场销售价格)作为计量基础。

**【例 4-23】**

20×1 年 9 月 10 日,甲公司与乙公司签订一份不可撤销的销售合同,双方约定,20×2 年 2 月 15 日,甲公司应按每台 180 000 元的价格向乙公司提供 A 型号的机器 10 台。20×1 年 12 月 31 日,甲公司 A 型号机器的账面价值(成本)为 1 920 000 元,数量为 12 台,单位成本为每台 160 000 元。20×1 年 12 月 31 日,A 型号机器的市场销售价格为每台 200 000 元。要求确定 20×1 年 12 月 31 日 A 型号机器的可变现净值。

分析:根据甲公司与乙公司签订的销售合同,甲公司该批 A 型号机器的销售价格已由销售合同约定,但其库存数量大于销售合同约定的数量。在这种情况下,对于销售合同约定数量内(10 台)的 A 型号机器的可变现净值应以销售合同的价格总额 1 800 000(180 000×10)元作为计量基础;而对于超出部分(2 台)的 A 型号机器的可变现净值应以一般销售价格总额 400 000(200 000×2)元作为计量基础。

### 4.2.2 商品流通企业库存商品核算

除可以采用实际成本核算或计划成本核算外,商品流通企业的库存商品还可以采用毛利率法或售价金额核算法进行日常核算。

1. 毛利率法

毛利率法是指根据本期销售净额乘以前期实际(或本月计划)毛利率计算本期销售毛利,并计算发出存货和期末存货成本的一种方法。

计算公式为

毛利率 = 销售毛利÷销售净额×100%

销售净额 = 销售收入－销售退回与折让

销售毛利 = 销售净额×毛利率

销售成本 = 销售净额－销售毛利

期末存货成本 = 期初存货成本＋本期购货成本－本期销售成本

用毛利率法计算本期销售成本和期末存货成本,在商品流通企业特别是商品批发企业较为常见。若按每种商品计算并结转销售成本,工作量较为繁重,而且商品批发企业的同类商品毛利率大致相同,采用这种存货计价方法也比较接近实际。采用这种方法,商品销售成本按大类销售额计算,在大类商品账上结转成本,计算手续简便。商品明细账平时只记数量,不记金额,每季度末的最后一个月,应按照其他计价方法(如最后进价法),先计算月末存货成本,然后倒挤该季度的销售成本,再计算第三个月结转的销售成本,从而对前两个月用毛利率计算的成本进行调整。

【例 4-24】

某公司为增值税一般纳税人,采用毛利率法计算销售商品成本,该公司 20×1 年 3 月 1 日乙类商品结存 1 200 000 元,本月购进 500 000 元,增值税进项税额为 65 000 元,当月已确认,款项以转账支票支付,本月销售收入 1 106 000 元,发生的销售折让 6 000 元,上月该类商品的毛利率为 20%。请计算本月销售成本和库存商品成本,并进行相应的账务处理。

(1) 计算本月已销商品和月末库存商品的成本。

　　本月销售净额 = 1 106 000 − 6 000 = 1 100 000(元)

　　销售毛利 = 1 100 000 × 20% = 220 000(元)

　　本月销售成本 = 1 100 000 − 220 000 = 880 000(元)

　　库存商品成本 = 1 200 000 + 500 000 − 880 000 = 820 000(元)

(2) 该公司应作会计分录如下(收入核算略)。

① 购进商品时

借:库存商品——乙类商品　　　　　　　　　　500 000
　　应交税费——应交增值税(进项税额)　　　 65 000
　　贷:银行存款　　　　　　　　　　　　　　　565 000

② 结转销售商品成本时

借:主营业务成本　　　　　　　　　　　　　　880 000
　　贷:库存商品——乙类商品　　　　　　　　　880 000

2. 售价金额核算法

售价金额核算法又称"售价记账、实物负责制",这是在建立实物负责制的基础上按售价对库存商品进行核算的方法。

采用售价核算的商品流通企业必须将所经营的全部商品按品种、类别及管理的需要划分为若干实物负责小组,确定实物负责人,实行实物负责制度。实物负责人对其所经营的商品负全部经济责任。库存商品总账和明细账都按商品的销售价格记账,库存商品明细账按实物负责人或小组分户,只记售价金额不记实物数量。

为了核算企业商品售价与进价之间的差额,还应设置"商品进销差价"账户。购入商品时,商品售价大于进价的差额记入贷方;月末结转已销商品实现的差额记入借方;本账户的贷方余额,反映尚未销售也尚未摊销的商品的进销差价。同时应按商品类别或实物负责人设置明细账,进行明细核算。

为了反映商品的采购成本以及库存商品的收入、发出和结存情况,与数量进价金额核算法一样,也应设置"商品采购""库存商品"账户。但是,售价金额核算法的"库存商品"账户一律按商品售价登记,其进销差价在"商品进销差价"账户中登记。购入商品验收入库时,按商品的售价借记"库存商品"账户,按商品的进价、贷记"商品采购"账户,按商品的进销差价,贷记或借记"商品进销差价"账户。期末,应分摊已销商品的进销差价,将已销商品的销售成本调整为实际成本,借记"商品进销差价"账户,贷记"主营业务成本"账户。商品进销差价率的计算公式如下：

$$商品进销差价率 = \frac{期初库存商品进销差价 + 本期购入商品进销差价}{期初库存商品售价 + 本期购入商品售价} \times 100\%$$

本期已销商品应分摊的进销差价 = 本期商品销售收入 × 商品进销差价率

本期销售商品的实际成本 = 本期商品销售收入 − 本期已销商品应分摊的进销差价

$$\begin{matrix}期末结存商品\\的实际成本\end{matrix} = \begin{matrix}期初库存商品的\\进价成本\end{matrix} + \begin{matrix}本期购进商品\\的进价成本\end{matrix} - \begin{matrix}本期销售\\商品的成本\end{matrix}$$

由于企业的商品进销差价率各期之间是比较均衡的,因此,也可以采用上期商品进销差价率计算分摊本期的商品进销差价。年度终了,应对商品进销差价进行核实调整。对于从事商业零售业务的企业,由于经营的商品种类、品种、规格等繁多,而且要求按商品零售价格标价,因此采用其他成本计算结转方法均较困难,零售企业广泛采用售价金额法。

## 【例 4-25】

某商场为增值税一般纳税人,20×1 年 4 月期初甲商品成本为 1 000 000 元,售价总额为 1 100 000 元;本月购进甲商品成本为 750 000 元,增值税进项税额为 97 500 元,售价总额为 900 000 元;本月销售甲商品收入为 1 500 000 元,购销款已通过转账支票办理结算。请计算期末存货成本和本期销货成本,并进行相应的账务处理。

该商场应作会计分录如下。

(1) 购进商品时

借：库存商品——甲商品　　　　　　　　　　　900 000
　　应交税费——应交增值税(进项税额)　　　　 97 500
　　贷：银行存款　　　　　　　　　　　　　　　　847 500
　　　　商品进销差价　　　　　　　　　　　　　　150 000

(2) 销售商品时

借：银行存款　　　　　　　　　　　　　　　1 695 000
　　贷：主营业务收入　　　　　　　　　　　　　1 500 000
　　　　应交税费——应交增值税(销项税额)　　　 195 000

(3) 结转商品销售成本时

借：主营业务成本　　　　　　　　　　　　　1 500 000
　　贷：库存商品——甲商品　　　　　　　　　　1 500 000

(4) 计算当月已销商品应分摊的进销差价

$$商品进销差价率 = \frac{100\,000 + 150\,000}{1\,100\,000 + 900\,000} \times 100\% = 12.5\%$$

本期已销商品应分摊的商品进销差价 = 1 500 000 × 12.5% = 187 500(元)

本期销售商品的实际成本 = 1 500 000 − 187 500 = 1 312 500(元)

期末结存商品的实际成本 = 1 000 000 + 750 000 − 1 312 500 = 437 500(元)

根据已销商品应分摊的进销差价结转调整已销商品成本时

借：商品进销差价　　　　　　　　　　　　187 500
　　　贷：主营业务成本　　　　　　　　　　　　　　187 500

## 任务4.3　周转材料核算

### 4.3.1　周转材料概述

周转材料(working materials)是指企业能够多次使用、逐渐转移其价值但仍保持原有形态不确认为固定资产的材料。周转材料主要包括低值易耗品、包装物以及建筑安装企业的钢模板、木模板、脚手架等。

(1) 低值易耗品(low value consumables)是指不能作为固定资产的各种用具物品,如工具、管理用具、玻璃器皿,以及在经营过程中周转使用的包装容器等。低值易耗品与固定资产同属企业的劳动资料,可多次使用而不改变原有的实物形态,使用过程中需要进行维修,报废时有残值等,但低值易耗品属于价值较低或使用年限较短、易损易耗的工具、设备。因此,低值易耗品被视同存货,作为流动资产进行核算和管理。

(2) 包装物(packaging materials)是指为了包装企业的产品而储备的各种包装容器,如桶、箱、瓶、坛、袋等。具体包括：生产过程中用于包装产品并作为产品的组成部分的包装物；随同产品出售而不单独计价的包装物；随同产品出售,但单独计价的包装物；出租或出借给购买单位使用的包装物。

### 4.3.2　周转材料的账务处理

1. 发出周转材料

企业周转材料种类繁多,分布于生产经营的各个环节,具体用途各不相同,会计处理也不尽相同。企业应设置"周转材料"账户核算和监督周转材料的收入、发出和结存情况,并按照低值易耗品、包装物等进行明细核算。周转材料可以采用实际成本核算,也可以采用计划成本核算,其方法与原材料相似。企业购入、自制、委托外单位加工完成并已验收入库的周转材料以及周转材料的盘盈盘亏,比照原材料核算相关规定进行账务处理。

企业生产部门领用的周转材料,构成产品实体组成部分的,其账面价值应直接计入产品成本；属于生产车间一般性物料消耗的,其账面价值应计入制造费用；销售部门领用的周转材料,随同产品出售但不单独计价的,其账面价值应计入销售费用；随同产品出售单独计价的,应视同材料销售处理,将取得的收入作为其他业务收入,相应的周转材料账面价值计入其他业务成本；用于出借的周转材料,其账面价值应计入销售费用；用于出租的周转材料,租金收入作为其他业务收入,与之相对应成本及修理费用,应计入其他业务成本；管理部门领用的周转材料,其账面价值应计入管理费用。

2. 摊销周转材料

企业应根据周转材料的消耗方式、价值大小、耐用程度等,选择一次转销法或者五五摊销法,将其账面价值一次或分期计入有关成本费用。

一次转销法是指在领用周转材料时,将其账面价值一次计入有关成本费用的一种方法,适用于价值较低或极易损坏的周转材料的摊销。

五五摊销法是在领用周转材料时先摊销账面价值的50%,待报废时再摊销其账面价值的50%的一种摊销方法。采用五五摊销法,周转材料应分别设置"在用""在库"和"摊销"明细账户进行明细核算。采用五五摊销法,虽然会计处理略显烦琐,但周转材料在报废之前,始终有50%的价值保留在账面上,有利于加强对周转材料的管理与核算。既适用于价值较低、使用期限较短的周转材料的摊销,也适用于每期领用数量和报废数量大致相等的周转材料摊销。

**【例 4-26】**

某公司对某项低值易耗品采用五五摊销法核算。某月基本车间领用低值易耗品一批,实际成本为6 000元,报废时收回残值变价收入80元,已入库。请编制相应的会计分录。

该公司应作会计分录如下:

(1) 领用时,将低值易耗品在库转为在用时

借:周转材料——低值易耗品(在用)　　　　　　　6 000
　　贷:周转材料——低值易耗品(在库)　　　　　　　6 000

同时或月末按原值的50%计提摊销时

借:制造费用　　　　　　　　　　　　　　　　　　3 000
　　贷:周转材料——低值易耗品(摊销)　　　　　　　3 000

(2) 报废时,根据已提摊销额、回收残料和应补提摊销额时

① 摊销其价值的另外50%时

借:制造费用　　　　　　　　　　　　　　　　　　3 000
　　贷:周转材料——低值易耗品(摊销)　　　　　　　3 000

② 残值变价收入80元时

借:原材料　　　　　　　　　　　　　　　　　　　80
　　贷:制造费用　　　　　　　　　　　　　　　　　80

③ 注销总成本时

借:周转材料——低值易耗品(摊销)　　　　　　　6 000
　　贷:周转材料——低值易耗品(在用)　　　　　　　6 000

**【例 4-27】**

某公司为销售甲产品领用一批不单独计价的包装物,其实际成本为1 500元;另外为销售乙产品领用一批单独计价的包装物,包装物不含税定价为1 500元,其实际成本为1 000元。请编制相应的会计分录。

该公司应作会计分录如下:

(1) 销售甲产品领用包装物时

借:销售费用　　　　　　　　　　　　　　　　　　1 500
　　贷:周转材料——包装物　　　　　　　　　　　　1 500

(2) 销售乙产品领用包装物时

借：银行存款　　　　　　　　　　　　　　　　　1 695
　　贷：其他业务收入　　　　　　　　　　　　　　　1 500
　　　　应交税费——应交增值税（销项税额）　　　　195

同时结转包装物成本时的会计分录：

借：其他业务成本　　　　　　　　　　　　　　　1 000
　　贷：周转材料——包装物　　　　　　　　　　　1 000

企业会发生出租出借包装物业务。为督促使用单位按期归还，一般都要收取押金，收到的押金记入"其他应付款"账户。企业出租出借包装物收到的押金，借记"库存现金""银行存款"等账户，贷记"其他应付款"账户，退回押金时作相反的会计分录。对于逾期未退包装物，按没收的押金，借记"其他应付款"账户，按应交的增值税，贷记"应交税费——应交增值税（销项税额）"账户，按其差额，贷记"其他业务收入"账户。这部分没收的押金收入应交的消费税等税费，计入其他业务支出，借记"其他业务成本"账户，贷记"应交税费——应交消费税"等账户。对于逾期未退包装物没收的加收的押金，应转作"营业外收入"处理，企业应按加收的押金，借记"其他应付款"账户，按应交的增值税、消费税等税费，贷记"应交税费"等账户，按其差额，贷记"营业外收入——逾期包装物押金没收收入"账户。

【例 4-28】

某公司仓库发出未用包装物木箱一批，出租给购货单位，实际成本为 22 600 元，采用五五摊销法计算。收取押金 22 600 元，同时收取租金 2 000 元，存入银行。到期后包装物木箱一半由承租单位退回，收回的包装物木箱不能继续使用，经有关部门批准报废，残料作价 500 元；另外一半包装物木箱承租单位未退回，公司没收逾期未退回包装物押金为 11 300 元（含税），增值税税率为 13%。请编制相应的会计分录。

该公司应作会计分录如下。

(1) 出租包装物时

借：周转材料——包装物（出租）　　　　　　　22 600
　　贷：周转材料——包装物（库存未用）　　　　22 600

同时应作会计分录

借：其他业务成本　　　　　　　　　　　　　　11 300
　　贷：周转材料——包装物（摊销）　　　　　　11 300

收到出租包装物租金时

借：银行存款　　　　　　　　　　　　　　　　 2 000
　　贷：其他业务收入　　　　　　　　　　　　　 1 769.91
　　　　应交税费——应交增值税（销项税额）　　 230.09

收到出租包装物押金时

借：银行存款　　　　　　　　　　　　　　　　22 600
　　贷：其他应付款　　　　　　　　　　　　　　22 600

(2) 收回部分包装物，并退还相应押金时

借：其他应付款　　　　　　　　　　　　　　　11 300

贷：银行存款　　　　　　　　　　　　　　　　　　　11 300
　借：周转材料——包装物（库存已用）　　　　　11 300
　　贷：周转材料——包装物（出租）　　　　　　　　　11 300
收回包装物报废时
　借：原材料　　　　　　　　　　　　　　　　　　　　　500
　　贷：其他业务成本　　　　　　　　　　　　　　　　　　500
　借：其他业务成本　　　　　　　　　　　　　　　　　5 650
　　贷：周转材料——包装物（摊销）　　　　　　　　　5 650
同时注销包装物成本及其已摊销价值时
　借：周转材料——包装物（摊销）　　　　　　　11 300
　　贷：周转材料——包装物（库存已用）　　　　　　　11 300
（3）对于逾期未退包装物，没收押金时
　借：其他应付款　　　　　　　　　　　　　　　　　11 300
　　贷：应交税费——应交增值税（销项税额）　　　　 1 300
　　　　其他业务收入　　　　　　　　　　　　　　　 10 000
摊销未收回包装物的成本时
　借：其他业务成本　　　　　　　　　　　　　　　　 5 650
　　贷：周转材料——包装物（摊销）　　　　　　　　　5 650
同时注销未收回包装物成本及已摊销价值时
　借：周转材料——包装物（摊销）　　　　　　　11 300
　　贷：周转材料——包装物（出租）　　　　　　　　　11 300

## 任务4.4　委托加工物资核算

### 4.4.1　委托加工物资概述

　　委托加工物资（commission processing materials）是指企业现有的材料物资不能直接用于产品生产，需要送到外单位进行加工的物资。

　　委托加工物资在加工过程中将会改变原有的实物形态，形成一种新的物资，必须重新对委托加工物资进行计价。其实际成本包括以下内容。

　　（1）加工中实际耗用物资的实际成本。
　　（2）支付的加工费及往返运杂费。
　　（3）支付的税金，包括应由委托加工物资成本负担的增值税和消费税。

### 4.4.2　委托加工物资的账务处理

　　为了核算和监督企业委托外单位加工的各种材料的实际成本，企业需要设置"委托加工物资"账户。该账户属于资产类,借方登记委托加工物资的实际成本,贷方登记加工完成并验收入库物资的实际成本和退回物资的实际成本;期末借方余额,反映企业委托外单位加工但尚未加工完成物资的实际成本和发出加工物资的运杂费等。企业应按加工合同和受托加工单位设置明细账户,反映加工单位名称、加工合同号数,发出加工物资的名称、数量,发生的加工费用和运杂费、退回剩余物资的数量、实际成本,以及加工完成物资的实际成本等资料,进行明细核算。

委托加工物资核算的具体步骤如下。

(1) 发出委托加工物资。企业发出委托外单位加工物资时,应按发出材料物资的实际成本,借记"委托加工物资"账户,贷记"原材料"账户。采用计划成本计价的企业,应按计划成本,借记"委托加工物资"账户,贷记"原材料"账户,同时结转材料成本差异,借记"委托加工物资"账户,贷记"材料成本差异"账户(实际成本小于计划成本时,用红字登记)。

(2) 支付加工费用、税金和运杂费。企业支付的加工费、往返运杂费,应计入委托加工物资成本,借记"委托加工物资",贷记"银行存款"等账户。企业支付的增值税,应视不同情况进行处理:凡属加工物资用于应交增值税项目,取得增值税专用发票并已确认的一般纳税人,支付的增值税不计入加工物资的成本,而作为进项税额处理,支付时,借记"应交税费——应交增值税(进项税额)"账户,贷记"银行存款"账户;凡属加工物资用于非应纳增值税项目或免征增值税项目的,以及未取得增值税专用发票的一般纳税人和小规模纳税人的加工物资,应将支付的增值税计入加工物资的成本,支付时,借记"委托加工物资"账户,贷记"银行存款"账户。

如果委托加工物资是应征消费税的消费品,还应当计算相关的消费税税额,此内容将在"项目8 流动负债核算"的"应交税费核算"部分作详细说明。

(3) 加工完成收回加工物资。委托加工物资加工完毕收回后,应按加工收回物资的实际成本和剩余物资的实际成本,借记"原材料""库存商品"等账户,贷记"委托加工物资"账户。

【例 4-29】

某公司委托瑞达工厂加工 A 材料一批(非应税消费品),原材料的实际成本为 500 000 元,支付加工费 40 000 元(不含增值税)。材料加工完毕验收入库,加工费等已支付。双方使用的增值税税率均为 13%,增值税专用发票已于当月经平台确认。请根据上述经济业务编制相应的会计分录。

该公司应作会计分录如下。

(1) 发出材料时
  借:委托加工物资——瑞达加工厂    500 000
    贷:原材料            500 000

(2) 支付加工费、增值税等
       应交增值税=40 000×13%=5 200(元)
  借:委托加工物资——瑞达加工厂    40 000
    应交税费——应交增值税(进项税额)  5 200
    贷:银行存款           45 200

(3) 加工完成收回委托加工材料时
借：原材料——A材料　　　　　　　　　540 000
　　贷：委托加工物资——瑞达加工厂　　　　540 000

## 课后练习

### 一、判断题

1. 存货的仓储费用应全部计入存货的成本中。（　　）
2. 商品流通企业购进商品时所发生的采购费用和仓储费用，应计入商品成本。（　　）
3. 企业采用加权平均法计算发出存货的成本，在物价上涨时，当月发出存货的单位成本小于月末结存存货的单位成本。（　　）
4. 企业采用先进先出法计算发出存货的成本，如果本期发出存货的数量超过本期第一次购进存货的数量（假定本期期初无库存），超过部分仍应按本期第一次购进存货的单位成本计算出存货的成本。（　　）
5. 因遭受意外灾害发生的损失和尚待查明原因的途中损耗，应计入物资的采购成本。（　　）
6. 某商场采用售价金额核算法对库存商品进行核算，月初库存商品的售价金额是9万元，商品进销差价账户月初余额是3万元，本月购进商品的进价成本是8万元，售价金额是11万元，本月的销售收入是15万元，假定不考虑增值税，该商场月末库存商品的实际成本是3.5万元。（　　）
7. 采用成本与可变现净值孰低法进行存货计价，从存货的整个周转过程来看，既不影响会计期间利润，也不影响整个期间的利润总额。（　　）
8. 对于数量繁多、单价较低的存货，可以不按单个存货项目计提存货跌价准备。（　　）
9. 某一酒类生产厂家所生产的白酒在储存3个月之后才符合产品质量标准，该储存期间所发生的储存费用应计入当期管理费用。（　　）
10. 无论企业对存货采用实际成本核算，还是采用计划成本核算，在编制资产负债表时，资产负债表上的存货项目反映的都是存货的实际成本。（　　）

### 二、单项选择题

1. 某工业企业为增值税一般纳税人。购入乙种原材料5 000吨，收到的增值税专用发票上注明的售价为每吨1 200元，增值税税额为780 000元。另支付运输费，已取得增值税专用发票，注明金额60 000元，税额5 400元，装卸费用为20 000元，途中保险费用为18 000元。原材料运抵企业后，验收入库原材料4 996吨，运输途中发生合理损耗4吨。该原材料的入账价值为（　　）元。

　　A. 6 078 000　　B. 6 098 000　　C. 6 093 800　　D. 6 091 400

2. 某企业期初库存原材料的计划成本为30万元，材料成本差异为+5 000元（超支）；本月购入原材料的计划成本为40万元，材料成本差异为-19 000元（节约）；本月发出材料的计划成本为50万元。期末结转发出材料的成本差异时,应(    )。

   A. 借记"材料成本差异"10 000元　　B. 贷记"材料成本差异"10 000元
   C. 红字借记"材料成本差异"10 000元　D. 红字贷记"材料成本差异"10 000元

3. 某商业企业为增值税一般纳税企业,本月购入一批商品,进货价格为180万元,增值税进项税额为23.4万元,另支付运输费,已取得增值税专业发票,注明金额18万元,税额1.62万元。所购商品到达后验收发现商品短缺30%,其中合理损失5%,另25%的短缺为供应单位少发货,该商品应计入存货的实际成本为(    )万元。

   A. 183.06　　　　B. 135　　　　C. 180　　　　D. 148.5

4. 某企业为增值税一般纳税企业,购进免税农产品一批436千克,支付购买价款150 000元,另发生保险费7 400元,装卸费10 600元,该农产品入库前的合理损耗是2.5千克,则该农产品的采购成本为(    )元。

   A. 153 000　　　B. 148 500　　　C. 151 200　　　D. 168 000

5. 某小规模纳税企业本期购入原材料,取得增值税专用发票,原材料价款为450 000元,增值税为58 500元,商品到达验收入库时发现短缺,其中5%的短缺属于途中合理损耗,15%的短缺原因待查。则该材料入库的实际成本是(    )元。

   A. 42 120　　　B. 500 175　　　C. 443 700　　　D. 382 500

6. 某批发商业企业采用毛利率法对存货计价,第一季度的针织品实际毛利率为30%,5月1日该存货成本为18 000万元,5月购入该存货成本为42 000万元,销售商品收入为45 000万元,销售退回与折让合计4 500万元。则5月末该存货结存成本为(    )万元。

   A. 31 650　　　B. 28 500　　　C. 19 500　　　D. 33 000

7. 甲企业为增值税一般纳税企业,增值税税率为13%,因销售商品出租给乙企业包装物一批,收取押金4 872元。因乙企业逾期未退还租用的包装物,按协议规定,甲企业没收全部押金4 872元。因该业务甲企业记入"其他业务收入"账户的金额为(    )元。

   A. 4 680　　　B. 4 311.5　　　C. 3 884.4　　　D. 680

8. 某一般纳税企业因台风毁损材料一批,计划成本为80 000元,材料成本差异率为－1%,企业适用的增值税税率为13%,能够获得保险公司赔款50 000元,则因该批材料的毁损而记入"营业外支出"账户的金额为(    )元。

   A. 43 000　　　B. 39 496　　　C. 30 000　　　D. 29 200

9. 某公司对期末存货采用成本与可变现净值孰低法计价。20×1年12月31日库存自制半成品的实际成本为40万元,预计进一步加工所需费用为16万元,预计销售费用及税金为8万元。该半成品加工完成后的产品预计销售价格为60万元。假定该公司以前年度未计提存货跌价准备。20×1年12月31日该项存货应计提的跌价准备为(    )万元。

   A. 0　　　　B. 4　　　　C. 16　　　　D. 20

10. 下列会计处理中不正确的是(    )。

    A. 由于管理不善造成的存货净损失记入"管理费用"
    B. 非正常原因造成的存货净损失记入"营业外支出"
    C. 以存货抵偿债务结转的相关存货跌价准备冲减管理费用
    D. 为特定客户设计产品发生的可直接确定的设计费用计入相关产品成本

### 三、多项选择题

1. 实际工作中,影响存货入账价值的主要因素有( )。
   A. 购货价格　　　　　　　　B. 购货费用
   C. 进口关税　　　　　　　　D. 期间费用

2. "材料成本差异"账户的贷方登记( )。
   A. 收入材料转入的节约差异　　B. 收入材料转入的超支差异
   C. 发出材料负担的节约差异　　D. 发出材料负担的超支差异

3. 下列费用中应计入一般纳税企业存货采购成本的有( )。
   A. 购入存货运输过程中的保险费用　B. 存货储备保管费用
   C. 采购人员工资费用　　　　　　　D. 入库前的挑选整理费用

4. 一般纳税企业委托其他单位加工材料收回后直接对外销售的,其发生的下列支出中,应计入委托加工物资成本的有( )。
   A. 加工费　　　　　　　　　　B. 增值税
   C. 发出材料的实际成本　　　　D. 受托方代收代缴的消费税

5. "材料成本差异"借方核算的内容有( )。
   A. 入库材料成本超支差　　　　　　　B. 入库材料成本节约差
   C. 发出材料结转应负担的成本超支差　D. 发生材料结转应负担的成本节约差

6. 发出包装物结转其成本或摊销时,可根据不同情况记入( )。
   A. 生产成本　　　　　　　　B. 主营业务成本
   C. 其他业务成本　　　　　　D. 销售费用

7. 低值易耗品的摊销方法( )。
   A. 一次摊销法　B. 分期摊销法　C. 五五摊销法　D. 净值摊销法

8. 企业进行材料清查时,对于盘亏的材料,应先记入"待处理财产损溢"账户,待期末或报经批准后,根据不同的原因可分别转入( )。
   A. 管理费用　B. 销售费用　C. 营业外支出　D. 其他应收款

9. 期末通过比较发现存货的成本低于可变现净值,则可能( )。
   A. 将其差额部分冲减"存货跌价准备"
   B. 增加"存货跌价准备"
   C. 不进行账务处理
   D. 冲减"存货跌价准备"至零

10. 企业计提存货跌价准备时,以下允许采用的计提方式有( )。
    A. 按照存货总体计提
    B. 与具有类似目的或最终用途并在同一地区生产和销售的产品系列相关,且难以将其与该产品系列的其他项目区别开来进行估计的存货,可以合并计提
    C. 数量繁多、单价较低的存货可以按照类别计提
    D. 按照存货单个项目计提

### 四、业务题

1. 某企业20×1年甲存货年初结存数量3 000件,结存金额8 700元。本年进货情况如表4-5所示。

表 4-5  20×1 年进货情况

| 日　期 | 单价/(元/件) | 数量/件 | 金额/元 |
|---|---|---|---|
| 2月9日 | 5.10 | 4 100 | 20 910 |
| 7月12日 | 5.25 | 6 000 | 31 500 |
| 8月20日 | 5.30 | 4 500 | 23 850 |
| 11月7日 | 5.45 | 1 800 | 9 810 |

本年销售甲存货12 000件。

要求：采用下列方法分别计算甲存货的本年销售成本和年末结存金额。

(1) 加权平均法(如果计算结果有小数,请保留4位小数)。

(2) 先进先出法。

2. 根据本项目案例导入所述经济业务编制相应的会计分录("应交税费"账户要求写出明细账户)。

3. A企业委托B企业加工材料一批(属于非应税消费品),原材料成本为10 000元,支付的加工费为8 000元(不含增值税),材料加工完成验收入库,加工费用等已经支付。双方适用的增值税税率为13%,发票已于当月确认。A企业采用实际成本对原材料进行日常核算。

要求：

(1) 编制发出委托加工材料的会计分录。

(2) 若收回加工后的材料用于连续生产产品,编制支付加工费、加工完成收回委托加工材料的会计分录。

4. 甲工业企业为增值税一般纳税企业,采用实际成本进行材料日常核算。假定运费不考虑增值税。20×1年5月1日有关账户的期初余额如下。

在途物资4 000元　　　　　　　　预付账款——D企业8 000元

委托加工物资——B企业1 000元　　周转材料——包装物5 000元

原材料800 000元(注："原材料"账户期初余额中包括上月末材料已到但发票账单未到而暂估入账的6 000元。)

20×1年5月发生如下经济业务事项,取得的增值税专用发票均于当月确认。

(1) 1日对上月末暂估入账的原材料进行账务处理。

(2) 3日在途材料全部收到,验收入库。

(3) 8日从A企业购入材料一批,增值税专用发票上注明的货款为50 000元,增值税为6 500元,另外A企业还代垫运输费,已取得增值税专用发票,注明金额500元,税额45元。全部货款已用转账支票付讫,材料验收入库。

(4) 10日收到上月委托B企业加工的包装物,并验收入库,入库成本为2 000元。

(5) 13日持银行汇票200 000元从C企业购入材料一批,增值税专用发票上注明货款为150 000元,增值税为19 500元,另支付运输费,已取得增值税专用发票,注明金额500元,税额45元,材料已验收入库。甲工业企业收回剩余票款并存入银行。

(6) 18日收到上月末估价入账的材料发票账单,增值税专用发票上注明的货款为5 000元,增值税为650元,开出银行承兑汇票承付。

(7) 22日收到D企业发运来的材料,并验收入库。增值税专用发票上注明的货款为

8 000元,增值税为1 040元,对方代垫运费640元。为购买该批材料上月曾预付货款8 000元,收到材料后用银行存款补付余款。

(8) 31日根据"发料凭证汇总表",8月基本生产车间领用材料360 000元,辅助生产车间领用材料200 000元,车间管理部门领用材料30 000元,企业行政管理部门领用材料10 000元。

(9) 31日结转本月随同产品出售不单独计价的包装物的成本6 000元。

要求:根据上述经济业务编制相应的会计分录("应交税费"账户要求写出明细账户)。

5. A企业20×1年5月初结存原材料的计划成本为80 000元。本月购入材料的计划成本为20 000元,实际成本为21 200元,本月发出材料的计划成本为20 000元,其中生产车间直接耗用12 000元,管理部门耗用8 000元。材料成本差异的月初数为3 800元(超支)。

要求:
(1) 计算材料成本差异率。
(2) 计算发出材料应负担的成本差异。
(3) 发出材料的实际成本。
(4) 结存材料的实际成本。
(5) 编制材料领用的会计分录,以及期末分摊材料成本差异的会计处理。

6. 某企业存货日常核算采用毛利率法计算发出存货成本。该企业20×1年4月实际毛利率为30%,5月1日的存货成本为1 200万元,5月购入存货成本为2 800万元,销售收入为3 000万元,销售退回为300万元。

要求:计算该企业5月末存货成本。

7. 20×1年12月31日甲公司库存的原材料——A材料账面余额为88 000元,市价为750 000元,用于生产仪表80台。由于A材料市场价格下降,用该材料生产的仪表的每台市价由2 600元降至1 800元,但是,将A材料加工成仪表,尚需发生加工费用64 000元。估计发生销售费用和税金为4 000元。

要求:
(1) 计算用A材料生产的仪表的生产成本。
(2) 计算20×1年12月31日A材料的可变现净值。
(3) 计算20×1年12月31日A材料应计提的跌价准备并编制相应会计分录。

8. 某企业对存货进行清查,清查结果及批准处理情况如下:
(1) 发现盘亏B原材料400千克,单位计划成本为100元,材料成本差异率为2%,其购买时的增值税为5 304元,并已记入"应交税费——应交增值税(进项税额)"。
(2) 发现毁损C产成品80件,每件实际成本为350元,其应负担的增值税税额为2 102.75元。
(3) 上述原因已查明,B原材料短缺是管理制度不健全造成,C产成品毁损是意外事故造成,共回收残料作价500元,可获保险公司赔偿18 450元。经厂长会议批准后,对上述清查结果作出处理。

要求:根据上述业务编制相关的会计分录。

# 投资核算

项目 5
Xiangmu 5

## 技能目标

1. 基本会办理投资会计核算岗位的各项工作。
2. 能按照规范流程和方法进行交易性金融资产、债权投资、其他权益工具投资及长期股权投资等各项对外投资业务的账务处理。

## 知识目标

1. 熟悉《企业会计准则——金融工具确认和计量》《企业会计准则——长期股权投资》,明确各项投资资产核算上的差异。
2. 掌握企业交易性金融资产、债权投资、其他权益工具投资及长期股权投资等业务的会计核算方法。

## 案例导入

20×3年2月,某高校会计专业毕业生李丽到 A 股份有限责任公司(以下简称 A 公司)进行顶岗实习。20×3 年发生下列相关投资业务。

(1) 20×3 年 2 月 1 日,A 公司以银行存款购入甲公司股票 50 000 股,并准备随时变现,每股买价 15 元,同时支付相关税费 3 000 元。3 月 20 日甲公司宣告发放的现金股利每股 0.5 元。3 月 21 日又购入甲公司股票 60 000 股,并准备随时变现,每股买价 18.5 元(其中包含已宣告发放尚未支取的股利每股 0.5 元),同时支付相关税费 5 000 元。4 月 25 日收到甲公司发放的现金股利 25 000 元。6 月 30 日甲公司股票市价为每股 16.5 元。8 月 18 日该公司以每股 17.5 元的价格转让甲公司股票 60 000 股,扣除相关税费 5 000 元,实得金额为 1 050 000 元。12 月 31 日甲公司股票市价为每股 18 元。

(2) 20×1 年 1 月 1 日,A 公司以银行存款 6 000 万元,购入乙股份有限公司股票,占乙公司有表决权股份的 25%,采用权益法进行核算,不考虑相关费用。20×1 年 1 月 1 日,乙公司所有者权益总额为 24 200 万元。20×1 年 5 月 2 日,乙公司宣告发放 20×0 年的现金股利 600 万元,并于 20×1 年 5 月 26 日实际发放。20×1 年,乙公司实现净利润 3 800 万元。20×2 年,乙公司发生净亏损 1 900 万元。20×3 年 5 月,乙公司获得其债权人豁免其债务并进行会计处理后,增加资本公积 1 000 万元。20×3 年 9 月 3 日,

A公司与丙股份有限公司签订协议,将其所持有乙公司的25%的股权全部转让给丙公司。股权转让价款总额为6 000万元,股权转让的过户手续办理完毕,款项已收回。

请问:李丽应如何进行上述相关投资业务的账务处理?交易性金融资产核算和长期股权投资业务核算有何不同?

### 知识链接5-1　　　　投资概述

投资是企业为了获得收益和实现资本增值向投资单位投放资金的经济行为,通常是指企业为通过分配来增加财富和为谋求其他利益而将资产让渡给其他单位所获得的另一项资产。

投资有广义和狭义之分,广义的投资是指企业对内、对外的各项投资活动。对外投资主要有各种实物投资、债券投资、股票投资和其他股权投资等形式,对内投资则包括固定资产投资、无形资产投资等;狭义的投资仅包括权益性证券投资和债权性证券投资等对外投资。本项目涉及的投资仅指对外投资。

企业开展对外投资活动通常要达到如下目的:一是有效地利用暂时闲置的资金以获取一定的经济利益;二是为了影响和控制其他企业的经营与财务政策,以保证本企业正常经营业务的顺利进行和经营规模的扩大;三是为了积累巨额资金,为满足企业未来某些特定用途做准备。对外投资一般采取的投资形式有:一是将企业的部分资产转让给其他单位使用,由其创造效益后,通过分配收益和改善贸易关系等达到获取利益的目的;二是将货币资金、实物资产等让渡给其他单位或直接投资股票、债券等金融资产,通过金融资产的买卖获得增值,其中金融资产从广义上看既有债权投资也有股权投资,既有以获利为目标的证券投资也有对被投资单位控制或影响的权益投资。

为了更好地体现管理部门的目的和意图,便于加强对外投资的管理,恰当地组织对投资业务的核算,根据《企业会计准则第2号——长期股权投资》《企业会计准则第22号——金融工具的确认和计量》等文件规定,企业应当将对外投资区分为金融资产投资和长期股权投资两大类。金融资产投资是企业通过购买证券从而持有其他方的债权或股权的投资行为,通常投资者持有证券的目的是获得利益流入,且证券存在活跃市场价格或相对固定报价,这类投资能够充分利用企业的财务实力,发挥现有资金的作用,同时又不影响企业自身资金调度和运用。而长期股权投资是指通过投资取得被投资单位的股份并长期持有,期望通过股权投资达到控制被投资单位或对被投资单位施加影响或为了与被投资单位建立密切关系,以分散经营风险,这类投资还包括没有活跃市场价格的权益投资。

### 知识链接5-2　　　　金融资产概述

企业持有的货币资金、应收票据、应收账款、其他应收款、债券投资、股票投资、基金投资等均可列为企业的金融资产,都是企业作为投资者用以获利的金融工具。根据《企业会计准则第22号——金融工具的确认和计量》的规定,金融资产是指企业持有的现金、其他方的权益工具以及符合下列条件之一的资产。

(1) 从其他方收取现金或其他金融资产的合同权利。

(2) 在潜在有利条件下,与其他方交换金融资产或金融负债的合同权利。

(3) 将来须用或可用企业自身权益工具进行结算的非衍生工具合同,且企业根据该合同将收到可变数量的自身权益工具。

(4) 将来须用或可用企业自身权益工具进行结算的衍生工具合同,但以固定数量的自身权益工具交换固定金额的现金或其他金融资产的衍生工具合同除外。

金融资产包括债务工具、衍生金融工具、权益工具。在日常核算中,企业应当根据其管理金融资产的业务模式和合同现金流量特征,将金融资产划分为以下三类,此分类一经确定,不得随意变更。

(1) 以摊余成本计量的金融资产,主要是债务工具,例如企业正常商业往来形成的应收款项、普通债券投资等。

(2) 以公允价值计量且其变动计入其他综合收益的金融资产,包括债务工具和权益工具,例如企业持有的可以随时向银行出售的应收账款等。

(3) 以公允价值计量且其变动计入当期损益的金融资产,包括债务工具、权益工具和衍生金融工具,例如股票、基金、可转换债券等。

企业管理金融资产的业务模式是指企业如何管理其金融资产以产生现金流量,通常可以从企业为实现其目标而开展的特定活动中得以反映。一个企业可能会采用多个业务模式管理其金融资产,业务模式决定企业所管理金融资产现金流量的来源是收取合同现金流量、出售金融资产还是两者兼有。合同现金流量特征是金融工具合同所约定的,反映相关金融经济特征的现金流量属性,上述(1)、(2)两种分类与基本借贷安排相一致,其在特定日期产生的合同现金流量仅为对金融资产的本金和以未偿付本金金额为基础的利息的支付。

当企业改变其管理金融资产的业务模式时,应当按照规定对所有受影响的相关金融资产进行重分类。

## 任务5.1 交易性金融资产核算

### 5.1.1 交易性金融资产概述

**1. 交易性金融资产的确认**

以公允价值计量且其变动计入当期损益的金融资产称为"交易性金融资产"。从企业管理金融资产的业务模式看,企业关键管理人员决定对其进行管理的业务目标是以"交易"为目的,即通过频繁地购买和出售等交易性活动,赚取买卖差价,使企业闲置资金能够在金融工具的短期价格波动中获得投资回报。

交易性金融资产主要是指企业为了近期内出售而持有的金融资产,如企业以赚取差价为目的从二级市场购入的股票、债券、基金等。判断一项金融资产是否为交易性金融资产主要考虑投资目的、在活跃市场有无报价、公允价值能否可靠计量三个特征。企业持有的直接指定为以公允价值计量的且其变动计入当期损益的衍生金融工具也属于该内容。

2. 交易性金融资产的计量

交易性金融资产在初始确认时以公允价值入账,一般是以市场交易价格为基础确定的。取得时所支付的价款中包含的已宣告但尚未发放的现金股利或已到期但尚未领取的利息,单独确认为应收项目。交易时发生的外部交易费用计入当期损益,冲减投资收益。这部分交易费用,是指可直接归属于购买、发行或处置金融工具的增量费用,包括支付给代理机构、咨询公司、券商、证券交易所、政府有关部门等的手续费、佣金、相关税费以及其他必要支出,不包括债券溢价、折价、融资费用、内部管理成本和持有成本等与交易不直接相关的费用。

资产负债表日交易性金融资产应按公允价值计量,公允价值与账面余额的差额应作为公允价值变动损益。持有交易性金融资产期间,被投资单位宣告发放的现金股利或在资产负债表日按票面利率计算的分期利息,应作为投资收益确认为应收股利或应收利息。

出售金融资产时,企业应将扣除手续费后的出售净额与账面余额之间的差额计入投资收益。

交易性金融资产以交易为目标并始终以公允价值计量,因此不需计提减值准备。

## 5.1.2 交易性金融资产的账务处理

1. 账户设置

为了核算交易性金融资产的取得、持有期间现金股利或利息的收取、处置等业务,企业应当设置"其他货币资金""交易性金融资产""应收股利""应收利息""公允价值变动损益""投资收益"等账户。

(1)"交易性金融资产"账户。该账户属于资产类账户,核算企业为交易目的所持有的债券投资、股票投资、基金投资等交易性金融资产的公允价值。企业持有的直接指定为以公允价值计量的且其变动计入当期损益的金融资产也在该账户核算。本账户借方登记交易性金融资产的取得成本、资产负债表日其公允价值高于账面余额的差额、出售时结转的公允价值变动损失等内容,贷方登记资产负债表日其公允价值低于账面余额的差额、出售时结转的成本和公允价值变动收益等内容。该账户应当按照交易性金融资产的类别和品种,分别设置"成本""公允价值变动"明细科目进行核算。

(2)"公允价值变动损益"账户。该账户属于损益类账户,核算企业交易性金融资产公允价值变动而形成的应计入当期损益的利得或损失。贷方登记资产负债表日企业持有的交易性金融资产的公允价值高于账面余额的差额,借方登记资产负债表日企业持有的交易性金融资产的公允价值低于账面余额的差额。该账户期末余额转入"本年利润"账户,结转后无余额。

(3)"投资收益"账户。该账户属于损益类账户,核算企业持有交易性金融资产期间取得的投资收益以及处置交易性金融资产等实现的投资利得或投资损失。借方登记在对外投资活动中发生的交易费用、在持有期间及处置投资资产时发生的投资损失等,贷方登记在投资资产持有期间取得的投资收益以及处置投资资产实现的投资利得。该账户期末余额转入

"本年利润"账户,结转后无余额。

2. 账务处理

1) 交易性金融资产的初始取得

企业初始取得某项交易性金融资产时,应当按照该交易性金融资产取得时的公允价值作为其初始入账金额,记入"交易性金融资产——成本"账户的借方。一般情况下企业是从证券市场购入交易性金融资产的,因此贷记"其他货币资金——存出投资款"账户。

取得交易性金融资产所支付的价款中包含了已宣告但尚未发放的现金股利或已到期但尚未领取的债券利息,不构成交易性金融资产的初始入账金额,应单独确认为应收项目,记入"应收股利"或"应收利息"账户。在交易过程中发生的交易费用记入"投资收益"账户的借方。发生交易费用取得增值税专用发票的,其进项税额经税务机关确认后,可从当期销项税额中扣除,借记"应交税费——应交增值税(进项税额)"账户。

【例 5-1】

甲公司为增值税一般纳税人,20×1 年 3 月 20 日,从二级市场以存出投资款支付 775 000 元购入 B 公司股票 50 000 股,每股价格 15.50 元,准备短期持有。支付的价款中含已宣告但尚未发放的现金股利 0.50 元/股。交易过程中甲公司另支付相关交易费用 2 000 元,取得并经税务机关确认的增值税专用发票上注明增值税税额 120 元。甲公司将持有的 B 公司股票划分为交易性金融资产。请编制相应的会计分录。

甲公司应作会计分录如下。

(1) 甲公司购入 B 公司股票时

| | |
|---|---|
| 借:交易性金融资产——成本 | 750 000 |
| 　　应收股利——B 公司 | 25 000 |
| 　　投资收益 | 2 000 |
| 　　应交税费——应交增值税(进项税额) | 120 |
| 　贷:其他货币资金——存出投资款 | 777 120 |

(2) 甲公司收到 B 公司派发的现金股利时

| | |
|---|---|
| 借:其他货币资金——存出投资款 | 25 000 |
| 　贷:应收股利——B 公司 | 25 000 |

【例 5-2】

20×1 年 7 月 1 日,甲公司从二级市场上支付 1 030 000 元(含已到期但尚未领取的利息 30 000 元)购入 C 公司发行的债券,另支付交易费用 3 000 元,取得增值税专用发票上注明的增值税税额为 180 元。该债券面值 1 000 000 元,剩余期限 2 年,票面利率为 6%,每半年付息一次,甲公司将其划分为交易性金融资产。请编制相应会计分录。

甲公司应作会计分录如下。

(1) 甲公司购入 C 公司债券时

| | |
|---|---|
| 借:交易性金融资产——成本 | 1 000 000 |
| 　　应收利息——C 公司 | 30 000 |
| 　　投资收益 | 3 000 |
| 　　应交税费——应交增值税(进项税额) | 180 |

贷：其他货币资金——存出投资款　　　　　　　　1 033 180

（2）甲公司收到C公司派发的20×1年上半年债券利息时

　　借：其他货币资金——存出投资款　　　　30 000
　　　贷：应收利息——C公司　　　　　　　　　　　　30 000

2）交易性金融资产持有期间的现金股利和利息

　　企业持有交易性金融资产期间，对于被投资单位宣告发放的现金股利或企业在资产负债表日按分期付息、一次还本债券投资的票面利率计算的利息收入，符合条件的应当确认为投资收益，按相应金额借记"应收股利"或"应收利息"账户，贷记"投资收益"账户。实际收到款项时，借记"其他货币资金"账户，贷记"应收股利"或"应收利息"账户。

　　符合确认交易性金融资产所取得的股利或利息收入并计入当期损益的条件包括：①企业收取股利或利息的权利已经确立；②与股利或利息相关的经济利益很可能流入企业；③股利或利息的金额能够可靠计量。

## 【例5-3】

承接例5-1，7月15日，B公司宣告上半年股利分配方案为每股支付现金股利0.50元，股利将于7月25日支付。请编制相应的会计分录。

甲公司应作会计分录如下。

（1）B公司7月15日宣告分派股利时

　　借：应收股利——B公司　　　　　　　　25 000
　　　贷：投资收益　　　　　　　　　　　　　　　　　25 000

（2）7月25日收到现金股利时

　　借：其他货币资金——存出投资款　　　　25 000
　　　贷：应收股利——B公司　　　　　　　　　　　　25 000

## 【例5-4】

承接例5-2，12月31日，计算持有的C公司债券20×1年下半年的债券利息。请编制相应的会计分录。

甲公司应作会计分录如下。

　　借：应收利息——C公司　　　　　　　　30 000
　　　贷：投资收益　　　　　　　　　　　　　　　　　30 000

收到债券利息时

　　借：其他货币资金——存出投资款　　　　30 000
　　　贷：应收利息——C公司　　　　　　　　　　　　30 000

3）交易性金融资产的后续计量

　　交易性金融资产采用公允价值进行后续计量。在资产负债表日，交易性金融资产公允价值与账面余额之间的差额计入当期损益，当公允价值高于账面余额时，借记"交易性金融资产——公允价值变动"账户，贷记"公允价值变动损益"账户，若资产负债表日公允价值低于账面余额，则作相反的会计分录。

【例 5-5】

承接例 5-1,甲公司持有的 B 公司股票 6 月 30 日每股市价为 17 元。请编制相应的会计分录。

甲公司应作会计分录如下。

(1) 6 月 30 日确认该股票的公允价值变动收益时

借:交易性金融资产——公允价值变动　　　　　　100 000
　　贷:公允价值变动损益　　　　　　　　　　　　　　100 000

(2) 将公允价值变动损益转入当期损益时

借:公允价值变动损益　　　　　　　　　　　　　　100 000
　　贷:本年利润　　　　　　　　　　　　　　　　　　100 000

【例 5-6】

承接例 5-2,12 月 31 日,甲公司持有的 C 公司债券的市价为 1 010 000 元(其中含下半年利息 30 000 元)。请编制相应的会计分录。

甲公司应作会计分录如下。

(1) 12 月 31 日确认该债券的价值变动损失时

借:公允价值变动损益　　　　　　　　　　　　　　20 000
　　贷:交易性金融资产——公允价值变动　　　　　　20 000

(2) 将公允价值变动损益转入当期损益时

借:本年利润　　　　　　　　　　　　　　　　　　20 000
　　贷:公允价值变动损益　　　　　　　　　　　　　　20 000

4) 交易性金融资产的出售

企业出售交易性金融资产时,应当将该金融资产出售时的公允价值与其初始入账价值金额之间的差额确认为投资收益。企业应按出售交易性金融资产实际收到的金额,借记"其他货币资金"等账户,按该金融资产的账面余额,贷记"交易性金融资产——成本"账户,贷记或借记"交易性金融资产——公允价值变动"账户,按其差额,贷记或借记"投资收益"账户。

金融资产转让时还应当按照卖出价扣除买入价后的余额作为销售额计算增值税(按现行增值税相关规定,应将含税销售额换算为不含税销售额,一般计税方式税率为 6%,简易计税方式为 3%),计算买入价时无须扣除购买价款中包含的已宣告但尚未发放的现金股利或已到期但尚未领取的债券利息。若盈亏相抵出现负差,可结转下一纳税期与下期转让金融商品销售额相抵,但年末仍出现负差的,不得转入下一会计年度。产生转让收益时,借记"投资收益"账户,贷记"应交税费——转让金融商品应交增值税"账户,产生转让损失时作相反会计分录。年末,如果"应交税费——转让金融商品应交增值税"账户余额在借方,表示本年无法弥补且不能转入下年抵减收益的金融资产转让损失,应将余额转出,借记"投资收益"账户,贷记"应交税费——转让金融商品应交增值税"账户。这里需要注意的是,金融商品转让不得开具增值税专用发票。

【例 5-7】

20×1 年 1 月 5 日,甲公司从证券市场上购入 A 公司债券作为交易性金融资产,支付价款 2 100 万元(含已到期但尚未领取的利息 80 万元),该债券面值 2 000 万元,票面利率 4%,每年1月5日付息。另支付相关费用6万元,取得并经税务机关确认的增值税专用发票上注明的增值税税额为0.36万元。1月20日收到上述利息。12月31日,该债券市价为2140万元。20×2年5月2日甲公司将该债券出售,取得价款2259万元。请编制相应的会计分录。

甲公司应作会计分录如下。

(1) 1月5日甲公司购入A公司债券时

借:交易性金融资产——成本　　　　　　　　　20 200 000
　　投资收益　　　　　　　　　　　　　　　　　　60 000
　　应收利息——A公司　　　　　　　　　　　　　800 000
　　应交税费——应交增值税(进项税额)　　　　　　3 600
　　贷:其他货币资金——存出投资款　　　　　　　21 063 600

(2) 1月20日收到上述利息时

借:其他货币资金——存出投资款　　　　　　　　800 000
　　贷:应收利息——A公司　　　　　　　　　　　　800 000

(3) 12月31日计算确认应收取的债券利息收入=2 000×4%=80(万元)

借:应收利息——A公司　　　　　　　　　　　　　800 000
　　贷:投资收益　　　　　　　　　　　　　　　　　800 000

(4) 12月31日确认该债券的公允价值变动收益时

借:交易性金融资产——公允价值变动　　　　　　1 200 000
　　贷:公允价值变动损益　　　　　　　　　　　　1 200 000

(5) 20×2年1月5日收到上年债券利息时

借:其他货币资金——存出投资款　　　　　　　　800 000
　　贷:应收利息——A公司　　　　　　　　　　　　800 000

(6) 20×2年5月2日出售该债券时

借:其他货币资金——存出投资款　　　　　　　　22 590 000
　　贷:交易性金融资产——成本　　　　　　　　　20 200 000
　　　　　　　　　　　——公允价值变动　　　　　1 200 000
　　　　投资收益　　　　　　　　　　　　　　　　1 190 000

(7) 计算转让金融商品应交增值税=(2 259-2 100)÷(1+6%)×6%=9(万元)

借:投资收益　　　　　　　　　　　　　　　　　　90 000
　　贷:应交税费——转让金融商品应交增值税　　　　90 000

## 任务5.2　以摊余成本计量的金融资产核算

### 5.2.1　以摊余成本计量的金融资产概述

1. 以摊余成本计量的金融资产的确认

企业在诸多金融中确认以摊余成本计量的金融资产,应考虑该金融资产同时符合下列条件：①企业管理该金融资产的业务模式是以收取合同现金流量为目标；②该金融资产的合同条款规定，在特定日期产生的现金流量，仅为对本金和以未偿付本金金额为基础的利息的支付。这类金融资产主要是债权投资，一般到期日固定、可收回金额可确定，例如银行向企业客户发放的固定利率贷款、普通债券、企业正常商业往来形成的应收账款等。

2. 以摊余成本计量的金融资产的计量

与交易性金融资产不同，该金融资产取得时以公允价值和交易费用之和进行初始金额确认。取得时所支付的价款中包含的已到期但尚未领取的利息，不构成初始入账金额，应单独确认为应收项目。

资产负债表日，该金融资产应当以摊余成本计量。摊余成本是指该金融资产的初始确认金额经下列调整后的结果：①扣除已偿还的本金；②加上或减去按实际利率法摊销利息调整金额；③扣除累计计提的损失准备。

金融资产持有期间应当采用实际利率法，按其摊余成本对其进行后续计量。一方面按实际利率计算各期实际利息收入及其摊余成本，另一方面区分付息方式按票面利率计算应收应计利息，实际利息收入与票面应收应计利息之间的差额计入债权投资的利息调整，即对之前取得时的溢折价进行摊销。实际利率是将金融资产在预计存续期的估计未来现金流量，折现为该金融资产账面余额摊余成本所使用的利率（不考虑预期信用损失）。

资产负债表日，企业应当以预期信用损失为基础对该金融资产计提减值准备。

以摊余成本计量的金融资产所产生的利得或损失，应当在终止确认、按规定重分类、按实际利率法摊销或确认减值时，计入当期损益。

## 5.2.2 以摊余成本计量的金融资产的账务处理

1. 账户设置

为了核算以摊余成本计量的金融资产的取得、持有期间利息的收取、减值准备的计提以及金融资产的处置等业务，企业应当设置"其他货币资金""债权投资""应收利息""投资收益""信用减值损失""债权投资减值准备"等账户。

（1）"债权投资"账户。该账户属于资产类账户，用于核算以摊余成本计量的金融资产的取得、利息处理及处置等内容。借方登记取得金融资产时的公允价值和交易费用之和作为入账成本，贷方登记处置金融资产时的成本和采用一次还本付息方式的债权投资应计利息金额，资产负债表日按实际利率计算的实际利息收入与按票面利率计算的应收应计利息之间的差额记入该账户的借方或贷方。该账户期末借方余额，反映企业该金融资产的摊余成本。该账户可按以摊余成本计量的金融资产的类别和品种，分别设置"成本""利息调整""应计利息"等明细账户进行明细核算。

（2）"债权投资减值准备"账户。该账户属于资产类账户，是"债权投资"账户的备抵账户。核算企业债权投资以预期信用损失为基础计提的损失准备。

（3）"投资收益"账户。该账户属于损益类账户，核算企业持有金融资产期间取得的投资收益以及处置实现的投资收益或投资损失。贷方登记在投资资产持有期间取得的投资收益以及处置投资资产实现的投资收益，借方登记在持有期间发生的投资损失。该账户期末账户余额转入"本年利润"账户，结转后无余额。

(4)"信用减值损失"账户。该账户属于损益类账户,核算企业计提各项金融工具减值准备所形成的预期信用损失。损失增加记借方,冲减或结转记贷方,期末结转后无余额。

2. 账务处理

1)以摊余成本计量的债权投资的初始取得

企业取得这类金融资产时,应当按照该债券的面值,借记"债权投资——成本"账户。所支付的价款中包含了已到期但尚未领取的债券利息,确认为应收项目,记入"应收利息"账户。按照实际支付的金额,贷记"银行存款""其他货币资金"等账户。按其差额,借记或贷记"债权投资——利息调整"账户。

【例 5-8】

20×1年1月5日,甲公司购买了乙公司发行的五年期债券1 000张,该债券剩余年限为4年,划分为以摊余成本计量的金融资产。已知该债券面值为每张100元,票面利率12%,按年计息,付息日为每年1月10日。成交价格为每张115元,其中12元为已到期但尚未领取的利息。另发生交易费用300元,取得并经税务机关确认的增值税专用发票上注明的增值税税额为18元。请编制相应的会计分录。

甲公司应作会计分录如下。

(1)甲公司购入债券时

借:债权投资——成本　　　　　　　　　　　　100 000
　　　　　　——利息调整　　　　　　　　　　　3 300
　　应收利息——乙公司　　　　　　　　　　　　12 000
　　应交税费——应交增值税(进项税额)　　　　　18
　　贷:其他货币资金——存出投资款　　　　　　　　　115 318

(2)甲公司收到债券利息时

借:其他货币资金——存出投资款　　　　　　　　12 000
　　贷:应收利息——乙公司　　　　　　　　　　　　　12 000

2)持有期间的利息

在资产负债表日,企业持有债权投资为分期付息、一次还本方式的,应按票面利率计算确定的应收未收的利息,借记"应收利息"账户,按摊余成本和实际利率计算确定的利息收入,贷记"投资收益"账户,按其差额,借记或贷记"债权投资——利息调整"账户。

若持有债权投资为到期一次还本付息的,则应于资产负债表日按票面利率计算确定的应计利息,借记"债权投资——应计利息"账户,按摊余成本和实际利率计算确定的利息收入,贷记"投资收益"账户,按其差额,借记或贷记"债权投资——利息调整"账户。

这里需要注意的是,在计算摊余成本和实际利率时,企业一般会运用复利现值系数和年金现值系数处理货币时间价值,若在债权投资持有期间分期收回本金,还要重新计算调整摊余成本。

【例 5-9】

20×1年1月1日,企业支付1 000万元(包含交易费用)从活跃市场上购入乙公司发行的五年期债券,面值1 250万元,票面利率4.72%。合同约定年末付息、到期还本。企业将其归类为以摊余成本计量的金融资产。假定不考虑税费等相关因素,利息以复利计算,请进行相应账务处理。

计算实际利率 $i$：

$$1\,000 = 59 \times (P/A, i, 5) + 1\,250 \times (P/F, i, 5)$$

经插值试算 $i = 10\%$。

注：本金部分是将终值折现，采用复利现值系数 $(P/F, i, 5)$。利息部分若分期等额付息，为年金折现，采用年金现值系数 $(P/A, i, 5)$；若一次付息，则为终值折现。

分期计算确定各年利息收入金额如表 5-1 所示。

表 5-1　采用实际利率和摊余成本计算确定利息收入　　　　　　单位：元

| 年份 | 年初摊余成本 $A$ | 面值 $B$ | 票面利息 $C = B \times$ 票面利率 | 实际利息 $D = A \times$ 实际利率 | 利息调整摊销额 $E = D - C$ | 年末摊余成本 $F = A + E -$ 已收回本金 |
|---|---|---|---|---|---|---|
| 1 | 10 000 000 | 12 500 000 | 590 000 | 1 000 000 | 410 000 | 10 410 000 |
| 2 | 10 410 000 | 12 500 000 | 590 000 | 1 041 000 | 451 000 | 10 861 000 |
| 3 | 10 861 000 | 12 500 000 | 590 000 | 1 086 100 | 496 100 | 11 357 100 |
| 4 | 11 357 100 | 12 500 000 | 590 000 | 1 135 710 | 545 710 | 11 902 810 |
| 5 | 11 902 810 | 12 500 000 | 590 000 | 1 187 190注 | 597 190 | 0 |

注：尾数调整最后一年实际利息 = 12 500 000 + 590 000 − 11 902 810 = 1 187 190 元。

根据表 5-1 中的数据，企业应作如下会计分录。

(1) 购入债券时

借：债权投资——成本　　　　　　　　　　　　　　　12 500 000
　　贷：其他货币资金——存出投资款　　　　　　　　10 000 000
　　　　债权投资——利息调整　　　　　　　　　　　　2 500 000

(2) 各年计算确认实际利息收入、收到票面利息时

第一年年末

借：应收利息——乙公司　　　　　　　　　　　　　　590 000
　　债权投资——利息调整　　　　　　　　　　　　　410 000
　　贷：投资收益　　　　　　　　　　　　　　　　　1 000 000

借：其他货币资金——存出投资款　　　　　　　　　　590 000
　　贷：应收利息——乙公司　　　　　　　　　　　　590 000

第二年年末

借：应收利息——乙公司　　　　　　　　　　　　　　590 000
　　债权投资——利息调整　　　　　　　　　　　　　451 000
　　贷：投资收益　　　　　　　　　　　　　　　　　1 041 000

借：其他货币资金——存出投资款　　　　　　　　　　590 000
　　贷：应收利息——乙公司　　　　　　　　　　　　590 000

第三年年末

借：应收利息——乙公司　　　　　　　　　　　　　　590 000
　　债权投资——利息调整　　　　　　　　　　　　　496 100
　　贷：投资收益　　　　　　　　　　　　　　　　　1 086 100

| | | |
|---|---|---|
| 借：其他货币资金——存出投资款 | 590 000 | |
|     贷：应收利息——乙公司 | | 590 000 |

第四年年末

| | | |
|---|---|---|
| 借：应收利息——乙公司 | 590 000 | |
|     债权投资——利息调整 | 545 710 | |
|     贷：投资收益 | | 1 135 710 |
| 借：其他货币资金——存出投资款 | 590 000 | |
|     贷：应收利息——乙公司 | | 590 000 |

第五年年末

| | | |
|---|---|---|
| 借：应收利息——乙公司 | 590 000 | |
|     债权投资——利息调整 | 597 190 | |
|     贷：投资收益 | | 1 187 190 |
| 借：其他货币资金——存出投资款 | 590 000 | |
|     贷：应收利息——乙公司 | | 590 000 |

（3）到期一次还本时

| | | |
|---|---|---|
| 借：其他货币资金——存出投资款 | 12 500 000 | |
|     贷：债权投资——成本 | | 12 500 000 |

3）债权投资的出售

企业出售债权投资时，应当将该金融资产终止确认。按实际收到的金额，借记"银行存款""其他货币资金"等账户，按其账面余额，贷记"债权投资——成本""债权投资——应计利息"账户，贷记或借记"债权投资——利息调整"账户，按其差额贷记或借记"投资收益"账户。如已计提减值准备，还应同时借记"债权投资减值准备"账户。

【例 5-10】

承接例 5-9，企业在第三年年中将乙公司债券全部出售，取得价款 1 200 万元。假定不考虑税费等相关因素，请编制相应的会计分录。

企业应作如下会计分录。

| | | |
|---|---|---|
| 借：其他货币资金——存出投资款 | 12 000 000 | |
|     债权投资——利息调整 | 1 639 000 | |
|     贷：债权投资——成本 | | 12 500 000 |
|         投资收益 | | 1 139 000 |

4）债权投资的减值

按照《企业会计准则第 22 号——金融工具确认和计量》规定，企业应当以预期信用损失为基础，对以摊余成本计量的金融资产和以公允价值计量且其变动计入其他综合收益的金融资产两类项目进行减值处理并确认损失准备。金融资产发生信用减值，有可能是多个事件的共同作用所致。

当对金融资产预期未来现金流量具有不利影响的一项或多项事件发生时，该金融资产成为已发生信用减值的金融资产。金融资产已发生信用减值的证据包括下列可观察信息。

（1）发行方或债务人发生重大财务困难。

（2）债务人违反合同，如偿付利息或本金违约或逾期等。

（3）债权人出于与债务人财务困难有关的经济或合同考虑，给予债务人在任何其他情况下都不会作出的让步。

（4）债务人很可能破产或进行其他财务重组。

（5）发行方或债务人财务困难导致该金融资产的活跃市场消失。

（6）以大幅折扣购买或源生一项金融资产，该折扣反映了发生信用损失的事实。

资产负债表日，债权投资账面价值低于预计未来现金流量现值的，应当按其差额计提减值准备，借记"信用减值损失"账户，贷记"债权投资减值准备"账户。确认减值损失后，如有客观证据表明该金融资产价值已恢复，且客观上与确认该损失后发生的事项有关（如债务人的信用评级已提高等），原确认的减值损失应当在原计提范围内予以转回，计入当期损益。

**【例 5-11】**

甲公司20×1年3月1日购入B公司发行的三年债券，面值80 000元，资产负债表日该债券确认减值5 000元。假定不考虑税费等相关因素，请编制相应的会计分录。

企业应作如下会计分录。

借：信用减值损失　　　　　　　　　　　　　　　　5 000
　　贷：债权投资减值准备　　　　　　　　　　　　　　　　5 000

# 任务5.3　以公允价值计量且其变动计入其他综合收益的金融资产核算

## 5.3.1　以公允价值计量且其变动计入其他综合收益的金融资产概述

1. 以公允价值计量且其变动计入其他综合收益的金融资产的确认

与交易性金融资产类似，这部分金融资产也有债权投资和股权投资，在取得时也按公允价值计量。但不同的是，取得的股权投资虽然有活跃市场报价，但并不是以交易为目的的，而取得的债权投资其业务模式既以收取合同现金流量为目标又以出售该金融资产为目标，这也将它与以摊余成本计量的债权投资区分开来。

以公允价值计量且其变动计入其他综合收益的金融资产应同时符合下列条件：①企业管理该金融资产的业务模式既以收取合同现金流量为目标又以出售该金融资产为目标；②该金融资产的合同条款规定，在特定日期产生的现金流量，仅为对本金和以未偿付本金金额为基础的利息的支付。

2. 以公允价值计量且其变动计入其他综合收益的金融资产的计量

该金融资产在初始确认时以公允价值和交易费用之和入账，所支付的价款中包含的已宣告但尚未发放的利息，确认为应收项目。

与交易性金融资产类似，该类金融资产应按公允价值进行后续计量，但不同的是资产负债表日该金融资产公允价值与账面余额的差额应作为其他综合收益。终止确认时应当转出之前计入其他综合收益的累计利得或损失。

## 5.3.2 其他债权投资的核算

以公允价值计量且其变动计入其他综合收益的其他债权投资的特殊之处在于进行后续计量时要注意：采用实际利率法计算的利息应计入当期损益；资产负债表日应以预期信用损失为基础计提损失准备；终止确认时应将之前计入其他综合收益的累计利得或损失转出并计入当期损益。

1. 账户设置

为了核算以公允价值计量且其变动计入其他综合收益的其他债权投资金融资产的取得、持有期间利息的收取、公允价值变动、减值准备的计提、金融资产的处置等业务，企业应当设置"其他货币资金""其他债权投资""应收利息""投资收益""信用减值损失""其他综合收益"等账户。

(1)"其他债权投资"账户。该账户属于资产类账户，用于核算以公允价值计量且其变动计入其他综合收益的其他债权投资的取得、持有期间利息计算、公允价值变动及处置等内容。本账户借方登记取得其他债权投资时的成本、资产负债表日其公允价值高于账面余额的差额、出售时结转的公允价值变动损失等内容，贷方登记出售时结转的成本和公允价值变动收益、资产负债表日其公允价值低于账面余额的差额以及采用一次还本付息方式的其他债权投资应计利息收入等内容，资产负债表日按实际利率计算确认的实际利息收入与按票面利率计算的应收应计利息之间的差额记入该账户的借方或贷方。该账户可按金融资产的类别和品种，分别设置"成本""利息调整""应计利息""公允价值变动"等明细账户进行明细核算。

(2)"其他综合收益"账户。该账户属于所有者权益类账户，在对该金融资产核算时分别设置"其他债权投资公允价值变动"和"信用减值准备"两个明细账进行核算。其中"其他债权投资公允价值变动"明细账户核算企业分类为以公允价值计量且其变动计入其他综合收益的其他债权投资在资产负债表日公允价值与账面余额的差额。"信用减值准备"明细账户核算该类投资以预期信用损失为基础计提的损失准备。

2. 账务处理

1) 以公允价值计量且其变动计入其他综合收益的其他债权投资的初始取得

企业取得这类金融资产时，应当按照该债券的面值，借记"其他债权投资——成本"账户。取得时所支付的价款中包含的已到期但尚未领取的债券利息，应确认为应收项目，记入"应收利息"账户。按照实际支付的金额，贷记"银行存款""其他货币资金"等账户，按其差额，借记或贷记"其他债权投资——利息调整"账户。

【例 5-12】

20×1年3月5日，丙公司购买了C公司发行的五年期债券50 000张，成交价格为每张115元（含交易费用）。该债券剩余年限为4年，面值为每张100元，票面利率4%，付息方式为到期一次还本付息。公司将其划分为以公允价值计量且其变动计入其他综合收益的金融资产。假定不考虑税费等相关因素，请编制相应的会计分录。

丙公司购入债券时应作会计分录如下。
借：其他债权投资——成本　　　　　　　　　5 000 000
　　　　　　　　——利息调整　　　　　　　　550 000
　　　　　　　　——应计利息　　　　　　　　200 000
　　贷：其他货币资金——存出投资款　　　　　　　　5 750 000

2）持有期间的利息

资产负债表日，企业持有其他债权投资为分期付息、一次还本方式的，应按票面利率计算确定的应收未收的利息，借记"应收利息"账户，按摊余成本和实际利率计算确认的利息收入，贷记"投资收益"账户，按其差额，借记或贷记"其他债权投资——利息调整"账户。

若持有其他债权投资为到期一次还本付息，则应于资产负债表日将按票面利率计算确定的应计利息记入"其他债权投资——应计利息"账户借方，按摊余成本和实际利率计算确认的利息收入，贷记"投资收益"账户，按其差额，借记或贷记"其他债权投资——利息调整"账户。

3）其他债权投资的公允价值变动

这类金融资产采用公允价值进行后续计量。在资产负债表日该金融资产公允价值与账面余额之间的差额计入其他综合收益。当公允价值高于账面余额时，借记"其他债权投资——公允价值变动"账户，贷记"其他综合收益——其他债权投资公允价值变动"账户；若资产负债表日公允价值低于账面余额，则作相反的会计分录。

**【例5-13】**

20×1年12月31日，丙公司持有D公司债券10 000张，市场价格每张105元，该债券账面摊余成本1 058 800元，丙公司将该债券划分为以公允价值计量且其变动计入其他综合收益的金融资产。请编制相应的会计分录。

丙公司应作会计分录如下。
借：其他综合收益——公允价值变动　　　　　8 800
　　贷：其他债权投资——公允价值变动　　　　　　8 800

4）其他债权投资的减值

资产负债表日，企业应将该金融资产的账面余额（成本、应计利息、利息调整、公允价值变动四个明细账）与预计未来现金流量现值之间的差额，计提减值准备。会计处理为借记"信用减值损失"账户，贷记"其他综合收益——信用减值准备"账户。确认减值损失后，如有客观证据表明该金融资产价值已恢复，且客观上与确认该损失后发生的事项有关（如债务人的信用评级已提高等），原确认的减值损失应当在原计提范围内予以转回，计入其他综合收益，借记"其他综合收益——信用减值准备"账户，贷记"信用减值损失"账户。

5）其他债权投资的出售

企业出售债权投资时，应当将该金融资产终止确认。按实际收到的金额，借记"银行存款""其他货币资金"等账户，按其账面余额，贷记"其他债权投资——成本""其他债权投资——应计利息"账户，贷记或借记"其他债权投资——利息调整""其他债权投资——公允价值变动"账户，按其差额贷记或借记"投资收益"账户。同时将之前计入其他综合收益的累计利得或损失从其他综合收益中转出，计入投资收益，借记"其他综合收益——公允价值变动",贷记"投资收益"或作相反会计分录。如已计提减值准备的,还应同时结转减值准备。

【例 5-14】

20×1 年 1 月 1 日,企业支付 1 000 万元(包含交易费用)购入乙公司发行的五年期债券,面值 1 250 万元,票面利率 4.72%,约定每年年末付息、到期一次还本。企业将其归类为以公允价值计量且其变动计入其他综合收益的金融资产。持有债券的第五年年初将其出售,收到 1 260 万元。经计算,实际利率为 10%。假定不考虑税费等相关因素,各年公允价值及采用实际利率和摊余成本计算确定的利息收入如表 5-2 所示,请编制相应的会计分录。

表 5-2　公允价值及采用实际利率和摊余成本计算确定利息收入　　单位:元

| 年份 | 面值<br>A | 票面利息<br>B=A×票面利率 | 公允价值<br>C | 期末摊余成本<br>D=D$_{上期}$+F | 实际利息<br>E=D$_{上期}$×<br>实际利率 | 利息调整<br>F=E-B | 公允价值变动<br>G=C-D-<br>已提变动额 |
|---|---|---|---|---|---|---|---|
| 0 | | | | 10 000 000 | | | |
| 1 | 12 500 000 | 590 000 | 12 000 000 | 10 410 000 | 1 000 000 | 410 000 | 1 590 000 |
| 2 | 12 500 000 | 590 000 | 13 000 000 | 10 861 000 | 1 041 000 | 451 000 | 549 000 |
| 3 | 12 500 000 | 590 000 | 12 500 000 | 11 357 100 | 1 086 100 | 496 100 | −996 100 |
| 4 | 12 500 000 | 590 000 | 120 00 000 | 11 902 810 | 1 135 710 | 545 710 | −1 045 710 |

根据表 5-2 中的数据,企业应作如下会计分录。

(1) 购入债券时

借:其他债权投资——成本　　　　　　　　　　　　　12 500 000
　　贷:其他货币资金——存出投资款　　　　　　　　　　10 000 000
　　　　其他债权投资——利息调整　　　　　　　　　　　　2 500 000

(2) 各年计算确认实际利息收入、公允价值变动、收到票面利息时

第一年年末

借:应收利息——乙公司　　　　　　　　　　　　　　　　590 000
　　其他债权投资——利息调整　　　　　　　　　　　　　410 000
　　贷:投资收益　　　　　　　　　　　　　　　　　　　1 000 000
借:其他债权投资——公允价值变动　　　　　　　　　　1 590 000
　　贷:其他综合收益——公允价值变动　　　　　　　　　1 590 000
借:其他货币资金——存出投资款　　　　　　　　　　　　590 000
　　贷:应收利息——乙公司　　　　　　　　　　　　　　　590 000

第二年年末

借:应收利息——乙公司　　　　　　　　　　　　　　　　590 000
　　债权投资——利息调整　　　　　　　　　　　　　　　451 000
　　贷:投资收益　　　　　　　　　　　　　　　　　　　1 041 000
借:其他债权投资——公允价值变动　　　　　　　　　　　549 000
　　贷:其他综合收益——公允价值变动　　　　　　　　　　549 000
借:其他货币资金——存出投资款　　　　　　　　　　　　590 000
　　贷:应收利息——乙公司　　　　　　　　　　　　　　　590 000

第三年年末
　　借：应收利息——乙公司　　　　　　　　　　590 000
　　　　债权投资——利息调整　　　　　　　　　496 100
　　　贷：投资收益　　　　　　　　　　　　　　1 086 100
　　借：其他债权投资——公允价值变动　　　　　996 100
　　　贷：其他综合收益——公允价值变动　　　　996 100
　　借：其他货币资金——存出投资款　　　　　　590 000
　　　贷：应收利息——乙公司　　　　　　　　　590 000
第四年年末
　　借：应收利息——乙公司　　　　　　　　　　590 000
　　　　债权投资——利息调整　　　　　　　　　545 710
　　　贷：投资收益　　　　　　　　　　　　　　1 135 710
　　借：其他债权投资——公允价值变动　　　　　1 045 710
　　　贷：其他综合收益——公允价值变动　　　　1 045 710
　　借：其他货币资金——存出投资款　　　　　　590 000
　　　贷：应收利息——乙公司　　　　　　　　　590 000
（3）第五年年初出售确认利得时
　　借：其他债权投资——利息调整　　　　　　　597 190
　　　　其他货币资金——存出投资款　　　　　　12 600 000
　　　贷：投资收益　　　　　　　　　　　　　　600 000
　　　　　其他债权投资——成本　　　　　　　　12 500 000
　　　　　　　　　　　　——公允价值变动　　　97 190
　　同时结转其他综合收益
　　借：其他综合收益——公允价值变动　　　　　97 190
　　　贷：投资收益　　　　　　　　　　　　　　97 190

### 5.3.3　其他非交易性权益工具投资的核算

以公允价值计量且其变动计入其他综合收益的其他非交易性权益工具与其他债权投资不同,主要体现在：①不需计提减值损失准备；②其他综合收益后续应转入留存收益,而并不是转入当期损益。

1. 账户设置

为了核算以公允价值计量且其变动计入其他综合收益的非交易性权益工具投资的金融资产的取得、持有期间现金股利、公允价值变动、金融资产的处置等业务,企业应当设置"其他货币资金""其他权益工具投资""应收股利""投资收益""其他综合收益——其他权益工具投资公允价值变动""盈余公积""利润分配——未分配利润"等账户。

（1）"其他权益工具投资"账户。该账户属于资产类账户,用于核算以公允价值计量且其变动计入其他综合收益的非交易性权益工具的取得、公允价值变动及处置等内容。该账户可按金融资产的类别和品种,分别设置"成本""公允价值变动"等明细账户进行明细核算。

(2)"其他综合收益——其他权益工具投资公允价值变动"账户。该账户属于所有者权益类账户,核算企业分类为以公允价值计量且其变动计入其他综合收益的其他非交易性金融资产投资的公允价值与账面余额的差额。

2. 账务处理

1) 以公允价值计量且其变动计入其他综合收益的其他权益工具投资的初始取得

企业取得这类金融资产时,应当按照购入时的公允价值(不含已宣告但尚未发放的现金股利)和支付的相关交易费用之和,借记"其他权益工具投资——成本"账户,所支付的价款中包含的已宣告但尚未发放的现金股利,应确认为应收项目,记入"应收股利"账户。按照实际支付的金额,贷记"银行存款""其他货币资金"等账户。

2) 持有期间的现金股利

被投资单位宣告发放现金股利时,按相应金额,借记"应收股利"账户,贷记"投资收益"账户。

### 【例 5-15】

20×1年1月20日,丁公司从二级市场以存出投资款以每股10元的价格购入M公司股票100 000股,支付相关交易费用3 000元,取得并经税务机关确认的增值税专用发票上注明的增值税税额为180元。公司将持有的M公司股票划分为以公允价值计量且其变动计入其他综合收益的金融资产。9月27日,M公司宣告发放半年度现金股利0.10元/股。请编制相应的会计分录。

丁公司应作会计分录如下。

(1) 丁公司购入M公司股票时

借:其他权益工具投资——成本　　　　　　　　　1 003 000
　　应交税费——应交增值税(进项税额)　　　　　　　180
　　贷:其他货币资金——存出投资款　　　　　　　　　1 003 180

(2) M公司宣告发放现金股利时

借:应收股利——M公司　　　　　　　　　　　　　10 000
　　贷:投资收益　　　　　　　　　　　　　　　　　10 000

3) 其他权益工具投资的公允价值变动

在资产负债表日,该类金融资产应当以公允价值计量,且公允价值与账面余额之间的差额计入其他综合收益。当公允价值高于账面余额时,借记"其他权益工具投资——公允价值变动"账户,贷记"其他综合收益——其他权益工具投资公允价值变动"账户;反之按其差额作相反会计分录。

4) 其他权益工具投资的终止确认

企业出售其他权益工具投资时,应当将出售净额与账面价值之间的差额计入留存收益(留存收益包括盈余公积和未分配利润)。会计处理:按实际收到的金额,借记"银行存款""其他货币资金"等账户,按其账面余额贷记"其他权益工具投资——成本"账户,贷记或借记"其他权益工具投资——公允价值变动"账户,贷记或借记"盈余公积""利润分配——未分配利润"账户。

同时,将之前计入其他综合收益的累计利得或损失从其他综合收益中转出,计入留存收益。会计处理：借记"其他综合收益——其他权益工具投资公允价值变动"，贷记或借记"盈余公积""利润分配——未分配利润"账户。

【例 5-16】

20×1 年 5 月 6 日，企业支付 1 013 万元购入乙公司股票，占表决权的 0.5%，企业将其划分为以公允价值计量且其变动计入其他综合收益的金融资产。支付价款中包含已宣告发放现金股利 15 万元。另支付交易费用 3 万元，取得并经税务机关确认的增值税专用发票上注明的增值税税额为 1 800 元。5 月 10 日收到现金股利 15 万元。6 月 30 日该股票市值 1 020 万元，12 月 31 日市值 1 000 万元。20×2 年 5 月 9 日，乙公司宣告发放现金股利 4 000 万元，5 月 13 日企业收到现金股利，5 月 20 日将乙公司股票出售，收到 980 万元。假定不考虑税费等相关因素，法定盈余公积计提比例为 10%，不计提任意盈余。请编制相应的会计分录。

企业应作会计分录如下。

(1) 20×1 年 5 月 6 日购入乙公司股票时

| | |
|---|---|
| 借：其他权益工具投资——成本 | 10 030 000 |
| 　　应收股利——乙公司 | 150 000 |
| 　　应交税费——应交增值税(进项税额) | 1 800 |
| 　贷：其他货币资金——存出投资款 | 10 181 800 |

(2) 5 月 10 日收到现金股利时

| | |
|---|---|
| 借：其他货币资金——存出投资款 | 150 000 |
| 　贷：应收股利——乙公司 | 150 000 |

(3) 6 月 30 日调整公允价值变动金额＝1 020－1 003＝17(万元)

| | |
|---|---|
| 借：其他权益工具投资——公允价值变动 | 170 000 |
| 　贷：其他综合收益——其他权益工具投资公允价值变动 | |
| | 170 000 |

(4) 12 月 31 日调整公允价值变动金额＝1 000－1 003－17＝－20(万元)

| | |
|---|---|
| 借：其他综合收益——其他权益工具投资公允价值变动 | |
| | 200 000 |
| 　贷：其他权益工具投资——公允价值变动 | 200 000 |

(5) 20×2 年 5 月 9 日确认应收股利＝4 000×0.5%＝20(万元)

| | |
|---|---|
| 借：应收股利 | 200 000 |
| 　贷：投资收益 | 200 000 |

(6) 5 月 13 日收到现金股利

| | |
|---|---|
| 借：其他货币资金——存出投资款 | 200 000 |
| 　贷：应收股利 | 200 000 |

(7) 5 月 20 日出售股票，确认差额＝980－(1 003－3)＝－20(万元)

| | |
|---|---|
| 借：其他货币资金——存出投资款 | 9 800 000 |
| 　　其他权益工具投资——公允价值变动 | 30 000 |
| 　　盈余公积——法定盈余公积 | 20 000 |
| 　　利润分配——未分配利润 | 180 000 |

　　　　贷：其他权益工具投资——成本　　　　　　　　　10 030 000
同时结转其他综合收益
　　借：盈余公积——法定盈余公积　　　　　　　　　　　3 000
　　　　利润分配——未分配利润　　　　　　　　　　　　27 000
　　　　贷：其他综合收益——其他权益工具投资公允价值变动　30 000

## 任务5.4　长期股权投资核算

### 5.4.1　长期股权投资概述

1. 长期股权投资的概念

长期股权投资是指企业通过投资取得被投资单位的股权，成为被投资单位的股东，按所持股份比例享有权利并承担责任的一项非流动资产。

长期股权投资的期限一般较长，不准备随时出售。长期股权投资既可以通过企业合并形成，也可以通过支付现金、发行权益证券、投资者投入、非货币性资产交换、债务重组等企业合并以外的其他方式取得。

2. 长期股权投资的类型

《企业会计准则——长期股权投资》所指的长期股权投资主要包括以下几个方面。

（1）投资企业能够对被投资单位实施控制的权益性投资，即对子公司投资。

（2）投资企业与其他合营方一同对被投资单位实施共同控制（common control）且对被投资单位净资产享有权利的权益性投资，即对合营企业（joint venture）投资。

（3）投资企业对被投资单位具有重大影响的权益性投资，即对联营企业（associates）投资。

除上述情况以外，企业持有的其他权益性及债权性投资，应当按照《企业会计准则——金融工具确认和计量》的规定处理。

3. 长期股权投资的计量

1）长期股权投资的初始计量

长期股权投资在取得时，应按初始投资成本入账。不同的取得方式下，长期股权投资初始投资成本的确定方法有所不同。

（1）企业合并以外其他方式取得的长期股权投资。

①以支付现金取得的长期股权投资，应当按照实际支付的购买价款作为初始投资成本，包括购买过程中支付的手续费等必要支出，但支付价款中所包含的被投资单位已宣告但尚未发放的现金股利或利润应作为应收项目核算，不构成取得长期股权投资的成本。

②以发行权益性证券方式取得的长期股权投资，其成本为所发行权益性证券的公允价值，但不包括应自被投资单位收取的已宣告但尚未发放的现金股利或利润。

为发行权益性证券支付给有关证券承销机构等的手续费、佣金等与权益性证券发行直接相关的费用，不构成取得长期股权投资的成本。该部分费用应自权益性证券的溢价发行收入中扣除,权益性证券的溢价收入不足冲减的,应冲减盈余公积和未分配利润。

③ 投资者投入的长期股权投资,应当按照投资合同或协议约定的价值作为初始投资成本,但合同或协议约定的价值不公允的除外。

④ 以债务重组、非货币性资产交换等方式取得的长期股权投资,其初始投资成本应按照《企业会计准则——债务重组》和《企业会计准则——非货币性资产交换》的原则确定。

(2) 企业合并形成的长期股权投资。企业合并形成的长期股权投资,应区分企业合并的类型,分为同一控制(control)下控股合并与非同一控制下控股合并,由此确定其初始投资成本。

① 同一控制下企业合并形成的长期股权投资。合并方以支付现金、转让非现金资产或承担债务方式作为合并对价的,应当在合并日按照取得被合并方所有者权益账面价值的份额作为长期股权投资的初始投资成本。长期股权投资的初始投资成本与支付的现金、转让非现金资产以及所承担债务账面价值的差额,应当调整资本公积(资本溢价或股本溢价);资本公积(资本溢价或股本溢价)的余额不足冲减的,调整留存收益。合并方以发行权益性证券作为合并对价的,应按发行股份的面值总额作为股本,长期股权投资的初始投资成本与所发行股份面值总额之间的差额,应当调整资本公积(资本溢价或股本溢价);资本公积(资本溢价或股本溢价)的余额不足冲减的,则调整留存收益。

值得注意的是,上述在按照合并日应享有被合并方账面所有者权益的份额确定长期股权投资的初始投资成本时,前提是合并前合并方与被合并方采用的会计政策应当一致。

② 非同一控制下企业合并形成的长期股权投资。非同一控制下的控股合并中,购买方应当按照确定的企业合并成本作为长期股权投资的初始投资成本。企业合并成本包括购买方付出的资产、发生或承担的负债、发行的权益性证券的公允价值以及为进行企业合并发生的各项直接相关费用之和。

2) 长期股权投资的后续计量

长期股权投资在持有期间,根据投资企业对被投资单位的影响程度进行划分,应当分别采用成本法及权益法进行核算。

### 5.4.2 采用成本法核算长期股权投资的账务处理

1. 成本法概述

(1) 成本法(cost method)的概念。长期股权投资的成本法是指企业取得长期股权投资时按其初始投资成本计价,在持有期间,除了投资企业追加投资或收回投资外,长期股权投资的账面价值一般应当保持不变。即长期股权投资的价值一经入账,无论被投资单位的生产经营情况如何,是盈利还是亏损,净资产是增加还是减少,投资企业均不改变其长期股权投资的账面价值,仍以初始投资成本反映企业的长期股权投资。

(2) 成本法的适用范围。按照长期股权投资准则规定,投资单位能够对被投资单位实施控制的长期股权投资,即对子公司的长期股权投资应当采用成本法核算,编制合并财务报表时,应当按照权益法进行调整。

(3) 成本法的核算要点。① 采用成本法核算的长期股权投资,初始投资或追加投资时,按照初始投资或追加投资的成本增加长期股权投资的账面价值。② 投资以后被投资单位宣告分派的现金股利或利润应当根据应享有的部分确认为当期投资收益。

2. 成本法下核算的账户设置

对采用成本法核算的长期股权投资,企业应设置"长期股权投资""应收股利""投资收益""长期股权投资减值准备"等账户。

"长期股权投资"账户属于资产类,该账户可按被投资单位进行明细核算。在成本法核算的情况下,该账户借方登记长期股权投资取得时的成本;贷方登记收回长期股权投资的成本;期末借方余额,反映企业持有的长期股权投资的成本。

3. 成本法下长期股权投资的核算

(1) 以支付现金取得的长期股权投资。以支付现金取得的长期股权投资,按照实际支付的价款及与取得长期股权投资直接相关的手续费、佣金等,作为长期股权投资的初始投资成本,借记"长期股权投资"账户,贷记"银行存款"等账户,如果实际支付的价款中包含已宣告但尚未发放的现金股利或利润,则借记"应收股利"账户。

【例 5-17】

20×3 年 5 月 5 日,甲公司以银行存款购入 B 公司股票 200 万股作为长期投资,占 B 公司 10% 的股份,每股买入价为 7.20 元,每股价格中包含 0.20 元的已宣告但尚未发放的现金股利,另支付相关税费 6 500 元。请编制相应的会计分录。

甲公司应作会计分录如下。

借:长期股权投资——B公司　　　　　　　　1 406 500
　　应收股利——B公司　　　　　　　　　　　400 000
　　贷:银行存款　　　　　　　　　　　　　　　　1 806 500

(2) 接受投资者投入形成的长期股权投资。接受投资者投入的长期股权投资,企业应当按照投资合同或协议约定的价值以及相关税费,借记"长期股权投资"账户,按照投资者出资构成实收资本或股本的部分,贷记"实收资本"或"股本"账户,按照支付的相关税费,贷记"银行存款"等账户,按照上述借贷方之间的差额,贷记"资本公积"账户。

【例 5-18】

20×3 年 5 月 12 日,甲公司接受丁公司所持有的 B 公司长期股权投资。丁公司对 B 公司长期股权投资的账面余额为 6 000 万元,未计提长期股权投资减值准备。甲公司和丁公司约定的对 B 公司的长期股权投资价值为 1 200 万元,占甲公司所有者权益总额的 65%。假定甲公司 20×3 年 5 月 12 日的所有者权益总额为 9 000 万元,不考虑其他相关税费。请编制相应的会计分录。

甲公司应作会计分录如下。

借:长期股权投资——B公司　　　　　　　　12 000 000
　　贷:股本　　　　　　　　　　　　　　　　　　9 000 000
　　　　资本公积——股本溢价　　　　　　　　　3 000 000

(3) 持有期间的现金股利或利润。长期股权投资持有期间被投资单位宣告分派现金股利或利润时,企业按持股比例计算所获得的利润或现金股利确认为当期收益,借记"应收股利"账户,贷记"投资收益"账户。

【例 5-19】

20×2 年 1 月 1 日，甲公司以银行存款购入 C 公司 10% 的股份，并准备长期持有，实际投资成本为 9 000 000 元。C 公司于 20×2 年 4 月 18 日宣告分派 20×1 年的现金股利 2 000 000 元。20×3 年 4 月 25 日宣告分派现金股利 3 000 000 元。请编制相应的会计分录。

甲公司应作会计分录如下。

① 20×2 年 1 月 1 日购入 C 公司股票

借：长期股权投资——C 公司　　　　　　9 000 000
　　贷：银行存款　　　　　　　　　　　　　　　9 000 000

② 20×2 年 4 月 18 日 C 公司宣告分派现金股利

借：应收股利——C 公司　　　　　　　　200 000
　　贷：投资收益　　　　　　　　　　　　　　　200 000

③ 20×3 年 4 月 25 日 C 公司宣告分派现金股利

借：应收股利——C 公司　　　　　　　　300 000
　　贷：投资收益　　　　　　　　　　　　　　　300 000

（4）长期股权投资的处置。按实际收到的价款，借记"银行存款"等账户，如果长期股权投资已计提减值准备的，则按原已计提的减值准备，借记"长期股权投资减值准备"账户，按该长期股权投资的账面余额，贷记"长期股权投资"账户，按尚未领取的现金股利或利润，贷记"应收股利"账户，按其差额，贷记或借记"投资收益"账户。

【例 5-20】

甲公司把对 B 公司的长期股权投资转让，扣除相关税费后，实际取得款项 6 000 000 元，该长期股权投资的账面余额为 4 800 000 元。甲公司对该长期股权投资采用成本法核算，并未对其计提减值准备。请编制相应的会计分录。

甲公司转让时应作会计分录如下。

借：银行存款　　　　　　　　　　　　　6 000 000
　　贷：长期股权投资——B 公司　　　　　　　　4 800 000
　　　　投资收益　　　　　　　　　　　　　　　1 200 000

## 5.4.3　采用权益法核算长期股权投资的账务处理

1. 权益法概述

1）权益法（equity method）的概念

长期股权投资的权益法是指企业取得投资时以初始投资成本计价后，持有期间则根据所享有的被投资企业所有者权益份额的变动对投资的账面价值进行调整的一种核算方法。在权益法下，长期股权投资额度账面价值反映的不是企业的初始投资成本，而是企业占被投资企业所有者权益的份额。

2）权益法的适用范围

按照长期股权投资准则规定，应当采用权益法核算的长期股权投资则包括以下两类：

一是对合营公司投资；二是对联营企业投资。

3) 权益法的核算要点

按照权益法核算的长期股权投资，一般包括以下核算内容。

(1) 初始投资或追加投资长期股权投资入账价值的确定。初始投资或追加投资时，按照初始投资或追加投资的投资成本，增加长期股权投资的账面价值。具体应区分两种情况分别处理。

① 初始投资成本大于取得投资时应享有被投资单位可辨认净资产公允价值份额的，应按初始投资成本计价入账。

② 初始投资成本小于应享有被投资单位可辨认净资产公允价值份额的，应对长期股权投资的账面价值进行调整，计入取得投资当期的损益（营业外收入）。

(2) 持有期间长期股权投资账面价值的调整。在持有期间，随着被投资单位所有者权益的变动应相应地调整增加或减少长期股权投资的账面价值，并分别按以下情况处理：对属于因被投资单位实现净损益和其他综合收益产生的所有者权益的变动，投资企业按照持股比例计算应享有的份额，增加或减少长期股权投资的账面价值，同时确认当期投资损益和其他综合收益；对被投资单位除净损益、其他综合收益以及利润分配以外其他因素导致的其他所有者权益变动，在持股比例不变的情况下，按照持股比例计算应享有的份额或应分担的份额，增加或减少长期股权投资的账面价值，同时确认为资本公积（其他资本公积）。

需要注意的是，长期股权投资准则规定，投资企业确认应分担被投资单位发生的损失，原则上应以长期股权投资及其他实质上构成对被投资单位净投资的长期权益减记至零为限，投资企业负有承担额外损失义务的除外。

(3) 被投资单位宣告分派现金股利或利润时的处理。被投资单位宣告分派现金股利或利润时，投资企业按持股比例计算应分得的部分，一般应冲减长期股权投资的账面价值。

2. 权益法下核算的账户设置

对采用权益法核算的长期股权投资，其账户设置与成本法相类似，企业也应设置"长期股权投资""应收股利""投资收益""其他综合收益""长期股权投资减值准备"等总账账户。但与成本法不同的是，权益法核算时，"长期股权投资"账户下还应设置"成本""损益调整""其他权益变动"等明细账户。其中，"成本"明细账户反映购入股权时应享有被投资单位可辨认净资产公允价值的份额；"损益调整"明细账户反映购入股权以后随着被投资企业留存收益的增减变动而享有份额的调整数；"其他权益变动"明细账户反映购入股权以后随着被投资企业资本公积的增减变动而享有份额的调整数。

3. 权益法下长期股权投资的核算

(1) 长期股权投资的取得。取得长期股权投资，其初始投资成本大于投资时应享有被投资单位可辨认净资产公允价值份额的，不需进行调整，直接借记"长期股权投资——成本"账户，贷记"银行存款"等账户；长期股权投资的初始投资成本小于投资时应享有被投资单位可辨认净资产公允价值份额的，借记"长期股权投资——成本"账户，贷记"银行存款"等账户，按其差额，贷记"营业外收入"账户（非同一控制下企业合并形成的长期股权投资）或"资本公积"账户（同一控制下企业合并形成的长期股权投资）。

### 【例 5-21】

20×1年1月1日,甲公司支付价款1 500万元,取得D公司25%的股权。取得投资时,D公司可辨认净资产公允价值为5 000万元。甲公司取得该项股权后,能对D公司的生产经营决策施加重大影响,甲公司对该项投资采用权益法核算。请编制相应的会计分录。

甲公司应作会计分录如下。

借：长期股权投资——成本(D公司)     15 000 000
  贷：银行存款     15 000 000

### 【例 5-22】

20×1年4月8日,甲公司以银行存款1 200万元投资E公司,占E公司有表决权股份的25%,采用权益法核算。当日,E公司可辨认净资产公允价值为6 000万元。假定不考虑其他因素,请编制相应的会计分录。

甲公司应作会计分录如下。

借：长期股权投资——成本(E公司)     15 000 000
  贷：银行存款     12 000 000
    营业外收入     3 000 000

(2)持有期间被投资单位实现的净损益。投资企业根据被投资单位实现的净利润计算应享有的份额,借记"长期股权投资——损益调整"账户,贷记"投资收益"账户。被投资单位发生净亏损的,作相反的会计分录,但以"长期股权投资"账户的账面价值减记至零为限。

被投资单位以后宣告发放现金股利或利润时,投资企业计算应分得的部分,借记"应收股利"账户,贷记"长期股权投资——损益调整"账户。收到被投资单位宣告发放的股票股利,不进行会计处理,但应在备查簿中登记。

### 【例 5-23】

20×2年1月1日,甲公司取得F公司40%的股权。甲公司取得该项股权后,能对F公司的生产经营决策施加重大影响,甲公司对该项投资采用权益法核算。20×2年,F公司实现净利润600万元。20×3年4月30日,F公司宣告分派20×2年现金股利400万元。请编制相应的会计分录。

甲公司应作会计分录如下。

① 20×2年12月31日,应确认投资收益

借：长期股权投资——损益调整(F公司)     2 400 000
  贷：投资收益     2 400 000

② 20×3年4月30日,F公司宣告分派现金股利

借：应收股利——F公司     1 600 000
  贷：长期股权投资——损益调整(F公司)     1 600 000

(3)持有期间被投资单位其他综合收益变动。对被投资单位除净损益以外的其他所有者权益变动,在持股比例不变的情况下,企业按照持股比例计算应享有或承担的部分,调整长期股权投资的账面价值,借记或贷记"长期股权投资——其他综合收益"账户,同时计入所有者权益,贷记或借记"其他综合收益"账户。

【例 5-24】

20×3年1月1日,甲公司支付价款8 000万元,取得H公司25%的股权,甲公司取得该项股权后,能对H公司的生产经营决策施加重大影响,甲公司对该项投资采用权益法核算。20×3年,H公司实现净利润2 000万元,该年度中H公司因金融资产公允价值上升而增加其他资本公积300万元。请编制相应的会计分录。

甲公司应作会计分录如下。

① 20×3年1月1日取得长期股权投资

借:长期股权投资——成本(H公司)       80 000 000
   贷:银行存款       80 000 000

② 确认投资收益和其他权益变动

借:长期股权投资——损益调整(H公司)       5 000 000
          ——其他综合收益(H公司)       750 000
   贷:投资收益       5 000 000
     其他综合收益       750 000

(4) 持有期间被投资单位除净损益、其他综合收益以及利润分配以外的所有者权益的其他变动。被投资单位除净损益、其他综合收益以及利润分配以外的所有者权益的其他变动的因素,主要包括被投资单位接受其他股东的资本性投入、以权益结算的股份支付、其他股东对被投资单位增资导致投资方持股比例变动等。投资方应按所持股权比例计算应享有的份额,调整长期股权投资的账面价值,借记或贷记"长期股权投资——其他权益变动"账户,同时计入所有者权益,贷记或借记"资本公积——其他资本公积"账户。

(5) 长期股权投资的处置。企业持有长期股权投资的过程中,将所持有的对被投资单位的股权全部或部分对外出售时,应相应结转与所售股权相对应的长期股权投资的账面价值,出售所得价款与处置长期股权投资账面价值之间的差额,应确认为处置损益。

企业处置长期股权投资时,应按实际收到的金额,借记"银行存款"等账户,按原已计提的减值准备,借记"长期股权投资减值准备"账户,按长期股权投资账面余额,贷记"长期股权投资"账户,按尚未领取的现金股利或利润,贷记"应收股利"账户,按其差额,贷记或借记"投资收益"账户。同时,还应结转原记入"资本公积"账户和"其他综合收益"账户的金额,借记或贷记"资本公积——其他资本公积"账户和"其他综合收益"账户,贷记或借记"投资收益"账户。

【例 5-25】

承接例5-24,20×3年6月12日,甲公司将所持有的H公司股份全部出售,取得价款10 000万元。请编制相应的会计分录。

甲公司应作会计分录如下。

借:银行存款       100 000 000
   贷:长期股权投资——成本(H公司)       80 000 000
          ——损益调整(H公司)       5 000 000
          ——其他综合收益(H公司)       750 000
     投资收益       14 250 000

同时

借：其他综合收益　　　　　　　　　　　　　　　　750 000
　　贷：投资收益　　　　　　　　　　　　　　　　　　750 000

## 5.4.4　长期股权投资减值的账务处理

长期股权投资在按照规定进行核算确定其账面价值的基础上，如果资产负债表日存在减值迹象的，应当按照相关准则的规定计提减值准备。其中对子公司、联营企业及合营企业的投资，应当按照其可收回金额低于账面价值的差额确认为减值损失，计提减值准备；企业持有对被投资单位不具有控制、共同控制或重大影响，在活跃市场中没有报价，公允价值不能可靠地计量的长期股权投资，应当按照类似金融资产当时市场收益率对未来现金流量折现确定其可收回金额，按其可收回金额与账面价值的差额确认为减值损失，计提减值准备。长期股权投资减值准备一经提取，在以后会计期间不得转回。

企业计提长期股权投资减值准备，应设置"长期股权投资减值准备"账户核算。企业应按长期股权投资可收回金额小于长期股权投资账面价值的差额，借记"资产减值损失——计提的长期股权投资减值准备"账户，贷记"长期股权投资减值准备"账户。

### 【例 5-26】

20×1年12月31日，甲公司持有的B公司股权，账面价值105万元，甲公司作为长期股权投资并采用权益法进行核算；由于B公司经营不善，资金周转发生困难，使其股票市价跌至90万元，短期内难以恢复；假定甲公司本年度首次对其计提长期股权投资减值准备。请编制相应的会计分录。

甲公司应作会计分录如下。

借：资产减值损失——计提的长期股权投资减值准备　　150 000
　　贷：长期股权投资减值准备——B公司　　　　　　　　　　150 000

## 课后练习

### 一、判断题

1. 企业无论以何种方式取得长期股权投资，实际支付的价款或对价中包含的已宣告但尚未领取的现金股利或利润，应作为取得的长期股权投资的成本。（　　）

2. 投资企业无论采用成本法还是权益法核算长期股权投资，均要在被投资单位宣告分派利润或现金股利时，按照应享有的部分确认为当期投资收益。（　　）

3. 企业的长期股权投资采用权益法核算的，初始投资成本大于投资时应享有被投资单位可辨认净资产公允价值份额的，不调整已确认的初始投资成本。（　　）

4. 在成本法下，当被投资企业发生盈亏时，投资企业并不作账务处理；当被投资企业宣告分配现金股利时，投资方应将分得的现金股利确认为投资收益。（　　）

5. 收到被投资单位发放的股票股利，不进行账务处理，但应在备查簿中登记。（　　）

6. 采用成本法核算长期股权投资的情况下,被投资企业发生亏损时,投资企业应当贷记"长期股权投资"。（　　）

7. 处置长期股权投资时,不同时结转已计提的长期股权投资减值准备,待期末一并调整。（　　）

8. 在持股比例不变的情况下,被投资单位除净损益以外所有者权益的其他变动,企业按持股比例计算应享有的份额。借记"长期股权投资——其他权益变动"账户,贷记"资本公积——其他资本公积"账户。（　　）

9. 现金股利和股票股利都是被投资企业给投资企业的报酬,因此,投资企业均应确认收益。（　　）

10. 长期股权投资减值损失,可以在原已计提的范围内在以后会计期间转回。（　　）

## 二、单项选择题

1. 企业能够对被投资单位实施控制,被投资单位为本企业的（　　）。
   A. 联营企业　　B. 合营企业　　C. 子公司　　D. 分公司

2. 企业购入 A 公司股票支付价款 110 000 元,其中含有已宣告尚未发放的现金股利 10 000 元,另支付税费 5 000 元,则该长期股权投资的入账价值为（　　）元。
   A. 110 000　　B. 100 000　　C. 105 000　　D. 115 000

3. 长期股权投资权益法核算下,"初始投资成本"小于"应享有被投资单位可辨认净资产公允价值份额"的差额计入（　　）。
   A. 资本公积　　B. 营业外收入　　C. 长期股权投资　　D. 营业外支出

4. 下列金融资产中,应按公允价值进行初始计量,且交易费用计入当期损益的是（　　）。
   A. 交易性金融资产　　　　B. 债权投资
   C. 应收款项　　　　　　　D. 其他权益工具投资

5. 下列各项中,不属于企业金融资产的是（　　）。
   A. 准备持有至到期的债券投资
   B. 不具有共同控制或重大影响,且在活跃市场没有报价、公允价值不能可靠地计量的股权投资
   C. 短期内准备出售的股票
   D. 持有的债券

6. 长江公司以 500 万元取得甲公司 20% 的股权,取得投资时被投资单位可辨认净资产的公允价值为 2 400 万元。如长江公司能够对甲公司施加重大影响,则长江公司计入长期股权投资的金额为（　　）万元。
   A. 480　　B. 500　　C. 2 400　　D. 2 500

7. 甲公司 20×1 年 1 月 1 日购入 A 公司发行的 3 年期公司债券作为以摊余成本计量的金融资产。支付价款为 51 950 万元,另支付相关费用 50 万元,债券面值 50 000 万元,每半年付息一次,到期还本,该债券票面利率 6%,实际利率 4%。采用实际利率法摊销,则甲公司 20×1 年 12 月 31 日"债权投资——利息调整"账户的余额为（　　）万元。
   A. 982.8　　B. 1 557.94　　C. 2 000　　D. 1 070.8

8. 20×1 年年初甲公司购入乙公司 30% 的股权,成本为 100 万元,20×1 年年末长期股

权投资的可收回金额为80万元,故计提了长期股权投资减值准备20万元,20×2年年末该项长期股权投资的可收回金额为90万元,则2016年年末甲公司应恢复长期股权投资减值准备( )万元。

  A. 30    B. 20    C. 10    D. 0

9. 根据《企业会计准则第2号——长期股权投资》的规定,长期股权投资采用权益法核算时,下列各项不会引起长期股权投资账面价值减少的是( )。

  A. 期末被投资单位对外捐赠    B. 被投资单位发生净亏损

  C. 被投资单位计提盈余公积    D. 被投资单位宣告发放现金股利

10. 某公司20×1年3月1日购入E公司22.5万股股票作为交易性金融资产,每股价格为6元。5月15日收到E公司分派的现金股利4.50万元。收到分派的股利后,该公司20×1年6月30日交易性金融资产的公允价值为每股8元。不考虑其他因素,则20×1年6月30日资产负债表中"交易性金融资产"项目填列的金额为( )万元。

  A. 135    B. 117    C. 130.50    D. 180

11. 成本法核算的长期股权投资的范围包括( )。

  A. 企业对子公司的长期股权投资

  B. 企业对联营企业的长期股权投资

  C. 企业对合营企业的长期股权投资

  D. 企业对被投资单位不具有控制、共同控制或重大影响,且在活跃市场中没有报价、公允价值不能可靠地计量的长期股权投资

### 三、多项选择题

1. 对于采用成本法核算的长期股权投资,下列各项中,符合现行会计准则规定的有( )。

  A. 对于被投资企业宣告分派的股票股利,应按其享有的份额调增长期股权投资的账面价值

  B. 对于被投资企业所有者权益的增加额,应按其享有的份额调增长期股权投资的账面价值

  C. 对于被投资企业宣告分派的现金股利,如果属于投资后实现的净利润,应按其享有的份额确认投资收益

  D. 对于被投资企业宣告分派的现金股利,如果属于投资前实现的净利润,仍应按其享有的份额确认为投资收益

2. 下列各项中,影响当期损益的事项有( )。

  A. 交易性金融资产在持有期间获得的债券利息

  B. 交易性金融资产在资产负债表日的公允价值小于账面价值的差额

  C. 以摊余成本计量的债权投资发生的减值损失

  D. 以公允价值计量的其他权益工具投资在资产负债表日的公允价值小于账面价值的差额

3. 除企业合并形成的长期股权投资以外,以支付现金取得的长期股权投资,其初始投资成本包括( )。

  A. 实际支付的购买价款    B. 支付的相关的手续费

C. 已宣告但未发放的现金股利　　D. 支付相关印花税

4. 根据《企业会计准则第2号——长期股权投资》的规定，长期股权投资采用成本法核算时，下列各项可能会引起长期股权投资账面价值变动的有(　　)。

　　A. 追加投资　　　　　　　　B. 减少投资
　　C. 被投资企业实现净利润　　　D. 被投资企业宣告发放现金股利

5. 长期股权按投资采用成本法核算，在被投资企业宣告和发放现金股利时，投资企业应进行的会计处理包括(　　)。

　　A. 借记"应收股利"账户，贷记"投资收益"账户
　　B. 借记"应收股利"账户，贷记"长期股权投资"账户
　　C. 借记"应收股利"账户，贷记"银行存款"账户
　　D. 借记"银行存款"账户，贷记"应收股利"账户

6. 下列事项中，投资企业应确认为投资收益的有(　　)。

　　A. 成本法核算的被投资企业宣告发放的现金股利
　　B. 权益法核算的初始投资成本小于占被投资单位可辨认净资产公允价值份额的差额
　　C. 出售长期股权投资时，实际收到的金额与其账面余额及尚未领取的现金股利或利润的差额
　　D. 出售采用权益法核算的长期股权投资时，结转原记入"资本公积——其他资本公积"账户的金额

7. 采用权益法核算时，不会引起长期股权投资账面价值增减变动的事项有(　　)。

　　A. 被投资单位实际发放股票股利
　　B. 被投资单位因增资扩股等原因而增加的资本(或股本)溢价
　　C. 计提长期投资减值准备
　　D. 实际收到已宣告的现金股利

8. 长期股权投资的权益法的适用范围有(　　)。

　　A. 投资企业能够对被投资企业实施控制的长期股权投资
　　B. 投资企业对被投资企业具有共同控制的长期股权投资
　　C. 投资企业对被投资企业不具有共同控制或重大影响，并且在活跃市场中没有报价、公允价值不能可靠地计量的长期股权投资
　　D. 投资企业对被投资企业具有重大影响的长期股权投资

9. 对长期股权投资采用权益法核算时，被投资企业发生的(　　)事项，投资企业应该调整长期股权投资账面价值。

　　A. 实现净利润　　　　　　　B. 宣告分配现金股利
　　C. 购买固定资产　　　　　　D. 计提盈余公积

### 四、业务题

1. A公司20×1年1月1日购入股票22 500股作为交易性金融资产，当时市价为每股4.80元，相关交易费用320元，经确认可抵扣增值税税款19.20元；1月31日，市价为每股5元；3月31日，市价为每股4.70元；4月21日，出售该股票，售价每股为4.90元。

　　要求：编制买入股票、期末计量和处置等环节的会计分录。

2. A公司20×1年1月1日购入B公司同日发行的5年期按年分期还本付息的债券。票面年利率为8%,债券面值为900 000元,实际支付价款975 000元。公司将其归类为以摊余成本计量的金融资产,不考虑其他相关税费。假定发行时的市场利率为6%。

要求:用实际利率法计算债券溢价摊销额并编制有关会计分录。

3. 20×1年1月1日,A公司与B公司进行非同一控制下的企业合并,A公司以银行存款500万元取得B公司80%的股份。B公司所有者权益的账面价值为700万元。20×1年5月2日,B公司宣告分配上年现金股利100万元,20×1年B公司实现利润200万元。20×2年5月2日,B公司宣告分配现金股利300万元,20×2年B公司实现利润300万元。20×3年5月2日,B公司宣告分配现金股利200万元。

要求:作出A公司上述股权投资的会计处理。

4. 甲公司购入M公司的股票进行长期投资,采用成本法进行核算。有关资料如下。

(1) 20×1年1月8日,以每股10元的价格购入M公司股票800万股,支付相关税费40万元,占被投资公司股份的50%。

(2) 20×1年2月20日,M公司宣布分配上年股利,每股分配现金股利0.2元。

(3) 甲公司于20×1年3月15日收到现金股利。

(4) 20×1年被投资公司实现净利润800万元。

(5) 20×2年1月10日被投资公司宣布分配20×1年股利,每股分配现金股利0.2元。

(6) 20×2年1月25日收到现金股利。

要求:作出甲公司长期股权投资的会计分录。

5. 根据本项目案例导入所述经济业务要求编制A公司相关投资业务的账务处理。

要求:编制A公司20×1—20×3年投资业务相关的会计分录。("长期股权投资"账户要求写出明细账户;答案中的金额单位用万元表示)

# 项目6 固定资产及投资性房地产核算

## 技能目标

1. 基本会办理固定资产、投资性房地产会计核算岗位的各项工作。
2. 会根据业务资料，结合国家有关财经法规和企业要求，对固定资产、投资性房地产准确计价、合理计提折旧。
3. 能按照规范流程和方法进行固定资产取得、折旧、后续支出、减值、处置与清查业务的账务处理。
4. 能按照规范流程和方法进行成本模式计量或公允价值模式计量下的投资性房地产取得、折旧或摊销、后续支出、减值、处置业务的账务处理。

## 知识目标

1. 熟悉《企业会计准则——固定资产》，理解固定资产的确认条件。
2. 熟悉《企业会计准则——投资性房地产》，理解投资性房地产的确认条件。
3. 掌握固定资产业务的会计核算方法。
4. 掌握投资性房地产业务的会计核算方法。

## 案例导入

2020年9月，某高校会计专业毕业生陈哲到丙股份有限责任公司（以下简称丙公司）进行顶岗实习。丙公司为一家上市公司，其2016—2020年与固定资产有关的业务资料如下。

（1）2016年12月12日，丙公司购进一台不需要安装的生产设备，取得的增值税专用发票上注明的设备价款为500万元，增值税为65万元，另以银行存款支付运输费，已取得增值税专业发票，注明金额20万元，税额1.8万元，发票于当月确认；没有发生其他相关税费。该设备于当日投入使用，预计使用年限为10年，预计净残值为7.8万元，采用直线法计提折旧。

（2）2017年12月31日，丙公司对该设备进行检查时发现其已经发生减值，预计可收回金额为457.8万元；计提减值准备后，该设备原预计使用年限、预计净残值、折旧方法保持不变。

（3）2018年12月31日，丙公司因生产经营方向调整，决定采用出包方式对该设备进行改良,改良工程验收合格后支付工程价款。该设备于当日停止使用,开始进行改良。

(4) 2019年3月12日,改良工程完工并验收合格,丙公司以银行存款支付工程总价款30万元。当日,改良后的设备投入使用,预计尚可使用年限8年,采用直线法计提折旧,预计净残值为5.8万元。12月31日,该设备未发生减值。

(5) 2020年8月9日,该设备因遭受自然灾害发生严重毁损,丙公司决定进行处置,取得残料变价收入45万元、保险公司赔偿款28.5万元,发生清理费用5万元;款项均以银行存款收付,不考虑其他相关税费。

请问:陈哲应如何进行上述固定资产业务的账务处理?

## 任务6.1 固定资产核算

### 6.1.1 固定资产概述

**1. 固定资产的确认**

固定资产(fixed assets)是企业的主要劳动手段,属于物质资料生产过程中用来改变或影响劳动对象的主要劳动资料。它是企业发展生产事业的物质技术基础,管好用好固定资产,促进固定资产不断增值和提高固定资产的使用效益,是企业会计工作的重要任务。

由于固定资产在企业生产经营活动中所起的作用、持续时间、价值转移及补偿方式与其他资产存在差别,会计核算内容也就有所不同。

1) 固定资产的定义

由于企业的经营内容、经营规模等各不相同,固定资产的标准也不能强求绝对一致,企业在对固定资产进行确认时,应当按照固定资产的定义和确认条件,考虑企业的具体情形加以判断,制定出适合本企业实际情况的固定资产目录、分类方法、每类或每项固定资产的折旧年限、折旧方法,作为固定资产核算的依据。

固定资产是指使用期限较长,单位价值比较高,并在其使用过程中保持原有实物形态的资产。由于市场经济复杂,企业千差万别,国际上已少有国家对固定资产的价值作出详细规定,《企业会计准则——固定资产》也取消了企业固定资产价值方面的规定,只是提供了一个确认基础。准则中规定,固定资产是指同时具有下列两个特征的有形资产。

(1) 为生产商品、提供劳务、出租或经营管理而持有的。

(2) 使用寿命超过一个会计期间。使用寿命是指企业使用固定资产的预计期间,或者该固定资产所能生产产品或提供劳务的数量。

固定资产的基本特征在于,企业持有固定资产的目的是生产商品、提供劳务、出租或经营管理,而不是直接用于出售,从而明显区别于流动资产。固定资产准则对于固定资产的概念除强调持有固定资产的目的和具有实物形态这两个特征外,还强调了固定资产的使用寿命超过一个会计期间。

2) 固定资产的确认

固定资产的确认是一个判断过程,它是对符合固定资产定义的各种资产,在满足一定条件的情况下将其确认入账。从理论上讲,固定资产的定义反映了固定资产的本质属性,是其最基本的判断标准,它将固定资产与其他资产区别开来。但是,固定资产的定义对固定资产的限定是综合性,并没有从会计角度给出其限定条件。因此,《企业会计准则——固定资产》规定某一资产项目,如果既符合固定资产的定义,又同时满足固定资产的确认条件,才能加以确认为固定资产。

(1) 与该固定资产有关的经济利益很可能流入企业。在实务中,判断与固定资产有关的经济利益是否有可能流入企业,主要判断与该固定资产所有权相关的风险和报酬是否转移到了企业。风险和报酬是否转移,要注重实质。比如,融资租入的固定资产,虽然没有所有权,但却有与所有权相关的风险和报酬,所以融资租入的固定资产也作为企业的固定资产。

有些设备,虽然不能单独给企业带来经济利益流入,比如企业购置的环保设备和安全设备等,不能单独给企业带来经济利益流入。但是如果没有这些设施,其他设备就可能不能使用。因此,对于这些设施,也应该将其确认为固定资产。

对于单价比较低,使用时间已经超过一年的周转性材料,不作为固定资产核算,而是作为存货(周转材料)核算。有些企业的周转材料,单价比较高、使用时间比较长,应该作为固定资产核算。

固定资产的各组成部分具有不同使用寿命或者以不同方式为企业提供经济利益,适用不同折旧率或折旧方法的,应当分别将各组成部分确认为单项固定资产。例如,飞机的引擎,如果其与飞机机身具有不同的使用寿命,适合不同折旧率或折旧方法,则企业应当将其确认为单项固定资产。

(2) 该固定资产的成本能够可靠地计量。企业在确定固定资产成本时必须取得确凿证据,但是,有时需要根据所获得的最新资料,对固定资产的成本进行合理的估计。比如,对于已达到预定可使用状态但尚未办理竣工决算的固定资产,需要根据工程预算、工程造价或者工程实际发生的成本等资料,按估计价值确定其成本,办理竣工决算后,再按照实际成本调整原来的暂估价值。

企业制定的固定资产目录、分类方法、每类或每项固定资产的预计使用年限、预计净残值、折旧方法等,应当编制成册,并按照管理权限,经股东大会,或董事会,或经理(厂长)会议,或类似机构批准,按照法律、行政法规的规定报送有关各方备案,同时备置于企业所在地,以供投资者等有关各方查阅。企业已经确定并对外报送,或备置于企业所在地的有关固定资产目录、分类方法、估计净残值、预计使用年限、折旧方法等,一经确定不得随意变更,如需变更,仍然应当按照上述程序,经批准后报送有关各方备案,并在财务报表附注中予以说明。

2. 固定资产的分类

固定资产按其经济用途不同可分为经营用固定资产和非经营用固定资产;按其使用情况不同可分为使用中固定资产、未使用固定资产和不需用固定资产。

在实际工作中,企业的固定资产是按经济用途和使用情况综合分类的,并考虑提供某些特殊资料的要求,将企业的固定资产分为七大类。

(1) 生产用固定资产。它是指参加生产(经营)过程或直接服务于生产经营过程的固定资产,包括房屋、建筑物、机器、机械设备、运输工具、器具以及其他生产经营用固定资产。

（2）非生产用固定资产。它是指不直接服务于生产经营过程的固定资产。它包括作为企业内部生活福利设施用的食堂、医务室、托儿所、浴室、理发室、职工活动室等各种固定资产。

（3）经营租出固定资产。它是指按规定采取经营租赁方式出租、出借给外单位使用的固定资产。

（4）未使用固定资产。它是指已完工或已购建的尚未交付使用的新增固定资产以及因进行改扩建等原因暂停使用的固定资产。

（5）不需用固定资产。它是指本企业多余或不适用、不需用，准备调配处理的固定资产。

（6）土地。它是指过去已经估价单独入账的土地。因征用土地而支付的补偿费，应计入与土地有关的房屋建筑物的价值内，不单独作为土地价值入账。企业取得的土地使用权不作为固定资产管理，应作为无形资产核算。

（7）融资租入固定资产。它是指企业采取融资租赁方式租入的固定资产，在租赁期内，应视同自有固定资产进行管理。

3. 固定资产的初始计量

固定资产的计量，涉及初始计量和期末计量两个方面。其中固定资产的初始计量是指固定资产的取得成本；固定资产的期末计量，主要解决固定资产的期末计价问题。根据《会计准则》规定，固定资产应当按照成本进行初始计量，它包括企业购建某项固定资产达到预定可使用状态前所发生的一切合理、必要的支出。这些支出既有直接发生的，如固定资产的购买价款、运杂费、包装费和安装成本等，也有间接发生的，如应承担的借款利息、外币借款折合差额以及应分摊的其他间接费用等。固定资产达到预定可使用状态具体可以从以下几个方面进行判断：一是固定资产的实体建造（包括安装）工作已经全部完成或者实质上已经完成；二是所购建的固定资产与设计要求或合同要求相符或基本相符，即使有极个别与设计或合同要求不相符的地方，也不影响其正常使用；三是继续发生在所购建固定资产上的支出金额很少或几乎不会再发生。

由于固定资产的来源渠道不同，其价值构成也有所差异。本项目主要介绍企业通过外购、自行建造等途径取得的固定资产的核算。其他途径取得的固定资产，如融资租入的固定资产的核算在"项目9 非流动负债核算"中阐述；接受投资等途径取得的固定资产的核算在"项目11 所有者权益核算"中阐述。在进行固定资产的初始计量时，具体应注意以下几点。

（1）关于增值税转型改革固定资产的扣税范围。根据《增值税暂行条例》（国务院令第538号文件）和《财政部 国家税务总局关于全面推开营业税改征增值税试点的通知》财税〔2016〕36号的规定，允许全国范围内的所有增值税一般纳税人抵扣其购进（包括接受捐赠、实物投资）或者自制（包括改扩建、安装）固定资产所含的进项税额，但用于集体福利或者个人消费的除外。允许企业抵扣其购进机器设备所含的增值税，将消除生产型增值税产生的重复征税因素，降低了企业设备投资的税收负担。

其中，允许抵扣的固定资产既包括使用期限超过12个月的机器、机械、运输工具以及其他与生产经营有关的设备、工具、器具等，也包括建筑物、构筑物等不动产。

其余不符合固定资产扣税范围所发生的增值税一律计入其固定资产成本。

(2)固定资产的入账价值中,应包括企业为取得固定资产而缴纳的契税、耕地占用税、车辆购置税等相关税费。而为建造固定资产发生的罚息支出不能计入固定资产成本,应在发生时计入当期损益。

(3)对于特殊行业的特定固定资产,确定其初始入账成本时还应考虑弃置费用。弃置费用通常是指根据国家法律和行政法规、国际公约等规定,企业承担的环境保护和生态恢复等义务所确定的支出,如核电站核设施等的弃置和恢复环境等义务。对于这些特殊行业的特定固定资产,企业应当按照弃置费用的现值计入相关固定资产成本。石油、天然气开采企业应当按照油气资产的弃置费用现值计入相关油气资产成本。在固定资产或油气资产的使用寿命内,按照预计负债的摊余成本和实际利率计算确定的利息费用,应当在发生时计入财务费用。一般工商企业的固定资产发生的报废清理费用,不属于弃置费用,应当在发生时作为固定资产处置费用处理。

(4)企业购置计算机硬件所附带的、未单独计价的软件,与所购置的计算机硬件一并作为固定资产管理。

4. 固定资产核算的账户设置

为进行固定资产的核算,企业一般需主要设置"固定资产""累计折旧""在建工程""工程物资""固定资产清理"等账户。

(1)"固定资产"账户。该账户属于资产类,核算企业持有的固定资产原始价值。建造承包商的临时设施,以及企业购置计算机硬件所附带的、未单独计价的软件,也在该账户核算。借方登记增加固定资产的原始价值;贷方登记减少固定资产的原始价值。期末余额在借方,反映企业现有固定资产的原始价值。

"固定资产"账户核算固定资产的原始价值,可按固定资产类别和项目进行明细核算。固定资产明细账一般采用卡片的形式,也叫固定资产卡片。固定资产卡片一般一式两份,一份由使用部门登记保管;另一份由财会部门保管。为防止固定资产卡片丢失,固定资产管理部门还应设立固定资产卡片登记簿,逐一登记卡片的开设和注销情况。

财会部门为了分类反映固定资产的使用、保管和增减变动情况,并控制固定资产卡片,还应设置固定资产登记簿,即固定资产的二级账。固定资产登记簿应按固定资产类别开设账页。

(2)"累计折旧"账户。该账户属于资产类,也是"固定资产"的调整账户,核算企业所提取的固定资产的累计折旧数额。贷方登记企业按月计提的折旧数;借方登记因固定资产减少而转销的折旧数;期末余额在贷方,反映现有固定资产的累计折旧额。"固定资产"账户余额减去"累计折旧"账户余额就是固定资产净值。该账户可按固定资产的类别或项目进行明细核算。

(3)"在建工程"(construction in progress)账户。该账户属于资产类,核算企业基建、更新改造等在建工程发生的支出。借方登记企业各项在建工程的实际支出;贷方登记工程完工交付使用而结转的实际工程成本;期末余额在借方,反映企业各项尚未完工工程的实际成本。

该账户应按"建筑工程""安装工程""在安装设备""待摊支出"以及"单项工程"等进行明细核算。在建工程发生减值的,可以单独设置"在建工程减值准备"账户,比照"固定资产减值准备"账户进行处理。

(4)"工程物资"(construction materials)账户。该账户属于资产类,核算企业为在建工程准备的各种物资的成本,包括工程用材料、尚未安装的设备以及为生产准备的工器具等。借方登记购入工程物资的实际成本;贷方登记工程领用、工程完工后剩余结转等原因减少的工程物资的实际成本;期末余额在借方,反映企业库存工程物资的实际成本。

该账户可按"专用材料""专用设备""工具器具"等进行明细核算。工程物资发生减值的,可以单独设置"工程物资减值准备"账户,比照"固定资产减值准备"账户进行处理。

(5)"固定资产清理"账户。该账户属于资产类,核算企业因出售、报废、毁损、对外投资、非货币性资产交换、债务重组等原因转出的固定资产价值,以及在清理过程中发生的费用等。借方登记转入清理的固定资产净值、发生的清理费用和应交税费等;贷方登记清理固定资产的变价收入和应由保险公司或过失人承担的损失等;期末余额反映企业尚未清理完毕的固定资产的净值以及清理净收入(清理收入减去清理费用)。清理完毕后,企业应将清理净损益结转至营业外收支账户,结转后该账户无余额。

该账户应按照被清理的固定资产设置明细账,进行明细分类核算。

## 6.1.2 固定资产取得核算

### 1. 外购固定资产核算

外购固定资产的成本包括购买价款、相关税费以及使固定资产达到预定可使用状态前所发生的可归属于该项资产的运输费、装卸费、安装费和专业人员服务费等。企业购置固定资产,按是否需要安装分为不需要安装和需要安装的固定资产。

1) 购进不需安装的固定资产

增值税一般纳税人购进不需安装的固定资产,是指企业购入的固定资产不需要安装就可以直接交付使用。购置的不需要经过建造过程即可使用的固定资产,应按企业实际支付全部价款扣除可以予以抵扣的增值税进项税额作为其入账价值。

增值税一般纳税人购进固定资产发生的进项税额,可凭增值税专用发票、海关进口增值税专用缴款书和完税凭证从销项税额中抵扣,按当月已确认的可抵扣增值税税额,借记"应交税费——应交增值税(进项税额)"账户,按当月未确认的可抵扣增值税税额,借记"应交税费——待认证进项税额"账户,按照实际支付的全部价款扣除允许抵扣的增值税税额计入固定资产价值的金额,借记"固定资产"等账户,按照应付或实际支付的金额,贷记"应付账款""应付票据""银行存款""长期应付款"等账户。

【例6-1】

A公司购入生产用设备一台,增值税专用发票上注明价款为200 000元,增值税为26 000元,支付运输费,已取得增值税专业发票,注明金额20 000元,税额1 800元。增值税合法抵扣凭证于当月确认,款项均以银行存款支付。请编制相应的会计分录。

A公司应作会计分录如下。

根据上述资料,应抵扣的固定资产进项税额计算为26 000+1 800=27 800(元)。

借:固定资产　　　　　　　　　　　　　　　220 000
　　应交税费——应交增值税(进项税额)　　　 27 800
　贷:银行存款　　　　　　　　　　　　　　　　　247 800

2) 购进需要安装的固定资产

增值税一般纳税人购进需要安装的固定资产,是指购进的固定资产需要经过安装以后才能交付使用。企业购进需要安装的固定资产时,按照实际支付的全部价款扣除可以抵扣的增值税税额,借记"在建工程"账户;按当月已确认的可抵扣增值税税额,借记"应交税费——应交增值税(进项税额)"账户,按当月未确认的可抵扣增值税税额,借记"应交税费——待认证进项税额"账户,按照实际支付的全部价款,贷记"银行存款"等账户;发生的安装费用,借记"在建工程"账户,贷记"银行存款"账户;安装完毕达到预定可使用状态时,就其实际成本,借记"固定资产"账户,贷记"在建工程"账户。

【例6-2】

某企业购入一台需要安装的设备,增值税专用发票上的设备买价为80 000元,增值税税率为13%,支付运输费,已取得增值税专用发票并经确认可抵扣,注明金额1 000元,税额90元。设备的价款及运费已由银行存款支付,设备已运达本企业,交付安装,支付安装费900元和增值税款81元。取得的增值税专用发票已于当月确认。安装完毕交付使用。假定不考虑其他相关税费,请编制相应的会计分录。

该企业应作会计分录如下。

(1) 支付价款、税费、运输费时

借:在建工程——安装工程　　　　　　　　　　　　　81 000
　　应交税费——应交增值税(进项税额)　　　　　　　10 490
　　　贷:银行存款　　　　　　　　　　　　　　　　　　　91 490

(2) 支付安装费用时

借:在建工程——安装工程　　　　　　　　　　　　　　　900
　　应交税费——应交增值税　　　　　　　　　　　　　　 81
　　　贷:银行存款　　　　　　　　　　　　　　　　　　　　981

(3) 安装完成交付使用时

借:固定资产　　　　　　　　　　　　　　　　　　　81 900
　　　贷:在建工程——安装工程　　　　　　　　　　　　　81 900

关于购置固定资产,需要说明以下几点。

(1) 企业基于产品价格等因素的考虑,可能以一笔款项购入多项没有单独标价的固定资产。如果这些资产均符合固定资产的定义,并满足固定资产的确认条件,则应将各项资产单独确认为固定资产,并按各项固定资产公允价值的比例对总成本进行分配,分别确定各项固定资产的成本。

【例6-3】

甲公司为一家制造性企业。20×1年4月1日,为降低采购成本,向乙公司一次购进了三套不同型号且具有不同生产能力的设备A、B和C。甲公司为该批设备共支付货款7 800 000元,增值税税额1 014 000元,已于当月确认,包装费42 000元,全部以银行存款支付;假定设备A、B和C分别满足固定资产的定义及其确认条件,公允价值分别为2 926 000元、3 594 800元和1 839 200元;不考虑其他相关税费。请编制相应的会计分录。

甲公司账务处理如下。

① 确定计入固定资产成本的金额，包括买价、包装费及增值税税额等应计入固定资产成本的金额＝7 800 000＋42 000＝7 842 000（元）

② 确定设备 A、B 和 C 的价值分配比例

$$\text{A 设备应分配的固定资产价值比例} = \frac{2\,926\,000}{2\,926\,000+3\,594\,800+1\,839\,200} \times 100\% = 35\%$$

$$\text{B 设备应分配的固定资产价值比例} = \frac{3\,594\,800}{2\,926\,000+3\,594\,800+1\,839\,200} \times 100\% = 43\%$$

$$\text{C 设备应分配的固定资产价值比例} = \frac{1\,839\,000}{2\,926\,000+3\,594\,800+1\,839\,200} \times 100\% = 22\%$$

③ 确定设备 A、B 和 C 的入账价值

A 设备的入账价值＝7 842 000×35％＝2 744 700（元）
B 设备的入账价值＝7 842 000×43％＝3 372 060（元）
C 设备的入账价值＝7 842 000×22％＝1 725 240（元）

④ 编制会计分录

借：固定资产——设备 A        2 744 700
    ——设备 B        3 372 060
    ——设备 C        1 725 240
  应交税费——应交增值税（进项税额） 1 014 000
  贷：银行存款         8 856 000

（2）不动产是指不能移动或者移动后会引起性质、形状改变的财产，包括建筑物、构筑物等。其中，建筑物包括住宅、商业营业用房、办公楼等可供居住、工作或者进行其他活动的建造物；构筑物包括道路、桥梁、隧道、水坝等建造物。

取得不动产包括以直接购买、接受捐赠、接受投资入股、自建以及抵债等各种形式取得不动产。不包括房地产开发企业自行开发的房地产项目，融资租入的不动产，在施工现场修建的临时建筑物、构筑物（比如，围墙、简易工棚和办公场所、临时样板房等）。

不动产在建工程是指新建、改建、扩建、修缮、装饰不动产。

【例 6-4】

A 生产制造企业于 20×1 年 6 月 16 日购进某不动产工程专用建材 2 000 万元，取得增值税专用发票，其增值税税额为 260 万元，全部款项以银行存款支付，不考虑其他相关税费。请编制相应的会计分录。

A 企业的账务处理如下。

20×1 年 6 月取得时

借：在建工程——××工程       20 000 000
  应交税费——应交增值税（进项税额） 2 600 000
  贷：银行存款         22 600 000

（3）企业购入固定资产超过正常信用条件延期支付，实质上具有融资性质的，固定资产的成本以购买价款的现值为基础确定。实际支付的价款与购买价款的现值之间的差额，除按照《企业会计准则——借款费用》应予资本化的以外，应当在信用期间内计入当期损益。

按应付购买价款的现值,借记"固定资产"或"在建工程"账户,按应支付的金额,贷记"长期应付款"账户,按其差额,借记"未确认融资费用"账户。该部分内容将在"项目 9 非流动负债核算"中详述。

2. 自行建造固定资产核算

企业可根据生产经营的特殊需要利用自有的人力、物力条件自行建造,即自制、自建固定资产。自制固定资产是指企业自己制造生产经营所需的机器设备等,如自制特殊需要的车床等;自建固定资产是指企业自行建造房屋、建筑物、各种设施以及进行大型机器设备安装工程等,也称在建工程,包括固定资产新建工程、改扩建工程、大修理工程等。

企业自行建造的固定资产,有自营建造和出包建造两种方式。两种工程建设方式不同,其会计处理也不同。

1) 自营方式建造固定资产

在自营方式下,企业自行组织工程物资采购、自行组织施工人员从事工程施工。企业通过自营方式建造的固定资产,其入账价值应当按照该项资产达到预定可使用状态前所发生的必要支出确定。包括工程用物资成本、人工成本、缴纳的相关税费、应予资本化的借款费用以及应分摊的间接费用等。

企业自营方式建造固定资产,发生的工程成本应通过"在建工程"账户核算。购入工程物资时,借记"工程物资""应交税费——应交增值税(进项税额)"账户,贷记"银行存款"等账户。在建工程领用本企业外购原材料时,借记"在建工程"账户,贷记"原材料"账户;领用工程物资时,借记"在建工程"账户,贷记"工程物资"账户;领用本企业产成品时,借记"在建工程"账户,贷记"库存商品"账户。在建工程应负担的职工薪酬,借记"在建工程"账户,贷记"应付职工薪酬"账户。辅助生产部门为工程提供的水、电、设备之安装、修理、运输等劳务,借记"在建工程"账户,贷记"生产成本——辅助生产成本"等账户。在建工程发生的借款费用满足借款费用资本化条件的,借记"在建工程"账户,贷记"长期借款""应付利息"等账户。工程完工达到预定可使用状态时,从"在建工程"账户转入"固定资产"账户。

【例 6-5】

20×1 年 6 月某企业采用自营方式建造厂房一幢,购入为工程准备的各种专用物资 200 000 元,支付增值税 26 000 元,领用工程物资实际成本为 180 000 元,剩余物资转作企业存货;另领用企业生产用的原材料,实际成本为 30 000 元,该批材料的增值税为 3 900 元;支付工程人员工资 50 000 元,辅助生产车间提供有关劳务 10 000 元,工程达到预定可使用状态并交付使用。请编制相应的会计分录。

该企业应作会计分录如下。

(1) 购入工程物资

借:工程物资——专用材料 200 000
　　应交税费——应交增值税(进项税额) 26 000
　　贷:银行存款 226 000

(2) 领用工程物资

借:在建工程——建筑工程(仓库) 180 000
　　贷:工程物资——专用材料 180 000

(3) 剩余工程物资转作企业存货
借：原材料　　　　　　　　　　　　　　20 000
　　贷：工程物资——专用材料　　　　　　　　　　20 000
(4) 工程领用原材料
借：在建工程——建筑工程(仓库)　　　　30 000
　　贷：原材料　　　　　　　　　　　　　　　　　30 000
(5) 支付工程人员工资
借：在建工程——建筑工程(仓库)　　　　50 000
　　贷：应付职工薪酬　　　　　　　　　　　　　　50 000
(6) 辅助生产车间提供劳务
借：在建工程——建筑工程(仓库)　　　　10 000
　　贷：生产成本——辅助生产成本　　　　　　　　10 000
(7) 自营工程完工交付使用
借：固定资产——仓库　　　　　　　　　270 000
　　贷：在建工程——建筑工程(仓库)　　　　　　　270 000

关于自营工程的核算需要注意以下几个问题。

(1) 工程物资应按各种专项物资的种类进行明细核算。工程完工后剩余的工程物资，如转作本企业库存材料的，按其实际成本或计划成本转作企业的库存材料。盘盈、盘亏、报废、毁损的工程物资，减去保险公司、过失人赔偿部分后的差额，工程项目尚未完工的，计入或冲减所建工程项目的成本；工程已经完工的，计入当期营业外收支。

(2) 试运转净支出的处理：工程达到预定可使用状态前因进行负荷联合试车所发生的净支出，计入工程成本。企业的在建工程项目在达到预定可使用状态前所取得的负荷联合试车过程中所形成的、能够对外销售的产品，其发生的成本，计入在建工程成本，销售或转为库存商品时，按其实际销售收入或预计售价冲减工程成本。

(3) 工程报废或毁损的处理：在建工程发生单项或单位工程报废或毁损，减去残料价值和过失人或保险公司等赔偿后的净损失，工程项目尚未达到预定可使用状态的，计入继续施工的工程成本；工程项目已达到预定可使用状态的，属于筹建期间的，计入管理费用，不属于筹建期间的，计入营业外支出。如为非常原因造成的报废或毁损，应将其净损失直接计入当期营业外支出。需要注意的是，如果是不动产在建工程发生非正常损失，其所耗用的购进货物、设计服务和建筑服务已抵扣的进项税额应于当期全部转出；其待抵扣进项税额不得抵扣。

(4) 在建工程转入固定资产的处理：所建造的固定资产已达到预定可使用状态，但尚未办理竣工结算的，应当自达到预定可使用状态之日起，根据工程预算、造价或者工程实际成本等，按估计价值转入固定资产，并按有关计提固定资产折旧的规定，计提固定资产折旧。待办理竣工手续后再作调整。

2) 出包方式建造固定资产

在出包工程方式下，企业通过招标方式将工程项目发包给建造承包商，由建造承包商(即施工企业)组织工程项目施工。建造的固定资产成本由建造该项固定资产达到预定可使用状态前所发生的必要支出构成，包括发生的建造工程支出、安装工程支出，以及需分摊计入各固定资产价值的待摊支出。其中，建造工程、安装工程支出，如人工费、材料费、机械使用费等构成由建造承包商核算。

对于出包企业而言,建造工程、安装工程支出是构成在建工程成本的重要内容,发包企业按照合同所规定的结算方式和工程进度定期与建造承包商办理工程价款结算,结算的工程价款计入在建工程成本。待摊支出是指在建设期间发生的,不能直接计入某项固定资产价值,而应由所建造固定资产共同负责的相关费用,包括为建造工程发生的管理费、征地费、可行性研究费、临时设施费、公证费、监理费、应负担的税费、符合资本化条件的借款费用、建设期间发生的工程物资盘亏、报废及毁损净损失,以及负荷联合试车费等。

在出包方式下,"在建工程"账户主要是企业与建造承包商办理工程价款的结算账户,企业支付给建造承包商的工程价款,作为工程成本通过"在建工程"账户核算。

企业出包的在建工程,应按合理估计的发包工程进度和合同规定结算的进度款,借记"在建工程——建造工程(××工程)""在建工程——安装工程(××工程)"账户;贷记"银行存款""预付账款"等账户。工程完工时,按合同规定补付的工程款,借记"在建工程"账户,贷记"银行存款""预付账款"等账户。将设备交付建造承包商建造安装时,借记"在建工程——在安装设备"账户,贷记"工程物资"账户;企业在建工程发生的管理费、征地费、可行性研究费、临时设施费、公证费、监理费及应负担的税费等,借记"在建工程——待摊支出"账户,贷记"银行存款""应付职工薪酬"等账户。在建工程达到预定可使用状态时,借记"固定资产"账户,贷记"在建工程——建造工程(××工程)""在建工程——安装工程(××工程)""在建工程——待摊支出"等账户。

【例 6-6】

20×1年6月,乙公司经批准启动一项新生产线厂房建设项目,与丙建筑公司签订合同,将该项目出包给丙公司进行施工。工程价款600万元(不含增值税),工期10个月。当月,乙公司即支付60万元备料款。截至12月31日,工程进度达到50%,乙公司与丙公司办理工程价款结算,丙公司开具增值税专用发票上注明结算价款300万元,增值税税额27万元,乙公司扣减了备料款后支付余款。20×2年3月,厂房工程完工经验收交付使用,双方办理工程决算。丙公司开具增值税专用发票,注明工程价款300万元,增值税税额27万元,乙公司支付了上述款项。请编制相应的会计分录。

乙公司应作会计分录如下:

(1) 20×1年6月预付工程备料款时

借:预付账款——甲企业　　　　　　　　　　　　600 000
　　贷:银行存款　　　　　　　　　　　　　　　　　　600 000

(2) 20×1年12月按工程进度结算工程价款时

借:在建工程——厂房　　　　　　　　　　　　3 000 000
　　应交税费——应交增值税(进项税额)　　　270 000
　　贷:银行存款　　　　　　　　　　　　　　　　　2 670 000
　　　　预付账款　　　　　　　　　　　　　　　　　600 000

(3) 20×2年3月工程完工结算工程价款时

借:在建工程——厂房　　　　　　　　　　　　3 000 000
　　应交税费——应交增值税(进项税额)　　　270 000

贷：银行存款　　　　　　　　　　　　　　　　　　　　　3 270 000
(4) 工程完工交付使用时
借：固定资产　　　　　　　　　　　　　　　　　　　　　6 000 000
　　贷：在建工程——厂房　　　　　　　　　　　　　　　　6 000 000

## 6.1.3　固定资产折旧核算

1. 固定资产折旧概述

1) 固定资产折旧的实质

固定资产折旧(depreciation of fixed assets)是指在固定资产的使用寿命内，按照确定的方法对应计折旧额进行的系统分摊。固定资产在使用过程中，由于磨损和其他经济原因而逐渐转移的价值。这部分转移的价值以折旧费用的形式计入成本费用中，并从企业营业收入中得到补偿，转化为货币资金。

美国会计师协会名词委员会提出："折旧会计是一种会计制度，其目的就是要以系统而合理的方式将有形的资本性资产的成本或基础价值(扣除残值)在该项资产的整个估计使用年限内进行分配。这是一个分摊过程，而非计价过程。"由此可见，折旧的实质在于将固定资产的成本以一定的方式分配给由此资产获取效益的各期，以便使费用与收入配比。

2) 影响固定资产折旧的因素

影响固定资产折旧的因素包括固定资产原值、净残值、使用年限、折旧方法以及固定资产产生经济利益的方式等方面。但要注意，企业应合理地确定固定资产预计使用年限和预计净残值，并选择合理的折旧方法，经股东大会、董事会、经理(厂长)会议或类似机构批准，作为计提折旧的依据。上述方法一经确定不得随意变更。

(1) 预计使用寿命。固定资产的预计使用寿命，不仅要从物质上考虑它的耐用年限，还需要从经济上考虑它的有效年限；不仅要考虑有形损耗因素，还要考虑无形损耗因素。我国则针对国情将影响因素细分为：①该资产的预计生产能力或实物产量；②该资产的有形损耗，如设备使用中发生磨损、房屋建筑物受到自然侵蚀等；③该资产的无形损耗，如因新技术的出现而使现有的资产技术水平相对陈旧、市场需求变化使产品过时等；④有关资产使用的法律或者类似的限制。具体到某一固定资产预计的使用寿命，企业应在考虑上述内容的基础上，结合不同固定资产的性质、消耗方式、所处环境等因素作出相关判断。同时，在相同的环境条件下，对于同样的固定资产，其预计的使用寿命应当具有相同的预期。规定细化，使企业执行起来有章可循，提高了可操作性。

(2) 应计折旧额。应计折旧额是指当计提折旧的固定资产的原价扣除其预计净残值后的余额。但如果已对固定资产计提减值准备，还应当扣除已计提的固定资产减值准备累计金额。其中预计净残值是指假定固定资产预计使用寿命已满并处于使用寿命终了时的预期状态，目前从该项资产处置中获得的扣除预计处置费用后的金额。

3) 计提固定资产折旧的范围

除以下情况外，企业应对所有固定资产计提折旧。

(1) 已提足折旧仍继续使用的固定资产。所谓提足折旧，是指已经提足该项固定资产的应提折旧总额。

(2) 按照规定单独估价作为固定资产入账的土地。在我国,土地归国家所有,任何企业和个人只拥有土地的使用权,企业取得的土地使用权应作为"无形资产"入账。"计入固定资产的土地"是指特定情况下按国家规定允许入账的固定资产,这种情况目前相当少见。

企业确定计提固定资产折旧范围时,具体需注意以下几点。

(1) 已达到预定可使用状态的固定资产,无论是否交付使用,尚未办理竣工决算的,应当按照估计价值确认为固定资产,并计提折旧;待办理完竣工决算手续后,再按实际成本调整原来的暂估价值,但不需要调整原已计提的折旧额。

(2) 融资租入的固定资产,应当采用与自有应计折旧资产相一致的折旧政策。能够合理确定租赁期届满时取得租赁资产所有权的,应当在租赁资产使用寿命内计提折旧。无法合理确定租赁期届满时能够取得租赁资产所有权的,应当在租赁期与租赁资产使用寿命两者中较短的期间内计提折旧。

(3) 处于更新改造过程停止使用的固定资产,应将其账面价值转入在建工程,不再计提折旧。更新改造项目达到预定可使用状态转为固定资产后,再按重新确定的折旧方法和该项固定资产尚可使用寿命计提折旧。因进行大修而停用的固定资产,应当照提折旧,计提的折旧额应计入相关资产成本或当期损益。

(4) 企业固定资产应当按月计提折旧,当月增加的固定资产,当月不计提折旧,从下月起计提折旧;当月减少的固定资产,当月仍计提折旧,从下月起不计提折旧。

4) 固定资产的使用寿命、预计净残值和折旧方法的复核

固定资产在使用过程中,由于经济环境、技术环境及其他环境等客观情况的改变,使原有的固定资产预计使用寿命、预计净残值和折旧方法已不能恰当地反映其实际情况,企业应根据新会计准则的规定,至少应当于每年年度终了,对固定资产的使用寿命、预计净残值和折旧方法进行复核。

无论是固定资产使用寿命的改变,还是预计净残值和折旧方法的改变,都应当作为会计估计变更。通过对固定资产使用寿命、预计净残值和折旧方法的恰当地调整,使固定资产信息更加真实,也更加有助于会计信息使用者作出正确的经济决策。

2. 固定资产折旧核算

1) 固定资产折旧的计算方法

固定资产由于磨损和其他经济原因而转移到产品成本或期间费用中的价值,很难用技术的方法正确测定,企业应当根据与固定资产有关的经济利益的预期实现方式,合理选择固定资产折旧方法。同时要求企业定期对固定资产的折旧方法进行复核。如果固定资产包含的经济利益的预期实现方式有重大改变,则应当相应地改变固定资产折旧方法。

方法一:平均年限法。也称直线法,是指将固定资产的折旧均衡地分摊到各期的一种方法。其计算公式为

$$年折旧率 = \frac{1 - 预计净残值率}{预计使用年限}$$

$$月折旧率 = \frac{年折旧率}{12}$$

$$月折旧额 = 固定资产原价 \times 月折旧率$$

**【例 6-7】**

某造船厂一台大型设备原值为 400 000 元,预计净残值率为 3%,为简化计算,假设折旧年限为 5 年。请计算每年应计提折旧额。

该设备的折旧率和折旧额计算如下。

$$预计净残值 = 400\,000 \times 3\% = 12\,000(元)$$

$$每年折旧额 = (400\,000 - 12\,000) \div 5 = 77\,600(元)$$

在平均年限法下,每年计提的折旧额是相等的。因此,它体现了固定资产的有效使用损耗相当均衡,而技术陈旧因素基本上可以不予考虑的情况。典型的例子是铺筑的道路、输送管道、储存罐、栅栏等,一般的房屋也可以认为是这样的固定资产。

方法二:工作量法。工作量法是指根据固定资产在规定的折旧年限内可以完成工作量(如汽车的行驶里程、机器设备的工作小时等)的比例计算折旧额的一种方法。按照这种方法可以正确地为各月使用程度变化相对较大的固定资产计提折旧。其计算公式为

$$单位工作量折旧额 = 固定资产原价 \times (1 - 预计净残值率) \div 预计总工作量$$

$$某项固定资产月折旧额 = 该项固定资产当月工作量 \times 单位工作量折旧额$$

**【例 6-8】**

企业有一设备,账面原值为 260 000 元,规定的预计净残值率为 6%,预计工作总量为 200 000 小时,该月实际完成工时 180 小时。请计算本月应计提折旧额。

$$单位工作小时折旧额 = 260\,000 \times (1 - 6\%) \div 200\,000 = 1.22(元)$$

$$本月折旧额 = 180 \times 1.22 = 219.6(元)$$

方法三:双倍余额递减法。双倍余额递减法是指在不考虑固定资产残值的情况下,根据每期期初固定资产账面余额和双倍的直线法折旧率计算固定资产折旧的一种方法。计算公式为

$$年折旧率 = 2 \div 预计的折旧年限 \times 100\%$$

$$月折旧率 = 年折旧率 \div 12$$

$$月折旧额 = 固定资产账面净值 \times 月折旧率$$

**【例 6-9】**

以例 6-7 为例,请用双倍余额递减法计算每年应提折旧额。

$$该项设备的年折旧率 = 2 \div 5 \times 100\% = 40\%$$

双倍余额递减法下计算的每年应提折旧额如表 6-1 所示。

表 6-1 双倍余额递减法下固定资产折旧计算表

| 年 份 | 折旧率/% | 年 折 旧 额 | 账面净值/元 |
|---|---|---|---|
| 第一年 | 40 | 160 000(400 000×40%) | 240 000 |
| 第二年 | 40 | 96 000(240 000×40%) | 144 000 |
| 第三年 | 40 | 57 600(144 000×40%) | 86 400 |
| 第四年 | 50 | 37 200(86 400−12 000×50%) | 49 200 |
| 第五年 | 50 | 37 200(86 400−12 000×50%) | 12 000 |

由于双倍余额递减法不考虑固定资产的残值收入,因此,在使用这种方法时,必须注意不能把固定资产的账面折余价值降低到它的预计残值收入以下。按现行制度规定,实行双倍余额递减法计提折旧的固定资产,应当在其折旧年限到期以前两年内,将固定资产净值扣除预计净残值后的余额平均摊销。

方法四:年数总和法。又称合计年限法,是将固定资产的原值减去净残值后的净额乘以一个逐年递减的分数计算每年的折旧额。计算公式为

年折旧率＝尚可使用的年数÷预计使用年限的年数总和×100％

月折旧率＝年折旧率÷12

月折旧额＝(固定资产原值－预计净残值)×月折旧率

按这种方法提取的折旧额在开始年度大,以后随着折旧年限增加而减少。在折旧年限相同的情况下,年数总和法比平均年限法和工作量法的折旧速度要快。

### 【例 6-10】

以例 6-7 为例,请用年数总和法计算每年应提折旧额。

年数总和＝1＋2＋3＋4＋5＝15

或年数总和＝(1＋5)×5÷2＝15

第一年计算如下。

年折旧率＝5÷15×100％＝33.33％

年折旧额＝(400 000－12 000)×5÷15＝129 333(元)

年数总和法下计算的每年应提折旧额如表 6-2 所示。

表 6-2 年数总和法下固定资产折旧计算表

| 年 份 | 折旧率/％ | 年折旧额 | 账面净值/元 |
| --- | --- | --- | --- |
| 第一年 | 5/15 | 129 333(388 000×5÷15) | 270 667 |
| 第二年 | 4/15 | 103 467(388 000×4÷15) | 167 200 |
| 第三年 | 3/15 | 77 600(388 000×3÷15) | 89 600 |
| 第四年 | 2/15 | 51 733(388 000×2÷15) | 37 867 |
| 第五年 | 1/15 | 25 867(388 000×1÷15) | 12 000 |

**注意**:双倍余额递减法和年数总和法属于加速折旧法。加速折旧法也称为快速折旧法或递减折旧法。其特点是,在固定资产有效使用年限的前期多提折旧,后期则少提折旧,从而相对加快折旧的速度,以使固定资产成本在有效使用年限中加快得到补偿。

加速折旧法的依据是效用递减,即固定资产的效用随着其使用寿命的缩短而逐渐降低,因此,当固定资产处于较新状态时,效用高,产出也高,而维修费用较低,所取得的现金流量较大;当固定资产处于较旧状态时,效用低,产出也低,而维修费用较高,所取得的现金流量较小。由此按照配比原则的要求,折旧费用应当呈递减的趋势。

加速折旧法使折旧费用呈递减的状态,则企业缴纳的所得税呈递增的状态。与直接法相比,所得税的现值总和就更低,这实质上可以使企业获得一笔无息贷款。从这个意义上讲,折旧是国家的一项宏观经济政策,可用于鼓励某一行业的发展或刺激投资。

2) 固定资产折旧的核算

在我国会计实务中,各月固定资产折旧的计提工作一般是通过按月编制"固定资产折旧

计算表"进行的。固定资产折旧计算表的格式如表 6-3 所示。计算出的折旧额应根据使用地点和用途不同,计入相应账户的成本费用。生产部门正常使用固定资产的折旧,应借记"制造费用"账户;车间管理部门正常使用固定资产的折旧,应借记"制造费用"账户;行政管理部门正常使用固定资产的折旧,应借记"管理费用"账户;销售部门正常使用固定资产的折旧,应借记"销售费用"账户;工程正常使用固定资产的折旧,应借记"在建工程"账户;未使用不需用固定资产的折旧,应借记"管理费用"账户;修理、季节性停用固定资产的折旧记入原成本费用账户;经营租赁租出固定资产计提的折旧,应借记"其他业务成本"账户。

【例 6-11】

某企业 20×1 年 3 月第一车间的固定资产折旧计算表如表 6-3 所示。请编制相应的会计分录。

表 6-3　固定资产折旧计算表

单位:第一车间　　　　　　　　　　20×1 年 3 月　　　　　　　　　　单位:元

| 固定资产项目 | 上月折旧额 | 上月增加固定资产应计提折旧额 | 上月减少固定资产应计提折旧额 | 本月应计提折旧额 |
|---|---|---|---|---|
| 房屋 | 1 000 | | | 1 000 |
| 机械设备 | 2 200 | 200 | 100 | 2 300 |
| 动力设备 | 400 | 100 | | 500 |
| ⋮ | ⋮ | ⋮ | ⋮ | ⋮ |
| 合　计 | 4 800 | 500 | 200 | 5 100 |

根据表 6-3,该企业应作会计分录如下。

借:制造费用　　　　　　　　　　　　　　　　　5 100
　　贷:累计折旧　　　　　　　　　　　　　　　　　　5 100

## 6.1.4　固定资产后续支出核算

固定资产的后续支出是指固定资产在使用过程中发生的更新改造支出、修理费用等。具体实务中,对于固定资产发生的各项后续支出,企业应依据《企业会计准则——固定资产》中的规定判断固定资产取得后所发生的后续支出应当资本化还是费用化处理。满足固定资产确认条件的,发生时计入固定资产成本;不能满足固定资产确认条件的,发生时计入当期损益。

1. 资本化后续支出核算

与固定资产有关的更新改造等后续支出,符合固定资产确认条件的,应当计入固定资产成本,同时将被替换部分的账面价值扣除。固定资产发生可资本化的后续支出时,企业一般应将该固定资产的原价、已计提的累计折旧和减值准备转销,将固定资产的账面价值先通过"在建工程"账户核算,然后加上由于改建、扩建而使该项资产达到可使用状态前发生的改良支出,减去变价收入,形成改良后固定资产的价值,转入"固定资产"账户。改良完成时,并按重新确定的固定资产的价值、使用寿命、预计净残值和折旧方法计提折旧。

## 【例 6-12】

某公司的车库账面原值为 600 000 元,已提折旧 172 800 元,预计使用年限为 10 年,净残值率为 4%,采用平均年限法计提折旧,年折旧额为 57 600 元。现采用出包方式对其进行改扩建,按合同预付改扩建总价款 500 000 元的 60%,其余待竣工验收合格时付清。承包方适用增值税税率为 9%,竣工时开具增值税专用发票。请编制相应的会计分录。

该公司应作会计分录如下。

(1) 转入改良工程

借:在建工程——车库改扩建工程　　　427 200
　　累计折旧　　　　　　　　　　　　172 800
　　　贷:固定资产　　　　　　　　　　　　　600 000

(2) 预付工程款

借:在建工程——车库改扩建工程　　　300 000
　　　贷:银行存款　　　　　　　　　　　　　300 000

(3) 工程完工交付使用,付清工程款项,取得增值税专用发票并经平台确认

借:在建工程——车库改扩建工程　　　200 000
　　应交税费——应交增值税(进项税额)　45 000
　　　贷:银行存款　　　　　　　　　　　　　245 000

借:固定资产　　　　　　　　　　　　927 200
　　　贷:在建工程——车库改扩建工程　　　　927 200

**2. 费用化后续支出核算**

固定资产修理费用应当直接计入当期费用。资产在使用过程中会不断地发生有形损耗,为了维持固定资产的正常运转和使用,使它一直处于良好的工作状态,就必须进行必要的维修。发生固定资产维修支出只是确保固定资产的正常工作状况,它并不延长固定资产的使用年限或提高其预计的服务能力,不会导致固定资产未来经济利益的增加。因此,不符合固定资产的确认条件,应在发生时一次性直接计入当期损益。企业生产车间(部门)和行政管理部门以及专设销售机构等发生的固定资产修理费用等后续支出,应按实际发生的数额,借记"管理费用"或"销售费用"账户,按可抵扣的增值税进项税额,借记"应交税费——应交增值税(进项税额)"账户,贷记"银行存款"等账户。对处于修理、更新改造过程而停止使用的固定资产,如果其修理、更新改造支出不符合固定资产的确认条件,在发生时也应直接计入当期损益。

## 【例 6-13】

20×1 年 4 月 18 日,甲公司对现有的一台生产用机器设备进行日常维护,维护过程中领用本企业原材料一批,实际成本为 10 000 元,应支付维护人员的工资为 29 500 元。不考虑相关税费,请编制相应的会计分录。

甲公司应作会计分录如下。

借:管理费用　　　　　　　　　　　　39 500
　　　贷:原材料　　　　　　　　　　　　　　10 000
　　　　　应付职工薪酬　　　　　　　　　　　29 500

在具体实务中,对于固定资产发生的下列各项后续支出,通常包括以下几种处理方法。

(1) 固定资产修理费用,应当直接计入当期费用。

(2) 固定资产改良支出,应当计入固定资产账面价值。

(3) 如果不能区分是固定资产修理还是固定资产改良,或固定资产修理和固定资产改良结合在一起,则企业应当判断,与固定资产有关的后续支出,是否满足固定资产的确认条件。如果该后续支出满足了固定资产的确认条件,后续支出应当计入固定资产账面价值;否则,后续支出应当确认为当期费用。

(4) 经营租赁固定资产发生的改良支出,应记入"长期待摊费用"账户,并在剩余租赁期与租赁资产尚可使用年限两者中较短的期间内进行摊销。

(5) 固定资产装修费用,如果满足固定资产的确认条件,装修费用应当计入固定资产账面价值,并在"固定资产"账户下单设"固定资产装修"明细账户进行核算,在两次装修间隔期间与固定资产尚可使用年限两者中较短的期间内,采用合理的方法单独计提折旧。如果在下次装修时,与该项固定资产相关的"固定资产装修"明细账户仍有账面价值,应将该账面价值一次全部计入当期营业外支出。

(6) 融资租入固定资产发生的固定资产后续支出,比照上述原则处理。发生的固定资产装修费用等,满足固定资产确认条件的,应在两次装修间隔期间、剩余租赁期与固定资产尚可使用年限三者中较短的期间内,采用合理的方法单独计提折旧。

【例 6-14】

20×1 年 6 月 25 日,甲公司对所属一家商场进行装修,发生如下相关支出:领用生产用原材料 40 000 元,购进该批原材料时支付的增值税进项税额为 5 200 元;辅助生产车间为商场装修工程提供的劳务支出为 14 660 元;发生有关人员薪酬 29 640 元。12 月 26 日,商场装修完工,达到预定可使用状态交付使用,甲公司预计下次装修时间为 20×9 年 12 月。20×4 年 12 月 31 日,甲公司决定对该商场重新进行装修。假定该商场的装修支出符合固定资产确认条件;该商场预计尚可使用年限为 5 年;装修形成的固定资产预计净残值为 1 100 元;采用直线法计提折旧。不考虑相关税费,请进行相应的账务处理。

甲公司的账务处理如下。

① 装修领用原材料

借:在建工程 40 000
　　贷:原材料 40 000

② 辅助生产车间为装修工程提供劳务

借:在建工程 14 660
　　贷:生产成本——辅助生产成本 14 660

③ 发生工程人员薪酬

借:在建工程 29 640
　　贷:应付职工薪酬 29 640

④ 装修工程达到预定可使用状态交付使用

借:固定资产——固定资产装修 84 300
　　贷:在建工程 84 300

⑤ 20×2年计提装修形成的固定资产折旧

因下次装修为20×9年12月,大于固定资产预计尚可使用年限5年,因此,应按固定资产预计尚可使用年限5年计提折旧。

借:管理费用　　　　　　　　　　　　　　　　　16 640
　　贷:累计折旧　　　　　　　　　　　　　　　　　16 640

⑥ 20×4年12月31日重新装修

借:营业外支出　　　　　　　　　　　　　　　　　34 380
　　累计折旧　　　　　　　　　　　　　　　　　　49 920
　　贷:固定资产——固定资产装修　　　　　　　　　84 300

## 6.1.5　固定资产减值核算

**1. 固定资产减值认定**

资产减值是指资产的可收回金额低于其账面价值的情形。其中,可收回金额是指资产的销售净价与预期从该资产的持续使用和使用寿命结束时的处置中形成的现金流量现值两者中的较高者,而销售净价是指资产的销售价格减去处置资产所发生的相关税费后的余额。为了客观、真实、准确地反映期末固定资产的实际价值,企业在编制资产负债表时,应合理地确定固定资产、工程物资和在建工程的期末价值。

根据《企业会计准则——资产减值》的规定,如果存在下列迹象的,表明固定资产可能发生减值,应当计提固定资产减值准备。

(1)资产的市价当期大幅度下跌,其跌幅明显高于因时间的推移或者正常使用而预计的下跌。

(2)企业经营所处的经济、技术或法律等环境,以及资产所处的市场在当期或将在近期发生重大变化,从而对企业产生不利影响。

(3)市场利率或者其他市场投资回报率在当期已经提高,从而影响企业计算资产预计未来现金流量现值的折现率,导致资产可收回金额大幅度降低。

(4)证据表明资产已经陈旧过时或其实体已经损坏。

(5)资产已经或者将被闲置、终止使用或者计划提前处置。

(6)企业内部报告的证据表明资产的经济绩效已经低于或者将低于预期,如资产所创造的净现金流量或者实现的营业利润(或者损失)远远低于预计金额等。

(7)其他表明资产可能已经发生减值的迹象。

但固定资产减值准备存有以下特定情况之一的,应按照该项固定资产的账面净值全额计提,但已全额计提减值准备的固定资产,不再计提折旧。

(1)长期闲置不用,在可预见的未来不会再使用,且无转让价值的固定资产。

(2)由于技术进步等原因,已不可使用的固定资产。

(3)虽然固定资产尚可使用,但使用后产生大量不合格产品的固定资产。

(4)已遭毁损,以至于不再具有使用价值的固定资产。

(5)其他实质上已经不能再给企业带来经济利益的固定资产。

## 2. 固定资产减值核算

企业应当在资产负债表日判断资产是否存在可能发生减值的迹象,可收回金额的计量结果表明,资产的可收回金额低于其账面价值的,应当将资产的账面价值减记至可收回金额,减记的金额确认为资产减值损失,计入当期损益,同时计提相应的资产减值准备。为此,企业应当设置"固定资产减值准备"账户,用来核算企业提取的固定资产减值准备。该账户属于资产类,是固定资产净值的备抵账户,在资产负债表上作为固定资产的减项单独列示。该账户期末为贷方余额反映企业已提取的固定资产减值准备。

企业发生固定资产减值准备时,借记"资产减值损失——计提的固定资产减值准备"账户;贷记"固定资产减值准备"账户。已计提减值准备的固定资产,应当按照该固定资产的账面价值及尚可使用寿命重新计算确定折旧率和折旧额。因固定资产减值准备而调整固定资产折旧额时,对此前已计提的累计折旧不作调整。如果有迹象表明以前期间据以计提固定资产减值的各种因素发生变化,使固定资产的可收回金额大于其账面价值,前期已计提的减值准备不得转回。当企业遇到资产处置、出售、对外投资、以非货币性资产交换方式换出、在债务重组中抵偿债务等情况,同时符合资产终止确认条件的,企业应当将相关资产减值准备予以转销。

【例 6-15】

某企业生产用固定资产原价为 7 500 000 元,预计使用期限为 10 年,预计净残值为零,采用平均年限法计提折旧,已计提折旧 2 年,累计折旧为 1 500 000 元。如果第 3 年年末估计可收回金额 4 800 000 元,预计尚可使用年限为 5 年。请编制计提第 3 年折旧和减值准备以及第 4 年折旧的相应会计分录。

该企业应作会计分录如下。

(1) 第 3 年计提折旧

第 3 年应提折旧额 = 7 500 000 ÷ 10 = 750 000(元)

借:制造费用　　　　　　　　　　　　　　750 000
　　贷:累计折旧　　　　　　　　　　　　　　　750 000

(2) 第 3 年计提固定资产减值准备

$$\begin{aligned}
\text{计提固定资产减值准备} &= \text{固定资产账面价值} - \text{可收回金额} \\
&= [(\text{固定资产原价} - \text{已计提折旧}) - \text{已计提减值准备}] \\
&\quad - \text{可收回金额} \\
&= [(7\,500\,000 - 750\,000 \times 3) - 0] - 4\,800\,000 \\
&= 450\,000(\text{元})
\end{aligned}$$

借:资产减值损失——计提的固定资产减值准备　　450 000
　　贷:固定资产减值准备　　　　　　　　　　　　　　450 000

(3) 第 4 年计提折旧

$$\begin{aligned}
\text{第 4 年应计提折旧额} &= \text{固定资产账面价值} \div \text{预计尚可使用年限} \\
&= [(7\,500\,000 - 750\,000 \times 3) - 450\,000] \div 5 \\
&= 960\,000(\text{元})
\end{aligned}$$

分析：已计提减值准备的固定资产，应当按照该固定资产的账面价值以及尚可使用寿命重新计算确定折旧率和折旧额，因固定资产减值准备而调整固定资产折旧额时，对此前已计提的累计折旧不作调整。

借：制造费用　　　　　　　　　　　　960 000
　　贷：累计折旧　　　　　　　　　　　　　960 000

需要说明的是，企业应当在资产负债表日对企业的工程物资、在建工程等资产进行判断是否存在可能发生减值的迹象，比照固定资产减值准备业务进行处理。当发生减值时，借记"资产减值损失——计提的工程物资减值准备""资产减值损失——计提的在建工程减值准备"账户，贷记"在建工程减值准备""工程物资减值准备"账户。

### 6.1.6　固定资产处置核算与清查核算

**1. 固定资产处置核算**

固定资产处置主要是指企业因出售、报废、毁损、捐赠、抵债、盘亏、无偿调出、投资转出等对固定资产进行的清理工作。

当固定资产满足下列条件之一的，应当予以终止确认：一是固定资产处于处置状态；二是该固定资产预期通过使用或处置不能产生未来经济利益。企业在生产经营过程中，对那些不适用或不需用的固定资产，可以出售转让。对那些由于使用而不断磨损直至最终报废，或由于技术进步等原因发生提前报废，或由于遭受自然灾害等非常损失发生毁损的固定资产应及时进行清理。按规定程序办理有关手续，结转固定资产账面价值，确认和计量有关的清理收入、清理费用及残料价值等。

1) 固定资产出售、报废或毁损的核算

企业因出售、捐赠、报废、毁损等原因而减少的固定资产账面价值以及清理收入等要通过"固定资产清理"账户核算，该账户期末余额反映尚未清理完毕的固定资产的价值或清理净损益。会计核算一般可分以下几个步骤。

（1）固定资产转入清理。企业因出售、转让、报废或毁损的固定资产转入清理时，应按清理固定资产的账面价值，借记"固定资产清理"账户，按已提的折旧，借记"累计折旧"账户；按固定资产原价，贷记"固定资产"账户。

（2）发生的清理费用。固定资产清理过程中发生的清理费用（如支付清理人员的工资等），也应记入"固定资产清理"账户，按实际发生的清理费用，借记"固定资产清理"账户；贷记"银行存款"等账户。

（3）出售收入和残料等的处理。企业收回出售固定资产的价款、报废固定资产的残料价值和变价收入等，应冲减清理支出，按实际收到的出售价款及残料变价收入等，借记"银行存款""原材料"等账户；贷记"固定资产清理"账户。

（4）计算缴纳的增值税。按照《财政部　国家税务总局关于全面推开营业税改征增值税试点的通知》财税〔2016〕36号文件的有关规定，企业销售不动产，应缴纳增值税，不再缴纳营业税。销售时按实收或应收款项借记"银行存款"或"应收账款"等账户，按现行增值税制度规定计算的增值税税额（或采用简易计税方法计算的应纳增值税税额），贷记"应交税费——应交增值税（销项税额）"或"应交税费——简易计税"账户，按实收或应收款项与应纳增值税的差额贷记"固定资产清理"账户。企业预缴增值税时,借记"应交税费——预交增值税"账户,贷记"银行存款"等账户。月末,企业应将"预交增值税"账户余额转入"未交增值税"账户,借记"应交税费——未交增值税",贷记"应交税费——预交增值税"。

(5) 保险赔偿的处理。企业计算或收到的应由保险公司或过失人赔偿的报废、毁损的固定资产的损失,应冲减清理支出,借记"银行存款"或"其他应收款"账户,贷记"固定资产清理"账户。

(6) 清理净损益的处理。应区别不同的情况进行处理。

① 因出售、转让等原因产生的固定资产处置利得或损失,应记入"资产处置损益"账户。该账户属于损益类账户,核算企业固定资产、无形资产、在建工程等因出售、转让等原因而产生的直接计入当期损益的处置利得或损失。期末"资产处置损益"账户余额转入"本年利润"账户后,该账户无余额。确认处置净损失时,借记"资产处置损益"账户,贷记"固定资产清理"账户;如为净收益,借记"固定资产清理"账户,贷记"资产处置损益"账户。

② 因固定资产已丧失使用功能或因自然灾害发生毁损等原因而报废清理产生的利得或损失应计入营业外收支。属于生产经营期间由于自然灾害等非常原因造成的损失时,借记"营业外支出——非常损失"账户,属于生产经营期间正常的处理损失,借记"营业外支出——处置非流动资产损失"账户,贷记"固定资产清理"账户;如为净收益,借记"固定资产清理"账户,贷记"营业外收入——处置非流动资产利得"账户。

## 知识链接 6-1　　2016 年 5 月 1 日后销售不动产缴纳增值税的规定

1. 一般纳税人

1) 转让 2016 年 4 月 30 日前取得的不动产

(1) 选择简易计税办法。一般纳税人转让其 2016 年 4 月 30 日前取得(不含自建)的不动产,可以选择适用简易计税方法计税,以取得的全部价款和价外费用扣除不动产购置原价或者取得不动产时的作价后的余额为销售额,按照 5% 的征收率计算应纳税额。纳税人应按照上述计税方法向不动产所在地主管地税机关预缴税款,向机构所在地主管国税机关申报纳税。

一般纳税人转让其 2016 年 4 月 30 日前自建的不动产,可以选择适用简易计税方法计税,以取得的全部价款和价外费用为销售额,按照 5% 的征收率计算应纳税额。

(2) 选择一般计税办法。一般纳税人转让其 2016 年 4 月 30 日前取得(不含自建)的不动产,选择适用一般计税方法计税的,以取得的全部价款和价外费用为销售额计算应纳税额。纳税人应以取得的全部价款和价外费用扣除不动产购置原价或者取得不动产时的作价后的余额,按照 5% 的预征率向不动产所在地主管地税机关预缴税款,向机构所在地主管国税机关申报纳税。

一般纳税人转让其 2016 年 4 月 30 日前自建的不动产,选择适用一般计税方法计税的,以取得的全部价款和价外费用为销售额计算应纳税额。纳税人应以取得的全部价款和价外费用,按照 5% 的预征率向不动产所在地主管地税机关预缴税款,向机构所在地主管国税机关申报纳税。

2) 转让 2016 年 5 月 1 日之后取得的不动产

适用一般计税办法。

一般纳税人转让其 2016 年 5 月 1 日后取得(不含自建)的不动产,适用一般计税方法的,以取得的全部价款和价外费用为销售额计算应纳税额。纳税人应以取得的全部价款和价外费用扣除不动产购置原价或者取得不动产时的作价后的余额,按照 5% 的预征率向不动产所在地主管地税机关预缴税款,向机构所在地主管国税机关申报纳税。

一般纳税人转让其 2016 年 5 月 1 日后自建的不动产,适用一般计税方法,以取得的全部价款和价外费用为销售额计算应纳税额。纳税人应以取得的全部价款和价外费用,按照 5% 的预征率向不动产所在地主管地税机关预缴税款,向机构所在地主管国税机关申报纳税。

2. 小规模纳税人

小规模纳税人转让其取得的不动产,除个人转让其购买的住房外:

(1) 以取得的全部价款和价外费用扣除不动产购置原价或者取得不动产时的作价后的余额为销售额,按照 5% 的征收率计算应纳税额。

(2) 以取得的全部价款和价外费用为销售额,按照 5% 的征收率计算应纳税额。

【例 6-16】

20×2 年 6 月,某一般纳税人企业出售一个仓库,账面原价为 1 000 000 元,已提折旧 200 000 元,该仓库为 20×1 年 6 月购入,已取得增值税专用发票,并于购入当月确认。仓库出售时发生清理费用 10 000 元,出售总价款为 1 308 000 元,款项收到存入银行,该仓库与企业机构所在地属同一区。请编制相应的会计分录。

该企业应作会计分录如下。

① 将仓库转入清理时

借:固定资产清理　　　　　　　　　　　　　　800 000
　　累计折旧　　　　　　　　　　　　　　　　200 000
　　贷:固定资产　　　　　　　　　　　　　　　　　　1 000 000

② 支付清理费用时

借:固定资产清理　　　　　　　　　　　　　　10 000
　　贷:银行存款　　　　　　　　　　　　　　　　　　10 000

③ 出售时

$$应纳增值税 = \frac{1\,308\,000}{1+9\%} \times 9\% = 108\,000(元)$$

借:银行存款　　　　　　　　　　　　　　　　1 308 000
　　贷:固定资产清理　　　　　　　　　　　　　　　　1 200 000
　　　　应交税费——应交增值税(销项税额)　　　　108 000

④ 向仓库所在地主管地税机关预交增值税

$$预交税额 = (1\,308\,000 - 1\,000\,000) \div (1+9\%) \times 5\% = 14\,128.44(元)$$

预交时:

| 借：应交税费——预交增值税 | 14 128.44 | |
|---|---|---|
| 　　贷：银行存款 | | 14 128.44 |

⑤ 结转清理净收益时

| 借：固定资产清理 | 390 000 | |
|---|---|---|
| 　　贷：资产处置损益 | | 390 000 |

#### 【例 6-17】

20×1年2月20日，A公司购入一台生产用机器设备，取得的增值税专用发票上注明的价款为1 000 000元，增值税进项税额为130 000元，并于当月认证，该机器采用平均年限法计提折旧，折旧年限为10年，预计净残值为零。20×4年3月12日，因遭受火灾导致机器被毁损，公司决定进行处置，支付清理费用10 000元，取得残料变价收入80 000元，获保险公司赔偿款100 000元，款项已收到并存入银行。

A公司的账务处理如下。

① 将毁损固定资产转入清理时

| 借：固定资产清理 | 700 000 | |
|---|---|---|
| 　　累计折旧 | 300 000 | |
| 　　贷：固定资产 | | 1 000 000 |

② 转出不得抵扣的进项税额时

| 借：固定资产清理 | 91 000 | |
|---|---|---|
| 　　贷：应交税费——应交增值税（进项税额转出） | | 91 000 |

本例中不得抵扣的进项税额＝固定资产净值×适用税率

$$= (1\ 000\ 000 - 300\ 000) \times 13\% = 91\ 000(元)$$

③ 支付清理费用时

| 借：固定资产清理 | 10 000 | |
|---|---|---|
| 　　贷：银行存款 | | 10 000 |

④ 取得残料变价收入和保险公司赔偿时

| 借：银行存款 | 180 000 | |
|---|---|---|
| 　　贷：固定资产清理 | | 170 796.46 |
| 　　　　应交税费——应交增值税（销项税额） | | 9 203.54 |

⑤ 结转毁损固定资产发生的损失时

| 借：营业外支出——非常损失 | 630 203.54 | |
|---|---|---|
| 　　贷：固定资产清理 | | 630 203.54 |

2）持有待售的固定资产的核算

企业持有待售的固定资产，应当对其预计净残值进行调整。预计净残值不得高于其账面价值。账面价值比预计净残值高的部分，应作为资产减值损失直接计入当期损益。持有待售的固定资产从划归为持有代售之日起不再计提折旧和减值准备。

例如，某项固定资产原值100万元，已提折旧50万元，已提减值准备20万元，现准备将其出售。假设该设备公允价值减去处置费用后的净额为32万元，则不调账；如果该设备的公允价值减去处置费用后的净额为25万元，则计提5万元的减值损失，调整后固定资产的账面价值为 25 万元,即调整后的预计净残值为 25 万元。

在编制资产负债表时,企业可将持有待售的固定资产与其他固定资产一起合并列示在"固定资产"项目中,但需在报表附注中披露持有待售的固定资产的名称、账面价值、公允价值、预计处置费用和预计处置时间等。

2. 固定资产清查核算

企业对固定资产应当定期或者至少每年实地盘点一次,以保证固定资产核算的真实性和完整性。对盘盈、盘亏或毁损的固定资产,应填制固定资产盘盈、盘亏报告表,并及时查明原因,写出书面报告,并根据企业的管理权限,经股东大会或董事会,或经理(厂长)会议或类似机构批准后,在期末结账前处理完毕。

(1) 固定资产盘盈的核算。企业在财产清查中盘盈的固定资产,根据《企业会计准则——会计政策、会计估计变更和差错更正》的规定,应作为前期差错进行处理。盘盈的固定资产,在按管理权限报经批准前应先通过"以前年度损益调整"账户核算。按同类或类似固定资产的市场价格,减去按该项资产新旧程度估计的价值损耗后的余额,或在同类、类似固定资产不存在活跃市场,按该项固定资产的预计未来现金流量现值,作为盘盈固定资产的入账价值。

### 【例 6-18】

甲公司在 20×1 年年末财产清查中,发现一台未入账的设备,按同类商品市场价格减去按其新旧程度估计的价值损耗后的余额为 40 000 元(假定与其计税基础不存在差异),按照规定,该盘盈的固定资产作为前期差错进行处理,假定甲公司适用的所得税税率为 25%,按净利润的 10%计提法定盈余公积。请编制相应的会计分录。

甲公司应作会计分录如下。

① 盘盈固定资产时

| | |
|---|---|
| 借:固定资产 | 40 000 |
|   贷:以前年度损益调整 | 40 000 |

② 确定应交所得税时

| | |
|---|---|
| 借:以前年度损益调整 | 10 000 |
|   贷:应交税费——应交所得税 | 10 000 |

③ 调整后,结转以前年度损益调整时

| | |
|---|---|
| 借:以前年度损益调整 | 30 000 |
|   贷:盈余公积——法定盈余公积 | 3 000 |
|     利润分配——未分配利润 | 27 000 |

以前年度损益调整结转后,不需要调整以前年度的会计报表,仅调整本年度会计报表相关项目的年初数,但对外提供比较会计报表时,应当调整会计报表相关的年初数和上年同期数。

(2) 固定资产盘亏的核算。企业发生固定资产盘亏时,按盘亏固定资产的净值,借记"待处理财产损溢——待处理固定资产损溢"账户;按已提折旧,借记"累计折旧"账户;按已提减值准备,借记"固定资产减值准备"。按固定资产的原价,贷记"固定资产"账户;按规定结转不能抵扣的增值税进项税额,贷记"应交税费——应交增值税(进项税额转出)"账户。

盘亏的固定资产报经批准转销时,借记"营业外支出——盘亏损失"账户;贷记"待处理财产损溢——待处理固定资产损溢"账户。

### 【例 6-19】

某企业在 20×1 年年末财产清查中,发现盘亏 20×1 年购进的机器设备一台,经查账面原值为 85 000 元,应予抵扣的增值税为 11 050 元,已计提折旧 8 000 元,已计提减值准备 5 000 元。编制"固定资产盘存报告单"上报待批。请编制相应的会计分录。

$$不予抵扣需转出的进项税额 = \frac{85\,000 - 8\,000}{85\,000} \times 11\,050 = 10\,010(元)$$

根据上述资料,该企业应作会计分录如下。

借:待处理财产损溢——待处理固定资产损溢　　82 010
　　累计折旧　　　　　　　　　　　　　　　　　　 8 000
　　固定资产减值准备　　　　　　　　　　　　　　 5 000
　贷:固定资产　　　　　　　　　　　　　　　　　　85 000
　　　应交税费——应交增值税(进项税额转出)　　10 010

**注意**:由于该项固定资产的进项税额在购置时已经抵扣,而盘亏后其使用价值和价值不再存在,不能为企业增加价值,因此,盘亏固定资产要将原已抵扣的税额从进项税额中转出。

经批准列作营业外支出,应作会计分录如下。

借:营业外支出——盘亏损失　　　　　　　　　　82 010
　贷:待处理财产损溢——待处理固定资产损溢　　82 010

## 任务 6.2　投资性房地产核算

### 6.2.1　投资性房地产概述

**1. 投资性房地产的定义与特征**

(1) 投资性房地产的定义。房地产是土地和房屋及其权属的总称。在我国,土地归国家或集体所有,企业只能取得土地使用权。因此,房地产中的土地是指土地使用权。房屋是指土地上的房屋等建筑物及构筑物。

投资性房地产是指为赚取租金或资本增值,或者两者兼有而持有的房地产。

(2) 投资性房地产的特征。企业持有的房地产除了用作自身管理、生产经营活动场所和对外销售之外,也将房地产用于赚取租金或增值收益的活动,甚至作为个别企业的主营业务。就某些企业而言,投资性房地产属于日常经常性活动,形成的租金收入或转让增值收益确认为企业的主营业务收入,但对于大部分企业而言,是与经营性活动相关的其他经营活动,形成的租金收入或转让增值收益构成企业的其他业务收入。根据税法的规定,企业房地产出租、国有土地使用权增值后转让均属于经营活动,其取得的房地产租金收入或国有土地使用权转让收益应当缴纳相关税费等。这就需要将投资性房地产单独作为一项资产核算和反映,与自用的厂房、办公楼等房地产和作为存货(已建完工商品房)的房地产加以区别,从而更加清晰地反映企业所持有房地产的构成情况和盈利能力。

2. 投资性房地产的确认

1)投资性房地产的确认

投资性房地产只有在符合定义的前提下,同时满足下列条件的,才能予以确认:①与该投资性房地产有关的经济利益很可能流入企业;②该投资性房地产的成本能够可靠地计量。

对已出租的土地使用权、已出租的建筑物,其作为投资性房地产的确认时间一般为租赁期开始日,即土地使用权、建筑物进入出租状态、开始赚取租金的日期。对持有并准备增值后转让的土地使用权,其作为投资性房地产的确认时间为企业将自用土地使用权停止自用,准备增值后转让的日期。

2)投资性房地产的范围

(1)已出租的土地使用权,是指企业通过出让或转让方式取得的、以经营租赁方式出租的土地使用权。例如,A公司与富强公司签署了土地使用权租赁协议,A公司以年租金5 000 000元租赁使用富强公司拥有的400 000平方米土地使用权。那么,自租赁协议约定的租赁期开始日起,这项土地使用权属于富强公司的投资性房地产。但对于以经营租赁方式租入土地使用权再转租给其他单位的以及企业计划用于出租但尚未出租的土地使用权不能确认为投资性房地产。

(2)持有并准备增值后转让的土地使用权是指企业取得的、准备增值后转让的土地使用权。例如,企业发生转产或厂址搬迁,部分土地使用权停止自用,管理层决定继续持有这部分土地使用权,待其增值后转让以赚取增值收益。但按照国家有关规定认定的闲置土地,不属于持有并准备增值后转让的土地使用权,也就不属于投资性房地产。

(3)已出租的建筑物是指企业拥有产权的、以经营租赁方式出租的建筑物,包括自行建造或开发活动完成后用于出租的建筑物。例如,A公司将其拥有的某栋厂房整体出租给元华公司,租赁期两年。自租赁期开始日期起,这栋厂房属于其投资性房地产。企业新购入、自行建造或开发完工但尚未使用的建筑物,以及不再用于日常生产经营活动且经整理后达到可经营出租状态的空置建筑物,属于投资性房地产。企业将建筑物出租,按租赁协议向承租人提供的相关辅助服务在整个协议中不重大的,应当将该建筑物确认为投资性房地产。但企业以经营租赁方式租入再转租的建筑物以及企业计划用于出租但尚未出租的建筑物不属于投资性房地产。

**注意**:下列项目不属于投资性房地产:一是自用房地产,是指为生产商品、提供劳务或者经营管理而持有的房地产。如企业生产经营用的厂房和办公楼属于固定资产;企业生产经营用的土地使用权属于无形资产。自用房地产的特征在于服务于企业自身的生产经营活动,其价值将随着房地产的使用而逐渐转移到企业的产品或服务中,通过销售商品或提供服务为企业带来经济利益,在产生现金流量的过程中与企业持有的其他资产密切相关。二是作为存货的房地产,是指房地产开发企业在正常经营过程中销售的或为销售而正在开发的商品房和土地。这部分房地产属于房地产开发企业的存货,其生产、销售构成企业的主营业务活动,产生的现金流量也与企业的其他资产密切相关。因此,具有存货性质的房地产不属于投资性房地产。

在实务中,存在某项房地产部分自用或作为存货出售、部分用于赚取租金或资本增值的情形,如某项投资性房地产不同用途的部分能够单独计量和出售的,应当分别确认为固定资产、无形资产、存货和投资性房地产。

## 6.2.2 采用成本模式计量的投资性房地产核算

### 1. 投资性房地产取得核算

投资性房地产应当按照成本进行初始计量。由于投资性房地产可以通过外购、自行建造、所有者投入、债务重组等方式取得,初始计量的方法也不尽相同,本任务主要对外购和自行建造方式取得的投资性房地产进行阐述。

为了核算和监督投资性房地产的取得、后续支出以及后续计量等业务,企业应设置"投资性房地产""投资性房地产累计折旧(摊销)""投资性房地产减值准备"等账户。采用成本模式计量下的账务处理比较简单,可比照"固定资产""无形资产""累计折旧""累计摊销""固定资产减值准备"等相关账户处理进行。其中,"投资性房地产"账户借方登记投资性房地产的取得成本;贷方登记企业减少投资性房地产时结转的成本;期末借方余额反映投资性房地产的成本。该账户可按投资性房地产类别和项目进行明细核算。

(1)外购投资性房地产核算。对于企业外购的房地产,只有在购入房地产的同时意图对外出租或用于资本增值,才能称为外购的投资性房地产。外购投资性房地产,按照取得时的实际成本进行初始计量。取得时的实际成本包括购买价款、相关税费和可直接归属于该资产的其他支出。企业购入的房地产,部分用于出租(或资本增值)、部分自用,用于出租(或资本增值)的部分应当予以单独确认的,应按照不同部分的公允价值占公允价值总额的比例将成本在不同部分之间进行分配。

采用成本模式计量下,企业应当按照外购的土地使用权和建筑物发生的实际成本,借记"投资性房地产"账户,贷记"银行存款"等账户。

### 【例 6-20】

20×1年3月15日,A公司与B公司签订了经营租赁合同,约定自写字楼购买之日起将这栋写字楼出租给B公司,为期5年。4月5日,A公司实际购入写字楼,支付价款共计11 990 000元,已取得增值税专用发票。假设不考虑其他因素,A公司采用成本模式进行后续计量。请编制相应的会计分录。

A公司的账务处理如下。

借:投资性房地产——写字楼　　　　　　　　11 000 000
　　应交税费——应交增值税(进项税额)　　　990 000
　　贷:银行存款　　　　　　　　　　　　　　　11 990 000

**注意**:只有购入或完成的同时用于出租或资本增值的才作为投资性房地产处理,否则就先作固定资产、无形资产或存货,再按转换处理。

(2)自行建造投资性房地产核算。企业自行建造(或开发,下同)的房地产,只有在自行建造或开发活动完成(即达到预定可使用状态)的同时开始对外出租或用于资本增值,才能将自行建造的房地产确认为投资性房地产。自行建造投资性房地产的成本,由建造该项房地产达到预定可使用状态前发生的必要支出构成,包括土地开发费、建筑成本、安装成本、应予以资本化的借款费用、支付的其他费用和分摊的间接费用等。

**注意**:建造过程中发生的非正常性损失,直接计入当期损益,不计入建造成本。

在采用成本模式计量下,企业应按照确定的成本,借记"投资性房地产"账户,贷记"在建工程"等账户。

**【例 6-21】**

20×1 年 1 月,A 公司从其他单位购入一块土地的使用权,并在这块土地上开始自行建造三栋厂房。20×1 年 10 月,公司预计厂房即将完工,与华旗公司签订了经营租赁合同,将其中的一栋厂房租赁给华旗公司使用。租赁合同约定,该厂房于完工(达到预定可使用状态)时开始起租。20×1 年 11 月 1 日,三栋厂房同时完工(达到预定可使用状态)。该块土地使用权的成本为 6 000 000 元;三栋厂房的实际造价均为 10 000 000 元,能够单独出售。假设公司采用成本模式计量。请编制相应的会计分录。

A 公司的账务处理如下。

土地使用权中的对应部分
同时转换为投资性房地产 $= 6\ 000\ 000 \times (10\ 000\ 000 \div 30\ 000\ 000) = 2\ 000\ 000$(元)

借:投资性房地产——厂房　　　　　　　　　　　10 000 000
　　贷:在建工程——厂房　　　　　　　　　　　　10 000 000
借:投资性房地产——土地使用权　　　　　　　　 2 000 000
　　贷:无形资产——土地使用权　　　　　　　　　 2 000 000

2. 投资性房地产后续计量核算

采用成本模式进行后续计量的投资性房地产,可以比照固定资产、无形资产的处理思路理解。

(1) 投资性房地产计提折旧或摊销核算。企业应当按照《企业会计准则——固定资产》或《企业会计准则——无形资产》的有关规定,按期(月)计提折旧或摊销,借记"其他业务成本"等账户,贷记"投资性房地产累计折旧(摊销)"账户。取得的租金收入,借记"银行存款"等账户,贷记"其他业务收入"等账户。

(2) 投资性房地产减值核算。投资性房地产存在减值迹象的,应当适用资产减值的有关规定,经减值测试后确定发生减值的,应当计提减值准备,借记"资产减值损失"账户,贷记"投资性房地产减值准备"账户。

**注意**:投资性房地产减值损失一经确认,在以后会计期间不得转回。但遇到出售、对外投资、抵偿债务等处置时,"投资性房地产减值准备"可以转销。

**【例 6-22】**

A 公司的一栋办公楼出租给银海公司使用,该办公楼为 20×1 年 6 月取得已确认为投资性房地产,采用成本模式进行后续计量。假设这栋办公楼的成本为 36 000 000 元,按照直线法计提折旧,使用寿命为 20 年,预计净残值为零。按照经营租赁合同,银海公司每月支付 A 公司租金 80 000 元。当年 12 月,这栋办公楼发生减值迹象,经减值测试,其可收回金额为 24 000 000 元,此时办公楼的账面价值为 30 000 000 元,以前未计提减值准备。办公楼与

A公司机构不在同一市区。请编制相应的会计分录。

A公司的账务处理如下。

① 每月计提折旧时

原始单据：投资性房地产累计折旧计算表。

每月计提的折旧＝36 000 000÷20÷12＝150 000(元)

借：其他业务成本　　　　　　　　　　　　150 000
　　贷：投资性房地产累计折旧　　　　　　　　　　150 000

② 每月确认租金时

原始单据：银行进账单、增值税专用发票(记账联)。

借：银行存款(或其他应收款)　　　　　　　80 000
　　贷：其他业务收入　　　　　　　　　　　　　73 394.50
　　　　应交税费——应交增值税(销项税额)　　6 605.50

③ 向办公楼所在地税务机关预交税款时

借：应交税费——预交增值税　　　　　　　2 162.16
　　贷：银行存款　　　　　　　　　　　　　　　2 162.16

④ 年末计提减值准备时

借：资产减值损失——计提的投资性房地产减值准备

　　　　　　　　　　　　　　　　　　　　6 000 000
　　贷：投资性房地产减值准备　　　　　　　　　6 000 000

**注意**：① 一般纳税人出租其2016年5月1日后取得的不动产，适用一般计税方法，按照9%的税率计算应纳税额。不动产所在地与机构所在地不在同一县(市、区)的，应按3%的预征率向不动产所在地主管国税机关预缴税款，向机构所在地主管国税机关申报纳税。

② 一般纳税人出租2016年4月30日前取得的不动产(不含住房)，可以选择适用简易计税方法，按照5%的征收率计算应纳税额。不动产所在地与机构所在地不在同一县(市、区)的，应向不动产所在地主管国税机关预缴税款，向机构所在地主管国税机关申报纳税。

(3) 内部转换形成的投资性房地产核算。企业将作为存货的房地产或将自用的建筑等转换为投资性房地产的，应当按照该项存货或建筑物等在转换日的账面价值或公允价值作为投资性房地产在转换日的成本；在转换日存货或自用建筑物等的账面价值高于公允价值的差额计入公允价值变动损益，在转换日存货或自用建筑物等的账面价值低于公允价值的差额计入其他综合收益。

3. 投资性房地产后续支出核算

(1) 资本化后续支出核算。与投资性房地产有关的后续支出，满足投资性房地产确认条件的，应当计入投资性房地产成本。例如，企业为了提高投资性房地产的使用效能，往往需要对投资性房地产进行改建、扩建而使其更加坚固耐用，或者通过装修而改善其室内装潢，改扩建或装修支出满足确认条件的，应当将其资本化。企业对某项投资性房地产进行改扩建等再开发且将来仍作为投资性房地产的，在再开发期间应继续将其作为投资性房地产，再开发期间不计提折旧或摊销。

**注意**：资本化后续支出通过"投资性房地产——在建"账户核算，不同于固定资产资本化后续支出的核算。

【例 6-23】

20×1年3月，A公司与江平公司的一项厂房经营租赁合同即将到期。原价为18 000 000元，已计提折旧4 000 000元。为了提高厂房的租金收入，A公司决定在租赁期满后对厂房进行改扩建，并与金源公司签订了经营租赁合同，约定自改扩建完工时将厂房出租给金源公司。3月15日，与江平公司的租赁合同到期，厂房随即进入改扩建工程。12月10日，厂房改扩建工程完工，共发生支出1 000 000元，即日按照租赁合同出租给金源公司。假设A公司采用成本模式计量。请编制相应的会计分录。

A公司的账务处理如下。

① 3月15日，投资性房地产转入改扩建工程时

借：投资性房地产——厂房（在建）　　　　　　14 000 000
　　投资性房地产累计折旧（摊销）　　　　　　　4 000 000
　　贷：投资性房地产——厂房　　　　　　　　　　　　18 000 000

注意：本例中的改扩建支出属于资本化的后续支出，应当计入投资性房地产的成本，不通过"在建工程"账户核算。

② 3月15日至12月10日时

借：投资性房地产——厂房（在建）　　　　　　1 000 000
　　贷：银行存款等　　　　　　　　　　　　　　　　　1 000 000

③ 12月10日，改扩建工程完工时

借：投资性房地产——厂房　　　　　　　　　15 000 000
　　贷：投资性房地产——厂房（在建）　　　　　　　　15 000 000

（2）费用化后续支出核算。与投资性房地产有关的后续支出，不满足投资性房地产确认条件的，应当在发生时计入当期损益。例如，企业对投资性房地产进行日常维护所发生的支出。企业在发生投资性房地产费用化的后续支出时，借记"其他业务成本"等账户，贷记"银行存款"等账户。

【例 6-24】

A公司对其某项投资性房地产进行日常维修，发生维修支出128 000元，领用原材料，实际成本为5 000元。请编制相应的会计分录。

A公司的账务处理如下。

借：其他业务成本　　　　　　　　　　　　　　133 000
　　贷：银行存款　　　　　　　　　　　　　　　　　　128 000
　　　　原材料　　　　　　　　　　　　　　　　　　　　5 000

4. 投资性房地产处置核算

当投资性房地产被处置，或者永久退出使用且预计不能从其处置中取得经济利益时，应当终止确认该项投资性房地产。企业可以通过对外出售或转让的方式处置投资性房地产取得收益。企业出售、转让、报废投资性房地产或者发生投资性房地产毁损，应当将处置收入扣除其账面价值和相关税费后的金额计入当期损益。

采用成本模式计量下，企业处置投资性房地产时，应当按实际收到的金额，借记"银行存款"等账户，按应缴纳的增值税，贷记"应交税费——应交增值税（销项税额）"，按实收款项与

增值税的差额贷记"其他业务收入"账户。按该项投资性房地产的账面价值,借记"其他业务成本"账户,按其账面余额,贷记"投资性房地产"账户,按照已计提的折旧或摊销,借记"投资性房地产累计折旧(摊销)"账户,原已计提减值准备的,借记"投资性房地产减值准备"账户。若处置的投资性房地产为不动产,且其所在地与企业机构所在地不在同一县(市、区)的,应向投资性房地产所在地税务机关预交增值税税款,具体参见出售不动产缴纳增值税的规定。

### 【例 6-25】

A公司将其于20×1年6月购入的一栋写字楼用于出租,确认为投资性房地产,采用成本模式计量。20×2年6月,租赁期届满,A公司将写字楼出售给C公司,合同价款为400 000 000元,C公司已用银行存款付清。出售时,该写字楼的成本为340 000 000元,已计提折旧40 000 000元。A公司为一般纳税人,其机构所在地与写字楼所在地不在同一市区,增值税税率为9%。不考虑其他相关税费,请编制相应的会计分录。

A公司的账务处理如下。

(1)出售时

| | |
|---|---|
| 借:银行存款 | 400 000 000 |
|   贷:其他业务收入 | 366 972 477.1 |
|     应交税费——应交增值税(销项税额) | 33 027 522.9 |
| 借:其他业务成本 | 300 000 000 |
|   投资性房地产累计折旧(摊销) | 40 000 000 |
|   贷:投资性房地产——写字楼 | 340 000 000 |

(2)预缴税款时

| | |
|---|---|
| 借:应交税费——预交增值税 | 2 702 702.7 |
|   贷:银行存款 | 2 702 702.7 |

## 6.2.3 采用公允价值模式计量的投资性房地产核算

### 知识链接 6-2　采用公允价值模式计量的前提条件

企业有确凿证据表明其投资性房地产的公允价值能够持续可靠取得的,可以对投资性房地产采用公允价值模式进行后续计量。采用公允价值模式计量的投资性房地产,应当同时满足下列条件:①投资性房地产所在地有活跃的房地产交易市场。所在地,通常指投资性房地产所在的城市。对于大中型城市,应当为投资性房地产所在的城区。②企业能够从活跃的房地产交易市场上取得同类或类似房地产的市场价格及其他相关信息,从而对投资性房地产的公允价值作出合理的估计。

同类或类似的房地产,对建筑物而言,是指所处地理位置和地理环境相同或相近的建筑物;对土地使用权而言,是指同一位置区域、所处地理环境相同或近似、可使用状况相同或相近的土地。

**注意**：为保证会计信息的可比性，企业对投资性房地产的计量模式一经确定，不得随意变更。存在确凿证据表明投资性房地产的公允价值能够持续可靠取得，且能够满足采用公允价值模式条件的情况下，才允许企业对投资性房地产从成本模式计量变更为公允价值模式计量，作为会计政策变更处理，将计量模式变更时公允价值与账面价值的差额，调整期初留存收益。已采用公允价值模式计量的投资性房地产，不得从公允价值模式转为成本模式。

1. 投资性房地产取得核算

企业外购或自行建造的采用公允价值模式计量的投资性房地产，应当按照取得时的成本进行初始计量。其实际成本的确定与采用成本模式计量的投资性房地产一致。

采用公允价值模式计量下，企业应设置"投资性房地产""公允价值变动损益"等账户进行相应核算，"投资性房地产"账户下设置"成本"和"公允价值变动"进行明细核算。"投资性房地产"账户的借方登记投资性房地产的取得成本、资产负债表日其公允价值高于账面价值的差额，以及处置或转换投资性房地产时结转的公允价值变动额（下降）等；贷方登记资产负债表日其公允价值低于账面价值的差额，以及企业处置或转换投资性房地产时结转的公允价值变动额（上升）等；期末借方余额反映企业持有的投资性房地产公允价值。

外购或自行建造时发生的实际成本，借记"投资性房地产——成本"账户，贷记"银行存款""在建工程"等账户。

**【例 6-26】**

承接例 6-20，假设 A 公司拥有的投资性房地产符合采用公允价值模式计量的条件，采用公允价值模式进行初始计量，请编制相应的会计分录。

A 公司的账务处理如下。

借：投资性房地产——写字楼（成本）　　　11 000 000
　　贷：银行存款　　　　　　　　　　　　　　　　11 000 000

**【例 6-27】**

承接例 6-21，假设 A 公司拥有的投资性房地产符合采用公允价值模式计量的条件，采用公允价值模式进行初始计量，请编制相应的会计分录。

A 公司的账务处理如下。

借：投资性房地产——厂房（成本）　　　　10 000 000
　　贷：在建工程——厂房　　　　　　　　　　　　10 000 000
借：投资性房地产——土地使用权（成本）　　2 000 000
　　贷：无形资产——土地使用权　　　　　　　　　 2 000 000

2. 投资性房地产后续计量核算

投资性房地产采用公允价值模式进行后续计量的，不计提折旧或摊销。企业应当以资产负债表日投资性房地产的公允价值为基础调整账面价值，公允价值与原账面价值之间的差额计入当期损益。资产负债表日，投资性房地产的公允价值高于其账面余额的差额，借记"投资性房地产——公允价值变动"账户，贷记"公允价值变动损益"账户；公允价值低于其账面余额的差额作相反的账务处理。取得租金收入，借记"银行存款"等账户，贷记"其他业务收入"等账户。

## 【例 6-28】

20×1 年 8 月，A 公司与中山公司签订租赁协议，约定将公司开发的一栋精装修的写字楼于开发完成的同时开始租赁给中山公司使用，租赁期为 10 年。当年 10 月 1 日，该写字楼开发完成并开始起租，写字楼的造价为 100 000 000 元。该写字楼的公允价值为 102 000 000 元。假设公司采用公允价值模式计量，请编制相应的会计分录。

A 公司的账务处理如下。

(1) 20×1 年 10 月 1 日，公司开发完成写字楼并出租时

借：投资性房地产——成本　　　　　　　　　100 000 000
　　贷：开发产品　　　　　　　　　　　　　　　　　100 000 000

注意："开发产品"账户相当于房地产企业的存货类账户。

(2) 20×1 年 12 月 31 日，按照公允价值为基础调整其账面价值，公允价值与原账面价值之间的差额计入当期损益时

借：投资性房地产——公允价值变动　　　　　　2 000 000
　　贷：公允价值变动损益　　　　　　　　　　　　　2 000 000

3. 投资性房地产后续支出核算

(1) 资本化后续支出核算。与投资性房地产有关的后续支出，满足投资性房地产确认条件的，应当计入投资性房地产成本。

## 【例 6-29】

20×1 年 3 月，A 公司决定在租赁期满后对厂房进行改扩建，并与 E 公司签订了经营租赁合同，约定自改扩建完工时将厂房出租给 E 公司。3 月 15 日，与和平公司的租赁合同到期，厂房随即进入改扩建工程。11 月 10 日厂房改扩建工程完工，共发生支出 1 800 000 元，即日按照租赁合同出租给 E 公司。3 月 15 日，厂房账面余额为 12 000 000 元，其中成本 12 000 000 元，累计公允价值变动 3 000 000 元。假设 A 公司采用公允价值模式计量，请编制相应的会计分录。

A 公司的账务处理如下。

① 3 月 15 日，投资性房地产转入改扩建工程时

借：投资性房地产——厂房（在建）　　　　　15 000 000
　　贷：投资性房地产——厂房（成本）　　　　　　　12 000 000
　　　　　　　　　　——厂房（公允价值变动）　　　3 000 000

② 3 月 15 日至 11 月 10 日，发生的扩建工程支出时

借：投资性房地产——厂房（在建）　　　　　1 800 000
　　贷：银行存款　　　　　　　　　　　　　　　　　1 800 000

③ 11 月 10 日，改扩建工程完工时

借：投资性房地产——厂房（成本）　　　　　16 800 000
　　贷：投资性房地产——厂房（在建）　　　　　　　16 800 000

(2) 费用化后续支出核算。与投资性房地产有关的后续支出，不满足投资性房地产确认条件的，应当在发生时计入当期损益。

### 4. 投资性房地产处置核算

采用公允模式计量下,企业处置投资性房地产时,应当按实际收到的金额,借记"银行存款"等账户,按应缴纳的增值税,贷记"应交税费——应交增值税(销项税额)",按实收款项与增值税的差额贷记"其他业务收入"账户。按该项投资性房地产的账面余额,借记"其他业务成本"账户,按其成本,贷记"投资性房地产——成本"账户,按其累计公允价值变动,贷记或借记"投资性房地产——公允价值变动"账户。同时结转投资性房地产累计公允价值变动。如果处置的投资性房地产为不动产,且其所在地与企业机构所在地不在同一县(市、区)的,应向投资性房地产所在地税务机关预缴增值税税款,具体参见出售不动产缴纳增值税的规定。

**【例 6-30】**

B公司将其于20×1年7月购入的一门市房用于出租,确认为投资性房地产,采用公允模式计量。该门市房的取得成本为5 000 000元,当12月31日,该门市房的公允价值为6 000 000元。20×2年7月,租赁期届满,B公司将该门市房出售给C公司,合同价款为6 500 000元,C公司已用银行存款付清。B公司为一般纳税人,其机构所在地与门市房所在地不在同一市区,增值税税率为11%。不考虑其他相关税费,请编制相应的会计分录。

B公司处置门市房的账务处理如下:

(1) 出售时

借:银行存款　　　　　　　　　　　　　　　6 500 000
　　贷:其他业务收入　　　　　　　　　　　　　5 963 302.75
　　　　应交税费——应交增值税(销项税额)　　　536 697.25
借:其他业务成本　　　　　　　　　　　　　6 000 000
　　贷:投资性房地产——成本　　　　　　　　　5 000 000
　　　　　　　　　　——公允价值变动　　　　　1 000 000
借:公允价值变动损益　　　　　　　　　　　1 000 000
　　贷:主营业务成本　　　　　　　　　　　　　1 000 000

(2) 预缴税款时

借:应交税费——预交增值税　　　　　　　　67 567.57
　　贷:银行存款　　　　　　　　　　　　　　　67 567.75

---

## 课后练习

### 一、判断题

1. 企业固定资产一经入账,其入账价值均不得作任何变动。　　　　　　　　　(　　)
2. 以一笔款项购入多项没有单独标价的固定资产,应当按照各项固定资产的账面价值比例对总成本进行分配,分别确定各项固定资产的成本。　　　　　　　　(　　)
3. 所建造的固定资产已达到预定可使用状态,但尚未办理竣工结算的,先按估计价值

转入固定资产,计提折旧,待办理竣工结算手续后再作调整。 （　　）

4. 采用出包方式自行建造固定资产工程时,预付承包单位的工程价款应通过"预付账款"账户核算。 （　　）

5. 企业在建工程领用本企业生产的产品,应按产品的售价转账,计入在建工程成本。 （　　）

6. 固定资产折旧方法一经确定不得变更。 （　　）

7. 固定资产提足折旧后,不论能否继续使用,均不再计提折旧;提前报废的固定资产,也不再补提折旧。 （　　）

8. 工作量法计提折旧的特点是每年提取的折旧额相等。 （　　）

9. 固定资产的大修理费用和日常修理费用,应当采用预提或待摊方式处理。 （　　）

10. 按照新准则的规定,对于计提的固定资产减值准备,在以后期间价值恢复时,不转回任何原已计提的减值准备金额。 （　　）

11. 一般纳税人转让其20×1年5月1日以后购置的不动产,适用一般计税方法,以取得的全部价款和价外费用扣除不动产原价的余额,按照5%的预征率预缴增值税税款。 （　　）

12. 企业的一幢4层建筑物,第1、2层出租给本企业职工居住,并按市场价格收取租金,第3、4层作为办公区使用,并且该建筑物的各层均能够单独计量和出售,在这种情况下,企业应将第1、2层确认为投资性房地产。 （　　）

13. 企业自行建造房地产达到预定可使用状态后一段时间才对外出租或用于资本增值的,可于工程完工时直接将其作为投资性房地产进行核算。 （　　）

14. 只有能够单独计量和出售的房地产,才能划分为投资性房地产。 （　　）

## 二、单项选择题

1. 企业一次购入多项没有单独标价的固定资产,如果这些符合固定资产的定义,并满足固定资产的确认条件,则应将各项资产单独确认为固定资产,并按（　　），分别确定各项固定资产的成本。

   A. 各项固定资产的重置完全价值确定
   B. 各项固定资产公允价值的比例对总成本进行分配
   C. 各项同类固定资产的历史成本确定
   D. 各项同类固定资产的净值确定

2. 某企业20×1年5月购入一台需要安装的设备,取得的增值税发票上注明的设备买价为50 000元,增值税税额为6 500元,支付运输费,已取得增值税专业发票,注明金额2 500元,税额225元,设备安装时领用工程用材料价值为1 000元(不含税),购进该批工程用材料的增值税为130元,设备安装时支付有关人员工资为2 000元。该固定资产的成本为（　　）元。

   A. 64 170　　　B. 61 000　　　C. 55 395　　　D. 55 500

3. 企业的下列固定资产中,不计提折旧的是（　　）。

   A. 闲置的房屋　　　　　　B. 融资租入的设备
   C. 临时出租的设备　　　　D. 已全额计提减值准备的固定资产

4. 某企业20×1年5月28日自行建造的一条生产线投入使用,该生产线建造成本为

370万元,预计使用年限为5年,预计净残值为10万元。在采用年数总和法计提折旧的情况下,20×1年该设备应计提的折旧额为(　　)万元。

  A. 120    B. 70    C. 60    D. 74

5. 某企业20×1年3月期初固定资产原值为10 500万元。3月增加了一项固定资产账价值为750万元,同时3月还减少了固定资产原值150万元;则6月该企业应提折旧的固定资产原值为(　　)万元。

  A. 11 100    B. 10 650    C. 10 500    D. 10 350

6. 20×1年3月某企业出售一栋楼房,其原价为2 000 000元,已提折旧1 000 000元,实际出售价格(含税)为1 200 000元,价款已存入银行。出售时,发生各种清理费用为20 000元,已用银行存款支付,增值税税率为9%,整个过程没有发生其他相关税费,也没有对固定资产计提减值准备,该企业为一般纳税人,采用一般计税办法。则企业出售该项固定资产的净损益为(　　)元。

  A. 61 081.08    B. 200 000    C. 1 120 000    D. 120 000

7. 对在建工程项目发生的净损失,为非常损失造成报废或毁损,应将其净损失计入当期(　　)。

  A. 营业外支出      B. 在建工程
  C. 管理费用      D. 固定资产

8. 某企业对账面原价为100万元,累计折旧为60万元的某一项固定资产进行清理。清理时发生清理费用5万元,清理收入80万元(按9%的增值税税率缴纳增值税,其他税费略)。该固定资产的清理净收入为(　　)万元。

  A. 31    B. 35    C. 41    D. 27.07

9. 甲企业生产用固定资产原价为750万元,预计使用10年,预计净残值为零,采用平均年限法计提折旧,已计提折旧2年,累计折旧为150万元。如果第3年年末估计可收回金额480万元,预计尚可使用年限为5年。第4年计提折旧为(　　)万元。

  A. 96    B. 24    C. 75    D. 69

10. 企业的固定资产在盘盈时,应该通过以下(　　)账户进行核算。

  A. 待处理财产损溢      B. 以前年度损益调整
  C. 资本公积      D. 营业外收入

11. 下列各项中,属于投资性房地产的是(　　)。

  A. 企业以融资租赁方式租入的建筑物
  B. 企业以经营租赁方式租出的建筑物
  C. 企业持有的准备建造房屋的土地使用权
  D. 企业以经营租赁方式租入的建筑物

12. 关于投资性房地产的后续计量,下列说法中正确的是(　　)。

  A. 企业通常应当采用成本模式对投资性房地产进行后续计量,也可采用公允价值模式对投资性房地产进行后续计量
  B. 企业通常应当采用公允价值模式对投资性房地产进行后续计量,也可采用成本模式对投资性房地产进行后续计量
  C. 同一企业对不同的投资性房地产可以采用不同的计量模式

D. 企业只能采用成本模式对投资性房地产进行后续计量

13. 某企业采用成本模式对已出租的办公楼进行后续计量，20×1年9月20日，该办公楼账面原价为3 200万元，已计提折旧400万元，已计提减值准备200万元，预计尚可使用25年，预计净残值为100万元。在采用年限平均法计提折旧的情况下，20×1年该办公楼应计提的折旧额为(　　)万元。

　　A. 0　　　　　　B. 25　　　　　　C. 100　　　　　　D. 50

14. 某公司于20×1年4月15日将采用公允价值模式计量的投资性房地产转为行政管理部门使用，转换日的公允价值为1 800万元，预计尚可使用12年，采用平均年限法计提折旧，无残值，则公司在20×1年对该资产应计提的折旧额是(　　)万元。

　　A. 72.5　　　　　B. 75　　　　　　C. 100　　　　　　D. 145

### 三、多项选择题

1. 在对固定资产和存货进行确认时，必须考虑的因素有(　　)。
   A. 该资产是否符合固定资产或存货的定义
   B. 该资产所包含的经济利益是否很可能流入企业
   C. 该资产所包含的经济利益应该达到一定的标准
   D. 该资产的成本是否能够可靠地计量

2. 下列不能在"固定资产"账户中核算的有(　　)。
   A. 购入正在安装的设备
   B. 经营性租入的设备
   C. 融资租入的不需安装的设备
   D. 购入的不需安装的设备

3. 下列说法中正确的有(　　)。
   A. 购置的不需要经过建造过程即可使用的固定资产，按实际支付的买价、包装费、运输费、安装成本、缴纳的有关税金等，作为入账价值
   B. 自行建造厂房，按建造该项资产达到预定可使用状态前发生的全部支出，作为入账价值
   C. 投资者投入的固定资产，按投资方原账面价值作为入账价值
   D. 融资租入的固定资产，按租赁开始日租赁资产的原账面价值与最低租赁付款额的现值两者中较低者，作为入账价值

4. 在采用自营方式建造固定资产的情况下，下列项目中应计入固定资产取得成本的有(　　)。
   A. 工程项目耗用的工程物资
   B. 工程领用本企业商品涉及的增值税销项税额
   C. 生产车间为工程提供的水、电等费用
   D. 企业行政管理部门为组织和管理生产经营活动而发生的费用

5. 下列各项中，应计入固定资产成本的有(　　)。
   A. 固定资产进行日常修理发生的人工费用
   B. 机器设备安装过程中领用原材料所负担的增值税
   C. 固定资产达到预定可使用状态后发生的专门借款利息

D. 固定资产达到预定可使用状态前发生的工程物资盘亏净损失
6. 下列各项中,引起固定资产账面价值发生增减变化的有( )。
   A. 购买固定资产时所支付的有关契税、耕地占用税
   B. 发生固定资产修理支出
   C. 发生固定资产改良支出
   D. 对固定资产计提折旧
7. 下列固定资产中应计提折旧的有( )。
   A. 季节性停用的机器设备
   B. 大修理停用的机器设备
   C. 未使用的机器设备
   D. 按规定单独估价作为固定资产入账的土地
8. 下列税金中,应计入固定资产的入账价值的税金有( )。
   A. 契税　　　B. 耕地占用税　　　C. 车辆购置费　　　D. 增值税
9. 在计提固定资产折旧的初期,就需考虑固定资产净残值的折旧方法有( )。
   A. 年限平均法　　　　　　　B. 工作量法
   C. 双倍余额递减法　　　　　D. 年数总和法
10. 下列各项应通过"固定资产清理"账户核算的有( )。
    A. 盘亏的固定资产　　　　B. 出售的固定资产
    C. 报废的固定资产　　　　D. 毁损的固定资产
11. 投资性房地产的确认,需要满足的条件有( )。
    A. 与该投资性房地产有关的经济利益很可能流入企业
    B. 该投资性房地产的成本能够可靠地计量
    C. 投资性房地产有活跃的交易市场
    D. 投资性房地产的公允价值能够持续可靠取得
12. 投资性房地产采用公允价值模式计量,应同时满足的条件包括( )。
    A. 投资性房地产所在地有活跃的房地产交易市场
    B. 投资性房地产所在地有专门的资产评估机构对投资性房地产的公允价值作出估计
    C. 企业对所有投资性房地产均采用公允价值模式计量
    D. 企业能够从活跃的房地产交易市场上取得同类或类似房地产的市场价格及其他相关信息,并由此对投资性房地产的公允价值作出合理的估计

### 四、业务题

1. 甲公司为一家制造企业。20×1年6月1日向乙公司购进三套不同型号且具有不同生产能力的设备A、B、C。共支付货款8 000 000元,增值税税额为1 040 000元,包装费为42 000元。全部以银行存款支付。假定A、B、C均满足固定资产的定义和确认条件,公允价值分别为2 926 000元、3 594 800元和1 839 200元;不考虑其他相关税费。
   要求:
   (1) 确定固定资产A、B、C的入账价值。
   (2) 作出购入固定资产的会计分录。

2. 某企业于20×1年1月1日开始自行建造厂房一幢,用专门借款购入各种工程物资600 000元,支付的增值税税额为78 000元,实际领用工程物资为550 000元,剩余物资转作企业生产用原材料;另外还领用了企业生产用的原材料一批,实际成本为80 000元,该批材料购入时的增值税税额为10 400元;分配工程人员工资125 000元,企业辅助生产车间为工程提供有关劳务支出25 000元,工程于20×1年12月10日完工交付使用。该工程项目交付使用前企业应负担的长期借款利息为10 000元。

要求:
(1) 编制相应的会计分录。
(2) 计算工程完工交付使用时固定资产的入账价值。

3. 某企业将一幢新建厂房的工程出包给甲企业承建,工期为10个月,按合同约定,企业先向承建单位预付工程备料款200 000元。工程完工经验收交付使用,企业收到甲企业开具的有关工程结算单据和增值税专用发票,注明工程款共计286 000元,增值税税率9%,增值税税额25 740元,企业补付工程款和增值税税款。

要求:编制相应的会计分录。

4. 某企业于20×1年12月20日购入设备一台,增值税专用发票上注明的价款为40 000元,增值税税率为13%,支付运杂费为500元,安装调试费为2 700元。取得的相关单据不能抵扣税款。该设备预计残值收入为2 200元,预计清理费用为200元,预计使用年限为5年。设备寿命期内预计可生产100 000件产品(第一年30 000件,第二年25 000件,第三年25 000件,第四年20 000件)。

要求:
(1) 计算该设备的入账价值。
(2) 分别采用平均年限法、工作量法、双倍余额递减法和年数总和法计算该项设备第二年和第四年的折旧额。

5. 某企业于20×1年9月5日对一条生产线进行改扩建,改扩建前该生产线的原价为900万元,已提折旧200万元,已提减值准备50万元。在改扩建过程中领用工程物资300万元,领用生产用原材料50万元,原材料的进项税额为8万元。发生改扩建人员工资80万元,用银行存款支付其他费用120万元。该生产线于当年12月20日达到预定可使用状态。该企业对改扩建后的固定资产采用年限平均法计提折旧,预计尚可使用年限为10年,预计净残值为50万元。20×2年12月31日该生产线的公允价值减去处置费用后的净额为690万元,预计未来现金流量现值为770万元。假定固定资产按年计提折旧,固定资产计提减值准备不影响固定资产的预计使用年限和预计净残值。

要求:
(1) 编制上述与固定资产改扩建有关业务的会计分录。
(2) 计算改扩建后的生产线20×2年应计提的折旧额。
(3) 计算20×2年12月31日该生产线是否应计提减值准备,若计提减值准备,编制相关会计分录。
(4) 计算该生产线20×3年和20×4年每年应计提的折旧额。(答案中的金额单位用万元表示)

6. 甲公司有一台设备,因使用期满经批准报废。该设备原价为186 700元,累计已计提折旧177 080元,已计提减值准备2 500元。在清理过程中,以银行存款支付清理费用5 000元,残料变卖收入为6 500元。

要求:根据上述经济业务编制相应的会计分录。

7. 根据本项目案例导入所述经济业务要求:

(1) 编制20×1年12月12日取得该设备的会计分录。

(2) 计算20×2年该设备计提的折旧额。

(3) 计算20×2年12月31日该设备计提的固定资产减值准备,并编制相应的会计分录。

(4) 计算20×3年该设备计提的折旧额。

(5) 编制20×3年12月31日该设备转入改良时的会计分录。

(6) 编制20×4年3月12日支付该设备改良价款、结转改良后设备成本的会计分录。

(7) 计算20×4年该设备计提的折旧额。

(8) 编制20×5年8月9日处置该设备的会计分录。(答案中的金额单位用万元表示)

8. 甲公司为一家上市公司,甲公司20×1—20×2年与投资性房地产有关的业务资料如下。

(1) 20×1年6月,甲公司购入一幢写字楼,价款为8 325 000元,已取得增值税专用发票,增值税税率为9%,款项以银行存款转账支付。不考虑其他相关税费。

(2) 甲公司购入的上述用于出租的写字楼预计使用寿命为20年,预计净残值为50万元,采用年限平均法按年计提折旧。

(3) 甲公司将取得的该项写字楼自当月起用于对外经营租赁,甲公司对该房地产采用成本模式进行后续计量。

(4) 甲公司该项房地产的20×1年的租金收入为650 000元,款项已收到,并开出增值税专用发票。假定不考虑其他相关税费。

(5) 20×2年12月,甲公司将原用于出租的写字楼收回,作为企业管理用固定资产处理。

要求:

(1) 编制甲公司20×1年6月取得该项写字楼的会计分录。

(2) 计算20×1年甲公司对该项投资性房地产计提的折旧额,并编制相应的会计分录。

(3) 编制甲公司20×1年取得该项写字楼租金收入的会计分录。

(4) 计算甲公司该项房地产20×1年年末的账面价值。

(5) 编制甲公司20×2年收回该项写字楼的会计分录。(答案中的金额单位用万元表示)

9. 20×1年6月20日,A公司购买一块土地使用权,购买价款为1 998万元,已取得增值税专用发票,增值税税率为9%,支付相关手续费30万元,款项全部以银行存款支付。企业购买后用于对外出租。A公司对该投资性房地产采用公允价值模式进行后续计量。

该项投资性房地产20×1年取得租金收入为80万元,已存入银行,假定不考虑其他相关税费。经复核,该投资性房地产20×1年12月31日的公允价值为1 900万元。

要求:作出A公司相关的会计分录。(答案中的金额单位用万元表示)

# 无形资产及其他资产核算

项目 7
Xiangmu 7

### 技能目标

1. 基本会办理无形资产会计核算岗位的各项工作。
2. 能按照规范流程和方法进行无形资产的取得、后续支出、摊销、减值、处置等业务的账务处理。
3. 能正确区分长期待摊费用和当期费用,并按照规范流程和方法进行长期待摊费用等其他资产的账务处理。

### 知识目标

1. 熟悉《企业会计准则——无形资产》,熟悉无形资产的主要内容,明确无形资产和商誉的区别。
2. 掌握无形资产的摊销方法。
3. 掌握无形资产业务的会计核算方法。
4. 掌握长期待摊费用等其他资产业务的会计核算方法。

### 案例导入

20×2年3月,某高校会计专业毕业生张晓红到甲股份有限责任公司进行顶岗实习。甲股份有限公司20×1—20×2年无形资产业务有关的资料如下。

(1) 20×1年1月3日,以银行存款318万元购入一项无形资产,已取得增值税专用发票。该无形资产的预计使用年限为10年,采用直线法摊销该无形资产。

(2) 20×1年12月31日,对该无形资产进行减值测试时,该无形资产的预计未来现金流量现值是225万元,公允价值减去处置费用后的金额为180万元。减值测试后该资产的使用年限不变。

(3) 20×2年7月1日,将该无形资产对外出售,取得价款275.6万元,并开出增值税专用发票。款项已收存银行。

请问:张晓红应如何进行上述无形资产业务的账务处理?

## 任务 7.1 无形资产核算

无形资产(intangible assets)不具有实物形态,但它具有一种综合能力,通过与其他资产相结合能在超过一个经营周期内为企业创造经济利益,但它又存在较大的不确定性,因此,其核算内容与其他资产也有所不同。

### 7.1.1 无形资产概述

**1. 无形资产的确认**

无形资产是指企业拥有或者控制的没有实物形态的可辨认非货币性资产。其中可辨认性标准要满足下列条件:一是能从企业中分离或者划分出来,并能单独或者与相关合同、资产或负债一起,用于出售、转移、授予许可、租赁或者交换;二是源自合同性权利或其他法定权利,无论这些权利是否可以从企业或其他权利和义务中转移或者分离。

无形资产同时满足下列条件的,才能予以确认:一是与该资产相关的预计未来经济利益很可能流入企业;二是该资产的成本能够可靠地计量。企业在判断无形资产产生的经济利益是否很可能流入时,应对无形资产在预计使用年限内可能存在的各种经济因素作出合理估计,并且应当有明确证据支持。因此,企业自创商誉以及内部产生的品牌、报刊名等,因其成本无法明确区分,不应当确认为无形资产。

无形资产按是否能够预见为企业带来未来经济利益的使用寿命,分为可确定的无形资产和不可确定的无形资产。企业应当于取得无形资产时分析判断其使用寿命。企业持有的无形资产,通常来源于合同性权利或是其他法定权利,而且合同规定或法律规定有明确的使用年限;合同或法律没有规定使用寿命的,企业应当综合各方面因素,如与同行业的情况进行比较、参考历史经验,或聘请相关专家进行论证等进行判断,以确定无形资产能为企业带来经济利益的期限。经过上述方法仍无法合理确定无形资产为企业带来经济利益期限的,才能将其作为使用寿命不确定的无形资产。

**2. 无形资产的特征**

(1) 无形资产不具有实物形态。无形资产通常表现为某种权利、某项技术或某种获取超额利润的综合能力,例如,土地使用权、非专利技术等。它没有实物形态,却有价值,能提高企业的经济效益,或使企业获取超额收益。

需要指出的是,某些无形资产的存在有赖于实物载体,例如,计算机软件需要存储在磁盘中,但这并没有改变无形资产本身不具有实物形态的特性。

(2) 无形资产属于可辨认非货币性长期资产。无形资产区别于货币性资产的特征,就在于它属于非货币性资产。无形资产又属于长期资产,主要是因为其能在超过企业的一个经营周期内为企业创造经济利益。它的价值将在各个受益期逐渐摊销。一般来说,如果某项无形资产可以单独对外出租、出售、交换,而不需同时处置在同一获利活动中的其他资产,则说明该无形资产可以辨认。例如,企业单独购入的土地使用权就属于可辨认无形资产。但也存在特殊情况,即虽然企业将其出售还需处置同一获利活动中的其他资产,该无形资产仍可能是可辨认的。例如,与地上附着物一同购入的土地使用权,如果有其他单位希望单独购买企业的这项土地使用权,企业就需处置地上的附着物,但该土地使用权仍是可辨认的。

(3) 无形资产是为企业使用而非出售的资产。企业持有无形资产不是为了出售而是为了生产经营,即利用无形资产来提供商品、提供劳务、出租给他人或为企业经营管理服务。软件公司开发的、用于对外销售的计算机软件,对于购买方而言属于无形资产,而对于开发商而言却是存货。

(4) 无形资产在创造经济利益方面存在较大的不确定性。无形资产必须与企业的其他资产结合，才能为企业创造经济利益。"其他资产"包括足够的人力资源、高素质的管理队伍、相关的硬件设备、相关的原材料等。由于无形资产创造经济利益的能力还较多地受外界因素的影响，比如相关新技术更新换代的速度、利用无形资产所生产产品的市场接受程度等，因此，无形资产在创造经济利益方面存在较大的不确定性，要求在对无形资产进行核算时持更为谨慎的态度。

3. 无形资产的内容

无形资产包括专利权、非专利技术、商标权、著作权、土地使用权和特许权等。

(1) 专利权(patent)。它是指国家专利主管机关依法授予发明创造专利申请人对其发明创造在法定期限内所享有的专有权利，包括发明专利权、实用新型专利权和外观设计专利权。

(2) 非专利技术(non-patents)。其又称专有技术，是指不为外界所知、在生产经营活动中已采用的、不享有法律保护的各种技术和经验。非专利技术一般包括工业专有技术、商业贸易专有技术、管理专有技术等。

(3) 商标权(trade mark privileges)。商标是用来辨认特定的商品或劳务的标记。商标权指专门在某类指定的商品或产品上使用特定的名称或图案的权利。

(4) 著作权(copyrights)。其又称版权，是指作者对其创作的文学、科学和艺术作品依法享有的某些特殊权利。著作权包括两方面的权利，即精神权利(人身权利)和经济权利(财产权利)。前者是指作品署名、发表作品、确认作者身份、保护作品的完整性、修改已经发表的作品等项权利，包括发表权、署名权、修改权和保护作品完整权；后者是指以出版、表演、广播、展览、录制唱片、摄制影片等方式使用作品以及因授权他人使用作品而获得经济利益的权利。

(5) 土地使用权(land tenure)。它是指国家准许某企业在一定期间内对国有土地享有开发、利用、经营的权利。根据我国《土地管理法》的规定，我国土地实行公有制，任何单位和个人不得侵占、买卖或者以其他形式非法转让。企业取得土地使用权的方式有行政划拨取得、外购取得、投资者投入取得等。

(6) 特许权(chartered right)。其又称经营特许权、专营权，是指企业在某一地区经营或销售某种特定商品的权利或是一家企业接受另一家企业使用其商标、商号、技术秘密等的权利。前者一般是由政府机构授权，准许企业使用或在一定地区享有经营某种业务的特权，如水、电、邮电、通信等专营权，烟草专卖权等；后者是指企业间依照签订的合同，有限期或无限期地使用另一家企业的某些权利，如连锁店分店使用总店的名称等。

## 7.1.2 无形资产的账务处理

为了核算企业无形资产的取得和摊销情况，应设置"无形资产"和"研发支出"账户。"无形资产"账户属于资产类，借方登记企业购入、自行创造并按法律程序申请取得的、投资者投入的以及捐赠的各种无形资产价值等；贷方登记企业向外单位投资转出、出售无形资产的价值以及分期摊销的无形资产价值；期末借方余额反映企业已入账但尚未摊销的无形资产价值。该账户应按无形资产的类别设置明细账户，进行明细核算。

"研发支出"账户,属于成本类,核算企业进行研究与开发无形资产过程中发生的各项支出,类似固定资产中"在建工程"账户。"研发支出"计入资产负债表中开发支出项目。期末借方余额,反映企业正在进行无形资产研究开发项目满足资本化条件的支出。该账户可按研究开发项目,分别以"费用化支出""资本化支出"进行明细核算。

### 1. 无形资产取得

企业无形资产一般应按取得时的实际成本计量。不同方式下取得的无形资产的成本也不尽相同。这里主要介绍企业通过购置、自行研发等途径取得的无形资产以及土地使用权的会计处理。接受投资、盘盈等途径取得的无形资产在"项目 11 所有者权益核算"中阐述。

#### 1) 外购的无形资产

企业从外部购入无形资产的成本,按实际支付的价款确定,具体包括购买价款、进口关税和其他税费以及直接归属于使该项资产达到预定用途所发生的其他支出。而企业外部取得的无形资产若属于增值税应税服务项目,无论通过何种途径,只要取得符合抵扣条件的发票,都可以进行抵扣,否则购进时支付的增值税税额计入无形资产成本。但为引入新产品进行宣传发生的广告费用、管理费用、其他间接费用以及已经达到无形资产预定用途以后发生的费用不包括在无形资产的初始成本中。

企业购入属于增值税应税服务项目时,应根据购入过程中所发生的全部支出,借记"无形资产"账户,按当月已确认的可抵扣增值税税额,借记"应交税费——应交增值税(进项税额)"账户,按当月未确认的可抵扣增值税税额,借记"应交税费——待认证进项税额"账户,贷记"银行存款"账户。

**【例 7-1】**

A 公司与 B 公司签订商标购买合同,购入一项商标权,增值税发票上注明价款 225 000 元,增值税税款 13 500 元,总价款 238 500 元用转账支票付讫。请编制相应的会计分录。

A 公司应作会计分录如下。

| | |
|---|---|
| 借:无形资产——商标权 | 225 000 |
|     应交税费——应交增值税(进项税额) | 13 500 |
|    贷:银行存款 | 238 500 |

**注意:** 采用公允价值相对比例确定与其他资产一同购入的无形资产的成本,其前提为该项无形资产的相对价值较大。如果相对价值较小,则无须作为无形资产核算,而计入其他资产的成本中;如果相对价值较大,则必须作为无形资产核算。

#### 2) 自行研发的无形资产

企业内部研发形成的无形资产成本,由可直接归属于该资产的创造、生产并使该资产能够以管理层预定的方式运作的所有必要支出构成。

对于企业自行研究和开发项目,应当区分为研究阶段与开发阶段。企业应当根据研究与开发的实际情况加以判断。企业内部研究开发费用处理的基本原则:企业研究阶段的支出全部费用化,计入当期损益;开发阶段的支出符合条件的才能资本化,不符合资本化条件的计入当期损益。企业自行研发无形资产,若在研究阶段和开发阶段领用生产用原材料和自产的产成品,可以比照自建动产固定资产的账务处理对增值税进行核算。

企业自行开发无形资产发生的研发支出，不满足资本化条件的，借记"研发支出——费用化支出"，贷记"原材料""银行存款""应付职工薪酬"等账户。期（月）末，应将"研发支出——费用化支出"账户归集的费用支出金额转入"管理费用"账户，借记"管理费用"账户，贷记"研发支出——费用化支出"账户。

企业自行开发无形资产发生的研发支出，满足资本化条件的，借记"研发支出——资本化支出"，贷记"原材料""银行存款""应付职工薪酬"等账户。研究开发项目达到预定用途形成无形资产的，应按"研发支出——资本化支出"账户的余额，借记"无形资产"账户，贷记"研发支出——资本化支出"账户。

【例 7-2】

20×1年1月1日，甲公司的董事会批准研发某项新技术，该公司董事会认为，研发该项目具有可靠的技术和财务等资源的支持，并且一旦研发成功将降低该公司的生产成本。该公司在研究开发过程中领用生产用原材料6 000 000元，购进该批原材料时支付的增值税进项税额为780 000元，发生人工费用3 000 000元以及其他费用2 500 000元，总计11 500 000元，其中，符合资本化条件的支出为5 000 000元。20×1年12月31日，该项新技术已经达到预定用途。请编制相应的会计分录。

根据上述经济业务，甲公司应作会计分录如下。

(1) 发生研发支出

| | |
|---|---|
| 借：研发支出——费用化支出 | 6 500 000 |
|     ——资本化支出 | 5 000 000 |
|  贷：原材料 | 6 000 000 |
|    应付职工薪酬 | 3 000 000 |
|    银行存款 | 2 500 000 |

(2) 该项新型技术已经达到预定用途

| | |
|---|---|
| 借：管理费用 | 6 500 000 |
|   无形资产 | 5 000 000 |
|  贷：研发支出——费用化支出 | 6 500 000 |
|       ——资本化支出 | 5 000 000 |

2. 无形资产的后续支出

无形资产的后续支出是指无形资产入账后，为确保该无形资产能够给企业带来预定的经济利益而发生的支出，如企业相关的宣传活动支出；又如企业取得专利权之后，每年支付的年费和维护专利权发生的诉讼费等，这些应该直接计入当期管理费用。由于这些支出仅是为确保已确认的无形资产能够为企业带来预定的经济利益，因而应在发生当期确认为费用。

3. 无形资产摊销

1) 无形资产摊销概述

无形资产属于企业的长期资产，能在较长时间里给企业带来效益。准则规定使用寿命不确定的无形资产不应摊销。而使用寿命有限的无形资产，有一定的有效期限，它所具有价值的权利或特权总会终结或消失，因此，企业应对已入账的使用寿命有限的无形资产在使用寿命内系统合理摊销。无形资产摊销主要涉及无形资产成本、摊销开始月份、摊销期限、摊销方法、摊销金额、残值等因素。

(1) 摊销期限：摊销期限为自无形资产可供使用时起，至不再作为无形资产确认时止。即当月增加的无形资产，当月开始摊销；当月减少的无形资产，当月不再摊销。

(2) 摊销方法：企业选择的无形资产摊销方法，应当反映企业预期消耗该项无形资产所产生的未来经济利益的方式。摊销方法包括直接法和生产总量法。无法可靠确定消耗方式的，应当采用直线法摊销。

(3) 摊销金额：无形资产的摊销金额一般应当计入当期损益（其他会计准则另有规定的除外）。其应摊销金额为其入账价值扣除残值后的金额，已经计提无形资产减值准备的，还应扣除已经提取的减值准备金额。需要说明的是，除有第三方承诺在无形资产使用寿命结束时购买该无形资产或者可以根据活跃市场得到残值信息，并且该市场在无形资产使用寿命结束时很可能存在的情况外，使用寿命有限的无形资产的残值应当视为零。

企业应当至少于每年年度终了，对使用寿命有限的无形资产的使用寿命及未来经济利益消耗方式进行复核。无形资产的预计使用寿命及未来经济利益的预期消耗方式与以前估计不同的，应当改变摊销期限和摊销方法。

2) 无形资产摊销的核算

为了核算和监督企业对使用寿命有限的无形资产计提的累计摊销情况，企业应设置"累计摊销"账户，该账户属于资产类账户，是无形资产的备抵账户，期末贷方余额，反映企业无形资产的累计摊销额。

企业进行无形资产摊销时，对于自用的无形资产，摊销其价值时应借记"管理费用"账户；对于出租的无形资产，相关的无形资产摊销价值应借记"其他业务成本"账户，贷记"累计摊销"账户。如果某项无形资产包含的经济利益通过所生产的产品或其他资产实现的，其摊销金额应计入相关资产的成本。

### 【例 7-3】

20×1年1月1日，A公司购入一块土地的使用权，以银行存款转账支付 84 800 000 元，已取得增值税专用发票，并在该土地上自行建造厂房等工程，发生工程物资支出 100 000 000 元，工资费用 50 000 000 元，其他相关费用 50 000 000 元。该工程已经完工并达到预定可使用状态。假定土地使用权的使用年限为 50 年，该厂房的使用年限为 25 年，两者都没有净残值，都采用直线法进行摊销和计提折旧。不考虑其他相关税费，请编制相应的会计分录。

分析：A公司购入的土地使用权使用年限为 50 年，表明它属于使用寿命有限的无形资产，因此，应将该土地使用权和地上建筑物分别作为无形资产和固定资产进行核算，并分别摊销和计提折旧。

A公司应作会计分录如下。

(1) 购入土地使用权

借：无形资产——土地使用权　　　　　　　　　80 000 000
　　应交税费——应交增值税(进项税额)　　　　 4 800 000
　贷：银行存款　　　　　　　　　　　　　　　　84 800 000

(2) 在土地上自行建造厂房

借：在建工程　　　　　　　　　　　　200 000 000
　　贷：工程物资　　　　　　　　　　　　100 000 000
　　　　应付职工薪酬　　　　　　　　　　50 000 000
　　　　银行存款　　　　　　　　　　　　50 000 000

(3) 厂房达到预定可使用状态

借：固定资产　　　　　　　　　　　　200 000 000
　　贷：在建工程　　　　　　　　　　　　200 000 000

(4) 每年分期摊销土地使用权和对厂房计提折旧

借：管理费用　　　　　　　　　　　　　1 600 000
　　制造费用　　　　　　　　　　　　　8 000 000
　　贷：累计摊销　　　　　　　　　　　　1 600 000
　　　　累计折旧　　　　　　　　　　　　8 000 000

## 4. 无形资产减值

企业应当在会计期末判断使用寿命有限和使用寿命不确定的无形资产是否存在可能发生减值的迹象，同固定资产的判断标准相同，执行《企业会计准则——资产减值》有关规定。无形资产减值准备应按单项资产计提。资产负债表日判断资产是否存在可能发生减值的迹象，可收回金额的计量结果表明，资产的可收回金额低于其账面价值的，应当将资产的账面价值减记至可收回金额，减记的金额确认为资产减值损失，计入当期损益，同时计提相应的资产减值准备。资产减值损失确认后，减值资产的摊销费用应当在未来期间作相应调整，以使该资产在剩余使用寿命内，系统地分摊调整后的资产账面价值。资产减值损失一经确认，在以后会计期间不得转回。但是，遇到资产处置、出售、对外投资、以非货币性资产交换方式换出、在债务重组中抵偿债务等情况，同时符合资产终止确认条件的，企业应当将相关资产减值准备予以转销。

为了核算和监督无形资产减值准备的计提和转销情况，企业应设置"无形资产减值准备"账户，该账户属于资产类账户，是无形资产的备抵账户，期末贷方余额反映企业已提取的无形资产减值准备。期末，企业所持有的无形资产的账面价值高于其可收回金额的，应按其差额，借记"资产减值损失——计提的无形资产减值准备"账户，贷记"无形资产减值准备"账户。

### 【例 7-4】

20×1 年 1 月 1 日，甲公司从外单位购入一项商标权，实际成本为 70 000 000 元，增值税发票上注明价款为 4 200 000 元。经判断该商标可视为使用寿命不确定的无形资产，在持有期间内不需要进行摊销。20×3 年年底，公司对该项商标按照资产减值的原则进行测试，经测试表明该商标权已发生减值，其公允价值为 60 000 000 元。请编制相应的会计分录。

甲公司应作会计分录如下。

(1) 20×1 年购入商标权时

借：无形资产——商标权　　　　　　　70 000 000
　　应交税费——应交增值税(进项税额)　4 200 000
　　贷：银行存款　　　　　　　　　　　　74 200 000

(2) 20×3年发生减值时

借：资产减值损失——计提的无形资产减值准备　　10 000 000
　　贷：无形资产减值准备　　　　　　　　　　　　　　　　　10 000 000

5. 无形资产处置和报废

1) 无形资产出售

企业将无形资产出售,表明企业放弃无形资产所有权。由于出售无形资产所得不符合《企业会计准则——收入》中的收入定义,因此,根据《企业会计准则——无形资产》规定,企业将无形资产出售应将出售无形资产所得以净额反映。即将所得价款与该无形资产的账面价值之间的差额计入当期损益。

企业出售无形资产时,应按实际出售所得,借记"银行存款"等账户;按该项无形资产已计提的减值准备,借记"无形资产减值准备"账户;按无形资产的账面余额,贷记"无形资产"账户;按应支付的相关税费,贷记"应交税费"等账户;按其差额,贷记"资产处置损益"账户或借记"资产处置损益"账户。

【例 7-5】

某企业将拥有的一项商标权出售,开出的增值税发票上注明价款 225 000 元,税款 13 500 元,款项已经存入银行。该商标的账面余额为 250 000 元,累计摊销额为 80 000 元。假定不考虑与该销售相关的城建税、教育费附加等税费。请编制相应的会计分录。

该企业应作会计分录如下。

借：银行存款　　　　　　　　　　　　　　　　　　　　238 500
　　累计摊销　　　　　　　　　　　　　　　　　　　　 80 000
　　贷：无形资产　　　　　　　　　　　　　　　　　　　　250 000
　　　　应交税费——应交增值税(销项税额)　　　　　　　 13 500
　　　　营业外收入——出售无形资产收益　　　　　　　　　55 000

2) 无形资产出租

无形资产出租是指企业将所拥有的无形资产的使用权让渡给他人,并收取租金。根据《企业会计准则——收入》规定,这类交易属于企业让渡资产使用权,因而相关所得应作为收入核算。无形资产的出租按 6% 的税率计算销项税额。

企业让渡无形资产取得的租金收入,借记"银行存款"等账户,贷记"其他业务收入""应交税费——应交增值税(销项税额)"等账户;摊销出租无形资产的成本并发生与转让有关的各种费用支出时,借记"其他业务成本"账户,贷记"无形资产"账户。

【例 7-6】

A 公司将一项商标权使用权出租,合同规定出租期限为 3 年,每月租金收入 20 000 元,每月月初收取当月租金。本月的租金及增值税合计 21 200 元,已办理进账手续。该商标权每月的摊销额为 10 000 元。请编制相应的会计分录。

A 公司应作会计分录如下。

借：银行存款　　　　　　　　　　　　　　　　　　　　 21 200
　　贷：其他业务收入　　　　　　　　　　　　　　　　　　 20 000
　　　　应交税费——应交增值税(销项税额)　　　　　　　　1 200

每月摊销商标使用权成本时
借：其他业务成本　　　　　　　　　　　　　　10 000
　　贷：累计摊销　　　　　　　　　　　　　　　　　10 000

3）无形资产报废

当存在以下一项或若干项情况时，无形资产预期不能为企业带来经济利益，从而不再符合无形资产的定义，应当将该项无形资产的账面价值（摊余价值）全部转入当期损益。

（1）某项无形资产已被其他新技术等所替代，并且该项无形资产已无使用价值和转让价值。

（2）某项无形资产已超过法律保护期限，并且已不能为企业带来经济利益。

（3）其他足以证明某项无形资产已经丧失了使用价值和转让价值的情形。

【例 7-7】

20×1 年 12 月 31 日，甲企业某项专利权的账面余额为 6 000 000 元。该专利权的摊销期限为 10 年，采用直线法进行摊销，已摊销 5 年。该专利权的残值为零，已累计计提减值准备 1 800 000 元。假定以该专利权生产的产品已没有市场，预期不能再为企业带来经济利益。假定不考虑其他相关因素，请编制相应的会计分录。

甲企业应作会计分录如下。

借：累计摊销　　　　　　　　　　　　　　　　3 000 000
　　无形资产减值准备　　　　　　　　　　　　1 800 000
　　营业外支出——处置无形资产损失　　　　　1 200 000
　　贷：无形资产——专利权　　　　　　　　　　　6 000 000

## 任务 7.2　其他资产核算

其他资产是指不能包括在流动资产、长期投资、固定资产、无形资产等以内的资产，主要包括长期待摊费用和其他长期资产。

### 7.2.1　长期待摊费用核算

长期待摊费用（long-term prepaid expenses）是指企业已经支出，但摊销期限在 1 年以上（不含 1 年）的各项费用，如以经营租赁方式租入的固定资产发生的改良支出等。

在资产负债表上，长期待摊费用虽然也列为资产项目，但它具有明显不同于一般资产的两个特征：一是长期待摊费用本身没有转让价值，不能为企业带来经济利益，因此，既不能转让，也不能用于清偿债务；二是长期待摊费用在本质上是一种费用，只是由于支出数额较大、影响时间较长，若将其全部计入当期的费用中，势必会造成损益的非正常波动，因此，根据权责发生制的要求，应将其暂时列为一项没有实体的过渡性资产，然后再在恰当的期间内分期摊入"管理费用""销售费用"账户中。企业在进行长期待摊费用核算时，不能任意增加费用项目，不能人为地把应计入当期损益的费用计入长期待摊费用。

企业应设置"长期待摊费用"账户核算由本期和以后各期负担的分摊期限在1年以上的各项费用。它属于资产类账户,借方登记发生的各项长期待摊费用的支出数额;贷方登记摊销数额;期末借方余额反映企业尚未摊销的长期待摊费用。该账户应按费用的种类设置明细账,进行明细核算。

企业发生的长期待摊费用,借记"长期待摊费用"账户,贷记有关账户。摊销时,借记"制造费用""销售费用""管理费用"等账户,贷记"长期待摊费用"账户。

【例7-8】

某公司于20×1年5月对其以经营租赁方式租入的办公楼台进行装修,发生以下有关支出:领用生产用材料400 000元,购进该材料时支付的增值税税额为52 000元,已取得增值税专用发票,并于当月确认;辅助生产车间为该批装修工程提供的劳务支出为198 000元;有关人员工资等职工薪酬436 000元。当年12月25日,该办公楼装修完工,达到预定可使用状态并交付使用,并按租赁期10年开始摊销。假定不考虑其他因素,请编制相应的会计分录。

该公司根据上述经济业务应作会计分录如下。

(1) 装修领用原材料时

借:长期待摊费用　　　　　　　　　　　　　　452 000
　　贷:原材料　　　　　　　　　　　　　　　　　　400 000
　　　　应交税费——应交增值税(进项税额转出)　52 000

(2) 辅助生产车间为装修工程提供劳务时

借:长期待摊费用　　　　　　　　　　　　　　198 000
　　贷:生产成本——辅助生产成本　　　　　　　　198 000

(3) 确认工程人员职工薪酬时

借:长期待摊费用　　　　　　　　　　　　　　436 000
　　贷:应付职工薪酬　　　　　　　　　　　　　　436 000

(4) 20×2年1月摊销装修支出时

借:管理费用　　　　　　　　　　　　　　　　9 050
　　贷:长期待摊费用　　　　　　　　　　　　　　9 050

## 7.2.2　其他长期资产核算

其他长期资产一般包括国家批准储备的特种物资、银行冻结存款以及临时设施和涉及诉讼中的财产等。正常经营中的企业一般很少发生。其他长期资产可以根据资产的性质及特点单独设置相关账户核算。一般可设置"其他资产"一级账户,并设置"特种储备物资""银行冻结存款""冻结物资""诉讼中的财产"等明细账户。在资产负债表上,应根据其他资产的性质,分别列入"其他流动资产"和"其他长期资产"项目。

(1) 特种储备物资。特种储备物资是指国有企业经国家批准储备的、具有专门用途、不参加生产经营周转的特种物资,是一种企业由于具有某种储藏条件而代为国家储备的物资。一般来说,特种储备物资不属于企业的资产,企业不拥有其所有权,但有保管的责任。

（2）银行冻结存款。银行冻结存款是指因某种原因被银行冻结不能正常支取的存款。由于这部分存款被冻结，不再具有货币资金的支付手段功能，因此应将其确认为其他资产。

（3）诉讼中的财产。诉讼中的财产是指由于企业发生产权纠纷，进入司法程序后被法院认定为涉及诉讼、尚未判定产权归属的财产。由于这些财产涉及诉讼，不能为企业正常使用，因此应将其确认为其他资产。

## 课后练习

### 一、判断题

1. 无形资产是指企业为生产商品、提供劳务、出租给他人或为管理目的而持有的、没有实物形态的非货币性长期资产。（　　）
2. 土地使用权均作为企业的无形资产进行核算。（　　）
3. 已计入各期费用的研究费用，在该项无形资产获得成功并依法申请专利时，再将原已计入费用的研究费用予以资本化。（　　）
4. 无形资产的后续支出应判断是否可以资本化，符合资本化条件的应予以资本化，计入无形资产成本，不符合资本化条件的应直接计入当期费用。（　　）
5. 使用寿命确定的无形资产的摊销应计入管理费用。（　　）
6. 为提高企业商标知名度而投入大额的广告费，应计入商标成本。（　　）
7. 无形资产计提减值准备后，持有期间不得转回。（　　）
8. 由于出售无形资产属于企业的日常活动，因此出售无形资产所取得的收入应通过"其他业务收入"账户核算。（　　）
9. 已被其他新技术等所替代的，且已不能为企业带来经济利益的无形资产的账面价值应全部转入当期管理费用。（　　）
10. 如果长期待摊费用的项目不能使以后会计期间受益的，应当将尚未摊销的该项目的摊余价值全部转入当期损益。（　　）

### 二、单项选择题

1. 按照现行规定，下列各项中，股份有限公司应作为无形资产入账的是（　　）。
   A. 开办费
   B. 商誉
   C. 为获得土地使用权支付的土地出让金
   D. 开发新技术过程中发生的研究开发费

2. 关于企业内部研究开发项目的支出，下列说法中错误的是（　　）。
   A. 企业内部研究开发项目的支出，应当区分研究阶段支出与开发阶段支出
   B. 企业内部研究开发项目研究阶段的支出，应当于发生时计入当期损益
   C. 企业内部研究开发项目开发阶段的支出，应确认为无形资产
   D. 企业内部研究开发项目开发阶段的支出，可能确认为无形资产，也可能确认为费用

3. 购买无形资产的价款超过正常信用条件延期支付,实质上具有融资性质的,无形资产的成本以( )为基础确定。

　　A. 全部购买价款　　　　　　　　　　B. 全部购买价款的现值

　　C. 对方提供的凭据上标明的金额　　　　D. 市价

4. A 公司 20×1 年 3 月 1 日开始自行开发成本管理软件,在研究阶段发生材料费用 10 万元,开发阶段发生开发人员工资 100 万元,福利费 20 万元,支付其他费用 30 万元。开发阶段的支出满足资本化条件。20×2 年 3 月 16 日,A 公司自行开发成功该成本管理软件,并依法申请了专利,支付注册费 1 万元,律师费 2.5 万元,A 公司 20×2 年 3 月 20 日为向社会展示其成本管理软件,特举办了大型宣传活动,支付费用 50 万元,则 A 公司无形资产的入账价值应为( )万元。

　　A. 213.5　　　　B. 3.5　　　　C. 153.5　　　　D. 163.5

5. 下列属于无形资产后续支出的是( )。

　　A. 相关宣传活动支出　　　　　　　　B. 无形资产研究费用

　　C. 无形资产开发支出　　　　　　　　D. 无形资产购买价款

6. 甲企业某项无形资产的原值为 100 万元,至 20×1 年年末止,已累计摊销 20 万元,已计提减值准备 5 万元,经测试 20×1 年年末该项无形资产的可收回金额为 85 万元。20×1 年年末应计提无形资产减值准备的金额为( )万元。

　　A. −10　　　　B. 10　　　　C. −5　　　　D. 0

7. 某公司 20×1 年 1 月 1 日购入一项无形资产。该无形资产的实际成本为 500 万元,摊销年限为 10 年。12 月 31 日,该无形资产发生减值,预计可收回金额为 360 万元。计提减值准备后,该无形资产的原摊销年限不变。20×3 年 12 月 31 日,该无形资产的摊余价值为( )万元。

　　A. 150　　　　B. 370　　　　C. 130　　　　D. 350

8. 甲公司出售所拥有的一项商标权,开出的增值税发票上注明价款 300 000 元,税款 18 000 元,款项已经存入银行。该无形资产取得时实际成本为 400 000 元,已摊销 120 000 元,已计提减值准备 50 000 元。甲公司出售该项无形资产应计入当期损益的金额为( )元。

　　A. 50 000　　　　B. 52 000　　　　C. 88 000　　　　D. 70 000

9. 无形资产预期不能为企业带来经济利益时,应予以报废,其账面价值应列入( )。

　　A. 营业外支出　　　　　　　　　　　B. 管理费用

　　C. 其他业务成本　　　　　　　　　　D. 长期待摊费用

10. 企业出租无形资产取得的收入,应当记入( )。

　　A. 主营业务收入　　　　　　　　　　B. 其他业务收入

　　C. 投资收益　　　　　　　　　　　　D. 营业外收入

### 三、多项选择题

1. 无形资产的主要特征有( )。

　　A. 具有价值,但不存在实物形态

　　B. 是非货币性长期资产

　　C. 持有无形资产的目的是使用而不是出售

　　D. 无形资产所能提供的未来经济利益具有不确定性

2. 外购无形资产的成本,包括( )。
   A. 购买价款
   B. 进口关税
   C. 其他相关税费
   D. 直接归属于使该项资产达到预定用途所发生的其他支出
3. 企业按期(月)计提无形资产的摊销,借方账户有可能为( )。
   A. 管理费用
   B. 其他业务成本
   C. 销售费用
   D. 制造费用
4. 下列有关无形资产的后续计量中,不正确的有( )。
   A. 使用寿命不确定的无形资产,其应摊销的金额应该按照10年进行摊销
   B. 无形资产的摊销方法必须采用直线法进行摊销
   C. 使用寿命不确定的无形资产应该按照系统合理的方法摊销
   D. 企业无形资产的摊销方法应当反映与该项无形资产有关的经济利益的预期实现方式
5. 下列有关无形资产会计处理的表述中,正确的有( )。
   A. 无形资产后续支出应该在发生时计入当期损益
   B. 企业自用、使用寿命确定的无形资产的摊销金额,应该全部计入当期管理费用
   C. 不能为企业带来经济利益的无形资产摊余价值,应该全部转入当期的管理费用
   D. 使用寿命有限的无形资产应当在取得当月起开始摊销
6. 无形资产的可收回金额是以下( )两者中的较大者。
   A. 无形资产的公允价值(假设处置费用为零)
   B. 无形资产的净值
   C. 无形资产的原值
   D. 无形资产的预计未来现金流量的现值
7. 下列有关无形资产的会计处理中,不正确的有( )。
   A. 转让无形资产使用权所取得的收入应计入"营业外收入"
   B. 使用寿命不确定的无形资产,不应摊销
   C. 转让无形资产所有权所发生的支出应记入"其他业务成本"
   D. 购入但尚未投入使用的、使用寿命确定的无形资产的价值不应进行摊销
8. 下列各项中,会引起无形资产账面价值发生增减变动的有( )。
   A. 对无形资产计提减值准备
   B. 发生无形资产后续支出
   C. 摊销无形资产成本
   D. 转让无形资产所有权
9. 下列说法中,符合现行会计准则的有( )。
   A. 按照谨慎性要求,研究开发支出应在发生时直接计入当期损益
   B. 出租的无形资产,其摊销费用应记入"管理费用"
   C. 若预计某项无形资产已经不能给企业带来未来经济利益,应当将该项无形资产的账面价值予以转销,记入"营业外支出"账户
   D. 广告费作为无形资产的后续支出,虽然能提高商标价值,但一般不计入商标权的成本

10. 关于无形资产核算与固定资产核算,下列说法正确的有( )。
    A. 计提减值准备的思路相同
    B. 固定资产计提折旧与无形资产成本的摊销的处理思路相同
    C. 固定资产计提折旧与无形资产摊销的起止时间的确认原则不同
    D. 固定资产与无形资产的后续支出的处理思路相同

### 四、业务题

1. 20×1年1月1日,某公司的董事会批准研发某项新技术。该公司在研究开发过程中领用生产用原材料 5 000 000 元,购进该批原材料时支付的增值税税额为 650 000 元,已取得增值税专用发票,并于当月确认,发生人工费用 2 800 000 元以及其他费用 3 000 000 元,总计 10 800 000 元,其中,符合资本化条件的支出为 4 000 000 元。12 月 31 日,该项新技术已经达到预定用途。请编制会计分录。

2. 20×1年1月1日,A 股份有限公司购入一块土地的使用权,以银行存款转账支付 99 900 000 元,已取得增值税专用发票,并在该土地上自行建造厂房等工程,发生工程物资支出 100 000 000 元,工资费用 50 000 000 元,其他相关费用 100 000 000 元。该工程已经完工并达到预定可使用状态。假定土地使用权的使用年限为 50 年,该厂房的使用年限为 25 年,两者都没有净残值,都采用直线法进行摊销和计提折旧。为简化核算,不考虑其他相关税费。

要求:
(1) 编制购入土地使用权的会计分录。
(2) 编制在土地上自行建造厂房的会计分录。
(3) 编制厂房达到预定可使用状态的会计分录。
(4) 编制每年分期摊销土地使用权和对厂房计提折旧的会计分录。

3. 甲企业外购的一项专利权专门用于该企业产品的生产,20×1年年末,甲企业对外购专利权的账面价值进行了检查,发现市场上存在对甲企业产品的销售产生重大不利影响的因素。该专利权入账时原值为 9 000 万元,已累计摊销 3 375 万元(包括 20×1 年摊销额),该无形资产按直线法进行摊销,剩余摊销年限为 5 年。按 20×1 年年末该项专利权市场的行情,如果此时甲企业将该专利权予以出售,则在扣除发生的律师费和其他相关税费后,可以获得 5 400 万元。但是,如果甲企业继续利用该专利权进行产品生产,则在未来 5 年内预计可获得的未来现金流量的现值为 4 700 万元(假定使用年限结束时处置收益为零)。20×2 年 8 月 1 日甲企业将该专利权出售,开出的增值税发票上注明价款 5 800 万元,税款 348 万元,款项已经存入银行。

要求:
(1) 计算 20×1 年计提无形资产减值准备。
(2) 编制 20×2 年出售专利权的会计分录。(答案中的金额单位用万元表示)

4. 根据本项目案例导入所述经济业务,要求:
(1) 编制购入该无形资产的会计分录。
(2) 计算 20×1 年无形资产的摊销金额及编制会计分录。
(3) 计算 20×1 年 12 月 31 日该无形资产的账面价值。
(4) 计算该无形资产 20×1 年年末计提的减值准备金额并编制会计分录。
(5) 编制该无形资产出售的会计分录。(答案中的金额单位用万元表示)

# 流动负债核算

项目 8
Xiangmu 8

### 技能目标

1. 基本会办理银行借款、交易往来、涉税事项、职工薪酬等会计核算岗位的各项工作。
2. 会根据业务资料计算并分配职工薪酬费用、确定企业应交税费的种类和数额。
3. 能按照规范流程和方法进行短期借款、应付款项、应付职工薪酬及应交税费等流动负债业务的账务处理。

### 知识目标

1. 熟悉短期借款利息的计算并掌握短期借款的核算方法。
2. 掌握应付票据、应付账款和预付账款等业务的核算方法。
3. 熟悉《企业会计准则——职工薪酬》,掌握职工薪酬费用的构成内容及应付职工薪酬业务的会计核算方法。
4. 掌握一般纳税人和小规模纳税人应交增值税、应交消费税等业务的会计核算方法;熟悉其他应交税费业务的会计核算方法。
5. 熟悉其他流动负债的核算方法。

### 案例导入

小王是一名 20×1 年 7 月毕业的会计专业学生,她在 20×1 年 5 月 5 日到 B 公司应聘一个会计岗位的工作。公司为增值税一般纳税企业,增值税税率为 13%,原材料采用实际成本进行日常核算,取得的增值税专用发票均于当月确认。公司 20×1 年 5 月发生如下涉及增值税的经济业务。

(1) 购入材料一批价款 10 000 元,增值税税额为 1 300 元,共计 11 300 元,以银行存款支付。

(2) 销售产品价款 50 000 元,向客户收取的增值税税额为 6 500 元,共计 56 500 元,收到款项送存银行。

(3) 收购农产品以银行存款支付价款 30 000 元,开具收购发票。

(4) 以原材料对 B 公司投资。该批原材料的账面成本为 600 000 元,与公允价值相同,计税价格为 630 000 元,增值税税率为 13%。

(5) 将自产的一批产品用于工程,该批产品的成本为 15 000 元,计税价格为 16 000 元,该产品的增值税税率为 13%。

(6) 购入一台机器设备价款 90 000 元,增值税税额为 11 700 元,款项以银行存款支付。

(7) 购入甲种原材料一批价款 40 000 元,增值税税额 5 200 元,共计 45 200 元,以银行存款支付。

(8) 建设厂房工程领用甲材料一批账面价值 15 000 元,领用甲材料的增值税为 1 950 元。

(9) 本月缴纳增值税税额 15 000 元。

请问:小王应如何进行上述业务的账务处理?

流动负债是指将在 1 年或者超过 1 年的一个营业周期内偿还的债务,包括短期借款、应付票据、应付账款、预收账款、其他应付款、应付职工薪酬、应付股利、应交税费、其他应交款和预提费用等。流动负债是企业中广泛存在的负债形式,它具有偿还期限短、筹资成本低和偿还方式灵活的特点。

## 任务8.1 短期借款核算

### 8.1.1 短期借款概述

短期借款(short-term borrowings)是指企业向银行或其他金融机构等借入的、偿还期限在 1 年以内(含 1 年)的各种借款。其目的是弥补企业短期经营资金的不足。目前我国企业短期借款主要有流动资金借款、临时借款、结算借款和票据贴现借款等。

为了核算企业的短期借款,应设置"短期借款"账户。该账户属于负债类账户,借方登记归还短期借款数额;贷方登记借入短期借款数额;期末余额在贷方,表示尚未归还的短期借款。可按债权人户名和借款种类设置明细账户进行明细核算。

短期借款利息应作为财务费用计入当期损益,并在会计上按不同情况分别处理。如果短期借款利息是按季、半年或到期时连同本金一起归还,并且数额较大的,可采用按月预提的方法计入当期财务费用;若短期借款利息是按月支付的,则可在实际支付时直接计入当期财务费用。

### 8.1.2 短期借款的账务处理

【例 8-1】

A 公司在 20×1 年 1 月 1 日向银行借入一笔生产经营用短期借款,共计 120 000 元,期限为 9 个月,年利率 8%。根据与银行签署的借款协议,该项借款的本金到期后一次偿还;利息按月预提,按季支付。请编制相应的会计分录。

A 公司应作会计分录如下。

(1) 1 月 1 日取得借款时

借:银行存款           120 000
  贷:短期借款           120 000

(2) 1月31日计提1月应计利息时

$$每月利息=120\,000×8\%÷12=800(元)$$

借：财务费用　　　　　　　　　　　　　800
　　贷：应付利息　　　　　　　　　　　　　　800

(3) 2月末计提2月利息费用的会计处理与1月相同

(4) 3月31日支付第一季度借款利息时

借：财务费用　　　　　　　　　　　　　800
　　应付利息　　　　　　　　　　　　1 600
　　贷：银行存款　　　　　　　　　　　　　2 400

(5) 第二、第三季度的会计处理同上

(6) 10月1日偿还借款本金时

借：短期借款　　　　　　　　　　　　120 000
　　贷：银行存款　　　　　　　　　　　　　120 000

如果上述借款期限改为8个月，则到期日是9月1日，8月末之前的会计处理与上述处理相同。9月1日偿还借款本金，同时支付7月和8月已提未付利息。

借：短期借款　　　　　　　　　　　　120 000
　　应付利息　　　　　　　　　　　　　1 600
　　贷：银行存款　　　　　　　　　　　　　121 600

## 任务8.2　应付及预收账款核算

### 8.2.1　应付票据核算

应付票据(notes payable)是指企业因购买材料、商品或接受服务供应而开出、承兑的商业汇票，包括商业承兑汇票和银行承兑汇票。应付票据按是否带息分为带息票据和不带息票据两种。

在银行开立存款账户的法人以及其他组织之间需具有真实的交易关系或债权债务关系，才能使用商业汇票。商业汇票的付款期限最长不得超过6个月。如果开出的是商业承兑汇票，必须经付款方(购买单位)承兑；如果是银行承兑汇票，必须由银行承兑，但银行承兑的票据，只是为收款人按期收回债权提供了信用保证，对付款人及承兑人来说，并不会由于银行承兑而使这项负债消失。因此，在商业汇票尚未到期之前，企业应将其视为一笔负债，期末反映在资产负债表的应付票据项目中。

为了核算和监督企业商业汇票，应设置"应付票据"账户。该账户属于负债类，借方登记到期承兑支付的票款或转出金额，贷方登记开出承兑汇票时的票面金额，期末余额在贷方表示应付的商业汇票金额。为了加强应付票据的管理，企业对应付票据除按收款单位名称进行明细核算外，还应设置"应付票据备查簿"，并指定专人负责详细登记每一笔应付票据的种类、号数、签发日期、到期日、票面金额、合同交易号、收款人姓名、付款日期和金额等资料；

应付票据到期结清时,应在"应付票据备查簿"内逐笔注销。

1. 采用银行承兑汇票的账务处理

企业按合同规定的交易额开出并承兑商业汇票时,应借记"材料采购""原材料""库存商品""应交税费——应交增值税(进项税额)"等账户,根据票据面值贷记"应付票据"账户。采用银行承兑汇票结算时,购货单位应向银行提出承兑申请,银行在按规定审查后同意承兑的,购货单位还需按面值的0.5‰向银行支付承兑手续费,借记"财务费用"账户,贷记"银行存款"账户。

应付票据到期前,企业应将票款足额交存其开户银行,便于银行在到期日凭票将款项划转给收款人、被背书人或贴现所在银行。应付票据到期时,按实际支付的票据面值借记"应付票据"账户,贷记"银行存款"账户。如果企业无力支付票款,由承兑银行支付,企业应将应付票据的账面余额转作短期借款处理,并按每天0.5‰计收利息,借记"应付票据"账户,贷记"短期借款"账户。

【例 8-2】

20×1年3月1日某公司采用不带息银行承兑汇票向A公司购入甲材料一批,价款100 000元,增值税税款为13 000元,增值税专用发票于当月确认。该银行承兑汇票的期限为3个月,银行承兑手续费按票面金额的1‰计算。请编制相应的会计分录。

该公司应作会计分录如下。

(1) 支付手续费时

借:财务费用　　　　　　　　　　　　　　　　　　　　113
　　贷:银行存款　　　　　　　　　　　　　　　　　　　　　　　113

(2) 取得银行承兑汇票并用于购入甲材料时

借:原材料——甲材料　　　　　　　　　　　　　　　　100 000
　　应交税费——应交增值税(进项税额)　　　　　　　　13 000
　　贷:应付票据——A公司　　　　　　　　　　　　　　　　　　113 000

(3) 票据到期支付票款时

借:应付票据——A公司　　　　　　　　　　　　　　　113 000
　　贷:银行存款　　　　　　　　　　　　　　　　　　　　　　113 000

(4) 票据到期无款承兑时

借:应付票据——A公司　　　　　　　　　　　　　　　113 000
　　贷:短期借款——逾期借款　　　　　　　　　　　　　　　　113 000

2. 采用商业承兑汇票的账务处理

商业承兑汇票由付款人承兑,不通过银行办理承兑,无须向银行缴纳手续费。票据到期时,若付款人无足额款项或无款支付时,银行不负责付款,只是将票据退回收款人由双方自行协商处理,同时,银行对付款人处以票面金额一定比例的罚款。付款单位将无力支付的票据转入"应付账款"账户,并应积极地筹措资金支付。

### 8.2.2 应付账款核算

应付账款(accounts payable)是指企业因购买商品、材料物资或接受服务供应等业务支付给供应者的账款。

1. 应付账款的入账时间

应付账款的入账依据是发票账单。从理论上说应付账款入账时间应以商品控制权转移为标志,即在企业取得所购商品的控制权时确认应付账款,但在实际工作中应区别以下情况进行处理。

(1)当货物和发票账单同时到达时,应付账款待货物验收入库后,按发票账单登记入账。

(2)当货物和发票账单不是同时到达时,若货物先到发票账单后到,暂时不作账务处理,待收到发票账单时再入账;如果在月度终了仍未收到已入库货物的发票账单,则应在月末按暂估价入账;若发票账单先到货物后到,可依据发票账单登记应付账款,同时记录一项在途物资。

2. 应付账款的初始计量

应付账款一般应按实际应付金额入账。如果购销双方的合同中包括折扣、折让等可变对价因素,企业应判断自身的承付能力,按照从对方取得的发票账单所记载的金额确认入账。如果在取得商品控制权之后的折扣期限内提前付清款项而享受了现金折扣,则应作为理财收益冲减财务费用。

3. 应付账款的账务处理

应付账款的核算主要通过设置"应付账款"账户进行。该账户属于负债类账户,借方登记支付及转销的无法支付的应付款项;贷方登记企业因购买材料物资、商品、接受服务供应而产生的应付未付款项以及因无款支付到期商业承兑汇票转入的应付票据款项;期末余额在贷方表示尚未支付的应付账款。该账户应按供应单位设置明细账进行明细分类核算。

1)发生应付账款时

**【例8-3】**

A公司从B公司购入甲材料一批,增值税专用发票上注明:价款50 000元,增值税税额6 500元,该材料已验收入库,款项尚未支付,增值税专用发票于当月确认。公司按实际成本计价进行日常核算。请编制相应的会计分录。

A公司应作会计分录如下。

| | |
|---|---|
| 借:原材料——甲材料 | 50 000 |
|     应交税费——应交增值税(进项税额) | 6 500 |
|     贷:应付账款——B公司 | 56 500 |

**【例8-4】**

A公司收到供电部门开具的增值税专用发票,记载本月发生电费48 000元,增值税税款6 240元。公司根据用电情况编制费用分配表,其中生产车间电费38 000元,行政管理部门电费10 000元。款项尚未支付,专用发票已经税务平台确认可以抵扣。请编制相应的会计分录。

A公司应作会计分录如下。

| | |
|---|---|
| 借:制造费用 | 38 000 |
|     管理费用 | 10 000 |
|     应交税费——应交增值税(进项税额) | 6 240 |
|     贷:应付账款——某供电公司 | 54 240 |

2）偿还应付账款时

**【例 8-5】**

承接例 8-4，用银行存款归还某供电公司前欠电费款。A 公司应作会计分录如下。

借：应付账款——某供电公司　　　　　　　　　　　54 240
　　贷：银行存款　　　　　　　　　　　　　　　　　　54 240

3）转销应付账款时

企业确实无法支付的应付账款应按账面余额计入营业外收入。

**【例 8-6】**

A 公司确定一笔 C 公司的应付账款 5 000 元为无法支付的款项，应予转销。A 公司应作会计分录如下。

借：应付账款——C 公司　　　　　　　　　　　　　5 000
　　贷：营业外收入——其他　　　　　　　　　　　　　5 000

### 8.2.3　预收账款核算

预收账款（receipts in advance）是指企业按照合同规定向购货单位预先收取的款项。与应付账款不同，预收账款所形成的负债并不是以货币偿付而是以货物偿付。这里需要注意的是，如果企业因转让商品收到的预收款是以购销双方的履约义务为前提，即企业在按照合同约定向客户转让商品之前，客户已经支付了合同对价或企业已经取得了无条件收取合同对价权利的，则应当确认为合同负债，例如购货企业支付的货款中包含有延长保修服务费或未兑换的奖励积分等。

企业在预收账款业务不多的情况下，可以不单独设置"预收账款"账户，可以通过"应收账款"核算。

预收账款的核算，应设置"预收账款"账户进行。该账户属于负债类账户，借方登记企业发出商品或提供服务的价税款及退付的余额；贷方登记企业收到购货方预付的货款及补付的货款；期末余额一般在贷方，表示预收货款的数额；如果为借方余额，表示尚未转销的款项。该账户应按购货单位设置明细账进行明细分类核算。采用预收货款方式销售产品时，应在产品发出时作为销售实现。

**【例 8-7】**

乙公司与客户甲订有销货合同，向甲提供 A 产品 10 000 件，每件售价 10 元，合同规定签约时预付 50% 款项，1 个月后交付产品时结算余款和税费。请编制相应的会计分录。

乙公司应作会计分录如下。

（1）收到预收的款项时

借：银行存款　　　　　　　　　　　　　　　　　　50 000
　　贷：预收账款——客户甲　　　　　　　　　　　　　50 000

（2）发出商品结算货款时

借：预收账款——客户甲　　　　　　　　　　　　　50 000
　　　银行存款　　　　　　　　　　　　　　　　　　63 000

貸：主营业务收入　　　　　　　　　　　　　　　100 000
　　应交税费——应交增值税（销项税额）　　　　13 000

## 任务 8.3　应付职工薪酬核算

应付职工薪酬（employee's salary and benefits payable）是指企业在一定时期内使用职工的知识、技能、时间和精力而应该支付给职工的劳动报酬以及因解除劳动关系而应该给予职工的经济补偿。

《企业会计准则——职工薪酬》中规定，职工薪酬是指企业为获得职工提供的服务或解除劳动关系而给予的各种形式的报酬或补偿。从薪酬发放的表现形态看，既可能是货币性薪酬，也可能是非货币性薪酬，例如企业用生产的产品或外购的商品发放给职工作为福利、租赁住房供职工无偿使用等。企业提供给职工配偶、子女、受赡养人、已故员工遗属及其他受益人等的福利，也属于职工薪酬。

职工薪酬包括短期薪酬、离职后福利、辞退福利和其他长期职工福利。其中，①短期薪酬是指企业在职工提供相关服务的年度报告期间结束后 12 个月内需要全部予以支付的职工薪酬，但不包括因解除与职工的劳动关系给予的补偿。具体包括职工工资、奖金、津贴和补贴；职工福利费；医疗保险费、工伤保险费等社会保险费；住房公积金；工会经费和职工教育经费；短期带薪缺勤；短期利润分享计划；其他短期薪酬。②离职后福利是指除短期薪酬和辞退福利外，企业为获得职工提供的服务而在职工退休或与企业解除劳动关系后，提供的各种形式的报酬和福利。③辞退福利是指企业在职工劳动合同到期之前解除与职工的劳动关系，或者为鼓励职工自愿接受裁减而给予职工的补偿。④其他长期职工福利是指除短期薪酬、离职后福利、辞退福利之外所有的职工薪酬，包括长期带薪缺勤、长期利润分享计划、长期资金计划、长期残疾福利等。

### 8.3.1　应付职工薪酬的确认

企业应当在职工为其提供服务的会计期间，将应付的职工薪酬确认为负债，除因解除与职工的劳动关系给予的补偿外，应当根据职工提供服务的受益对象分下列情况作不同的账务处理。

（1）应由生产产品、提供劳务负担的职工薪酬计入产品成本或劳务成本。生产产品、提供劳务中的正常直接生产人员和直接提供劳务人员发生的职工薪酬，计入存货成本；非正常消耗应当在发生时确认为当期损益。

（2）应由在建工程、无形资产负担的职工薪酬计入建造固定资产或无形资产成本。自行建造固定资产和自行研究开发无形资产过程中发生的职工薪酬，能否计入固定资产或无形资产成本取决于相关资产的成本确定原则。例如，企业在研究阶段发生的职工薪酬，不能计入自行开发无形资产的成本；在开发阶段发生的职工薪酬，符合无形资产资本化条件的，应当计入自行开发无形资产的成本。

（3）上述两项之外的其他职工薪酬计入当期损益。除直接生产人员、直接提供劳务人员、建造固定资产人员、开发无形资产人员以外的职工,包括公司总部管理人员、董事会成员、监事会成员等人员相关的职工薪酬,因难以确定直接对应的受益对象,均应当在发生时计入当期损益。

### 8.3.2 应付职工薪酬的计量

对于货币性薪酬,在确定应付职工薪酬和应当计入成本费用的职工薪酬金额时,企业应当区分以下两种情况。

(1) 具有明确计提标准的货币性薪酬。对于国务院有关部门、省、自治区、直辖市人民政府或经批准的企业年金计划规定了计提基础和计提比例的职工薪酬项目,企业应当按照规定的计提标准,计量企业应承担的职工薪酬义务金额和应计入成本费用的职工薪酬。

(2) 没有明确计提标准的货币性薪酬。对于国家(包括省、自治区、直辖市政府)相关法律、法规没有明确规定计提基础和计提比例的职工薪酬,企业应当根据历史经验数据和自身实际情况,计算确定应付职工薪酬金额和应计入成本费用的薪酬金额。

对于非货币性职工薪酬,企业应当按照公允价值计量,考虑薪酬提供的形式分别不同情况进行处理。

### 8.3.3 应付职工薪酬的账务处理

为了反映和监督企业与职工的工资结算和分配业务,企业应设置"应付职工薪酬"总账账户进行总分类核算,并在总账账户下设"工资、奖金、津贴和补贴""职工福利费""社会保险费""住房公积金""工会经费、职工教育经费""设定提存计划""非货币性福利""短期带薪缺勤""离职后福利""辞退福利""股份支付"等进行明细分类核算。

1) 工资、奖金、津贴和补贴的核算

职工工资、奖金、津贴和补贴是指按照构成工资总额的计时工资、计件工资、支付给职工的超额劳动报酬和增收节支的劳动报酬、为补偿职工特殊或额外的劳动消耗和因其他特殊原因支付给职工的津贴,以及为了保证职工工资水平不受物价影响支付给职工的物价补贴等。它们是企业使用职工的知识、技能、时间和业务而给予职工的一种补偿(报酬)。

按照劳动工资制度的规定,企业应根据考勤记录、工时记录、产量记录、工资标准、工资等级等编制"工资单"计算各种工资。财会部门应将"工资单"进行汇总编制"工资汇总表"。按规定手续向银行提取现金时,借记"库存现金"账户,贷记"银行存款"账户;支付工资时,借记"应付职工薪酬——工资、奖金、津贴和补贴"账户,贷记"库存现金"账户;从应付职工薪酬中扣除的各种款项(如代扣个人所得税等),借记"应付职工薪酬——工资、奖金、津贴和补贴"账户,贷记"应交税费——应交个人所得税"等账户。

企业应当根据职工提供服务的受益对象计入相关的成本或费用。属于生产工人的工资列入"生产成本"账户的"基本生产成本"和"辅助生产成本"明细账户;属于生产车间管理人员的工资列入"制造费用"账户;属于销售机构人员的工资列入"销售费用"账户;属于厂部管理人员的工资列入"管理费用"账户;属于其他经营业务人员的工资列入"其他业务成本"账户;属于建筑安装固定资产人员的工资列入"在建工程"账户。

【例8-8】

甲公司20×1年5月工资结算汇总资料如下：应付职工薪酬总额200 000元。其中生产车间直接生产工人工资110 000元，车间管理人员工资20 000元，厂部管理人员工资15 000元，销售部门人员工资30 000元，基建工程人员工资15 000元，应代扣房租8 000元，应代扣代交的个人所得税2 000元。请编制相应的会计分录。

甲公司应作提取现金、支付工资、代扣款项、工资分配的会计分录如下。

（1）提取现金

借：库存现金　　　　　　　　　　　　　　　　　　　190 000
　　贷：银行存款　　　　　　　　　　　　　　　　　　190 000

（2）支付工资

借：应付职工薪酬——工资、奖金、津贴和补贴　　　　190 000
　　贷：库存现金　　　　　　　　　　　　　　　　　　190 000

（3）代扣款项

借：应付职工薪酬——工资、奖金、津贴和补贴　　　　 10 000
　　贷：其他应付款——房管部门　　　　　　　　　　　  8 000
　　　　应交税费——应交个人所得税　　　　　　　　　  2 000

（4）月末进行工资分配

借：生产成本——基本生产成本　　　　　　　　　　　110 000
　　制造费用　　　　　　　　　　　　　　　　　　　 20 000
　　管理费用　　　　　　　　　　　　　　　　　　　 25 000
　　销售费用　　　　　　　　　　　　　　　　　　　 30 000
　　在建工程　　　　　　　　　　　　　　　　　　　 15 000
　　贷：应付职工薪酬——工资、奖金、津贴和补贴　　　200 000

2）职工福利费的核算

职工福利费是指企业向职工提供的生活困难补助、丧葬补助费、抚恤费、职工异地安家费、防暑降温费等。职工福利费属于国家相关法律、法规没有明确规定计提基础和计提比例的职工薪酬，企业应当根据历史经验数据和自身实际情况，合理预计当期应付职工薪酬金额和应计入成本费用的薪酬金额。企业发生的职工福利费，应当在实际发生时根据实际发生额，按职工提供服务的不同受益对象计入当期损益或相关资产成本，借记"生产成本""制造费用""管理费用""销售费用"等账户，贷记"应付职工薪酬——职工福利费"账户。

【例8-9】

甲公司本月以银行存款支付职工医疗卫生费用5 000元，以现金支付独生子女费用1 000元，职工生活困难补助800元。请编制相应的会计分录。

甲公司应作会计分录如下。

借：应付职工薪酬——职工福利　　　　　　　　　　　  6 800
　　贷：银行存款　　　　　　　　　　　　　　　　　　  5 000
　　　　库存现金　　　　　　　　　　　　　　　　　　  1 800

## 【例 8-10】

承接例 8-9，甲公司根据职工的岗位分布情况和相关历史经验数据等资料，计算各部门需要承担的职工福利费，编制费用分配表（略）。其中独生子女费用的分配情况如下：生产车间直接生产工人分配金额 300 元，车间管理部门人员分配金额 200 元，厂部管理部门人员分配金额 300 元，销售部门人员分配金额 200 元。请编制相应的会计分录。

甲公司应作如会计分录如下。

借：生产成本——基本生产成本　　　　　　　　300
　　制造费用　　　　　　　　　　　　　　　　200
　　管理费用　　　　　　　　　　　　　　　　300
　　销售费用　　　　　　　　　　　　　　　　200
　　贷：应付职工薪酬——职工福利费　　　　　　　1 000

3）社会保险费的核算

这里的社会保险费是指企业按照国家规定的基准和计算，向社会保险经办机构缴纳的医疗保险金、工伤保险费和生育保险费。社会保险费应当在职工为企业提供服务的会计期间，计入相应的成本或费用中。这里需要注意的是，养老保险费和失业保险费按规定应确认为离职后福利，不在此内容中核算。其他的社会保险费都作为企业的短期薪酬。

## 【例 8-11】

承接例 8-8，甲公司根据本月已分配工资总额的 10% 提取医疗保险、工伤保险等社会保险费，按照 22% 提取养老保险和失业保险，请编制相应的会计分录。

甲公司应作会计分录如下。

借：生产成本——基本生产成本　　　　　　　35 200
　　制造费用　　　　　　　　　　　　　　　　6 400
　　管理费用　　　　　　　　　　　　　　　　8 000
　　销售费用　　　　　　　　　　　　　　　　9 600
　　在建工程　　　　　　　　　　　　　　　　4 800
　　贷：应付职工薪酬——社会保险费　　　　　　20 000
　　　　应付职工薪酬——设定提存计划　　　　　44 000

## 【例 8-12】

甲公司开出支票缴纳提取的社会保险费 10 000 元。甲公司应作会计分录如下。

借：应付职工薪酬——社会保险费　　　　　　10 000
　　贷：银行存款　　　　　　　　　　　　　　　10 000

4）住房公积金的核算

住房公积金是指企业按照国务院《住房公积金管理条例（2019 修订）》规定的基准和比例计算向住房公积金管理机构缴存的可用于职工购买、建造、翻建、大修自有住房的长期住房储金。住房公积金应当按照受益对象计入相应的成本或费用中。

## 【例 8-13】

承接例 8-8，甲公司根据本月已分配工资额的 2% 提取住房公积金。甲公司应作会计分录如下。

  借：生产成本                      2 200
    制造费用                    400
    管理费用                    500
    销售费用                    600
    在建工程                    300
   贷：应付职工薪酬——住房公积金            4 000

**【例 8-14】**

  甲公司开出支票缴纳提取的住房公积金 4 000 元。甲公司应作会计分录如下。

  借：应付职工薪酬——住房公积金            4 000
   贷：银行存款                      4 000

  5）工会经费、职工教育经费的核算

  工会经费和职工教育经费是指企业为了改善职工文化生活，为职工学习先进技术和提高文化水平、业务素质，用于开展工会活动和职工教育及职业技能培训等相关支出。企业应当按照职工工资总额的 2% 和 8% 计提标准，计量应付职工薪酬义务金额和应相应计入成本费用的薪酬金额。

**【例 8-15】**

  承接例 8-8，甲公司根据本月已分配工资额的 2% 提取工会经费。甲公司应作会计分录如下。

  借：生产成本                      2 200
    制造费用                    400
    管理费用                    500
    销售费用                    600
    在建工程                    300
   贷：应付职工薪酬——工会经费             4 000

**【例 8-16】**

  甲公司为开展工会活动开出一张 1 000 元的支票用于购买工会活动用品。甲公司应作会计分录如下。

  借：应付职工薪酬——工会经费            1 000
   贷：银行存款                      1 000

**【例 8-17】**

  承接例 8-8，甲公司根据本月已分配工资额的 8% 提取职工教育经费。甲公司应作会计分录如下。

  借：生产成本                      8 800
    制造费用                    1 600
    管理费用                    2 000
    销售费用                    2 400
    在建工程                    1 200

贷：应付职工薪酬——职工教育经费　　　　　　　　　　　16 000

### 【例 8-18】

　　甲公司为职工培训开出一张 1 000 元的支票用于缴纳培训费。甲公司应作会计分录如下。

　　借：应付职工薪酬——职工教育经费　　　　　　　　　　　1 000
　　　　贷：银行存款　　　　　　　　　　　　　　　　　　　　　　1 000

6) 非货币性福利的核算

　　非货币性福利是指企业以自己的产品或外购商品发放给职工作为福利，企业提供给职工无偿使用自己拥有的资产或租赁资产供职工无偿使用，比如提供给企业高级管理人员使用的住房，免费为职工提供诸如医疗保健的服务，或向职工提供企业支付了一定补贴的商品或服务等，比如以低于成本的价格向职工出售住房等。

　　企业以自产的产品作为非货币性福利发放给职工，应当根据受益对象按照该产品的公允价值和相关税费计入相关的资产成本和当期损益确定应付职工薪酬，并同时确认为主营业务收入，其销售成本的结转和相关税费的处理与正常销售相同。

### 【例 8-19】

　　甲公司春节期间向职工发放本企业生产的甲产品，成本为 900 元，销售价 1 000 元，共有职工 200 人。其中：直接生产工人 170 人，车间管理人员 10 人，总部管理人员 20 人，产品按人发放，增值税税率为 13%。请编制相应的会计分录。

　　甲公司应作会计分录如下。

（1）根据受益对象计入相关费用

　　　　应计入生产成本的金额 = 170 × 1 000 × (1 + 13%) = 192 100（元）
　　　　应计入制造费用的金额 = 10 × 1 000 × (1 + 13%) = 11 300（元）
　　　　应计入管理费用的金额 = 20 × 1 000 × (1 + 13%) = 22 600（元）

　　借：生产成本　　　　　　　　　　　　　　　　　　　　　　192 100
　　　　制造费用　　　　　　　　　　　　　　　　　　　　　　　11 300
　　　　管理费用　　　　　　　　　　　　　　　　　　　　　　　22 600
　　　　贷：应付职工薪酬——非货币性福利　　　　　　　　　　226 000

（2）发放

　　借：应付职工薪酬——非货币性福利　　　　　　　　　　　226 000
　　　　贷：主营业务收入　　　　　　　　　　　　　　　　　　200 000
　　　　　　应交税费——应交增值税（销项税额）　　　　　　　26 000

（3）结转成本

　　借：主营业务成本　　　　　　　　　　　　　　　　　　　180 000
　　　　贷：库存商品　　　　　　　　　　　　　　　　　　　　180 000

　　将企业拥有的固定资产供职工无偿使用时，应当根据受益对象将该资产的每期折旧计入相关资产成本或当期损益，同时应确定应付职工薪酬。

【例 8-20】

甲公司为企业部分经理以上的人员免费提供一辆轿车使用，共 10 人，假设每辆轿车的月折旧额为 1 000 元。不考虑相关税费，请编制相应的会计分录。

甲公司应作会计分录如下。

(1) 根据受益对象计入相关费用

借：管理费用　　　　　　　　　　　　　　　　10 000
　　贷：应付职工薪酬——非货币性福利　　　　　　　　10 000

(2) 每月提取折旧时

借：应付职工薪酬——非货币性福利　　　　　　　10 000
　　贷：累计折旧　　　　　　　　　　　　　　　　　10 000

企业以外购的商品作为非货币性福利提供给职工的，应当按照该商品的公允价值和相关税费确定职工薪酬的金额，并计入相关资产成本或当期损益。企业租赁住房供职工无偿使用的，应当将每期应付的租金计入相关资产成本或当期损益，并确认应付职工薪酬。

7）短期带薪缺勤的核算

带薪缺勤是指企业支付工资或提供补偿的职工缺勤，包括病假、婚假、产假、年休假、丧假等。企业设置"应付职工薪酬——短期带薪缺勤"账户进行核算。带薪缺勤根据其性质及其职工享有的权利，分为累积带薪缺勤和非累积带薪缺勤两类。如果带薪缺勤属于长期带薪缺勤的，企业应当作为其他长期职工福利处理。

累积带薪缺勤是指带薪权利可以结转下期的带薪缺勤，本期尚未用完的带薪缺勤权利可在未来期间使用。企业应当在职工提供了服务从而增加了其未来享有的带薪缺勤权利时，确认与累积带薪缺勤相关的职工薪酬，并以累积未行使权利而增加的预期支付金额计量。职工在离开企业时能够获得现金支付的，企业应当确认企业必须支付的、职工全部累积未使用权利的金额。企业应当根据资产负债表日因累积未使用权利而导致的预期支付的追加金额，作为累积带薪缺勤费用进行预计。借记"管理费用"等账户，贷记"应付职工薪酬——短期带薪缺勤——累积带薪缺勤"账户。

非累积带薪缺勤是指带薪权利不能结转下期的带薪缺勤，本期尚未用完的带薪缺勤权利将予以取消，并且职工离开企业时也无权获得现金支付。我国企业职工休婚假、产假、丧假、探亲假、病假期间的工资通常属于非累积带薪缺勤。由于职工提供服务本身不能增加其能够享受的福利金额，企业在职工未缺勤时不应当计提相关费用和负债。根据准则规定，企业应当在职工实际发生缺勤的会计期间确认与非累积带薪缺勤相关的职工薪酬。企业确认职工享有的与非累积带薪缺勤权利相关的薪酬，视同职工出勤确认的当期损益或相关资产成本。通常这部分职工薪酬已经包括在企业每期向职工发放的工资等薪酬中，因此，不必额外作相应的账务处理。

8）离职后福利的核算

企业应当按照承担的风险和义务情况，将离职后福利计划分类为设定提存计划和设定受益计划。

设定提存计划，是企业在向单独主体（如基金）缴存固定提存金后，不再承担进一步支付提存金的法定义务和推定义务的离职后福利计划。根据我国养老保险制度等相关文件的规定，职工养老保险待遇和失业保险待遇即属于设定提存计划。企业应当在职工为其提供服务的会计期间,将根据设定提存计划计算的应缴存金额确认为应付职工薪酬,并计入当期损益或者相关资产成本。借记"生产成本""制造费用""管理费用""销售费用"等账户,贷记"应付职工薪酬——设定提存计划"账户。

设定受益计划,是企业承诺在职工退休时一次或分期支付一定金额的养老金,只要职工退休时企业有能力履行支付义务。企业是否按时提取养老金以及提取多少都由企业自行决定。企业应当在职工退休前的归属于职工提供服务的期间内,确认"应付职工薪酬——设定受益计划"。

9)辞退福利的核算

辞退福利包括两方面的内容:一是在职工劳动合同尚未到期前不论职工本人是否愿意,企业决定解除与职工的劳动关系而给予的补偿。二是在职工劳动合同尚未到期前为鼓励职工自愿接受裁减而给予的补偿。辞退福利通常采取解除劳动关系时一次性支付补偿的方式,也有通过提高退休后养老金或其他离职后福利的标准或者在职工不再为企业带来经济利益后,将职工工资部分支付到辞退后未来某一期间。企业应当合理预计和确认辞退福利产生的职工薪酬负债,并计入当期损益。

【例 8-21】

甲公司与部分职工提前解除劳动合同给予职工辞退补偿金 50 000 元。则甲公司应作会计分录如下。

(1) 预计提取

借:管理费用　　　　　　　　　　　　　　　　　　　50 000
　　贷:应付职工薪酬——辞退福利　　　　　　　　　　　50 000

(2) 用库存现金实际支付

借:应付职工薪酬——辞退福利　　　　　　　　　　　　50 000
　　贷:库存现金　　　　　　　　　　　　　　　　　　　50 000

## 任务 8.4　应交税费核算

企业在生产经营过程中经常发生税法所规定的纳税义务,如收入的形成、利润的实现、特殊行为的发生等都需缴纳相应的税费。但纳税义务的发生和完成并不是同步的,纳税是定期进行的,从纳税义务产生到完成总会形成一定的时间间隔,应交税费正是企业应交而未交的债务。

目前,企业依法缴纳的各种税费主要包括增值税、消费税、资源税、所得税、土地增值税、城市维护建设税、房产税、城镇土地使用税、车船税、教育费附加以及企业代扣代交个人所得税等。

为了反映和监督各种应交税费的计算和缴纳业务,企业应设置"应交税费"账户,该账户属于负债类,贷方登记负债的增加,借方登记负债的减少,期末余额一般在贷方,表示尚未缴纳的税金。

### 8.4.1 应交增值税核算

增值税(value added tax)是以商品(含应税劳务)在流转过程中产生的增值额作为计税依据而征收的一种流转税。增值税的特点:实行价外计税;按增值环节计税;按增值额计税;特别重视专用发票的取得和使用。增值税的纳税人是指在我国境内销售货物、服务、无形资产或者不动产、提供加工、修理修配劳务以及进口货物的单位和个人。按照纳税人的经营规模及会计核算的健全程度,增值税纳税人分为一般纳税人和小规模纳税人两种。

1. 当期应纳增值税税额的计算

各国实行的增值税在计算增值额时一般都实行税款抵扣制度,即在计算企业应纳税款时,要扣除商品在以前生产环节已负担的税款,以避免重复征税。依据实行增值税的各个国家允许抵扣已纳税款的扣除项目范围的大小,增值税分为生产型增值税、收入型增值税和消费型增值税三种类型。它们之间的主要区别在于对购入固定资产的处理上:生产型增值税在计算增值税税额时,对购入的固定资产及其折旧均不予扣除;收入型增值税允许将用于生产、经营的固定资产已提折旧的价值额予以扣除;消费型增值税允许将用于生产、经营的固定资产价值中已含的税款,在购置当期全部一次扣除。我国从2009年1月1日起在全国范围内实施修订后的《中华人民共和国增值税暂行条例》,实现了生产型增值税向消费型增值税的转型。

1) 增值税一般纳税人应纳税额的计算

我国现行增值税规定,计算增值税的方法分为一般计税方法和简易计税方法。一般纳税人大多采用一般计税方法,按当期销售额和适用的税率计算销项税额,凭增值税专用发票及其他合法扣税凭证注明的税款进行抵扣,计算出当期应纳增值税税额。发生特定应税销售行为,可以选择简易计税方法,采用规定的征收率计税,但不得抵扣进项税额。

$$应纳增值税税额=当期销项税额-当期进项税额$$
$$=当期销售额\times适用税率-当期进项税额$$

式中:销售额是指纳税人向购买方收取的全部价款和价外费用,但不包括收取的销项税额,计算时应将含税销售额转换为不含税销售额。

$$不含税销售额=含税销售额\div(1+增值税税率)$$

进项税额为纳税人购进货物、无形资产、不动产或接受劳务、服务时支付给销售方的税款,但并非纳税人支付的所有进项税额都可以从销项税额中抵扣。现行税法规定的准予从销项税额中抵扣的进项税额限于下列增值税扣税凭证上注明的增值税税额:①从销售方取得的增值税专用发票(含税控机动车销售统一发票)上注明的增值税税额;②从海关取得的海关进口增值税专用缴款书上注明的增值税税额;③购进农产品,如果没有取得增值税专用发票或者海关进口增值税专用缴款书,可以按照农产品收购发票或者销售发票上注明的农产品买价和规定的扣除率计算进项税额;④从境外单位或者个人购进服务、无形资产或者不动产,自税务机关或者扣缴义务人取得的解缴税款的完税凭证上注明的增值税税额。⑤支付道路、桥、闸通行费的,按取得的通行费发票注明的收费金额和规定的方法计算的可抵扣的增值税进项税额。

当期销项税额小于进项税额时,其不足抵扣的部分可以结转到下期继续抵扣。

2)增值税小规模纳税人应纳税额的计算

小规模纳税人发生增值税应税行为,只能开具普通发票,不能开具增值税专用发票,因而实行简易办法征收增值税,并不得抵扣进项税额。其应纳税额计算公式为

$$应纳增值税税额=销售额\times征收率$$

小规模纳税人采用销售额和应纳税额合并定价方法的,应将其换算为不含税销售额,计算公式为

$$销售额=含税销售额\div(1+征收率)$$

2. 一般纳税企业增值税的核算

为了核算企业应交增值税的发生、抵扣、缴纳、退税及转出等情况,增值税一般纳税人应当在"应交税费"账户下设置"应交增值税""未交增值税""预交增值税""待抵扣进项税额""待认证进项税额""待转销项税额""增值税留抵税额""简易计税""转让金融商品应交增值税""代扣代交增值税"等明细账户。

在"应交增值税"明细账内设置"进项税额""销项税额抵减""已交税金""转出未交增值税""减免税款""出口抵减内销产品应纳税额""销项税额""出口退税""进项税额转出""转出多交增值税"等专栏。

1)取得资产或接受劳务等业务的账务处理

(1)采购等业务进项税额允许抵扣的账务处理。一般纳税人购进货物、加工修理修配劳务、服务、无形资产、固定资产,按应计入相关成本费用或资产的金额,借记"在途物资"或"原材料""库存商品""生产成本""无形资产""固定资产""管理费用"等账户,按当月已经平台确认的可抵扣增值税税额,借记"应交税费——应交增值税(进项税额)"账户,按当月未确认的可抵扣增值税税额,借记"应交税费——待认证进项税额"账户,按应付或实际支付的金额,贷记"应付账款""应付票据""银行存款"等账户。发生退货的,如原增值税专用发票已作平台确认,应根据税务机关开具的红字增值税专用发票作相反的会计分录;如原增值税专用发票未作平台确认,应将发票退回并作相反的会计分录。

**【例 8-22】**

某公司为一般纳税人,20×1年4月购进一批甲材料,增值税专用发票上注明材料价款400 000元,增值税52 000元,货款和税款已通过银行支付,甲材料尚未验收入库。该公司采用计划成本对原材料进行核算。请编制相应的会计分录。

若增值税专用发票当月已确认,该公司应作会计分录如下。

借:材料采购——甲材料　　　　　　　　　　400 000
　　应交税费——应交增值税(进项税额)　　 52 000
　　　贷:银行存款　　　　　　　　　　　　　　452 000

若增值税专用发票当月未确认,该公司应作会计分录如下。

借:材料采购——甲材料　　　　　　　　　　400 000
　　应交税费——待认证进项税额　　　　　　 52 000
　　　贷:银行存款　　　　　　　　　　　　　　452 000

(2)采购等业务进项税额不得抵扣的账务处理。一般纳税人购进货物、加工修理修配劳务、服务、无形资产或不动产,用于简易计税方法计税项目、免征增值税项目、集体福利或

个人消费等,其进项税额按照现行增值税制度规定不得从销项税额中抵扣的,取得已经平台确认的增值税专用发票时,应借记相关成本费用或资产账户,借记"应交税费——应交增值税(进项税额)"账户,贷记"银行存款""应付账款"等账户,移送使用时,应借记相关成本费用或资产账户,贷记"应交税费——应交增值税(进项税额转出)"账户。

需要注意的是,企业购入的免税农产品,可以按照买价和规定的扣除率计算进项税额,并准予从企业的销项税额中抵扣。企业购入免税农产品,按照买价和规定的扣除率计算进项税额,借记"应交税费——应交增值税(进项税额)"账户;按买价扣除,按规定计算的进项税额后的差额,借记"材料采购""原材料""库存商品"等账户;按照应付或实际支付的价款,贷记"应付账款""银行存款"等账户。

## 【例 8-23】

甲公司购入免税农产品一批,实际支付的买价为 1 500 000 元,规定的扣除率为 10%,甲公司采用实际成本进行日常材料核算,该批农产品现已验收入库,货款已通过银行支付,有关发票已确认。请编制相应的会计分录。

甲公司应作会计分录如下。

借:原材料　　　　　　　　　　　　　　　　1 350 000
　　应交税费——应交增值税(进项税额)　　　　150 000
　　贷:银行存款　　　　　　　　　　　　　　　　1 500 000

2) 进项税额抵扣情况发生改变的账务处理

一般纳税人购进货物、加工修理修配劳务、服务、无形资产或不动产,发生非常损失或者改变用途,原已计入进项税额、待抵扣进项税额或待认证进项税额,但按现行增值税制度规定不得从销项税额中抵扣的,借记"待处理财产损溢""应付职工薪酬""固定资产""无形资产"等账户,贷记"应交税费——应交增值税(进项税额转出)""应交税费——待抵扣进项税额"或"应交税费——待认证进项税额"账户;原不得抵扣且未抵扣进项税额的固定资产、无形资产等,因改变用途等用于允许抵扣进项税额的应税项目的,应按允许抵扣的进项税额,借记"应交税费——应交增值税(进项税额)"账户,贷记"固定资产""无形资产"等账户。固定资产、无形资产等经上述调整后,应按调整后的账面价值在剩余尚可使用寿命内计提折旧或摊销。

这里的非常损失,是指因管理不善造成货物被盗、丢失、霉烂变质以及因违法造成被依法没收、销毁、拆除等情形,不包括自然灾害造成的损失。改变用途是指转用于简易计税项目、免税项目、集体福利或个人消费等不得抵扣税款的情形。

## 【例 8-24】

甲公司因火灾毁损一批库存商品,实际成本 80 000 元,经确认外购材料的增值税 10 400 元,相关增值税已记入"应交税费——应交增值税(进项税额)"账户。请编制相应的会计分录。

甲公司应作会计分录如下。

借:待处理财产损溢　　　　　　　　　　　　90 400
　　贷:库存商品　　　　　　　　　　　　　　　　80 000
　　　　应交税费——应交增值税(进项税额转出)　　10 400

【例 8-25】

承接例 8-24,公司领用一批外购原材料用于给职工发放集体福利,该批原材料实际成本为 30 000 元,相关增值税 3 900 元已记入"应交税费——应交增值税(进项税额)"账户。请编制相应的会计分录。

甲公司应作会计分录如下。

借:应付职工薪酬　　　　　　　　　　　　　　　　33 900
　　贷:原材料　　　　　　　　　　　　　　　　　　　30 000
　　　　应交税费——应交增值税(进项税额转出)　　　3 900

需要注意的是,已抵扣进项税额的固定资产、无形资产、不动产发生非常损失或者改变用途,企业应按照下列公式计算不得抵扣的进项税额,并将其从进项税额中扣减。

不得抵扣的进项税额＝已抵扣进项税额×不动产净值率

不动产净值率＝不动产净值÷不动产原值×100%

【例 8-26】

一般纳税人 A 企业于 20×1 年 5 月以银行存款 1 090 万元购进一座厂房用于生产经营,购进时取得增值税专用发票,并于当期抵扣进项税额 90 万元。同年 11 月,企业决定将该厂房转用于仓储服务,按照文件规定,该业务可采用简易计税办法计征增值税。假设企业采用平均年限法计提折旧,预计使用年限 20 年,净残值率 5%。不考虑其他因素,请编制相应的会计分录。

A 企业应作会计分录如下。

(1) 20×1 年 5 月购进厂房时

借:固定资产——厂房　　　　　　　　　　　　　10 000 000
　　应交税费——应交增值税(进项税额)　　　　　　900 000
　　贷:银行存款　　　　　　　　　　　　　　　　10 900 000

(2) 20×1 年 11 月转用于仓储服务时

不动产净值＝1 000－1 000×(1－5%)÷20÷12×6＝976.25(万元)

不动产净值率＝976.25÷1 000×100%＝97.625%

不得抵扣的进项税额＝90×97.625%＝87.862 5(万元)

借:固定资产——厂房　　　　　　　　　　　　　878 625
　　贷:应交税费——应交增值税(进项税额转出)　　878 625

3) 销售等业务的账务处理

(1) 销售业务的账务处理。企业销售货物、加工修理修配劳务、服务、无形资产或不动产,应当按应收或已收的金额,借记"合同资产""应收账款""应收票据""银行存款"等账户,按取得的收入金额,贷记"主营业务收入""其他业务收入""固定资产清理""工程结算"等账户,按现行增值税制度规定计算的销项税额(或采用简易计税方法计算的应纳增值税税额),贷记"应交税费——应交增值税(销项税额)"或"应交税费——简易计税"账户。发生销售退回,应根据规定按开具的红字增值税专用发票作相反的会计分录。

按照国家统一的会计制度确认收入或利得的时点早于按照增值税制度确认增值税纳税义务发生时点的,应将相关销项税额记入"应交税费——待转销项税额"账户,待实际发生纳税义务时再转入"应交税费——应交增值税(销项税额)"或"应交税费——简易计税"账户。

按照增值税制度确认增值税纳税义务发生时点早于按照国家统一的会计制度确认收入或利得的时点的,应将应纳增值税税额,借记"应收账款"账户,贷记"应交税费——应交增值税(销项税额)"或"应交税费——简易计税"账户,按照国家统一的会计制度确认收入或利得时,应按扣除增值税销项税额后的金额确认收入。

【例 8-27】

乙公司为外单位代加工电脑桌 400 个,每个收取加工费 100 元,适用的增值税税率为 13%,加工完成后,加工费尚未收到。请编制相应的会计分录。

乙公司应作会计分录如下。

借:应收账款　　　　　　　　　　　　　　　46 400
　贷:主营业务收入　　　　　　　　　　　　　　　40 000
　　　应交税费——应交增值税(销项税额)　　　　　5 200

(2)视同销售的账务处理。企业的有些交易和事项从会计角度看不属于销售行为,不能确认销售收入,但是按照税法规定,应视同对外销售处理,计算应交增值税。视同销售需要缴纳增值税的事项主要有:①将货物交付其他单位或者个人代销;②销售代销货物;③设有两个以上机构并实行统一核算的纳税人,将货物从一个机构移送其他机构用于销售,但相关机构设在同一县(市)的除外;④将自产、委托加工的货物用于集体福利或个人消费;⑤将自产、委托加工或购进的货物作为投资、分配给股东或投资者、无偿赠送其他单位或个人;⑥向其他单位或个人无偿提供服务、转让无形资产或不动产(但用于公益事业或以社会公众为对象的除外)。

在这种情况下,应当按照企业会计准则制度相关规定进行相应的会计处理,并按照现行增值税制度的规定计算销项税额(或采用简易计税方法计算应纳增值税税额)。符合收入确认条件的,按确认的交易价格或组成计税价格贷记"主营业务收入""其他业务收入"等账户,不符合收入确认条件的,按成本贷记"库存商品""原材料"等账户;按计算的税额部分,贷记"应交税费——应交增值税(销项税额)""应交税费——简易计税"账户;按照二者的合计数额,借记"应付职工薪酬""营业外支出""长期股权投资""利润分配"等账户。

【例 8-28】

甲公司将自产的一批 C 产品用于对外捐赠。该批产品的成本为 50 000 元,计税价格为 60 000 元,增值税税率为 13%。请编制相应的会计分录。

甲公司应作会计分录如下。

借:营业外支出　　　　　　　　　　　　　　　57 800
　贷:库存商品　　　　　　　　　　　　　　　　　50 000
　　　应交税费——应交增值税(销项税额)　　　　　7 800

4)出口退税的账务处理

为核算纳税人出口货物应收取的出口退税款,设置"应收出口退税款"账户,该账户借方反映销售出口货物按规定向税务机关申报应退回的增值税、消费税等,贷方反映实际收到的出口货物应退回的增值税、消费税等。期末借方余额,反映尚未收到的应退税额。

(1)未实行"免、抵、退"办法的一般纳税人出口货物按规定退税的,按规定计算的应收出口退税额,借记"应收出口退税款"账户,贷记"应交税费——应交增值税(出口退税)"账户,收到出口退税时,借记"银行存款"科目,贷记"应收出口退税款"账户;退税额低于购进时取得的增值税专用发票上的增值税税额的差额,借记"主营业务成本"账户,贷记"应交税费——应交增值税(进项税额转出)"账户。

(2) 实行"免、抵、退"办法的一般纳税人出口货物,在货物出口销售后结转产品销售成本时,按规定计算的退税额低于购进时取得的增值税专用发票上的增值税税额的差额,借记"主营业务成本"账户,贷记"应交税费——应交增值税(进项税额转出)"账户;按规定计算的当期出口货物的进项税抵减内销产品的应纳税额,借记"应交税费——应交增值税(出口抵减内销产品应纳税额)"账户,贷记"应交税费——应交增值税(出口退税)"账户。在规定期限内,内销产品的应纳税额不足以抵减出口货物的进项税额,不足部分按税法有关规定给予退税的,应在实际收到退税款时,借记"银行存款"账户,贷记"应交税费——应交增值税(出口退税)"账户。

5) 增值税税控系统抵减增值税税额的核算

按照现行增值税制度规定,企业初次购买增值税税控系统专用设备支付的费用及缴纳的技术维护费允许在增值税应纳税额中全额抵减。按规定抵减的增值税税额,借记"应交税费——应交增值税(减免税款)"账户,贷记"管理费用"账户。

6) 月末转出多交增值税和未交增值税的账务处理

月度终了,企业应当将当月应交未交或多交的增值税自"应交增值税"明细账户转入"未交增值税"明细账户。对于当月应交未交的增值税,借记"应交税费——应交增值税(转出未交增值税)"账户,贷记"应交税费——未交增值税"账户;对于当月多交的增值税,借记"应交税费——未交增值税"账户,贷记"应交税费——应交增值税(转出多交增值税)"账户。

7) 缴纳增值税的账务处理

(1) 缴纳当月应交增值税的账务处理。企业缴纳当月应交的增值税,借记"应交税费——应交增值税(已交税金)"账户,贷记"银行存款"账户。

(2) 缴纳以前期间未交增值税的账务处理。企业缴纳以前期间未交的增值税,借记"应交税费——未交增值税"账户,贷记"银行存款"账户。

(3) 预交增值税的账务处理。企业预交增值税时,借记"应交税费——预交增值税"账户,贷记"银行存款"账户。月末,企业应将"预交增值税"明细账户余额转入"未交增值税"明细账户,借记"应交税费——未交增值税"账户,贷记"应交税费——预交增值税"账户。

3. 小规模纳税企业增值税的核算

小规模纳税企业在会计核算上有如下特点:一是购入货物时无论是否具有增值税专用发票,其支付的增值税税额均不计入进项税额,不得从销项税额中抵扣,而应计入购入货物的成本;二是小规模纳税企业的销售收入按不含税价格计算;三是"应交税费——应交增值税"账户采用三栏式账页格式不需要设置前述各专栏项目。

按照现行增值税制度规定,小规模纳税企业初次购买增值税税控系统专用设备支付的费用及缴纳的技术维护费,也允许在增值税应纳税额中全额抵减。

【例 8-29】

20×1 年 5 月 5 日某小规模纳税人购入丁材料一批,取得的增值税专用发票中注明货款 30 000 元,增值税税额为 4 200 元,款项以银行存款支付,材料已验收入库。该企业当月销售 B 产品一批,所开出的普通发票中注明的货款(含税)为 61 800 元,增值税征收率为 3%,款项已存入银行。请编制相应的会计分录。

该企业应作会计分录如下。

(1) 购进丁材料时

借:原材料——丁材料　　　　　　　　　　34 200
　　贷:银行存款　　　　　　　　　　　　　　34 200

(2) 销售 B 产品时

借:银行存款　　　　　　　　　　　　　　61 800
　　贷:主营业务收入　　　　　　　　　　　60 000
　　　　应交税费——应交增值税　　　　　 1 800

4. 差额征税的核算

根据财政部和国家税务总局"营改增"的相关规定,对于企业发生的某些业务应采用差额征税方式,将企业发生相关成本费用允许扣减销售额计算应纳增值税税额。这些业务包括金融商品转让、经纪代理服务、融资租赁和融资性售后回租业务、一般纳税人提供客运场站服务、试点纳税人提供旅游服务、选择简易计税方式提供建筑服务等。

企业发生转让金融商品之外的其他业务时,对于发生的成本费用,按应付或实际支付的金额,借记"主营业务成本"等账户,贷记"应付票据""银行存款"等账户,待取得合法增值税扣税凭证并经平台确认且纳税义务发生时,按可抵扣的税额,借记"应交税费——应交增值税(销项税额抵减)""应交税费——简易计税"账户,小规模纳税人应借记"应交税费——应交增值税"账户,贷记"主营业务成本"等账户。

企业转让金融商品按规定以盈亏相抵后的余额作为销售额,如产生转让收益,按应纳税额,借记"投资收益"账户,贷记"应交税费——转让金融商品应交增值税"账户;如为转让损失,按规定可结转下月抵扣税额,作相反会计分录,但年末仍出现负差,不得转入下一会计年度。年末,如果"应交税费——转让金融商品应交增值税"账户余额在借方,借记"投资收益"账户,贷记"应交税费——转让金融商品应交增值税"账户。缴纳税额时,借记"应交税费——转让金融商品应交增值税"账户,贷记"银行存款"账户。

### 8.4.2 应交消费税核算

1. 消费税概述

消费税(consumption tax)是指对在我国境内从事生产、委托加工及进口应税消费品的单位和个人,按其应税消费品的销售额或销售数量征收的一种流转税。消费税按不同应税消费品分别采用从价定率、从量定额和复合征税三种征税方式。

1) 从价定率征税方式

$$应纳税额 = 销售额(或组成计税价格) \times 适用税率$$

式中,销售额为纳税人销售应税消费品向购买方收取的全部价款和价外费用,但不包括从购买方收取的增值税税款。

$$组成计税价格 = (成本 + 利润) \div (1 - 消费税税率)$$

对于进口的应税消费品实行从价定率办法计算应纳税额,其计算公式为

应纳税额＝组成计税价格×适用税率

组成计税价格＝(关税完税价格＋关税)÷(1－消费税税率)

对于委托加工的应税消费品按受托方同类消费品的价格计算纳税;没有同类消费品销售价格的,按组成计税价格计算纳税,其计算公式为

组成计税价格＝(材料成本＋加工费)÷(1－消费税税率)

对于出口的应税消费品免征消费税。

2）从量定额征税方式

应纳税额＝销售数量×单位税额

式中:销售数量为销售应税消费品的实际数量。具体包括:销售应税消费品的为应税消费品的实际销售数量;自产自用应税消费品的为应税消费品的移送使用数量;委托加工应税消费品的为纳税人收回的应税消费品的数量;进口应税消费品的为海关核定的应税消费品进口征税数量。

3）复合征税方式

应纳税额＝销售额×适用税率＋销售数量×单位税额

2．应交消费税的账务处理

企业为了正确核算应交消费税的发生、缴纳情况,应在"应交税费"账户下设置"应交消费税"明细账户,该账户贷方登记按规定应缴纳的消费税,借方登记企业实际缴纳的消费税,期末贷方余额表示企业尚未缴纳的消费税,期末借方余额表示多缴的消费税。

1）销售应税消费品

企业销售需要缴纳消费税的物资以及以生产的商品换取生产资料、消费资料等应交的消费税,借记"税金及附加"账户,贷记"应交税费——应交消费税"账户。

【例 8-30】

某企业为一般纳税人,本月销售其生产的应纳消费税产品的售价为 300 000 元,增值税税款为 42 000 元,产品成本为 200 000 元,消费税税率为 10%。产品已经发出,价税款均已收存银行。请编制相应的会计分录。

该企业应作会计分录如下。

(1) 销售商品收到款项并存入银行时

借:银行存款                                         342 000
    贷:主营业务收入                                 300 000
        应交税费——应交增值税(销项税额)            42 000

(2) 计提消费税时

借:税金及附加                                        30 000
    贷:应交税费——应交消费税                       30 000

(3) 结转销售成本时

借:主营业务成本                                     200 000
    贷:库存商品                                     200 000

2) 自产自用应税消费品

企业将自产的应税消费品用于对外投资、在建工程或赞助、广告、样品及集体福利等，应视同销售缴纳消费税，借记"长期股权投资""营业外支出""在建工程"等账户，贷记"应交税费——应交消费税"账户。

**【例 8-31】**

承接例 8-30，若该企业以其应纳消费税产品用于专项工程，则该企业应作会计分录如下。

借：在建工程                          272 000
  贷：库存商品                        200 000
      应交税费——应交增值税（销项税额）   42 000
           ——应交消费税              30 000

3) 委托加工应税消费品

企业委托加工的应税消费品由受托方在向委托方交货时代收代缴税款。受托方通过"应交税费——应交消费税"账户核算，委托方应区别以下不同情况进行处理。

委托方委托加工的应税消费品收回后用于连续生产应税消费品的，应在销售最终应税消费品时再计算应纳消费税，其在收回委托加工产品时已代收代缴的消费税可按规定予以抵减，借记"应交税费——应交消费税"账户。委托方将收回的应税消费品以不高于受托方的计税价格出售的，属于直接出售，不再缴纳消费税，收回时已代收代缴的消费税直接计入委托加工产品的成本。委托方将收回的应税消费品以高于受托方的计税价格出售的，应按照规定申报补缴消费税，记入"应交税费——应交消费税"账户贷方。

**【例 8-32】**

甲公司接受丙公司委托加工一批应税消费品（非金银首饰），收到的加工材料实际成本为 30 000 元，加工费 6 000 元及代收代缴消费税额存入银行。当月加工完毕，向丙公司开具增值税专用发票。消费税适用税率为 10%。假定增值税专用发票已经税务平台确认。请编制相应的会计分录。

甲公司应作会计分录如下。

收到加工费和代收代缴的消费税：

$$\text{委托加工消费品组成计税价格} = \frac{\text{加工材料的实际成本} + \text{加工费}}{1 - \text{消费税税率}}$$

$$= \frac{30\,000 + 6\,000}{1 - 10\%} = 40\,000（元）$$

$$\text{委托加工消费品应代收代缴消费税} = \text{组成计税价格} \times \text{消费税税率}$$

$$= 40\,000 \times 10\% = 4\,000（元）$$

借：银行存款                          10 780
  贷：其他业务收入                     6 000
      应交税费——应交增值税（销项税额）    780
      应交税费——应交消费税            4 000

丙公司应作会计分录如下。

发出加工材料时

借：委托加工物资　　　　　　　　　　　　　　　　30 000
　　贷：原材料　　　　　　　　　　　　　　　　　　　　　30 000

(1) 若收回后用于连续加工应税消费品。

① 支付加工费、增值税、消费税时

借：委托加工物资　　　　　　　　　　　　　　　　6 000
　　应交税费——应交增值税(进项税额)　　　　　　780
　　应交税费——应交消费税　　　　　　　　　　　4 000
　　贷：银行存款　　　　　　　　　　　　　　　　　　　10 780

② 收回应税消费品时

借：原材料　　　　　　　　　　　　　　　　　　　　40 000
　　贷：委托加工物资　　　　　　　　　　　　　　　　　40 000

(2) 若收回后用于直接出售。

① 支付加工费、增值税、消费税时

借：委托加工物资　　　　　　　　　　　　　　　　10 000
　　应交税费——应交增值税(进项税额)　　　　　　780
　　贷：银行存款　　　　　　　　　　　　　　　　　　　10 780

② 收回应税消费品时

借：库存商品　　　　　　　　　　　　　　　　　　　40 000
　　贷：委托加工物资　　　　　　　　　　　　　　　　　40 000

③ 销售应税消费品,不再缴纳消费税时

借：银行存款　　　　　　　　　　　　　　　　　　　45 200
　　贷：主营业务收入　　　　　　　　　　　　　　　　　40 000
　　　　应交税费——应交增值税(销项税额)　　　　　5 200

(3) 若收回后用于以 50 000 元价格出售。

① 支付加工费、增值税、消费税时

借：委托加工物资　　　　　　　　　　　　　　　　6 000
　　应交税费——应交增值税(进项税额)　　　　　　780
　　应交税费——应交消费税　　　　　　　　　　　4 000
　　贷：银行存款　　　　　　　　　　　　　　　　　　　10 780

② 收回应税消费品时

借：库存商品　　　　　　　　　　　　　　　　　　　40 000
　　贷：委托加工物资　　　　　　　　　　　　　　　　　40 000

③ 销售应税消费品时

借：银行存款　　　　　　　　　　　　　　　　　　　56 500
　　贷：主营业务收入　　　　　　　　　　　　　　　　　50 000
　　　　应交税费——应交增值税(销项税额)　　　　　6 500

④ 计算应税消费税时

借：税金及附加　　　　　　　　　　　　　　　　　5 000
　　贷：应交税费——应交消费税　　　　　　　　　　　5 000

⑤ 补缴消费税时

借：应交税费——应交消费税　　　　　　　　1 000
　　贷：银行存款　　　　　　　　　　　　　　　　　1 000

## 8.4.3　其他应交税费核算

其他应交税费是指除上述应交税费以外的应交税费,包括应交资源税,应交土地增值税,应交城市维护建设税,应交教育费附加,应交房产税、城镇土地使用税、车船税和印花税等。企业应当在"应交税费"账户下设置相应的明细账户进行核算,贷方登记应缴纳的有关税费,借方登记已缴纳的有关税费,期末贷方余额表示尚未缴纳的有关税费。

1. 应交资源税的核算

资源税是对在我国境内开发和利用自然资源及生产盐的单位和个人征收的一种税。目的是调节因资源生成和开发条件差异而形成的级差收入。

资源税区别不同的资源产品,采用从价定率或从量定额的办法,分别以应税产品的销售额和具体的比例税率或者以应税产品的销售数量和规定的单位税额计算应纳税额。自产自用应税资源产品的,也应在移送使用当天按其折算销售额或自用数量计算应交资源税。

（1）实行从价定率计征办法的计算公式：

$$应纳税额=应税产品的销售额 \times 适用的比例税率$$

（2）实行从量定额计征办法的计算公式：

$$应纳税额=应税产品的销售数量 \times 适用的定额税率$$

企业按规定计算出应缴纳的资源税额借记"税金及附加""生产成本"等账户,贷记"应交税费——应交资源税"账户。缴纳时,借记"应交税费——应交资源税"账户,贷记"银行存款"账户。

2. 应交土地增值税的核算

土地增值税是国家对转让国有土地使用权、地上建筑物及其附着物并取得增值性收入的单位和个人,就其取得的增值额征收的一种税。土地增值额是指转让收入减去规定扣除项目金额后的余额。

开征土地增值税主要是对房地产交易中的过高利润进行适当的调节,采用超率累进税率。

其计算公式为

$$应纳的土地增值税 = \sum (各级距土地增值额 \times 适用税率)$$

若企业转让的土地使用权连同地上建筑物及其附着物一并在"固定资产"账户核算,转让时应交的土地增值税借记"固定资产清理"账户,贷记"应交税费——应交土地增值税"账户；若土地使用权在"无形资产"账户核算,借记"银行存款""累计摊销""无形资产减值准备"账户,按无形资产账面余额贷记"无形资产"账户,按应交的增值税贷记"应交税费——应交增值税（销项税额）"或"应交税费——简易计税"账户,按应交的土地增值税贷记"应交税费——应交土地增值税"账户,按其差额借记或贷记"资产处置损益"账户。企业实际缴纳土地增值税时,借记"应交税费——应交土地增值税"账户,贷记"银行存款"账户。

### 3. 应交城市维护建设税的核算

城市维护建设税是指对从事生产经营活动的单位和个人以其实际缴纳的增值税和消费税税额为计税依据,按照规定税率计算征收的专项用于城市维护建设的一种税。税率分别为市区7%,县、镇5%,其他1%。

其计算公式为

$$应纳的城市维护建设税 = (纳税人本期实际缴纳的增值税税额 + 消费税税额) \times 适用税率$$

企业按规定计算应缴纳的城市维护建设税税额,借记"税金及附加"等账户,贷记"应交税费——应交城市维护建设税"账户;实际缴纳时,借记"应交税费——应交城市维护建设税"账户,贷记"银行存款"账户。

**【例 8-33】**

甲公司本期实际应上交增值税税额50 000元,消费税税额180 000元,该公司适用的城市维护建设税税率为7%。请编制相应的会计分录。

甲公司该月应缴纳的城市维护建设税税额及会计分录如下。

(1) 应交城市维护建设税

$$应交城市维护建设税 = (增值税税额 + 消费税税额) \times 城市维护建设税适用税率$$
$$= (50\,000 + 180\,000) \times 7\%$$
$$= 16\,100(元)$$

借:税金及附加　　　　　　　　　　　　　　　16 100
　　贷:应交税费——应交城市维护建设税　　　　　16 100

(2) 实际上交时

借:应交税费——应交城市维护建设税　　　　　16 100
　　贷:银行存款　　　　　　　　　　　　　　　16 100

### 4. 应交教育费附加的核算

教育费附加是为了发展教育事业而向企业征收的附加费用,企业按实际缴纳的增值税、消费税的一定比例计算缴纳。企业按规定计算出应交的教育费附加,借记"税金及附加"等账户,贷记"应交税费——应交教育费附加"账户。

**【例 8-34】**

甲公司按税法规定计算20×1年第四季度应缴纳的教育费附加为50 000元,款项已用银行存款支付。请编制相应的会计分录。

甲公司应作会计分录如下。

(1) 计算应缴纳教育费附加时

借:税金及附加　　　　　　　　　　　　　　　50 000
　　贷:应交税费——应交教育费附加　　　　　　　50 000

(2) 实际缴纳教育费附加时

借:应交税费——应交教育费附加　　　　　　　50 000
　　贷:银行存款　　　　　　　　　　　　　　　50 000

5. 应交房产税、城镇土地使用税、车船税和印花税的核算

房产税是国家对在城市、县城、建制镇和工矿区征收的由产权所有人缴纳的一种财产税，它是以房产原值一次扣减10%～30%的余值或房屋租金为计税依据征收的一种财产税。

城镇土地使用税是国家为合理地利用城镇土地，调节土地级差收入，提高土地使用收益，加强土地管理开征的税种。其以城市、县城、建制镇和工矿区范围内的土地为征税对象，按实际占用土地面积，向使用土地的单位和个人征收。

车船税是拥有并使用车船的单位和个人缴纳的税种。车船税是对行驶于公共道路上的车辆和航行于国内河流、湖泊和领海口岸的船舶，按其种类、吨位征收的一种行为税，按年计征，分期缴纳。

印花税是以经济活动中书立、领受或使用的各种合同、产权转移书据、营业账簿、权利许可证照等应税凭证文件为对象所征的税，对凭证有直接权利与义务关系的单位和个人均应就所持凭证依法纳税。

企业按规定计算应交的房产税、城镇土地使用税、车船税、印花税，应在"应交税费"账户下设置"应交房产税""应交城镇土地使用税""应交车船税""应交印花税"等明细账户进行核算。

企业按规定计算应交的房产税、城镇土地使用税、车船税、印花税，借记"税金及附加"账户，贷记"应交税费——应交房产税""应交税费——应交城镇土地使用税""应交税费——应交车船税""应交税费——应交印花税"账户；企业实际缴纳时，应借记"应交税费——应交房产税""应交税费——应交城镇土地使用税""应交税费——应交车船税""应交税费——应交印花税"账户，贷记"银行存款"账户。若企业缴纳的印花税，未发生应付未付情况，不需要预计应纳税金额，也不存在与税务机关结算的情况，则不通过"应交税费——应交印花税"账户核算，于购买印花税票时，直接借记"税金及附加"账户，贷记"银行存款"账户。

## 任务8.5 其他流动负债核算

### 8.5.1 应付股利核算

应付股利（dividends payable）是指企业根据股东大会或类似机构审议批准的利润分配方案确定分配给投资者的现金股利或利润。应付股利在每月企业实现经营利润后就形成了，由于董事会宣布发放现金股利的日期和正式开始发放的日期之间有一定的相隔天数，所以，在尚未支付以前，暂时留在企业，形成企业的一项流动负债。

为总括反映应付现金股利或利润的形成和支付情况，应设置"应付股利"账户，该账户属于负债类，贷方登记应支付的现金股利或利润数额；借方登记实际支付的现金股利或利润数额；期末余额在贷方，表示企业尚未支付的现金股利或利润数额。

企业根据股东大会或类似机构审议批准的利润分配方案，确认应付给投资者的现金股利或利润时，借记"利润分配——应付现金股利或利润"账户，贷记"应付股利"账户；向投资

者实际支付现金股利或利润时,借记"应付股利"账户,贷记"银行存款"等账户。

需要说明的是,企业董事会或类似机构通过的利润分配方案中拟分配的现金股利或利润,不作账务处理,不需通过"应付股利"账户核算,但应在附注中披露。企业分配的股票股利,在董事会或股东大会确定分配方案至正式办理增资手续之前,不需作正式的账务处理,而只在备查簿中作相应登记。

【例 8-35】

A 公司经股东大会表决通过,20×1年的利润分配方案为每10股送2股,并派0.2元/股的现金股利,A公司总股本为5 000万股。请编制相应的会计分录。

A 公司应作会计分录如下。

(1) 宣告发放现金股利时

借:利润分配——应付股利　　　　　　　　　10 000 000
　　贷:应付股利　　　　　　　　　　　　　　　　10 000 000

(2) 用银行存款发放现金股利时

借:应付股利　　　　　　　　　　　　　　　10 000 000
　　贷:银行存款　　　　　　　　　　　　　　　　10 000 000

### 8.5.2　应付利息核算

应付利息(interest payable)是指企业按照合同约定应支付的利息,包括分期付息到期还本的长期借款、企业债券等应支付的利息。

企业应当设置"应付利息"账户,该账户属于负债类,期末贷方余额表示企业按照合同约定应支付但尚未支付的利息。"应付利息"账户应按照债权人设置明细账户进行明细分类核算。

资产负债表日,应按摊余成本和实际利率计算确定的利息费用,借记"利息支出""在建工程""财务费用""研发支出"等账户,按合同利率计算确定的应付未付利息,贷记"应付利息"账户,按其差额,借记或贷记"长期借款——利息调整""吸收存款——利息调整"等账户。合同利率与实际利率差异较小的,也可以采用合同利率计算确定利息费用。实际支付利息时,借记"应付利息"账户,贷记"银行存款"等账户。

### 8.5.3　其他应付款核算

其他应付款(other payables)是指企业除应付票据、应付账款、预收账款、应付职工薪酬、应交税费、应付股利等经营活动以外的,需在一年内偿付的各种应付、暂收其他单位或个人的款项。具体包括应付经营性租入固定资产和包装物的租金,存入保证金(如收取的出租、出借包装物押金等),应付统筹退休金,职工未按时领取的工资,其他应付、暂收单位或个人的款项。

为了总括反映和监督企业其他应付、暂收款项的增减变动情况,应设置"其他应付款"账户,该账户属于负债类,贷方登记发生的各种应付、暂收款项;借方登记偿还或转销的各种应付、暂收款项；期末余额在贷方，表示尚未偿还的其他应付、暂收款项。"其他应付款"账户应按款项的类别和单位或个人设置明细账，进行明细分类核算。

## 课后练习

### 一、判断题

1. 一年内将到期的长期负债，按规定应在资产负债表中作为流动负债反映。（　）
2. 无论是带息票据还是不带息票据，通常都是按到期偿付的金额即票据的面值（或本金）来登记"应付票据"账户的。（　）
3. 短期借款利息在计提或实际支付时均应通过"短期借款"账户核算。（　）
4. 企业应向社会保险经办机构（或企业年金基金账户管理人）缴纳医疗保险费、养老保险费、失业保险费、工伤保险费、生育保险费和住房公积金。（　）
5. 企业缴纳的印花税、耕地占用税，也需通过"应交税费"账户。（　）
6. 一般纳税人购进货物支付的增值税税款，均不构成所购货物的成本。（　）
7. 小规模纳税企业只有具有增值税专用发票，才能将支付的进项税额抵扣销项税额。（　）
8. 企业将购买的货物用于不动产在建工程，应将其进项税额转出并计入在建工程成本。（　）
9. 委托加工应税消费品如果收回后用于连续生产，按规定准予抵扣的，应将消费税记入"应交税费"账户的借方。（　）
10. 应付股利是企业根据股东大会或类似机构审议批准的利润分配方案确定分配给投资者的现金股利、股票股利或利润。（　）

### 二、单项选择题

1. 按现行会计准则规定，短期借款所发生的利息，一般应计入（　）。
   A. 管理费用　　　B. 营业外支出　　　C. 财务费用　　　D. 投资收益
2. 下列项目中，不属于流动负债的是（　）。
   A. 其他应付款　　B. 预收账款　　　C. 应付股利　　　D. 长期借款
3. 应付票据无论是否带息一般均应按其（　）记账。
   A. 票面价值　　　B. 市场价值　　　C. 终值　　　　　D. 公允价值
4. 预收货款业务不多的企业，其所发生的预收货款可以通过（　）账户进行核算。
   A. 应收账款　　　B. 应付账款　　　C. 预付账款　　　D. 应收票据
5. 某企业20×1年5月购入一台需要安装的设备，取得的增值税发票上注明的设备买价为100万元，增值税税额为13万元，支付的运杂费为2万元，设备安装时领用生产用材料价值20万元（不含税），购进该批材料的增值税为2.6万元，设备安装时支付有关人员薪酬2.6万元。该固定资产的成本为（　）万元。
   A. 124.6　　　　B. 145　　　　　　C. 128　　　　　　D. 141.6

6. 企业的应付账款确实无法支付,经确认后可转作( )。
   A. 营业外收入　　B. 投资收益　　C. 其他业务收入　　D. 资本公积

7. 企业将自己生产的应税消费品用于职工福利时,应借记( )账户。
   A. 在建工程　　B. 税金及附加　　C. 应付职工薪酬　　D. 库存商品

8. 甲企业为一般纳税人企业,采用托收承付结算方式从其他企业购入原材料一批,货款为100 000元,增值税为13 000元,对方代垫的运杂费2 000元,该原材料已经验收入库。该购买业务所发生的应付账款入账价值为( )元。
   A. 113 000　　B. 100 000　　C. 118 000　　D. 102 000

9. 下列各项应通过"应交税费——未交增值税"账户核算的有( )。
   A. 本月上交本月的应交增值税　　B. 本月上交上期的应交未交增值税
   C. 结转本月应交未交的增值税　　D. 结转本月多交的增值税

10. 企业将生产的应税消费品直接对外销售应缴纳的消费税,通过( )账户核算。
    A. 主营业务成本　　B. 税金及附加　　C. 库存商品　　D. 管理费用

### 三、多项选择题

1. 下列项目在会计处理时将形成一项流动负债的有( )。
   A. 董事会决议分派的股票股利
   B. 按月计提的非购建固定资产的长期借款利息
   C. 股东大会决议分派的现金股利
   D. 材料已收到但尚未收到结算凭证的暂估应付款

2. 下列各项经济业务中通过"应付账款"账户核算的有( )。
   A. 应付的水电费　　　　　　　　B. 应付的汽车修理费
   C. 应付的商品采购款　　　　　　D. 收取的包装物押金

3. 应付职工薪酬包括的内容有( )。
   A. 职工工资和奖金　　B. 职工教育经费　　C. 职工福利费　　D. 住房公积金

4. 下列各项支出中应记入"应付职工薪酬——职工福利"账户借方的有( )。
   A. 报销生产工人的医药费　　　　B. 开展工会活动的费用
   C. 发放职工生活困难补助　　　　D. 提取的社会统筹退休基金

5. 对小规模纳税企业,下列说法中正确的有( )。
   A. 小规模纳税企业销售货物或者提供应税劳务,一般情况下,只能开具普通发票,不能开具增值税专用发票
   B. 小规模纳税企业销售货物或者提供应税劳务,实行简易办法计算应纳税额,按照销售额的一定比例计算征收
   C. 小规模纳税企业的销售额不包括其应纳税额
   D. 小规模纳税企业购入货物取得增值税专用发票,其支付的增值税税额可计入进项税额,并由销项税额抵扣,而不计入购入货物的成本

6. 下列各项中,通过"税金及附加"账户核算的有( )。
   A. 增值税　　B. 消费税　　C. 教育费附加　　D. 城市维护建设税

7. 甲企业为增值税一般纳税人,委托外单位加工一批材料(属于应税消费品,且为非金银首饰)。该批原材料加工收回后用于连续生产应税消费品。甲企业发生的下列各项支出

中,会增加收回委托加工材料实际成本的有( )。
    A. 支付的加工费  B. 支付的增值税  C. 承担的运杂费  D. 支付的消费税
8. 下列各项中,属于其他应付款核算范围的有( )。
    A. 应付的经营租入固定资产的租金    B. 应付的教育费附加
    C. 存出投资款                      D. 职工未按时领取的工资
9. 下列税金中,应计入企业固定资产价值的有( )。
    A. 房产税    B. 车船税    C. 车辆购置税    D. 购入固定资产缴纳的契税
10. 甲公司为增值税一般纳税人,适用的增值税税率为13%。20×1年6月甲公司董事会决定将本公司生产的100件产品作为福利发放给100名管理人员,该批产品单件成本为1.2万元,市场销售价格为每件2万元(不含增值税)。不考虑其他相关税费,下列有关会计处理的表述正确的有( )。
    A. 应计入管理费用的金额为226万元    B. 确认主营业务收入200万元
    C. 确认主营业务成本120万元         D. 不通过"应付职工薪酬"账户核算

## 四、业务题

1. 甲公司为一般纳税人企业,发生以下经济业务。
(1) 从市工商银行借入一笔金额为100 000元,年利率为6%,期限为3个月的临时借款,利息于每月月末支付,期满一次归还本金。
(2) 采用不带息银行承兑汇票向华宇公司购入甲材料一批,价款50 000元,增值税税率为13%。该银行承兑汇票的期限为3个月,银行承兑手续费按票面金额的1‰计算。
(3) 与B公司订有销货合同,向其提供A产品10 000件,每件售价10元,合同规定签约时预付30%余款,1个月后交付产品时结算。
要求:根据上述经济业务编制相应的会计分录。

2. A企业20×1年5月发生以下经济业务。
(1) 月末分配5月的应付职工薪酬,总额为100 000元。其中生产车间直接生产工人工资80 000元,车间管理人员工资10 000元,厂部管理人员工资4 000元,医务福利人员工资1 000元,销售部门人员工资3 000元,基建工程人员工资2 000元。
(2) 根据本月已分配工资额的14%提取职工福利费。
(3) 根据本月已分配工资额的5%提取社会保险费。
(4) 根据本月已分配工资额的2%提取住房公积金。
(5) 根据本月已分配工资额的2%提取工会经费。
(6) 根据本月已分配工资额的1.5%提取职工教育经费。
(7) 职工张某报销医药费500元,用现金支付。
(8) 企业会计人员5人,参加继续教育培训,每人学费200元,单位报销80%,用现金支付。
要求:根据上述经济业务编制相应的会计分录。

3. 要求:根据本项目案例导入所述经济业务编制相应的会计分录。

4. 甲公司是一家计算机生产型企业,有职工200名,其中一线生产工人170名,总部管理人员30名。20×1年2月,甲公司决定以其外购的一批液晶显示器作为集体福利发放给职工,该批显示器单位购买成本为10 000元,单位计税价格(公允价值)为14 000元,适用的增值税税率为13%。

要求：编制甲公司的相关会计分录。

5. 某企业为增值税一般纳税人，20×3年6月发生以下主要经济业务。

(1) 委托外单位加工一批材料（非金银首饰），原材料价款70万元，加工费用20万元，消费税税率为10%，材料已经加工完毕验收入库，加工费用等尚未支付。该委托加工材料收回后用于连续生产应税消费品。

(2) 将应税消费品用于对外投资，产品成本700万元，计提的存货跌价准备为40万元，公允价值和计税价格均为1 000万元。该产品的消费税税率为10%（具有商业实质）。

(3) 出售一厂房，该厂房购于20×1年6月，厂房原价1 500万元，已提折旧500万元，计提减值准备100万元。出售所得收入1 000万元存入银行，用银行存款支付清理费用5万元。厂房已清理完毕，适用一般计税办法。增值税税率为9%。

(4) 转让无形资产所有权，收入25万元，无形资产的原值为30万元，已摊销的无形资产金额是6万元，没有计提无形资产减值准备。增值税税率为6%。

(5) 出租一项当月取得的无形资产，取得价款300万元，预计使用寿命5年，预计净残值为零，采用直线法进行摊销。当月取得租金收入10万元，增值税税率为6%。

要求：编制上述经济业务的相关会计分录。

# 非流动负债核算

项目9
Xiangmu 9

## 技能目标

1. 基本会进行长期借款、应付债券和长期应付款等会计核算岗位的各项工作。
2. 能正确区分和计算借款费用的资本化数额和费用化数额。
3. 会按照规范流程和方法进行长期借款、应付债券和长期应付款等非流动负债业务的账务处理。

## 知识目标

1. 熟悉《企业会计准则——借款费用》,理解借款费用资本化应满足的条件,掌握借款费用资本化的计算方法。
2. 掌握计算确定应付债券各期利息费用的基本方法,即实际利率法。
3. 掌握长期借款、应付债券、长期应付款等非流动负债业务的会计核算方法。

## 案例导入

20×2年1月,某高校会计专业毕业生王芳到某股份有限责任公司进行顶岗实习。公司1月8日发行企业债券,相关资料如下。

本期债券募集资金将用于大南湖的形象建设和工业区二期工程项目建设。

发行规模:10亿元。

债券期限和利率:本期债券期限为10年,采用固定利率形式,债券利率为5%,在债券存续期内固定不变。本期债券采用单利,按年计息,不计复利,逾期不另计利息(不考虑发行费)。

发行价格:债券面值100元,平价发行。

起息日:本期债券的起息日为发行首日,即20×1年12月31日,本期债券存续期限内每年的12月31日为该计息年度的起息日。

还本付息方式:每年付息一次,到期一次还本,最后一期利息随本金一起支付。

请问:王芳应如何进行债券发行、第一年支付债券利息及该债券到期偿还本金的核算(假设该工程于6年后完工)?

## 任务9.1 借款费用核算

### 9.1.1 借款费用概述

借款费用是指企业因借入资金所付出的代价,包括借款利息、折价或者溢价的摊销、辅助费用以及因外币借款而发生的汇兑差额。因借款而发生的利息,包括企业向银行或其他金融机构等借入资金发生的利息、发行债券发生的以及承担带息债务应计的利息等。

借款费用的核算主要解决的是将每期发生的借款费用资本化,还是将每期借款费用费用化的问题。借款费用资本化,就是要将企业在购建资产过程中因使用借款而发生的相关费用在该资产达到预定可使用状态以前计入资产的成本。借款费用费用化,就是将因借款而发生的相关费用,在发生时直接计入当期损益。

《企业会计准则——借款费用》第四条规定:企业发生的借款费用,可直接归属于符合资本化条件的资产的,应予以资本化,计入相关资产成本;其他借款费用,应在发生时根据其发生额确认为费用,计入当期损益。从这一规定不难看出,借款费用确认的关键是借款费用资本化的范围。借款费用资本化的范围包括借款范围、资产范围和时间范围等。

(1) 借款范围。借款范围是指借款费用可予以资本化的借款的范围。借款费用可予以资本化的借款范围,仅限于专门借款和为购建或生产需要经过相当长时间才能达到预定可使用或可销售状态的资产所占用的一般借款,不包括其他借款,如流动资金借款。

(2) 资产范围。资产范围是指借款费用可予以资本化的资产的范围。借款费用可予以资本化的资产范围,只限于需要经过相当长时间购建或生产活动才能达到预定可使用或可销售状态的固定资产、投资性房地产和存货等资产。不包括对外投资以及生产周期较短(一年以内)的其他存货资产。建造合同成本、无形资产开发支出在符合条件的情况下,也可以认定为符合资本化条件的资产。

(3) 时间范围。时间范围是指借款费用资本化的期间范围。借款费用资本化的期间,是从借款费用开始资本化的时间到停止资本化的时间,其中还应扣除暂停资本化的期间。这里包括三个时间要素,即借款费用开始资本化时间、暂停资本化时间、终止资本化时间。

其中,当借款费用同时满足下列三个条件时,才应当开始资本化:一是资产支出已经发生;二是借款费用已经发生;三是为使资产达到预定可使用或者可销售状态所必要的购建或者生产活动已经开始。

符合资本化条件的资产在购建或者生产过程中发生了非正常中断且中断时间连续超过3个月的,应当暂停借款费用的资本化。

购建或者生产的符合资本化条件的资产达到预定可使用或者可销售状态时,借款费用应当停止资本化。

### 9.1.2 借款费用的账务处理

借款费用记录涉及的会计账户,主要包括"长期待摊费用""在建工程""制造费用""财务费用""长期借款""应付债券""银行存款"等账户。

1. 发生在企业开办期间的所有借款费用

发生在企业开办期间的所有借款费用,应先记入"长期待摊费用"账户,待生产经营时一次转入当期损益。计算确定借款费用时,应借记"长期待摊费用——开办费"账户,贷记"长期借款""银行存款"等账户。

2. 发生在生产经营期的借款费用

应区分是否符合资本化条件分情况处理。

(1) 借款利息、溢折价摊销额的账务处理。对符合资本化条件的专门借款和一般借款利息、溢折价摊销额,按规定计算确定的资本化金额,借记"在建工程""制造费用"账户,贷记"长期借款""应付债券""银行存款"等账户;对于应费用化,计入当期损益的借款利息、溢折价摊销额,应借记"财务费用"账户,贷记"长期借款""应付债券""银行存款"等账户。

(2) 外币借款汇兑差额的账务处理。对于符合资本化条件的汇兑损失,应于发生时按实际损失金额借记"在建工程""制造费用"账户,贷记"长期借款(外币户)""应付债券(外币户)"等账户;对于应费用化,计入当期损益的汇兑损失,应于发生时按实际损失额,借记"财务费用"账户,贷记"长期借款(外币户)""应付债券(外币户)"等账户。对于发生的汇兑收益,作上述相反的会计分录。

(3) 借款辅助费用的账务处理。辅助费用是企业为了安排借款而发生的必要费用,比如借款手续费、佣金等,是借款费用的有机组成部分。应于辅助费用实际支付时,按实际支付的金额进行账务处理。对于在资本化期间支付的,借记"在建工程""制造费用"账户,贷记"银行存款"账户;对于在非资本化期间支付的,借记"财务费用"账户,贷记"银行存款"账户。

## 任务9.2 长期借款核算

### 9.2.1 长期借款概述

长期借款(long-term borrowings)是指企业向银行或其他金融机构借入的期限在一年以上(不含一年)的各项借款。按照付息方式与本金的偿还方式不同,可将长期借款分为分期付息、到期还本长期借款,到期一次还本付息长期借款和分期偿还本息长期借款;按所借币种不同,可分为人民币长期借款和外币长期借款。

长期借款是企业长期负债的重要组成部分,长期借款的使用关系到企业的生产经营规模和效益,它一般用于固定资产的购建、改扩建工程、大修理工程、对外投资以及为了保持长期经营能力等方面,所以必须加强管理与核算。企业除了要遵守借款规定、编制借款计划并要有不同形式的担保外,还应监督借款的使用、按期还本付息等。因此,长期借款核算的基本要求是反映和监督长期借款的借入、借款利息的结算和借款本息的归还情况,促使企业遵守信贷纪律,提高信用等级,同时也要确保长期借款发挥效用。

### 9.2.2 长期借款的账务处理

为核算企业向银行或其他金融机构借入的长期借款,企业应设置"长期借款"账户,并设置"本金""利息调整"明细账户,核算企业长期借款借入、借款利息的结算和借款本息的偿付情况。

长期借款的核算主要包括以下内容。

(1) 企业借入长期借款,应按实际收到的金额,借记"银行存款"账户,贷记"长期借款——本金"账户,如有差额,还应借记"长期借款——利息调整"账户。

(2) 长期借款的利息。资产负债表日,应按摊余成本和实际利率计算确定长期借款的利息费用,按以下原则计入有关成本、费用:属于筹建期间的,记入"管理费用"账户;属于生产经营期间的,记入"财务费用"账户;如果长期借款用于购建固定资产的,在固定资产尚未达到预定可使用状态前发生的应当资本化的利息支出,记入"在建工程"账户,按规定不予资本化的利息支出,记入"财务费用"账户;固定资产达到预定可使用状态后所发生的利息支出,记入"财务费用"账户。根据借款合同约定考虑不同的还本付息方式,分期付息、一次还本的借款按合同利率计算确定的应付未付利息,贷记"应付利息"账户;到期一次还本付息的借款按合同利率计算确定的应付未付利息,贷记"长期借款——应计利息"账户。按其差额,贷记"长期借款——利息调整"账户。实际利率与合同利率差异较小的,也可以采用合同利率计算确定利息费用。

(3) 企业归还长期借款,按归还的长期借款本金,借记"长期借款——本金"账户;按转销的利息调整金额,贷记"长期借款——利息调整"账户;按实际归还的款项,贷记"银行存款"账户;按借贷双方的差额,借记"在建工程""制造费用""财务费用"等账户。

【例 9-1】

某公司由于周转的需要,于 20×1 年 1 月 1 日从银行借入资金 4 000 000 元,期限为 3 年,年利率为 8.4%(一次还本,按季度归还利息),所借款项已存入银行。请编制取得借款、每月计提长期借款利息、每季支付利息和到期还本的相应会计分录。

该公司应作会计分录如下。

(1) 取得借款时

借:银行存款　　　　　　　　　　　　　　　　　　　　　　4 000 000
　　贷:长期借款——本金　　　　　　　　　　　　　　　　　　4 000 000

(2) 每月计提长期借款利息时

每月计提长期借款利息=4 000 000×8.4%÷12=28 000(元)

借:财务费用　　　　　　　　　　　　　　　　　　　　　　28 000
　　贷:应付利息　　　　　　　　　　　　　　　　　　　　　28 000

(3) 每季度支付利息时
借：财务费用　　　　　　　　　　　　　　28 000
　　应付利息　　　　　　　　　　　　　　56 000
　　贷：银行存款　　　　　　　　　　　　　　84 000
(4) 到期还本时
借：长期借款——本金　　　　　　　　　4 000 000
　　贷：银行存款　　　　　　　　　　　　　4 000 000

## 任务9.3　应付债券核算

### 9.3.1　应付债券概述

应付债券（bonds payable）是企业筹集长期使用资金而发行的一种书面凭证。通过凭证上所记载的利率、期限等，表明发行债券企业承诺在未来某一特定日期还本付息。企业发行的超过一年期以上的债券，构成了一项长期负债。

企业发行的债券的价格，可以与债券的票面价值一致，也可以高于或低于债券的票面价值。这主要是由于债券的发行价格受同期银行存款利率的影响较大，一般情况下，债券的票面利率高于银行利率，可按超过债券票面价值的价格发行，称为溢价发行；溢价发行表明企业以后多付利息而事先得到的补偿。

如果债券的票面利率低于银行利率，可按低于债券票面价值的价格发行，称为折价发行；折价发行表明企业以后少付利息而预先给投资者的补偿。

如果债券的票面利率与银行利率一致，可按票面价值发行，称为按面值发行。溢价或折价是发行债券企业在债券存续期内对利息费用的一种调整。

### 9.3.2　一般公司债券的账务处理

企业应设置"应付债券"账户，并在该账户下设置"面值""利息调整""应计利息"等明细账户，核算企业应付债券发行、计提利息、还本付息等情况。企业应按债券种类设置明细账，进行明细核算。另外，企业在发行债券时，应将待发行债券的票面金额、债券票面利率、还本期限与方式、发行总额、发行日期和编号、委托代售部门等情况在备查簿中进行登记。

1. 债券发行

企业发行债券时，按实际收到的款项，借记"银行存款""库存现金"等账户；按债券票面价值，贷记"应付债券——面值"账户；按其差额（存在溢价、折价的情况），贷记或借记"应付债券——利息调整"账户。

关于债券发行费用的核算，根据《企业会计准则——金融工具确认和计量》的规定，除以公允价值计量且其变动计入当期损益的金融负债之外，其他金融负债相关的交易费用应当计入金融负债的初始确认金额。应付债券属于除以公允价值计量且其变动计入当期损益的金融负债之外的其他金融负债,因此,对于债券的发行直接产生的发行费用扣除发行期间冻结资金所产生的利息收入,应当作为"利息调整"的一部分计入债券的初始确认金额,在债券存续期间于计提利息时摊销,并按借款费用的处理原则予以资本化或费用化。

2. 利息费用

企业债券应按期计提利息。溢价或折价发行债券的,其债券发行价格与债券面值总额的差额即利息调整,应当在债券存续期间分期摊销。摊销方法采用实际利率法。当实际利率与合同约定的名义利率差异不大时,也可以采用合同约定的名义利率计算确定利息费用。

分期计提利息及摊销利息调整时,应当区别不同情况进行会计处理。

(1) 以面值发行的债券,企业应按应计提的利息,借记"在建工程""制造费用""财务费用"等账户,贷记"应付债券——应计利息"(到期一次还本付息债券,下同)或"应付利息"(分期付息、一次还本债券,下同)账户。

(2) 溢价或折价发行的债券,应按摊余成本和实际利率计算确定的利息费用,借记"在建工程""制造费用""财务费用"等账户;按票面金额与票面利率计算确定的金额,贷记"应付债券——应计利息"或"应付利息"账户;按其差额,借记或贷记"应付债券——利息调整"账户。

3. 到期偿还

对于到期一次还本付息的债券,债券到期支付债券本息时,借记"应付债券——债券面值、应计利息"账户,贷记"银行存款"等账户。

对于分期付息、一次还本的债券,在每期支付利息时,借记"应付利息"账户,贷记"银行存款"账户;债券到期偿还本金并支付最后一期利息时,借记"应付债券——面值""在建工程""财务费用"等账户,贷记"银行存款"账户,如果存在利息调整,则还应按借贷双方之间的差额,借记或贷记"应付债券——利息调整"账户。

**【例 9-2】**

A 公司于 20×1 年 12 月 31 日发行 3 年期一次还本、分期付息的公司债券一批,面值为 5 000 000 元,发行价格为 5 282 860 元,票面年利率为 5%,债券利息每年 12 月 31 日支付(发行费用等略计)。请进行相应的账务处理。

计算 A 公司该批债券的实际利率 $r$:

$$5\,000\,000 \times 5\% \times (1+r)^{-1} + 5\,000\,000 \times 5\% \times (1+r)^{-2}$$
$$+ 5\,000\,000 \times (1+5\%) \times (1+r)^{-3} = 5\,282\,860(元)$$

利用插值法,可得出 $r=3\%$。

采用实际利率法和摊余成本计算确定利息费用,具体见表 9-1。

表 9-1 利息调整摊销表(实际利率 3%)　　　　　　　　　　　　单位:元

| 日　　期 | 应付利息 | 利息费用 | 摊销的利息调整 | 应付债券摊余成本 |
|---|---|---|---|---|
| 20×1 年 12 月 31 日 | — | — | — | 5 282 860 |
| 20×2 年 12 月 31 日 | 250 000 | 158 486 | 91 514 | 5 191 346 |
| 20×3 年 12 月 31 日 | 250 000 | 155 740 | 94 260 | 5 097 086 |
| 20×4 年 12 月 31 日 | 250 000 | 152 914* | 97 086 | 5 000 000 |
| 合　　计 | 750 000 | 750 000 | 282 860 | — |

注:* 为尾数调整。

据此,A公司有关该债券的会计分录如下。

(1) 20×1年12月31日债券发行时

借:银行存款　　　　　　　　　　　　　　5 282 860
　　贷:应付债券——面值　　　　　　　　　　　　5 000 000
　　　　　　　　——利息调整　　　　　　　　　　　282 860

(2) 20×2年12月31日计提利息并摊销利息调整时

借:财务费用　　　　　　　　　　　　　　　158 486
　　应付债券——利息调整　　　　　　　　　　91 514
　　贷:应付利息　　　　　　　　　　　　　　　　250 000

支付利息时

借:应付利息　　　　　　　　　　　　　　　250 000
　　贷:银行存款　　　　　　　　　　　　　　　　250 000

20×3年12月31日计提利息并摊销利息调整、支付利息的会计处理同20×2年。

(3) 20×4年12月31日归还债券本金及最后一期利息时

借:财务费用　　　　　　　　　　　　　　　152 914
　　应付债券——面值　　　　　　　　　　5 000 000
　　　　　　　——利息调整　　　　　　　　97 086
　　贷:银行存款　　　　　　　　　　　　　　　5 250 000

## 任务9.4　长期应付款核算

### 9.4.1　长期应付款概述

长期应付款(long-term payables)是指企业除长期借款和应付债券以外的其他各种长期应付款项,包括应付融资租入固定资产的租赁费、以分期付款方式购入固定资产发生的应付款项等,而具有融资性质的延期付款购买的资产,就应按购买价款的现值,借记"固定资产"账户,按应支付的价款总额贷记"长期应付款"账户,按其差额借记"未确认融资费用"账户。

为了核算企业长期应付款的发生和归还情况,企业应当设置"长期应付款"账户,该账户属于负债类,贷方反映企业发生的长期应付款,借方反映企业归还的长期应付款,期末贷方余额表示企业尚未归还的各种长期应付款。该账户可按长期应付款的种类和债权人进行明细核算。

为了核算企业分期计入利息费用的未确认融资费用情况,企业应设置"未确认融资费用"账户,该账户属于负债类,期末借方余额反映企业未确认融资费用的摊余价值。该账户可按债权人和长期应付款项目进行明细核算。

### 9.4.2　应付融资租赁款的账务处理

长期应付款中应付融资租赁款是指企业融资租入固定资产发生的应付款。就融资租赁而言,租赁期为资产使用年限的大部分(如 75% 以上),而且固定资产不仅租给承租企业使用,其所有权可能在租赁期满即转让给承租企业,承租企业支付的租赁费实质上属于分期支付固定资产价款,会计上对这类固定资产应视同企业自有资产进行核算与管理。

在租赁期开始日,承租人通常应当将租赁开始日租赁资产公允价值与最低租赁付款额现值两者中较低者作为租入资产的入账价值。最低租赁付款额是指在租赁期内,承租人应支付或可能被要求支付的各种款项(不包括或有租金和履约成本),加上由承租人或与其相关的第三方担保的资产余值。履约成本是指在租赁期内为租赁资产支付的各种使用费用,如技术咨询和服务费、人员培训费、维修费、保险费等。

将最低租赁付款额作为长期应付款的入账价值,其差额作为未确认融资费用。其会计处理为按应计入固定资产成本的金额借记"在建工程"或"固定资产"账户,按最低租赁付款额,贷记"长期应付款"账户,按其差额,借记"未确认融资费用"账户。

承租人在租赁谈判和签订租赁合同过程中发生的,可归属于租赁项目的手续费、律师费、差旅费等初始直接费用,应当计入租入资产价值。借记"固定资产"或"在建工程"账户,贷记"银行存款"账户。

承租人通常对租赁资产的处理有三种情况:返还、优惠续租和留购。在判断租赁类型时,不应以租赁资产所有权是否转移给承租人为标准。

【例 9-3】

A 公司融资租赁租入设备一台,按租赁协议确定的该项设备的租赁价款总额为 650 000 元(含租期结束购买该设备的价款 50 000 元),分 5 年支付,每年年初支付 120 000 元。租赁期满,支付 50 000 元转让费,产权归承租企业,该设备不需要安装直接交付使用(假设租赁开始日租赁资产公允价值与最低租赁付款额现值两者相等)。请编制相应的会计分录。

A 公司应作会计分录如下。

(1) 租入设备时

借:固定资产——融资租入设备    650 000
  贷:长期应付款——应付融资租赁款    650 000

(2) 每年支付租赁费时

借:长期应付款——应付融资租赁款  120 000
  贷:银行存款    120 000

(3) 支付转让费时

借:长期应付款——应付融资租赁款  50 000
  贷:银行存款    50 000

(4) 租赁期满产权转入时

借:固定资产——生产经营用固定资产  650 000
  贷:固定资产——融资租入设备    650 000

### 9.4.3 融资性质延期付款的账务处理

企业以分期付款的方式购入固定资产,实质上具有融资性质的,应按购买价款的现值,借记"固定资产""在建工程"等账户,按应支付的金额,贷记"长期应付款"账户,按其差额,借记"未确认融资费用"账户。

按期支付价款时,借记"长期应付款"账户,贷记"银行存款"账户。同时,企业应当采用实际利率法计算确定当期的利息费用,借记"财务费用"账户,贷记"未确认融资费用"账户。

**【例 9-4】**

甲公司 20×1 年 1 月 1 日从 B 公司购入机器作为固定资产使用,该机器已收到并投入使用。购货合同约定,机器的总价款为 1 000 万元,分 3 年支付,20×1 年 12 月 31 日支付 500 万元,20×2 年 12 月 31 日支付 300 万元,20×3 年 12 月 31 日支付 200 万元。请编制甲公司购买机器的相应的会计分录。

根据上述资料可知,公司购买机器延期支付的购买价款超过正常信用条件,实质上具有融资性质。

计算购买价款的现值:

$500/(1+6\%)+300/[(1+6\%)(1+6\%)]+200/[(1+6\%)(1+6\%)(1+6\%)]$
$=471.70+267.00+167.92=906.62(万元)$

未确认融资费用 $=1\,000-906.62=93.38(万元)$

甲公司应作会计分录如下。

(1) 20×1 年 1 月 1 日购入机器时

| | |
|---|---:|
| 借:固定资产 | 9 066 200 |
|     未确认融资费用 | 933 800 |
|     贷:长期应付款 | 10 000 000 |

(2) 20×1 年 12 月 31 日支付应付款项、摊销未确认融资费用

当年应分摊的未确认融资费用 $=906.62\times6\%=54.40(万元)$

| | |
|---|---:|
| 借:长期应付款 | 5 000 000 |
|     贷:银行存款 | 5 000 000 |
| 借:财务费用 | 544 000 |
|     贷:未确认融资费用 | 544 000 |

(3) 20×2 年 12 月 31 日支付应付款项、摊销未确认融资费用

当年应分摊的未确认融资费用 $=[906.62-(500-54.40)]\times6\%=27.66(万元)$

| | |
|---|---:|
| 借:长期应付款 | 30 000 000 |
|     贷:银行存款 | 30 000 000 |
| 借:财务费用 | 276 600 |
|     贷:未确认融资费用 | 276 600 |

(4) 20×3 年 12 月 31 日支付应付款项、摊销未确认融资费用

当年应分摊的未确认融资费用 $=[906.62-445.60-(300-27.66)]\times6\%=11.32(万元)$

| | |
|---|---:|
| 借:长期应付款 | 20 000 000 |
|     贷:银行存款 | 20 000 000 |
| 借:财务费用 | 113 200 |
|     贷:未确认融资费用 | 113 200 |

## 课后练习

### 一、判断题

1. 企业筹建期间发生的借款费用应先记入"长期待摊费用"账户。（    ）
2. 长期借款是指企业向银行或其他金融机构借入的期限在一年以上（不含一年）的各项借款。（    ）
3. 长期应付款是指除长期借款和应付债券以外的、偿还期限在一年或超过一年的一个经营周期以上的其他债务。（    ）
4. 企业长期借款利息，应借记"在建工程"或"财务费用"等账户，贷记"长期应付款"账户。（    ）
5. 企业发生的借款费用，可直接归属于符合资本化条件的资产的，应予以资本化，计入相关资产成本。（    ）
6. 借款费用资本化的期间，是从借款费用开始资本化的时间到停止资本化的时间，其中还应扣除暂停资本化的期间。（    ）
7. 一般情况下，债券的票面利率高于市场利率时，则债券的价格低于债券的价值。（    ）
8. 一般情况下，债券的票面利率高于市场利率时，则债券的价格高于债券的价值。（    ）
9. 融资租赁一般属于临时需要而租入的固定资产，承租期内，固定资产的所有权仍归出租方；承租企业只有使用权，租赁期满将资产退还给出租方。（    ）
10. 企业以分期付款的方式购入固定资产，实质上具有融资性质的，应按购买价款的现值，借记"固定资产"账户，按应支付的金额，贷记"长期应付款"账户，按其差额，借记"未确认融资费用"账户。（    ）

### 二、单项选择题

1. 下列项目中，不属于借款费用的是（    ）。
   A. 发行公司股票佣金　　　　　　　B. 发行公司债券佣金
   C. 借款手续费　　　　　　　　　　D. 借款利息
2. 在资本化期间，每一会计期间的利息资本化金额的限额条件是（    ）。
   A. 不应当超过当期相关借款实际发生的利息金额
   B. 不应当超过当期专门借款和一般借款的总额
   C. 不应当超过当期专门借款和一般借款的总额乘以总的加权平均利率
   D. 没有规定
3. A公司为建造厂房于20×1年4月1日从银行借入2 000万元专门借款，借款期限为2年，年利率为6%，不考虑借款手续费。该项专门借款在银行的存款利率为年利率3%，20×1年7月1日，A公司采取出包方式委托B公司为其建造该厂房，并预付了1 000万元工程款，厂房实体建造工作于当日开始。该工程因发生施工安全事故在20×1年8月1日至11月30日中断施工,12月1日恢复正常施工,至年末工程尚未完工。该项厂房建造工程在20×1年应予资本化的利息金额为( )万元。

  A. 20    B. 45    C. 60    D. 15

4. 为购建固定资产借入的长期借款的利息支出,在购建工程竣工决算以后,在规定的还款期内发生的,应( )。

  A. 借记"在建工程",贷记"长期借款"
  B. 借记"管理费用",贷记"长期借款"
  C. 借记"财务费用",贷记"长期借款"
  D. 借记"固定资产",贷记"长期借款"

5. 企业发行债券时的发行费用,应记入的账户是( )。

  A. 资本公积      B. 在建工程
  C. 应付债券——利息调整   D. 财务费用

6. 就发行债券的企业而言,所获债券溢价收入实质是( )。

  A. 为以后少付利息而付出的代价   B. 为以后多付利息而得到的补偿
  C. 本期利息收入      D. 以后期间的利息收入

7. 对于分期付息、一次还本的应付债券,应于资产负债表日按摊余成本和实际利率计算确定的债券利息费用,不应借记的账户是( )。

  A. 在建工程   B. 制造费用   C. 财务费用   D. 销售费用

8. 甲公司于20×1年1月1日发行面值总额为1 000万元,期限为5年的债券,该债券票面利率为6%,每年年初付息,到期一次还本,发行价格总额为1 043.27万元,利息调整采用实际利率法摊销,实际利率为5%。20×1年12月31日,该应付债券的账面余额为( )万元。

  A. 1 000   B. 1 060   C. 1 035.43   D. 1 095.43

9. 甲公司于20×1年1月1日发行3年期、每年1月1日付息、到期一次还本的公司债券,债券面值为200万元,票面年利率为5%,实际利率为6%,发行价格为194.65万元。按实际利率法确认利息费用。该债券20×2年确认的利息费用为( )万元。

  A. 11.68   B. 10   C. 11.78   D. 12

10. 某公司按面值发行可转换公司债券10 000万元,年利率为4%,一年后有80%转换为股本,按账面余额每100元债券转换为普通股5股,股票面值1元,转换应记入"资本公积"账户的金额为( )万元。

  A. 7 200   B. 7 600   C. 9 880   D. 7 904

### 三、多项选择题

1. 借款费用包括( )。

  A. 因借款而发生的利息    B. 折价或溢价的摊销
  C. 因外币借款而发生的汇兑差额   D. 发行债券的佣金

2. 下列有关借款费用资本化的表述中,正确的有( )。

  A. 所建造固定资产的支出基本不再发生,应停止借款费用资本化
  B. 固定资产建造中发生正常中断且连续超过3个月的,应暂停借款费用资本化
  C. 固定资产建造中发生非正常中断且连续超过1个月的,应暂停借款费用资本化

D. 所建造固定资产基本达到设计要求,不影响正常使用,应停止借款费用资本化

3. 以下( )资产所发生的借款费用可以资本化。
   A. 房地产开发企业的用于出售的房地产开发产品
   B. 自行建造的办公楼
   C. 委托其他单位制造的大型设备
   D. 购入直接用以出售的商品

4. 企业发行的应付债券产生的利息调整,每期摊销时可能记入的账户有( )。
   A. 在建工程      B. 其他应收款      C. 财务费用      D. 应收利息

5. 借款费用同时满足有关条件时才能开始资本化,其条件包括( )。
   A. 资产支出已经发生
   B. 借款费用已经发生
   C. 为使资产达到预定可使用状态所必要的购建或者生产活动已经开始
   D. 为使资产达到预定可使用状态所必要的购建或者生产活动已经完成

6. 长期借款进行明细核算应当设置的明细会计账户包括( )。
   A. 本金      B. 应付利息      C. 交易费用      D. 利息调整

7. 下列各项因素中,属于影响债券发行价格高低的因素有( )。
   A. 票面金额      B. 票面利率      C. 市场利率      D. 期限长短

8. 在资产负债表日,有关应付债券核算正确的处理方法有( )。
   A. 应按摊余成本和实际利率计算确定应付债券的利息费用
   B. 对于分期付息、一次还本的债券,应按摊余成本和实际计算确定的债券利息费用与按票面利率计算确定的应付利息的差额,借记或贷记"应付债券——利息调整"账户
   C. 企业发行债券所发生的交易费用,直接计入财务费用或在建工程
   D. 实际利率与合同约定的名义利率差异不大时,也可以采用合同约定的名义利率计算确定利息费用

9. 在资产负债表日,应按长期借款或应付债券的摊余成本和实际利率计算确定的利息费用,应借记的会计账户有( )。
   A. 在建工程      B. 制造费用      C. 财务费用      D. 销售费用

10. 应通过"长期应付款"账户核算的经济业务有( )。
    A. 以分期付款方式购入固定资产发生的应付款
    B. 以分期付款方式购入无形资产发生的应付款
    C. 职工未按期领取的工资
    D. 应付融资租入固定资产的租赁费

## 四、业务题

1. 企业于20×1年1月1日向银行申请取得长期借款1 000 000元,期限3年,年利率为8%,到期一次还本付息,每年年末计提利息。该项借款用于补充企业的经营资金。企业于20×2年1月以银行存款偿还本息。

要求:根据上述经济业务分别进行取得长期借款、每年年末计息及到期还本付息的账务处理。

2. 20×1年12月31日,甲公司经批准委托证券公司发行5年期一次还本、分期付息的公司债券10 000 000元用于建造固定资产,债券利息在每年12月31日支付,票面利率为年利率6%,债券发行时的市场利率为5%,债券的发行价格为10 432 700元。支付的发行费用与发行期间冻结资金产生的利息收入相等。

要求:编制债券发行、20×2年年末计提利息确认利息费用(全部计入在建工程)、债券到期偿还本金及支付最后一年利息的会计分录。

3. 甲上市公司发行公司债券为建造专用生产线筹集资金,有关资料如下。

(1) 20×1年12月31日,委托证券公司以7 755万元的价格发行3年期分期付息公司债券,该债券面值为8 000万元,票面年利率为4.5%,实际年利率为5.64%,每年付息一次,到期后按面值偿还。支付的发行费用与发行期间冻结资金产生的利息收入相等。

(2) 生产线建造工程采用出包方式,于20×2年1月1日开始动工,发行债券所得款项当日全部支付给建造承包商,20×3年12月31日所建造生产线达到预定可使用状态。

(3) 假定各年度利息的实际支付日期均为下年度的1月10日,20×5年1月10日支付20×4年利息,一并偿付面值。

(4) 所有款项均以银行存款收付。

要求:

(1) 计算甲公司该债券在各年末的摊余成本、应付利息金额、当年应予资本化或费用化的利息金额、利息调整的本年摊销额和年末金额。

(2) 分别编制甲公司债券发行20×2年12月31日和20×4年12月31日确认债券利息、20×5年1月10日支付利息和面值业务的相关会计分录。(答案中的金额单位用万元表示)

4. 假定A公司20×1年1月1日购入固定资产已到货,购货合同约定,N型机器的总价款为2 000万元,分3年支付,20×1年12月31日支付1 000万元,20×2年12月31日支付600万元,20×3年12月31日支付400万元。假定A公司按照3年期银行借款年利率6%为折现率。

要求:根据上述经济业务编制相关的会计分录。

# 项目 10  收入、费用和利润核算

Xiangmu 10

## 技能目标

1. 基本会进行收入、费用等会计核算岗位的各项工作。
2. 能准确判断企业收入、费用的性质、类别和主次。
3. 能正确计算企业当期实现的利润或发生的亏损。
4. 会按照规范流程和方法根据业务资料完成收入、费用及利润业务的账务处理。

## 知识目标

1. 熟悉《企业会计准则——收入》,理解收入、费用的确认条件。
2. 理解收入、费用要素各损益类账户的核算范围。
3. 掌握收入、费用等业务的会计核算方法。
4. 掌握利润形成业务的会计核算方法。

## 案例导入

20×1年3月,某高校会计专业毕业生孙浩到甲公司进行顶岗实习。甲公司为增值税一般纳税人企业,适用的增值税税率为13%。商品销售价格除特别注明外均不含增值税税额,所有劳务均属于工业性劳务。销售实现时结转销售成本。公司销售商品和提供劳务均为主营业务。20×1年3月,公司销售商品和提供劳务的资料如下。

(1) 3月1日,向A公司销售商品一批,增值税专用发票注明销售价格为200万元,增值税税额为26万元。提货单和增值税专用发票已交A公司,A公司已承诺付款。为及时收回货款,给予A公司的现金折扣条件为2/10,1/20,n/30(假定计算现金折扣时不考虑增值税因素)。该批商品的实际成本为160万元。3月19日,收到A公司支付的、扣除所享受现金折扣金额后的款项,并存入银行。

(2) 3月2日,收到B公司来函,要求对当年11月10日所购商品在价格上给予10%的折让(公司在该批商品售出时确认销售收入500万元,未收款)。经核查,该批商品外观存在质量问题。公司同意了B公司提出的折让要求。当日,收到B公司交来的税务机关开具的索取折让证明单,并开具红字增值税专用发票。

(3) 3月15日,与E公司签订一项设备维修合同,该合同规定,该设备维修总价款为60万元(不含增值税),于维修任务完成并验收合格后一次结清。12月31日,该设备维修任务完成并经 E 公司验收合格。公司实际发生的维修费用为 20 万元（均为修理人员工资）。12 月 31 日，鉴于 E 公司发生重大财务困难，公司预计很可能收到的维修款为 17.4 万元（含增值税税额）。

(4) 3 月 25 日，与 F 公司签订协议，委托其代销商品一批。根据代销协议，甲公司按代销协议价收取所代销商品的货款，商品实际售价由受托方自定。该批商品的协议价为 60 万元（不含增值税税额），实际成本为 48 万元。商品已运往 F 公司，符合收入确认条件。

(5) 3 月 31 日，与 G 公司签订一件特制商品的合同。该合同规定，商品总价款为 60 万元（不含增值税税额），自合同签订日起两个月内交货。合同签订日，收到 G 公司预付的款项 20 万元，并存入银行。商品制造工作尚未开始。

(6) 3 月 31 日，收到 A 公司退回的当月 1 日所购商品的 20%。经查核，该批商品存在质量问题，甲公司同意了 A 公司的退货要求。当日，收到 A 公司交来的税务机关开具的进货退出证明单，并开具红字增值税专用发票和支付退货款项。

请问：孙浩应如何进行上述收入业务的账务处理？

## 任务 10.1 收入核算

### 10.1.1 收入概述

收入是指企业在日常活动中形成的、会导致所有者权益增加的、与所有者投入资本无关的经济利益的总流入。通过收入的确认和计量，企业可以进一步反映生产经营成果，准确核算一定期间实现的损益。收入按交易性质和取得来源不同，可区分为销售商品收入、提供劳务收入、建造合同收入等，但在企业实务中有时难以划清界限。收入按企业具体的经济业务主次程度可区分为主营业务收入和其他业务收入。

从经济交易往来的形式和内容来看，收入的取得源于企业与客户之间订立的合同所产生的权利与义务，继而导致资产与负债的确认。因此，企业与客户之间合同的存在是收入确认的前提。合同是指双方或多方之间订立有法律约束力的权利义务的协议，可以采用书面形式、口头形式及其他形式。客户是指与企业订立合同以向该企业购买日常活动产出的商品并支付对价的一方。如果合同对方与企业订立合同的目的是共同参与一项活动，和企业一起分担或分享该活动产生的风险或收益，则合同对方不是企业的客户，也就不能确认收入。

### 10.1.2 收入的确认

企业确认收入的方式应当反映其向客户转让商品或提供服务的模式。

1. 收入确认的原则

企业应当在履行了合同中的履约义务，即在客户取得相关商品控制权时确认收入。取得相关商品控制权是指客户能够主导该商品的使用并从中获得几乎全部的经济利益，包括三个要素：一是客户必须拥有现时权利；二是客户有能力主导该商品的使用或能够阻止其他方使用该商品；三是客户能够获得几乎全部的经济利益,既包括现金流入的增加,也包括现金流出的减少。控制权强调实质的主导企业生产运营、筹资、投资等活动的现实能力和产生的可变回报,而且同时强调权利持有人为主要责任人而非代理人（例如委托代销安排）。

收入确认的金额应当反映企业因转让这些商品或提供这些服务而预期有权收取的对价金额,通常是以企业与客户之间的单个合同为基础,以分配至各单项履约义务的交易价格来确认收入的。但合同标价并不一定代表交易价格。企业代第三方收取的款项以及企业预期将退还给客户的款项,应当作为负债进行会计处理,不能计入交易价格。

2．收入确认的条件

当企业与客户之间的合同同时满足下列条件时,企业应当在客户取得相关商品控制权时确认收入。

(1) 合同各方已批准该合同并承诺将履行各自义务。

(2) 该合同明确了合同各方与所转让商品或提供劳务相关的权利和义务。

(3) 该合同有明确的与所转让商品相关的支付条款。

(4) 该合同具有商业实质,即履行该合同将改变企业未来现金流量的风险、时间分布或金额。

(5) 企业因向客户转让商品而有权取得的对价很可能收回。

3．收入确认和计量的步骤

根据《企业会计准则第14号——收入》的规定,收入的确认和计量采用"五步法"模型。

1）识别与客户之间的合同

企业与客户之间的合同一经订立,企业即享有从客户取得与转移商品和服务对价的权利,同时负有向客户转移商品和服务的履约义务。没有商业实质的非货币性资产交换,不确认收入。

在合同开始日（通常是生效日）即满足条件的合同,企业在后续期间无须对其进行重新评估,除非有迹象表明相关事实和情况发生重大变化。对在合同开始日不符合识别条件的合同,企业应当在后续期间对其进行持续评估,直至其满足条件,才可确认收入。

2）区分合同中的单项履约义务

一旦识别了合同,企业须评估合同条款和商业惯例,从而识别合同中的履约义务。履约义务是指合同中企业向客户转让可明确区分商品的承诺,既包括合同中明确的承诺,也包括由于企业已公开宣布的政策、特定声明或以往的习惯做法等导致合同订立时客户合理预期企业将履行的承诺。

企业为履行合同而开展的初始活动,通常不构成履约义务,除非该活动向客户转让了承诺的商品。例如企业向客户销售产品,并负责将产品运送到客户指定的地点,如果该产品的控制权在运输之前已经转移给客户,则企业提供的运输服务构成一项单独的履约义务；如果该产品的控制权在送达指定地点时才转移给客户,则企业从事的运输活动不构成一项单独的履约义务。

企业评估识别合同中所包含的各单项履约义务,关键决定性因素在于该商品或服务是否可明确区分。例如,企业为客户提供整体建造合同,包括提供水泥、混凝土等材料,企业向客户承诺的是建造合同,并不是销售这些原材料,因此作为一项单项履约合同。再例如,企业销售电梯并提供安装服务及维护服务,安装服务属于定制服务且工艺复杂,而维护服务简单且其他供应商也可以提供,则该合同中应确认两项合同履约义务:一是电梯销售和安装服务;二是维护服务。企业向客户转让一系列实质相同且转让模式相同的、可明确区分商品的承诺,也应当作为单项履约义务。

如果两份或多份合同合并为一份合同,仍然需要区分该一份合同中包括的各单项履约义务。发生合同变更的,则应区分三种情况处理:一是变更部分形成单独合同;二是变更部分作为原合同组成部分;三是终止原合同形成新合同。

3) 确定交易价格

交易价格是指企业因向客户转让商品而预期有权收取的对价金额,不包括企业代第三方代收的款项以及企业预期将退还给客户的款项。企业在确定交易价格时,应当考虑可变对价、合同中存在的重大融资成分、非现金对价、应付客户对价等因素的影响。

其中可变对价,如奖励、折扣、退款、返利、货款抵扣、价格折让、绩效激励等,应根据事实和情况,使用能够更好地预测其有权收取的金额的方法,以预期价值或最有可能的金额来估计相关金额,计入交易价格。例如,企业为客户定制产品,约定按期按质完成给予奖金鼓励,若企业估计完成可能性为80%,则这部分奖金应计入交易价格中。

如果企业因转让商品而有权向客户收取的对价是实物资产、无形资产、服务、股权等非现金形式时,企业通常应当按照非现金对价在合同开始日的公允价值计量,无法合理估计时,参考所承诺商品或服务的单独售价间接计量。

如果存在重大融资成分,企业应当按照假定客户在取得商品或服务控制权时即以现金支付而需支付的金额确定交易价格,其与合同对价之间的差额,应在合同期间内采用实际利率法摊销。

4) 将交易价格分摊至各单项履约义务

合同中包含两项或多项履约义务的,企业应当在合同开始时,根据在类似环境下向类似客户单独销售商品的可观察价格,按照估计单独售价的相对比例将交易价格分摊至各单项履约义务。单独售价无法直接观察的,应采用市场调整法、成本加成法、余值法等方法合理估计。例如,企业与客户签订A、B、C三种产品销售合同,交易价格200万元,其中各产品单独售价分别是100万元、90万元、60万元。在不考虑增值税的情况下,三种产品单独售价之和为250万元,A产品应分摊交易价格=100÷250×200=80(万元),B产品应分摊交易价格=90÷250×200=72(万元),C产品应分摊交易价格=60÷250×200=48(万元)。

如果存在合同折扣,企业应当在各单项履约义务之间按比例分摊折扣金额。有确凿证据表明合同折扣仅与合同中一项或多项(而非全部)履约义务相关的,企业应当将该合同折扣分摊至相关一项或多项履约义务。合同变更之后发生可变对价后续变动的,企业应当区分情形分别进行会计处理。承接上例中,若企业经常将B、C两种产品组成成套产品按100万元出售,A产品按100万元出售,则由B、C两种产品分摊折扣额50万元。在不考虑增值税的情况下,B产品分摊交易价格=90÷(90+60)×100=60(万元),C产品分摊交易价格=60÷(90+60)×100=40(万元)。

5) 履行各单项履约义务时确认收入

企业向客户转让已承诺的商品或服务来履行义务时(或履约过程中)确认收入,即在客户取得相关商品中或服务控制时确认收入。对于在某一时点履行的履约义务,企业应当在客户取得相关商品控制权时确认收入。对于在某一时段内履行的履约义务,企业应当扣除那些控制权尚未转移给客户的商品,在该段时间内采用产出法或投入法确定恰当的履约进度,按照履约进度确认收入,但是,履约进度不能合理确定的除外。

收入确认和计量的五个步骤中,第一步、第二步、第五步主要与收入的确认有关,第三步和第四步主要与收入的计量有关。

### 10.1.3 收入核算的账户设置

为了核算企业确认收入及其相关业务,企业应设置"主营业务收入""其他业务收入""主营业务成本""其他业务成本""合同履约成本""合同履约成本减值准备""合同取得成本""合同取得成本减值准备""应收退货成本""合同资产""合同资产减值准备""合同负债""合同结算"等账户。

(1)"主营业务收入"账户。该账户属于损益类账户,核算企业确认的销售商品、提供服务等主营业务的收入。该账户贷方登记主营业务活动实现的收入,借方登记期末转入"本年利润"账户的金额,结转后本账户无余额。该账户按主营业务类别设置明细账户。

(2)"其他业务收入"账户。该账户属于损益类账户,核算企业确认的除主营业务活动以外的其他经营活动实现的收入。包括出租固定资产、出租无形资产、出租包装物和商品、销售材料、用材料进行非货币性资产交换或债务重组等实现的收入。该账户贷方登记企业其他业务活动实现的收入,借方登记期末转入"本年利润"账户的金额,结转后该账户无余额。该账户按其他业务类别设置明细账户。

(3)"主营业务成本"账户。该账户属于损益类账户,核算企业确认销售商品、提供服务等主营业务收入时应结转的成本。该账户借方登记企业应结转的主营业务成本,贷方登记期末转入"本年利润"的主营业务成本,结转后该账户无余额。该账户按主营业务类别设置明细账户。

(4)"其他业务成本"账户。该账户属于损益类账户,核算企业确认的除主营业务活动以外的其他经营活动所形成的成本。包括销售材料的成本、出租固定资产的折旧额、出租无形资产的摊销额、出租包装物的成本或摊销额等。采用成本模式计量的投资性房地产,其计提的折旧额或摊销额也在该账户核算。该账户借方登记企业应结转的其他业务成本,贷方登记期末转入"本年利润"账户的金额,结转后该账户无余额。该账户按其他业务类别设置明细账户。

(5)"合同履约成本"账户。该账户属于资产类账户,核算企业为履行当前或预期取得的合同所发生的、不属于其他企业会计准则规范范围并且按照收入准则应当确认为一项资产的成本。该账户借方登记发生的合同履约成本,贷方登记摊销的合同履约成本,期末借方余额反映企业尚未结转的合同履约成本。该账户按合同设置"服务成本""工程施工"等明细账户。

(6)"合同履约成本减值准备"账户。该账户属于资产类账户,核算企业与合同履约成本有关的资产的减值准备。该账户贷方登记合同履约成本账面价值高于企业因转让与该资产相关的商品预期能够取得的剩余对价与为转让相关商品估计将要发生的成本而计提的合同履约成本减值准备,借方登记转销的减值准备,期末贷方余额反映企业已计提但尚未转销的合同履约成本减值准备。

(7)"合同取得成本"账户。该账户属于资产类账户,核算企业取得合同发生的、预计能够收回的增量成本。该账户借方登记发生的合同取得成本,贷方登记摊销的合同取得成本,期末借方余额反映企业尚未结转的合同取得成本。该账户按合同设置明细账户。

(8)"合同取得成本减值准备"账户。该账户属于资产类账户,核算企业与合同取得成本有关的资产的减值准备。该账户贷方登记减值准备金额,借方登记转销金额,期末贷方余额反映企业已计提但尚未转销的合同取得成本减值准备。

(9)"应收退货成本"账户。该账户属于资产类账户,核算企业销售商品时预期将退回商品的账面价值,扣除收回该商品已发生的成本(包括退回商品的价值减损)后的余额。期末借方余额反映企业预期将退回商品转让时的账面价值扣除收回预计发生的成本(包括退回商品的价值减损)后的余额。该账户按合同设置明细账户。

(10)"合同资产"账户。该账户属于资产类账户,核算企业已向客户转让商品而有权收取对价的权利,且该权利取决于时间流逝之外的其他因素(例如履行合同中的其他履约义务)。该账户借方登记因已转让商品而有权收取的对价金额,贷方登记取得无条件收款权的金额,期末借方余额反映企业已向客户转让商品而有权收取的对价金额。该账户按合同设置明细账户。

(11)"合同资产减值准备"账户。该账户属于资产类账户,核算合同资产的减值准备。该账户贷方登记减值准备金额,借方登记转销金额,期末贷方余额反映企业已计提但尚未转销的合同资产减值准备。

(12)"合同负债"账户。该账户属于负债类账户,核算企业已收或应收客户对价而应向客户转让商品的义务。该账户贷方登记企业在向客户转让商品之前已经收到或已经取得无条件收取合同对价权利的金额,借方登记企业向客户转让商品时冲销的金额,期末贷方余额反映企业在向客户转让商品之前,已经收到的合同对价或已经取得的无条件收取合同对价权利的金额。企业因合同约定转让商品收到的预收款,不再使用"预收账款"及"递延收益"账户。该账户按合同设置明细账户。

(13)"合同结算"账户。该账户核算同一合同下属于某一时段内履行履约义务涉及与客户结算对价的合同资产或合同负债。该账户主要用于建造合同的业务处理,设置"价款结算""收入结转"明细账户。"价款结算"明细账户反映定期与客户进行结算的金额,"收入结转"明细账户反映按履约进度结转的收入金额。资产负债表日,期末余额在借方的,列示为合同资产或其他非流动资产项目,期末余额在贷方的,列示为合同负债或其他非流动负债项目。

## 10.1.4 收入核算的账务处理

企业履行合同中的单项履约义务,按照"五步法"模型,确定各单项履约义务是在某一时段内履行,还是在某一时点履行,然后在履行了各单项履约义务时分别确认收入。

1. 在某一时点履行义务时确认收入

对于在某一时点履行的履约义务,企业应当在客户取得相关商品控制权时确认收入。

在判断客户是否已取得商品控制权时,企业应当考虑下列迹象:①企业就该商品享有现时收款权利,即客户就该商品负有现时付款义务;②企业已将该商品的法定所有权转移给客户,即客户已拥有该商品的法定所有权;③企业已将该商品实物转移给客户,即客户已实物占有该商品;④企业已将该商品所有权上的主要风险和报酬转移给客户,即客户已取得该商品所有权上的主要风险和报酬;⑤客户已接受该商品;⑥其他表明客户已取得商品控制权的迹象。例如,企业与客户签订商品销售合同,约定客户在收到商品验收合格后10日内付款,当客户收到企业开具的发票,收到商品验收入库后,客户即拥有了对商品的法定所有权,承担了现时付款义务。

1) 一般商品销售业务

一般情况下,按已收或应收的合同价款加上应收取的增值税税额,借记"银行存款""应收账款""应收票据"等账户,按确认的收入金额贷记"主营业务收入"账户,按照增值税相关规定计算的销项税额(或采用简易计税办法计算的应纳增值税税额)贷记"应交税费——应交增值税(销项税额)""应交税费——待转销项税额"或"应交税费——简易计税"账户。

按照会计制度规定,如果确认收入或利得的时点早于按增值税制度确认增值税纳税义务发生时点,应将相关销项税额记入"应交税费——待转销项税额"账户,在实际发生纳税义务时再转入"应交税费——应交增值税(销项税额)"或"应交税费——简易计税"账户。

结转相关成本时,借记"主营业务成本"账户,贷记"库存商品""合同履约成本"等账户。

【例 10-1】

甲企业为增值税一般纳税人,适用增值税税率13%,销售商品和提供服务均属于企业主营业务。20×1年3月1日,企业与乙公司签订商品销售合同,销售商品一批,开具的增值税专用发票上注明的价款为 300 000 元,增值税税额为 39 000 元。企业收到乙公司开出的商业承兑汇票一张,票面金额 339 000 元,期限 3 个月。企业支付代垫运费 2 500 元,增值税专用发票上注明增值税税额 225 元,款项尚未收到。该批商品成本 220 000 元,提货单和专用发票已交给买方。乙公司收到商品并验收入库。请编制相应的会计分录。

企业应作会计分录如下。

(1) 确认收入时

借:应收票据——乙公司　　　　　　　　　　　　　　　339 000
　　贷:主营业务收入　　　　　　　　　　　　　　　　　　300 000
　　　　应交税费——应交增值税(销项税额)　　　　　　　 39 000

(2) 结转销售成本时

借:主营业务成本　　　　　　　　　　　　　　　　　　220 000
　　贷:库存商品　　　　　　　　　　　　　　　　　　　　220 000

(3) 支付代垫运费时

借:应收账款——乙公司　　　　　　　　　　　　　　　　2 725
　　贷:银行存款　　　　　　　　　　　　　　　　　　　　 2 725

这里需要注意的是,如果企业在客户实际支付合同对价或在该对价到期应付之前,已经向客户转让商品的,应当记入"合同资产"账户。合同资产反映的是取决于时间流逝之外其他因素的收取合同对价的权利(比如履约风险),而应收款项代表的是企业拥有的仅取决于时间流逝因素的权利。当合同资产取得无条件收款权进行摊销时,再记入"应收账款"账户。合同资产发生减值的,按应减记的金额,借记"资产减值损失",贷记"合同资产减值准备"账户,已计提的减值准备转回时作相反会计分录。

**【例 10-2】**

20×1 年 3 月 5 日,丙公司与客户签订商品销售合同,向其销售 A、B 两种商品,合同价款为 36 000 元。合同约定,A 商品于合同开始日交付,B 商品在一个月之后交付,只有当 A、B 两项商品全部交付之后,丙公司才有权收取 36 000 元的合同对价。A 商品和 B 商品构成两项履约义务,交易价格分别为 6 000 元和 30 000 元。假定不考虑相关税费影响,请编制相应的会计分录。

丙公司应作会计分录如下。

(1) 交付 A 商品时

借:合同资产——A 产品　　　　　　　　　　　　　　6 000
　　贷:主营业务收入——A 产品　　　　　　　　　　　　　6 000

(2) 交付 B 商品时

借:应收账款　　　　　　　　　　　　　　　　　　36 000
　　贷:合同资产——A 产品　　　　　　　　　　　　　　6 000
　　　　主营业务收入——B 产品　　　　　　　　　　　30 000

2) 商品已经发出但不能确认收入业务

企业在合同符合满足条件之前已经向客户转移部分商品的,不能确认为收入,而应当记入"发出商品"账户,核算企业已发出但没有取得商品控制权的商品成本,待满足合同条件时再分摊交易价格确认收入。企业在发出商品时,借记"发出商品"账户,贷记"库存商品"等账户,根据税法规定,对发生的纳税义务借记"应收账款"账户,贷记"应交税费——应交增值税(销项税额)"账户;当收到货款或取得收取货款的权利时,进行收入确认的会计处理,同时结转已销商品成本,借记"主营业务成本"账户,贷记"发出商品"账户。

**【例 10-3】**

20×1 年 3 月 8 日,企业向丙公司销售商品一批,开具的增值税专用发票上注明的价款为 600 000 元,增值税税额为 78 000 元,款项尚未收到。该批商品成本为 450 000 元,企业已将商品发出,纳税义务已经发生,但企业得知丙公司现金流转暂时发生困难,存在信用风险,不符合收入确认条件。请编制相应的会计分录。

企业应作会计分录如下。

借:发出商品　　　　　　　　　　　　　　　　　　450 000
　　贷:库存商品　　　　　　　　　　　　　　　　　　450 000
借:应收账款——丙公司　　　　　　　　　　　　　678 000
　　贷:应交税费——应交增值税(销项税额)　　　　　678 000

3) 销售商品涉及商业折扣、现金折扣、销售折让业务

企业销售商品会因为购买数量、季节促销、新品上市、资金回笼等原因给予价格方面的优惠,属于可变对价,会影响合同交易价格的确认,应区分不同情况进行处理。

(1) 商业折扣是指企业为促进商品销售而在商品标价上给予的价格扣除,例如企业进

行新品促销,商品按八折销售。商业折扣在销售前即已发生,并不构成最终成交价格,因此应当按照扣除商业折扣后的金额确定销售商品收入金额。

折扣销售是指企业因为购买方购货数量大等原因而给予的价格优惠。例如企业为鼓励客户多买商品,规定购买 100 件以上商品,给予客户 10% 的折扣。折扣销售是在实现销售的同时发生的,一般也是按照扣除折扣后的金额确定销售商品收入金额。

(2) 现金折扣也称销售折扣,是指企业为鼓励购买方在规定的期限内付款而向债务人提供的债务扣除。企业应根据事实和情况估计现金折扣,谨慎确定交易价格。现金折扣,一般用符号"折扣率/付款期限"表示,例如"2/10,1/20,n/30"表示:销货方允许客户最长的付款期限为 30 天,如果客户在 10 天内付款,销货方可给予客户 2% 的折扣;如果客户在 11~20 天内付款,销售方可给予客户 1% 的折扣;如果客户在 21~30 天内付款,将不能享受现金折扣。通常情况下,现金折扣发生在商品销售之后,多是企业为了尽快回笼资金而发生的融资费用,因此企业会按照扣除现金折扣前的金额确定销售商品收入金额,现金折扣部分在实际发生时计入当期财务费用。

(3) 销售折让是指企业因售出商品在质量、规格等方面不符合销售合同规定条款的要求而在售价上给予的减让。通常情况下,销售折让发生在销售收入已经确认之后,因此发生时应直接冲减当期销售商品收入。

【例 10-4】

某企业为工业企业,系增值税一般纳税人,适用增值税税率为 13%。20×1 年 3 月 1 日,销售一批产品给甲公司,该批产品标价 200 万元,成本为 105 万元。由于已经陈旧过时,给予甲公司 40% 的商业折扣。同时,在合同中约定现金折扣条件为 2/10,1/20,n/30。假定计算现金折扣时不考虑增值税,企业估计甲公司享受现金折扣的概率几乎为 0。请编制相应的会计分录。

企业应作会计分录如下。

(1) 确认收入时
  借:应收账款——甲公司        1 356 000
    贷:主营业务收入         1 200 000
      应交税费——应交增值税(销项税额) 156 000

(2) 结转销售成本时
  借:主营业务成本         1 050 000
    贷:库存商品          1 050 000

(3) 如果甲公司 3 月 10 日之前付清货款,则按售价的 2% 享受现金折扣
  借:银行存款          1 332 000
    财务费用          24 000
    贷:应收账款——甲公司      1 356 000

(4) 如果甲公司 3 月 15 日付清货款,则按售价的 1% 享受现金折扣
  借:银行存款          1 344 000
    财务费用          12 000
    贷:应收账款——甲公司      1 356 000

(5) 如果甲公司 3 月 30 日付清货款,则不能享受现金折扣

借:银行存款　　　　　　　　　　　　　　　1 356 000
　　贷:应收账款——甲公司　　　　　　　　　　　　1 356 000

【例 10-5】

承接例 10-4,企业销售给甲公司的产品在验收过程中发现质量存在问题,经双方协商,企业给予甲公司 10％价格折让。按规定开具了红字专用发票,企业在 3 月 28 日才收回款项。请编制相应的会计分录。

企业应作会计分录如下。

(1) 发生销售折让时

借:应收账款——甲公司　　　　　　　　　　　135 600
　　贷:主营业务收入　　　　　　　　　　　　　　　120 000
　　　　应交税费——应交增值税(销项税额)　　　　　15 600

(2) 实际收到款项时

借:银行存款　　　　　　　　　　　　　　　1 220 400
　　贷:应收账款——甲公司　　　　　　　　　　　　1 220 400

4) 销售退回业务

销售退回是指企业因售出商品存在质量、规格等不符合销售合同规定条款的要求,客户要求企业予以退货。

如果企业与客户签订的商品销售合同中附有销售退回条款,则应当在客户取得相关商品控制权时,按照预期有权收取的对价金额确认收入,将预期退还的金额确认预计负债;同时,按照预期将退回商品转让时的账面价值,扣除收回该商品预计发生的成本(包括退回商品的价值减损)后的余额,确认为一项资产(应收退货成本),按照商品转让时的账面价值,扣除上述资产成本的净额结转成本。每一资产负债表日,企业应当重新估计未来销售退回情况,如有变化,应当作为会计估计变更进行会计处理。

企业销售商品实际发生退货,表明企业履约义务的减少和客户商品控制权及其相关经济利益的丧失。若企业收到退回的商品时已确认销售商品收入的,除属于资产负债表日后事项的外,应退回货款或冲减应收款项,并冲减退回当期销售收入,同时冲减销售成本。涉及增值税的还应作相关调整处理。如该项销售退回已发生现金折扣,应同时调整相关财务费用的金额。若企业收到退回的商品时未确认销售商品收入的,应借记"库存商品"等账户,贷记"发出商品"账户,并相应调整成本差异或商品进销差价。

【例 10-6】

20×1 年 3 月 18 日,甲公司收到客户退回的全部商品,于退货当日支付了退货款,并按规定向客户开具了红字增值税专用发票。该批商品系公司 3 月 10 日销售的商品,增值税专用发票上注明售价为 280 000 元,增值税税额为 36 400 元,该批商品成本为 150 000 元。请编制相应的会计分录。

甲公司应作会计分录如下。

```
借：主营业务收入                                    280 000
    应交税费——应交增值税（销项税额）              36 400
    贷：银行存款                                    316 400
借：库存商品                                        150 000
    贷：主营业务成本                                150 000
```

5) 材料等存货销售业务

企业在日常活动中会发生对外销售不需用的原材料、随同商品对外销售单独计价的包装物等业务。企业销售原材料、包装物等存货取得收入的确认和计量原则比照一般商品销售业务。企业销售原材料、包装物等存货确认的收入作为其他业务收入处理，结转的相关成本作为其他业务成本处理。

【例10-7】

甲公司向乙公司销售一批原材料，开具的增值税专用发票上注明售价为80 000元，增值税税额为10 400元，甲公司收到乙公司支付的款项存入银行，该批原材料的实际成本为60 000元。乙公司收到原材料并验收入库。请编制相应的会计分录。

甲公司应作会计分录如下。

(1) 确认收入时

```
借：银行存款                                        90 400
    贷：其他业务收入                                80 000
        应交税费——应交增值税（销项税额）          10 400
```

(2) 结转销售成本时

```
借：其他业务成本                                    60 000
    贷：原材料                                      60 000
```

6) 代销业务

委托代销安排中，如果受托方并未在委托方向其转让商品时获得商品的控制权，则不应在此时点确认收入。企业在向客户转让商品前能够控制该商品的，该企业为主要责任人，应当按照已收或应收对价总额确认收入，否则为代理人，应当按照预期有权收取的佣金或手续费的金额确认收入。对在实务中常见的企业之间的委托代销和受托代销业务，主要有以下两种方式。

(1) 视同买断方式。委托方和受托方之间的协议明确标明，受托方在取得代销商品后，无论是否能够卖出、是否获利，均与委托方无关，那么委托方和受托方之间的代销商品交易，与委托方直接销售商品给受托方没有实质区别，委托方应确认相关销售商品收入。如果委托方和受托方之间的协议明确标明，将来受托方没有将商品售出时可以将商品退回给委托方，或受托方因代销商品出现亏损时可以要求委托方补偿，那么委托方在交付商品时不确认收入，受托方也不作购进商品处理；受托方将商品销售后，按实际售价确认销售收入，并向委托方开具代销清单；委托方在收到代销清单时，再确认本企业的销售收入。

(2) 收取手续费方式。在这种代销方式下，委托方应在受托方将商品销售后，并收到受托方开具的代销清单时，确认收入，支付的手续费计入销售费用。受托方则应当在商品销售后，按合同约定方法计算确定的手续费确认收入。

【例 10-8】

A 企业委托 B 企业销售甲商品 2 000 件,双方约定采用买断方式进行代销。合同约定双方交易价格为 100 元/件,该商品实际成本为 65 元/件,增值税税率为 13%。B 企业将商品全部销售。A 企业收到 B 企业开来的代销清单时确认销售收入并开具增值税专用发票,发票上注明售价 200 000 元,增值税 26 000 元。B 企业实际销售时开具的增值税专用发票上注明售价 250 000 元,增值税 32 500 元。假设 B 企业对代销商品采用进价核算。请编制相应的会计分录。

A 企业应作会计分录如下。

(1) 将甲商品交付 B 企业时

借:发出商品　　　　　　　　　　　　　　　　130 000
　贷:库存商品　　　　　　　　　　　　　　　　130 000

(2) 收到 B 企业代销清单时

借:应收账款——B 企业　　　　　　　　　　　226 000
　贷:主营业务收入　　　　　　　　　　　　　　200 000
　　　应交税费——应交增值税(销项税额)　　　 26 000

借:主营业务成本　　　　　　　　　　　　　　130 000
　贷:发出商品　　　　　　　　　　　　　　　　130 000

(3) 收到 B 企业货款时

借:银行存款　　　　　　　　　　　　　　　　226 000
　贷:应收账款——B 企业　　　　　　　　　　　226 000

B 企业应作会计分录如下。

(1) 收到代销的甲商品时

借:受托代销商品　　　　　　　　　　　　　　200 000
　贷:受托代销商品款　　　　　　　　　　　　　200 000

(2) 实际销售甲商品时

借:银行存款　　　　　　　　　　　　　　　　282 500
　贷:主营业务收入　　　　　　　　　　　　　　250 000
　　　应交税费——应交增值税(销项税额)　　　 32 500

借:主营业务成本　　　　　　　　　　　　　　200 000
　贷:受托代销商品　　　　　　　　　　　　　　200 000

(3) 收到 A 企业开具的增值税专用发票时

借:受托代销商品款　　　　　　　　　　　　　200 000
　　应交税费——应交增值税(进项税额)　　　　 26 000
　贷:应付账款——A 企业　　　　　　　　　　　226 000

(4) 实际向 A 企业付款时

借:应付账款——A 企业　　　　　　　　　　　226 000
　贷:银行存款　　　　　　　　　　　　　　　　226 000

7) 预收款销售商品业务

企业向客户预收商品款项的销售,应当首先将该款项确认为合同负债,在履行相关履约

义务时再计入收入。

**【例 10-9】**

20×1年3月,甲电信公司推出预缴话费赠送手机活动,客户缴纳3 500元话费即可获得市价2 800元的手机一部,并从当月起未来12个月内享受每月100元的通话服务。当月共有100名客户参加了活动。假定不考虑相关税费影响,请编制相应的会计分录。

甲电信公司当月应确认手机销售和通话服务两项履约义务,并将收到的话费按公允价值比例进行分配,其中手机销售收入应在当月一次性确认,通话服务在提供服务期间分期确认。

手机销售公允价值=2 800元

通话服务公允价值=12×100=1 200(元)

手机销售当月确认收入=2 800÷(2 800+1 200)×3 500×100=245 000(元)

通话服务当月确认收入=1 200÷(2 800+1 200)×3 500×100÷12=8 750(元)

甲电信公司应作会计分录如下。

借:银行存款　　　　　　　　　　　　　　350 000
　　贷:主营业务收入　　　　　　　　　　　　253 750
　　　　合同负债　　　　　　　　　　　　　　96 250

2. 在某一时段履行义务时确认收入

对于在某一时段内履行的履约义务,企业应当在该段时间内按照履约进度确认收入,但是,履约进度不能合理确定的除外。

满足下列条件之一的,属于在某一时段内履行履约义务:①客户在企业履约的同时即取得并消耗企业履约所带来的经济利益;②客户能够控制企业履约过程中在建的商品;③企业履约过程中所产出的商品具有不可替代用途,且该企业在整个合同期间内有权就累计至今已完成的履约部分收取款项。

企业应当考虑商品的性质,扣除那些控制权尚未转移给客户的商品,采用产出法或投入法确定恰当的履约进度。产出法通常是根据已转移给客户的商品对于客户的价值,例如实际测量的完工进度、已达到工程进度节点、已完工和交付的产品等产出指标,确定履约进度;而投入法则是根据企业为履行履约义务的投入确定履约进度,通常可采用投入的材料数量、花费的人工工时或机器工时、发生的成本和时间进度等投入指标确定。当履约进度不能合理确定时,企业已经发生的成本预计能够得到补偿的,应当按照已经发生的成本金额确认收入,直到履约进度能够合理确定为止。

**【例 10-10】**

甲公司于20×1年9月与乙公司签订一项期限为8个月的培训服务合同,合同约定的培训费用为100万元(不含增值税)。12月31日,甲公司实际发生的培训成本为20万元(均为职工薪酬),预计还将发生60万元。根据合同规定,乙公司按完成培训进度支付培训费和相应的增值税税款,甲公司按实际发生的成本占估计总成本的比例确认履约进度。甲公司适用的增值税税率为6%,请编制相应的会计分录。

甲公司应作会计分录如下。

(1) 实际发生培训成本时
借：合同履约成本　　　　　　　　　　　　　　　　200 000
　贷：应付职工薪酬　　　　　　　　　　　　　　　　　200 000
(2) 确认和计量当年的收入和费用时
　　　　　　履约进度＝200 000÷(200 000＋600 000)×100％＝25％
　　　　　　应确认合同收入＝1 000 000×25％＝250 000(元)
借：银行存款　　　　　　　　　　　　　　　　　　265 000
　贷：主营业务收入　　　　　　　　　　　　　　　　　250 000
　　　应交税费——应交增值税(销项税额)　　　　　　　15 000
借：主营业务成本　　　　　　　　　　　　　　　　200 000
　贷：合同履约成本　　　　　　　　　　　　　　　　　200 000

### 10.1.5　合同成本

企业与客户之间发生的成本主要有合同取得成本和合同履约成本。

**1. 合同取得成本**

企业为取得合同发生的增量成本预期能够收回的，应当作为合同取得成本确认为一项资产。增量成本是指企业不取得合同就不会发生的成本，如销售佣金，其确认的核心问题是作为资本化支出还是费用化支出。若该资产摊销期限不超过一年，可以在发生时计入当期损益，否则计入合同取得成本并分期摊销。企业为取得合同发生的、除预期能够收回的增量成本之外的其他支出(如无论是否取得合同均会发生的差旅费等)，应当在发生时计入当期损益，明确由客户承担的除外。

合同取得成本发生时借记"合同取得成本"账户，贷记"银行存款""其他应付款"等账户，在履约义务履行的时点或按照履约义务的履约进度进行摊销时，借记"销售费用"账户，贷记"合同取得成本"账户。

**【例 10-11】**

甲公司为一家文化咨询公司，适用增值税税率6％。与客户签订服务期为5年的咨询合同，按合同约定客户每年末支付含税咨询费530 000元。为取得合同，甲公司发生律师调查费用相关费用50 000元，差旅费10 000元，另支付销售人员佣金25 000元。甲公司预期这些支出未来均能够收回，咨询收入各年均能收到。此外，根据其年度销售目标，整体盈利情况及个人业绩等，向销售部门经理支付年度奖金10 000元。请编制相应的会计分录。

公司应作会计分录如下。

(1) 支付相关费用时
借：合同取得成本　　　　　　　　　　　　　　　　25 000
　　管理费用　　　　　　　　　　　　　　　　　　　60 000
　　销售费用　　　　　　　　　　　　　　　　　　　10 000
　贷：银行存款　　　　　　　　　　　　　　　　　　　95 000

(2) 确认各年收入时

各年确认合同收入＝530 000÷(1＋6%)＝500 000(元)

销售佣金摊销额＝25 000÷5＝5 000(元)

借：银行存款　　　　　　　　　　　　　　　　530 000
　　贷：主营业务收入　　　　　　　　　　　　　　500 000
　　　　应交税费——应交增值税(销项税额)　　　　30 000

(3) 摊销各年销售佣金时

借：销售费用　　　　　　　　　　　　　　　　　5 000
　　贷：合同取得成本　　　　　　　　　　　　　　　5 000

### 2. 合同履约成本

企业为履行合同发生的成本,不属于其他企业会计准则规范范围且同时满足下列条件的,应当作为合同履约成本确认为一项资产：①该成本与一份当前或预期取得的合同直接相关,包括直接人工、直接材料、制造费用(或类似费用)、明确由客户承担的成本以及仅因该合同而发生的其他成本；②该成本增加了企业未来用于履行履约义务的资源；③该成本预期能够收回。发生时借记"合同履约成本"账户,贷记"银行存款""原材料""应付职工薪酬"等账户,在履约义务履行的时点或按照履约义务的履约进度进行摊销时,借记"主营业务成本""其他业务成本"账户,贷记"合同履约成本"账户。

**【例 10-12】**

1月1日,甲建筑公司与客户签订一项造价为6 300万元的大型设备建造工程合同,根据双方合同,工程期限为3年,甲公司负责工程的施工及全面管理。客户按照第三方工程监理公司确认的工程完工量,每年与甲公司结算一次,预计可能发生的总成本为4 000万元。假定该建造工程整体构成单项履约义务,并属于在某一时段履行的履约义务,甲公司采用成本法确定履约进度。假定不考虑相关税费影响,请编制相应的会计分录。各期发生成本、结算价款情况如表10-1所示。

表10-1　各期发生成本、结算价款情况　　　　　　　　　单位：万元

| | 第一年 | 第二年 | 第三年 |
| --- | --- | --- | --- |
| 到目前为止已发生成本 | 1 500 | 3 000 | 4 100 |
| 完成合同尚需发生成本 | 2 500 | 1 000 | — |
| 已结算合同价款 | 2 500 | 1 100 | 2 700 |
| 实际收到价款 | 2 000 | 1 000 | 3 300 |

公司应作会计分录如下。

第一年

(1) 实际发生工程成本时

借：合同履约成本　　　　　　　　　　　　　15 000 000
　　贷：原材料、应付职工薪酬等　　　　　　　　15 000 000

(2) 已结算的合同价款

借：应收账款　　　　　　　　　　　　　　　25 000 000
　　贷：合同结算——价款结算　　　　　　　　　25 000 000

(3) 实际收到的价款

借：银行存款　　　　　　　　　　　　　　　　　　　20 000 000
　　贷：应收账款　　　　　　　　　　　　　　　　　　　　20 000 000

(4) 确认和计量当年的收入和费用

　　　　　　履约进度＝15 000 000÷40 000 000＝37.5%
　　　　　应确认合同收入＝63 000 000×37.5%＝23 625 000(元)

借：合同结算——收入结转　　　　　　　　　　　　　23 625 000
　　贷：主营业务收入　　　　　　　　　　　　　　　　　23 625 000
借：主营业务成本　　　　　　　　　　　　　　　　　15 000 000
　　贷：合同履约成本　　　　　　　　　　　　　　　　　15 000 000

年末"合同结算"账户的余额为贷方137.5(2 500－2 362.5)万元，应在资产负债表中作为其他非流动负债项目列示。

第二年

(1) 实际发生工程成本时

借：合同履约成本　　　　　　　　　　　　　　　　　15 000 000
　　贷：原材料、应付职工薪酬等　　　　　　　　　　　　15 000 000

(2) 已结算的合同价款

借：应收账款　　　　　　　　　　　　　　　　　　　11 000 000
　　贷：合同结算——价款结算　　　　　　　　　　　　　11 000 000

(3) 实际收到的价款

借：银行存款　　　　　　　　　　　　　　　　　　　10 000 000
　　贷：应收账款　　　　　　　　　　　　　　　　　　　10 000 000

(4) 确认和计量当年的收入和费用

　　　　　　履约进度＝30 000 000÷40 000 000＝75%
　　　　应确认合同收入＝63 000 000×75%－23 625 000＝23 625 000(元)

借：合同结算——收入结转　　　　　　　　　　　　　23 625 000
　　贷：主营业务收入　　　　　　　　　　　　　　　　　23 625 000
借：主营业务成本　　　　　　　　　　　　　　　　　15 000 000
　　贷：合同履约成本　　　　　　　　　　　　　　　　　15 000 000

年末"合同结算"账户的余额为借方1 125(2 362.5－1 100－137.5)万元，应在资产负债表中作为其他非流动资产项目列示。

第三年

(1) 实际发生工程成本时

借：合同履约成本　　　　　　　　　　　　　　　　　11 000 000
　　贷：原材料、应付职工薪酬等　　　　　　　　　　　　11 000 000

(2) 已结算的合同价款

借：应收账款　　　　　　　　　　　　　　　　　　　27 000 000
　　贷：合同结算——价款结算　　　　　　　　　　　　　27 000 000

(3) 实际收到的价款

借：银行存款　　　　　　　　　　　　　　33 000 000
　贷：应收账款　　　　　　　　　　　　　　　　33 000 000

(4) 确认和计量当年的收入和费用

由于该工程已竣工结算，其履约进度为100%。

应确认合同收入＝63 000 000－23 625 000－23 625 000＝15 750 000(元)

借：合同结算——收入结转　　　　　　　　15 750 000
　贷：主营业务收入　　　　　　　　　　　　　　15 750 000
借：主营业务成本　　　　　　　　　　　　11 000 000
　贷：合同履约成本　　　　　　　　　　　　　　11 000 000

年末"合同结算"账户的余额为零。

**3. 合同履约成本和合同取得成本的减值**

与合同成本有关的资产，其账面价值高于企业因转让与该资产相关的商品预期能够取得的剩余对价与为转让该商品估计将要发生的成本两项差额的，超出部分应当计提减值准备，并确认为资产减值损失。以前期间减值的因素之后发生变化，使差额高于该资产账面价值的，应当转回原已计提的资产减值准备，并计入当期损益，但转回后的资产账面价值不应超过假定不计提减值准备情况下该资产在转回日的账面价值。

## 任务 10.2　费用核算

### 10.2.1　主营业务成本核算

主营业务成本（main business costs）是指企业销售商品、提供服务等经常性活动所发生的成本。为了核算企业根据收入准则确认销售商品、提供服务等主营业务收入时结转的成本，企业应设置"主营业务成本"账户，并按主营业务的种类进行明细核算。

为了正确计算企业的营业利润，企业应根据销售各种商品、提供各种服务等实际成本，计算应结转的主营业务成本，借记"主营业务成本"账户，贷记"库存商品""合同履约成本"等账户。主营业务成本的结转可以在确认销售商品、提供服务收入时逐笔结转，也可以在月末时定期结转。本期发生的销售退回，如已结转销售成本的，借记"库存商品"等账户，贷记"主营业务成本"账户。

采用计划成本或售价核算库存商品的，平时的主营业务成本按计划成本或售价结转，月末，还应结转本月销售商品应分摊的产品成本差异或商品进销差价。

期末，企业应根据本期销售各种商品、提供各种服务等实际成本，计算应结转的主营业务成本，借记"主营业务成本"账户，贷记"库存商品""合同履约成本"等账户；期末，应将"主营业务成本"账户的余额转入"本年利润"账户，结转后"主营业务成本"账户无余额。

有关主营业务成本的具体会计处理，可参见"任务 10.1　收入核算"内容。

### 10.2.2 其他业务成本核算

其他业务成本(other operational costs)是指企业除主营业务活动以外的其他经营活动所发生的成本。包括销售材料的成本、出租固定资产的折旧额、出租无形资产的摊销额、出租包装物的成本或摊销额等。为了核算企业除主营业务活动以外的其他经营活动所发生的支出情况,企业应设置"其他业务成本"账户,并按其他业务的种类进行明细核算。

企业发生的其他业务成本,借记"其他业务成本"账户,贷记"原材料""周转材料""累计折旧""累计摊销""应付职工薪酬""银行存款"等账户。期末,应将"其他业务成本"账户余额转入"本年利润"账户,结转后"其他业务成本"账户无余额。

【例 10-13】

经核算,20×1 年 5 月 A 公司发生主营业务成本 460 000 元,其他业务成本 60 000 元,期末转至本年利润。请编制相应的会计分录。

公司应作会计分录如下。

借:本年利润　　　　　　　　　　　　　　　　　520 000
　　贷:主营业务成本　　　　　　　　　　　　　　　460 000
　　　　其他业务成本　　　　　　　　　　　　　　　 60 000

有关其他业务成本的具体会计处理,可参见项目 4 至项目 6 和本项目任务 10.1 的相关内容。

### 10.2.3 税金及附加核算

税金及附加(tax and surcharges)是指企业经营活动应负担的相关税费,包括消费税、城市维护建设税、教育费附加、资源税、房产税、城镇土地使用税、车船税和印花税等。为了核算企业经营活动应负担的相关税费情况,企业应设置"税金及附加"账户。企业按规定计算确定的与经营活动相关的税费,借记"税金及附加"账户,贷记"应交税费"账户;期末,应将"税金及附加"账户余额转入"本年利润"账户,结转后"税金及附加"账户无余额。

有关税金及附加的具体会计处理,可参见项目 8 相关内容。

### 10.2.4 销售费用核算

企业日常活动中发生的不能计入特定核算对象的成本,而应计入当期损益的费用,即是期间费用,包括销售费用、管理费用和财务费用。

销售费用(selling expenses)是指企业销售商品和材料、提供服务的过程中发生的各种费用,包括保险费、包装费、展览费和广告费、商品维修费、预计产品质量保证损失、运输费、装卸费等以及为销售本企业商品而专设的销售机构(含销售网点、售后服务网点等)的职工薪酬、业务费、折旧费等经营费用,企业发生的与专设销售机构相关的固定资产修理费用等后续支出也归属于销售费用。

为了核算各种销售费用,企业应设置"销售费用"账户,并按费用项目进行明细分类核算,分别反映各项销售费用的支出情况,以便于分析和考核销售费用计划的执行情况。发生销售费用时,应借记"销售费用"账户,贷记"库存现金""银行存款""应付职工薪酬""累计折旧"等账户。期末,应将"销售费用"借方归集的各项费用全部由该账户的贷方转入"本年利润"账户的借方,计入当期损益。结转后,"销售费用"账户期末无余额。

【例 10-14】

某公司 20×1 年 5 月发生的销售费用包括:以银行存款支付广告费 5 000 元;以现金支付应由公司负担的销售甲产品的运杂费 800 元;本月分配给专设销售机构的职工工资 4 000 元,职工福利费是 560 元。月末将全部销售费用予以结转。请编制相应的会计分录。

该公司应作会计分录如下。

(1) 发生销售费用时

借:销售费用　　　　　　　　　　　　　　10 360
　　贷:银行存款　　　　　　　　　　　　　　5 000
　　　　库存现金　　　　　　　　　　　　　　 800
　　　　应付职工薪酬　　　　　　　　　　　4 560

(2) 月末结转销售费用时

借:本年利润　　　　　　　　　　　　　　10 360
　　贷:销售费用　　　　　　　　　　　　　10 360

### 10.2.5 管理费用核算

管理费用(management costs)是指企业为组织和管理企业生产经营活动所发生的费用,包括企业在筹建期间内发生的开办费、董事会和行政管理部门在企业的经营管理中发生的或者应由企业统一负担的公司经费(包括行政管理部门职工工资及福利费、物料消耗、低值易耗品摊销、办公费和差旅费等)、工会经费、董事会费(包括董事会成员津贴、会议费和差旅费等)、聘请中介机构费、咨询费(含顾问费)、诉讼费、业务招待费、技术转让费、研究费用等。

商品流通企业管理费用不多的,可以将管理费用并入"销售费用"账户核算。企业生产车间(部门)和行政管理部门等发生的固定资产修理费用等后续支出,包括固定资产修理费用也归属为管理费用。

为了核算企业为组织和管理企业生产经营所发生的管理费用,企业应设置"管理费用"账户。并按管理部门分设明细账户,再按费用项目设置专栏,以反映各部门、各项费用的支出情况。发生管理费用时,应借记"管理费用"账户,贷记"库存现金""银行存款""应付职工薪酬""累计折旧""研发支出""应交税费"等账户。期末,应将"管理费用"借方归集的各项费用全部由该账户的贷方转入"本年利润"账户的借方,计入当期损益。结转后,"管理费用"账户期末无余额。

【例 10-15】

某公司 20×1 年 6 月发生以下管理费用:以银行存款支付业务招待费 7 200 元;计提

管理部门使用的固定资产折旧费8 000元；分配管理人员工资12 000元，职工福利费1 680元；计算应交城镇土地使用税3 500元；摊销无形资产2 000元；月末结转管理费用。请编制相应的会计分录。

该公司应作会计分录如下。

(1) 发生管理费用时

| | |
|---|---|
| 借：管理费用 | 34 380 |
| 　　贷：银行存款 | 7 200 |
| 　　　　累计折旧 | 8 000 |
| 　　　　应付职工薪酬 | 13 680 |
| 　　　　应交税费——应交城镇土地使用税 | 3 500 |
| 　　　　累计摊销 | 2 000 |

(2) 结转管理费用时

| | |
|---|---|
| 借：本年利润 | 34 380 |
| 　　贷：管理费用 | 34 380 |

### 10.2.6 财务费用核算

财务费用(finance costs)是指企业为筹集生产经营所需资金等而发生的费用，包括利息支出(减利息收入)、汇兑损益以及相关的手续费、企业发生的现金折扣或收到的现金折扣等。为购建或生产满足资本化条件的资产发生的应予资本化的借款费用，在"在建工程"等账户中进行核算。

为了核算企业为筹集生产经营所需资金等而发生的筹资费用，企业应设置"财务费用"账户。该账户属于损益类，期末应将本账户余额转入"本年利润"账户，结转后本账户无余额。该账户应按费用项目设置明细账进行明细分类核算。

企业发生的财务费用，借记"财务费用"账户，贷记"银行存款""未确认融资费用"等账户。发生的应冲减财务费用的利息收入、汇兑损益、现金折扣，借记"银行存款""应付账款"等账户，贷记"财务费用"账户。

【例10-16】

某公司20×1年6月发生如下事项：接银行通知，已划拨本月银行借款利息支出5 000元；银行转来存款利息收入2 000元。月末结转财务费用。请编制相应的会计分录。

该公司应作会计分录如下。

| | |
|---|---|
| (1) 借：财务费用 | 5 000 |
| 　　贷：银行存款 | 5 000 |
| (2) 借：银行存款 | 2 000 |
| 　　贷：财务费用 | 2 000 |
| (3) 借：本年利润 | 3 000 |
| 　　贷：财务费用 | 3 000 |

## 任务 10.3 利润核算

企业作为独立核算的经济实体,其经营的目的就是以自身的经营收入来抵补发生的成本费用,从而实现盈利。企业只有获得尽可能多的利润,才能在激烈的市场竞争中谋求生存和发展。

利润(profit)是指企业在一定会计期间的经营成果。企业一般按月计算利润,利润包括收入减去费用后的净额、直接计入当期利润的利得和损失等。

收入减去费用后的净额是指营业利润,是企业通过生产经营活动获得的;直接计入当期利润的利得和损失,是指应当计入当期损益、会导致所有者权益发生增减变动的、与所有者投入资本或者向所有者分配利润无关的利得或者损失,即指营业外收入和营业外支出。可见,利润金额取决于收入和费用、直接计入当期利润的利得和损失金额的计量。

(1) 营业利润。营业利润(operation profit)是企业利润的主要来源,由营业收入、营业成本、税金及附加和期间费用以及资产减值损失、公允价值变动损益和投资净收益等构成,用公式表示为

营业利润=营业收入-营业成本-税金及附加-销售费用-管理费用-研发费用
　　　　-财务费用+其他收益+投资收益(-投资损失)
　　　　+净敞口套期收益(-净敞口套期损失)+公允价值变动收益(-公允价值变动损失)
　　　　-信用减值损失-资产减值损失+资产处置收益(-资产处置损失)

式中,营业收入是指企业经营业务所实现的收入总额,包括主营业务收入和其他业务收入。营业成本是指企业经营业务所发生的实际成本,包括主营业务成本和其他业务成本。研发费用是指企业进行研究与开发过程中发生的费用化支出,以及计入管理费用的自行开发无形资产的摊销。其他收益主要是指与企业日常活动相关,除冲减相关成本费用以外的政府补助。投资收益(或损失)是指企业以各种方式对外投资所取得的收益(或损失)。公允价值变动收益(或损失)是指企业交易性金融资产等公允价值变动形成的应计入当期损益的利得(或损失)。信用减值损失是指企业计提各项金融工具信用减值准备所确认的信用损失。资产减值损失是指企业计提有关资产减值准备所形成的损失。资产处置收益(或损失)反映企业出售划分为持有待售的非流动资产(金融工具、股权投资和投资性房地产除外)或处置组(子公司和业务除外)时确认的处置利得或损失,以及处置未划分为持有待售的固定资产、在建工程、生产性生物资产及无形资产而产生的处置利得或损失,还包括债务重组中因处置非流动资产产生的利得或损失和非货币性资产交换中换出非流动资产产生的利得或损失。

(2) 利润总额。企业的利润总额(total profit)是指营业利润加上营业外收入减去营业外支出后的金额,用公式表示为

利润总额=营业利润+营业外收入-营业外支出

式中,营业外收入是指企业发生的与其日常活动没有直接关系的各项利得;营业外支出是指企业发生的与其日常活动没有直接关系的各项损失。

（3）净利润。企业当期的利润总额减去所得税费用，即为企业的税后利润，又称为净利润(net profit)。企业净利润的有关计算公式为

$$净利润 = 利润总额 - 所得税费用$$

式中，所得税费用是企业确认的应从当期利润总额中扣除的所得税费用。

### 10.3.1 营业外收支核算

营业外收支是指企业发生的与日常活动无直接关系的各项收支，这些收入和支出偶发性很强，前后不发生联系，而且每项收入和支出往往是彼此孤立的。收入没有相应的成本和费用，支出没有相应的收入。在企业经营活动中，难免会遇到一些与企业经营无直接联系的经济业务，如发生自然灾害、非常事项或其他客观因素造成的财产损失，以及其他各种意外的收入和支出等。营业外收支虽然与企业生产经营活动没有多大的关系，但从企业主体来考虑，同样带来收入或形成支出，从而增加或减少利润，对企业的利润总额及净利润产生影响。

**1. 营业外收入的核算**

营业外收入(non-operation income)实质上是一种纯收入，并不是由企业资金耗费所产生的，不需要企业会计出代价，也不与有关费用相配比。因此，在会计核算上，应当严格区分营业外收入。营业外收入主要包括非流动资产毁损报废收益、盘盈利得、捐赠利得、无法支付的应付款项、与日常活动无关的政府补助、债务重组利得等。其中，非流动资产毁损报废收益是指非流动资产发生毁损、丧失使用功能而报废所产生的清理收益；盘盈利得是指企业对现金等资产清查盘点时发生盘盈，报经批准后计入营业外收入的金额；捐赠利得是指企业接受捐赠产生的利得；无法支付的应付款项是指企业确实无法支付而按规定程序报经批准后转作营业外收入的应付款项；与日常活动无关的政府补助是指企业从政府无偿取得的货币性资产或非货币性资产，且与日常活动无关的利得。

企业应当设置"营业外收入"账户核算企业营业外收入的取得及其结转情况，并按各营业外收入项目进行明细核算。期末，应将该账户余额转入"本年利润"账户，结转后该账户无余额。

企业确认营业外收入时，借记"固定资产清理""银行存款""库存现金""应付账款"等账户，贷记"营业外收入"账户。期末，应将"营业外收入"账户余额转入"本年利润"账户，借记"营业外收入"账户，贷记"本年利润"账户。

**【例 10-17】**

20×1年年末，A公司进行财产清查，经批准报废一台打印复印一体机。经核算发生清理净收益1 000元，转作营业外收入。请编制相应的会计分录。

公司应作会计分录如下。

借：固定资产清理　　　　　　　　　　　　　　1 000
　　贷：营业外收入——非流动资产毁损报废收益　　1 000

下面重点介绍政府补助的核算。

1) 政府补助概述

世界上很多国家为了体现其在特定时期的经济政策，鼓励或扶持特定行业、地区或领域

的发展,通常会制定一些政策法规对有关企业予以经济支持,如无偿拨款、贷款、担保、注入资本、提供货物或者服务、放弃或者不收缴收入等。但并非政府对企业的经济支持都是政府补助,《企业会计准则——政府补助》规范了政府补助的定义、特征、分类和形式以及相关的会计处理方法。

(1) 政府补助的含义。政府补助(government subsidies)是指企业从政府无偿取得货币性资产或非货币性资产,但不包括政府作为企业所有者投入的资本。其中,"政府"包括各级人民政府以及政府组成部门(如财政和卫生部门)、政府直属机构(如税务和环保部门)等。联合国、世界银行等国际组织,也视同为政府。

(2) 政府补助的特征。根据政府补助的定义,政府补助具有以下特征。

一是政府补助是无偿的、有条件的。政府向企业提供补助具有无偿性的特点。政府并不因此而享有企业的所有权,企业未来也不需要以提供服务、转让资产等方式偿还。

政府补助通常附有一定的条件,主要包括以下条件。

① 政策条件。企业只有符合政府补助政策的规定,才有资格申请政府补助。符合政策规定不一定都能够取得政府补助;不符合政策规定、不具备申请政府补助资格的,不能取得政府补助。

② 使用条件。企业已获批准取得政府补助的,应当按照政府规定的用途使用。

二是政府补助是直接取得资产。政府补助是企业从政府直接取得的资产,包括货币性资产和非货币性资产。例如,企业取得的财政拨款,先征后返(退)、即征即退等方式返还的税款,行政划拨的土地使用权等。不涉及资产直接转移的经济支持不属于政府补助,例如,政府与企业间的债务豁免,除税收返还后的税收优惠,如直接减征、免征、增加计税抵扣额、抵免部分税额等都不属于政府补助准则规范的内容。

三是政府资本性投入不属于政府补助。政府以投资者身份向企业投入资本,享有企业相应的所有权,企业有义务向投资者分配利润,政府与企业之间是投资者与被投资者的关系。政府拨入的投资补助等专项拨款中,国家相关文件规定作为"资本公积"处理的,也属于资本性投入的性质。政府的资本性投入无论采用何种形式,均不属于政府补助。

此外,增值税出口退税也不属于政府补助。增值税出口退税是免征出口环节的增值税,退还出口货物前道环节所征收的进项税额。由于增值税是价外税,出口货物前道环节所含的进项税额是抵扣项目,体现为企业垫付的资金,所以增值税出口退税实质上是政府归还企业事先垫付的资金,不属于政府补助。

2) 政府补助的分类

政府补助根据给企业带来经济利益或者弥补相关成本或费用的形式不同,可以分为与资产相关的政府补助和与收益相关的政府补助。

(1) 与资产相关的政府补助,是指企业取得的、用于购建或以其他方式形成长期资产的政府补助。

这类补助一般以银行转账的方式拨付,如政府拨付的用于企业购买无形资产的财政拨款、政府对企业用于建造固定资产的相关贷款给予的财政贴息等,应当在实际收到款项时按照到账的金额确认与计量。在很少的情况下,这类补助也可能表现为政府无偿向企业划拨长期非货币性资产。

(2) 与收益相关的政府补助,是指除与资产相关的政府补助之外的政府补助。政府补助表现为政府向企业转移资产,通常为货币性资产,也可能为非货币性资产。

这类补助通常以银行转账的方式拨付,应当在实际收到款项时按照到账的金额确认与计量。只有确凿证据表明该项补助是按照固定的定额标准拨付的,才可以在这项补助成为应收账款时予以确认并按照应收的金额计量。

3) 政府补助的形式

政府补助表现为政府向企业转移资产,通常为货币性资产,也可能为非货币性资产。但由于历史原因也存在无偿划拨非货币性资产的情况,随着市场经济的逐步完善,这种情况已经趋于消失。政府补助主要有以下形式。

(1) 财政拨款。财政拨款是政府无偿拨付给企业的资金,通常在拨款时明确规定了资金用途。

例如,财政部门拨付给企业用于购建固定资产或进行技术改造的专项资金,鼓励企业安置职工就业而给予的奖励款项,拨付企业的粮食定额补贴,拨付企业开展研发活动的研发经费等,均属于财政拨款。

(2) 财政贴息。财政贴息是政府为支持特定领域或区域发展,根据国家宏观经济形势和政策目标,对承贷企业的银行贷款利息给予的补贴。

财政贴息主要有两种方式:一是财政将贴息资金直接拨付给受益企业;二是财政将贴息资金拨付给贷款银行,由贷款银行以政策性优惠利率向企业提供贷款,受益企业按照实际发生的利率计算和确认利息费用。

(3) 税收返还。税收返还是政府按照国家有关规定采取先征后返(退)、即征即退等办法向企业返还的税款,属于以税收优惠形式给予的一种政府补助。增值税出口退税不属于政府补助。

除税收返还外,税收优惠还包括直接减征、免征、增加计税抵扣额、抵免部分税额等形式。这类税收优惠并未直接向企业无偿提供资产,不作为规范的政府补助。

4) 政府补助的核算

政府补助分为与资产相关的政府补助和与收益相关的政府补助。从理论上来讲,政府补助的核算方法有两种:收益法与资本法。收益法的基本原理是将政府补助计入当期收益或递延收益,收益法又可以分为总额法和净额法;资本法则是将政府补助计入所有者权益。我国政府补助准则要求采用收益法中的总额法,以便更真实、更完整地反映政府补助的相关信息。

企业应当按照经济业务实质,区分政府补助的性质进行会计核算。与企业日常活动相关的政府补助,计入其他收益或冲减相关成本费用;与企业日常活动无关的政府补助,计入营业外收支。通常情况下,若政府补助补偿的成本费用是企业营业利润中的项目,或该补助与日常销售等经营行为密切相关,则认为该补助与日常活动相关,如增值税即征即退项目。

政府补助核算中应设置"递延收益""其他收益"等账户。"递延收益"账户属于负债类,核算企业确认的应在以后期间计入当期损益的政府补助。贷方登记企业收到或应收的政府补助,借方登记已收到的与资产有关的政府补助在相关资产使用寿命内分配的金额和与收益有关的政府补助在发生相关费用或损失的未来期间应补偿的金额;期末贷方余额,反映企业应在以后期间计入当期损益的政府补助。"递延收益"账户应按政府补助的项目进行明细分类核算。"其他收益"账户属于损益类,核算总额法下与日常活动相关的政府补助以及其他与日常活动相关且应直接计入本账户的项目。

(1) 与资产相关的政府补助。与资产相关的政府补助，应当确认为递延收益，并在相关资产使用寿命内平均分配，计入当期损益。但是，按照名义金额计量的政府补助，直接计入当期损益。即企业收到或应收的与资产相关的政府补助，借记"银行存款""其他应收款"等账户，贷记"递延收益"账户。在相关资产使用寿命内分配递延收益，借记"递延收益"账户，贷记"其他收益"或"营业外收入"账户。这里需要说明两点：递延收益分配的起点是"相关资产可供使用时"，对于应计提折旧或摊销的长期资产，即为资产开始折旧或摊销的时点；递延收益分配的终点是"资产使用寿命结束或资产被处置时（孰早）"，相关资产在使用寿命结束前被处置（出售、转让、报废等），尚未分配的递延收益余额应当一次性转入资产处置当期的收益，不再予以递延。

**【例 10-18】**

甲公司于 20×1 年拟购置一台新型环保设备，按有关政策规定向有关部门申请补助。3 月 1 日收到国家拨给企业的补助款 300 万元，3 月 30 日以银行存款购入环保设备，实际成本 360 万元，预计使用寿命 10 年，采用平均年限法计提折旧（假设无残值），20×8 年 3 月公司出售该项设备，收取银行存款 100 万元。请编制政府补贴相关业务的会计分录。

甲公司应作会计分录如下。

① 20×1 年 3 月 1 日收到拨款时

借：银行存款　　　　　　　　　　　　　　　　3 000 000
　　贷：递延收益　　　　　　　　　　　　　　　　　　3 000 000

② 20×1 年 3 月 30 日购入设备，每个资产负债表日分摊递延收益＝(300÷10)÷12＝2.5（万元）时

借：递延收益　　　　　　　　　　　　　　　　　25 000
　　贷：其他收益　　　　　　　　　　　　　　　　　　25 000

③ 假定 20×8 年 3 月企业将该设备出售，同时转销递延收益时

借：递延收益　　　　　　　　　　　　　　　　　900 000
　　贷：其他收益　　　　　　　　　　　　　　　　　　900 000

(2) 与收益相关的政府补助。与收益相关的政府补助是指除与资产相关的政府补助之外的政府补助。

与收益相关的政府补助，用于补偿以后期间的相关费用或损失的，在取得时先确认为递延收益，即按收到或应收的金额，借记"银行存款""其他应收款"等账户，贷记"递延收益"账户。然后在确认相关费用的期间计入当期损益或冲减相关成本，即按应补偿的金额，借记"递延收益"账户，贷记"其他收益"或"营业外收入"账户。

与收益相关的政府补助，用于补偿企业已发生费用或损失的，取得时直接计入当期损益或冲减相关成本费用，即按收到或应收的金额，借记"银行存款""其他应收款"等账户，贷记"其他收益"或"营业外收入"账户。

有些情况下，企业可能不容易分清与收益相关的政府补助是用于补偿已发生费用，还是用于补偿以后将发生的费用。根据重要性要求，企业通常可以将与收益相关的政府补助直接计入当期损益或冲减相关成本费用；对于金额较大的补助，可以分期计入当期损益或冲

减相关成本费用。

【例 10-19】

20×1年2月，甲企业所在地区发生地震，企业设备受损严重。同年3月即收到政府补助资金200万元用于弥补其受灾损失。请编制相应的会计分录。

甲企业应作会计分录如下。

借：银行存款　　　　　　　　　　　　　　　　2 000 000
　　贷：营业外收入——与日常活动无关的政府补助　　2 000 000

(3) 与资产和收益均相关的政府补助。政府补助的对象常常是综合性项目，可能既包括设备等长期资产的购置，也包括人工费、购买服务费、管理费等费用化支出的补偿，这种政府补助与资产和收益均相关。

以研发补贴为例，大部分研发补贴的对象是符合政策规定的特定研发项目，企业取得补贴后可以用于购置该研发项目所需的设备，或者购买试剂、支付劳务费等。例如，集成电路产业研究与开发专项资金的补贴内容包括：人工费，含集成电路人才培养、引进和奖励费；专用仪器及设备费；专门用于研发活动的咨询和等效服务费用；因研发活动而直接发生的如材料、供应品等日常费用；因研发活动而直接发生的间接支出；为管理研发资金而发生的必要费用。

企业取得这类政府补助时，需要将其分解为与资产相关的部分和与收益相关的部分，分别进行会计处理。但在实务中，政府常常只补贴整个项目开支的一部分，企业可能确实难以区分某项政府补助中哪些与资产相关、哪些与收益相关，或者对其进行划分不符合重要性原则或成本效益原则。这种情况下，企业可以将整项政府补助归类为与收益相关的政府补助，视情况不同计入当期损益，或者在项目期内分期确认为当期收益。

2. 营业外支出的核算

营业外支出(non-business expenditure)是指企业发生的与其日常活动没有直接关系的各项损失，主要包括非流动资产毁损报废损失、盘亏损失、罚款支出、公益性捐赠支出、非常损失以及债务重组损失等。

其中，非流动资产毁损报废损失是指非流动资产发生毁损、丧失使用功能而报废所产生的清理损失；盘亏损失主要指对于固定资产清查盘点中盘亏的固定资产在查明原因处理时确定的损失应计入营业外支出的金额；罚款支出是指企业违反国家税收、经济合同等相关法规而支付的各种滞纳金和罚款；公益性捐赠支出是指企业对外进行公益性捐赠发生的支出；非常损失是指企业对于因客观因素(如自然灾害等)造成的损失，在扣除保险公司赔款后应计入营业外支出的净损失。

企业应当设置"营业外支出"账户核算企业营业外支出的发生及其结转情况，并按各营业外支出项目进行明细分类核算。期末，应将该账户余额转入"本年利润"账户，结转后该账户无余额。

企业确认营业外支出时，借记"营业外支出"账户，贷记"固定资产清理""待处理财产损溢""库存现金""银行存款"等账户。期末，应将"营业外支出"账户余额转入"本年利润"账户，借记"本年利润"账户，贷记"营业外支出"账户。

在利润形成的核算中，营业外收入和营业外支出之间没有对应关系，必须分别核算。在具体核算时，不得以营业外支出直接冲减营业外收入，也不得以营业外收入冲减营业外支出。

企业通过收入和费用的核算，可以反映一定期间的营业利润，再加上营业外收支的金额，就形成了企业的利润总额。企业实现的利润应当按照国家税法的规定计算并缴纳所得税，因此，利润总额也称为税前会计利润。

### 10.3.2 所得税费用核算

1. 所得税会计概述

所得税会计是研究如何处理依据会计准则计算的税前会计利润与按照税法规定计算的应税所得之间差异的会计理论和方法。企业会计利润是根据企业会计准则计算的，而按照税法规定，企业所得税是根据应纳税所得额计算得到的，二者在计算项目和计算标准口径方面存在差异。

我国《企业会计准则——所得税》要求企业采用资产负债表债务法。资产负债表债务法，是以资产负债表为重心，按企业资产、负债的账面价值与税法规定的计税基础之间的差额，计算暂时性差异，据以确认递延所得税负债或资产，再确认所得税费用的会计核算方法。

在采用资产负债表债务法核算所得税的情况下，企业一般应于每一资产负债表日进行所得税的会计处理。发生特殊交易或事项时，如企业合并等，在确认因交易或事项产生的资产、负债时即应确认相关的所得税影响。企业进行所得税的核算一般应按下列程序处理。

(1) 确定资产和负债的账面价值。按照相关企业会计准则规定，确定资产负债表中除递延所得税资产和递延所得税负债以外的其他资产、负债项目的账面价值。资产、负债项目的账面价值，是指企业按相关企业会计准则的规定进行核算后在资产负债表中列示的金额。

(2) 确定资产和负债的计税基础。所得税费用(income tax expenses)确认的关键之一在于确定资产、负债的计税基础。在确定资产、负债的计税基础时，应严格遵循税收法规中对于资产的税务处理，以及可税前扣除的费用等规定进行。按照企业会计准则中对于资产和负债计税基础的确定方法，以适用的税收法规为基础，确定资产负债表中有关资产、负债项目的计税基础。

(3) 确定应纳税暂时性差异和可抵扣暂时性差异。比较资产、负债的账面价值与其计税基础，对于两者之间存在差异的，分析其性质，除企业会计准则中规定的特殊情况外，区分为应纳税暂时性差异与可抵扣暂时性差异。

(4) 确定递延所得税负债和递延所得税资产。确定该资产负债表日递延所得税负债和递延所得税资产的应有金额，并与期初递延所得税负债和递延所得税资产的余额相比，确定当期应予进一步确认的递延所得税资产和递延所得税负债金额或应予转销的金额，作为构成利润表中所得税费用的递延所得税费用。

(5) 确定利润表中的所得税费用。按照适用的税法规定计算确定当期应纳税所得额，将应纳税所得额与适用的所得税税率计算的结果确认为当期应交所得税(当期所得税)，同时结合当期确认的递延所得税资产和递延所得税负债(递延所得税)，作为利润表中应予确认的所得税费用。

2. 资产的计税基础

资产的计税基础是指企业收回资产账面价值过程中，计算应纳税所得额时按照税法规定可以自税前经济利益中抵扣的金额，即某一项资产在未来期间计税时可以税前扣除的金额。用公式表示为

资产的计税基础＝资产未来期间计税时可税前扣除的金额

或　　　　　　　　＝取得成本－以前期间已累计税前扣除的金额

【例 10-20】

A 企业于 20×1 年年末以 300 万元购入一项生产用固定资产，按照该项固定资产的预计使用情况，A 企业在会计核算时估计其使用寿命为 10 年，计税时，按照适用税法规定，其折旧年限为 20 年，假定会计与税收均按直线法计提折旧，净残值为零。假定固定资产未发生减值，试确定该项固定资产在 20×2 年 12 月 31 日的账面价值及计税基础。

分析：

该项固定资产在 20×2 年 12 月 31 日的账面价值＝300－300÷10＝270（万元）

该项固定资产在 20×2 年 12 月 31 日的计税基础＝300－300÷20＝285（万元）

该固定资产的账面价值 270 万元与其计税基础 285 万元之间产生差额 15 万元，这意味着企业将于未来期间减少应纳税所得额和应交所得税。

通常情况下，资产取得时其入账价值与计税基础是相同的，后续计量因会计准则规定与税法规定不同，可能造成账面价值与计税基础之间产生差异。

3. 负债的计税基础

负债的计税基础是指负债的账面价值减去未来期间计算应纳税所得额时按照税法规定可予抵扣的金额。计算公式为

负债的计税基础＝账面价值－未来期间按照税法规定可予税前扣除的金额

一般情况下，负债的确认和偿还通常不会对当期损益和应纳税所得额产生影响，未来期间计算应纳税所得额时按照税法规定可予抵扣的金额为零，其计税基础即为账面价值。如企业的短期借款、应付票据、应付账款等。但在某些情况下，负债的确认可能会影响损益，并影响不同期间的应纳税所得额，使其计税基础与账面价值之间产生差额。

【例 10-21】

某企业 20×1 年因销售产品承诺提供 3 年的保修服务，当年利润表中确认了 300 万元的销售费用，同时相应确认了 300 万元的预计负债，当年未发生任何保修支出。按照税法规定，与产品售后服务相关的费用在实际发生时允许税前扣除。试确定其账面价值及计税基础。

分析：该项预计负债在企业 20×1 年 12 月 31 日资产负债表中的账面价值为 300 万元。

该项预计负债的计税基础为账面价值 300 万元－未来期间计算应纳税所得额时按照税法规定可予抵扣的金额 300 万元＝0。

该项负债的账面价值 300 万元与其计税基础 0 之间产生的差额 300 万元将会减少企业于未来期间的应纳税所得额。

4. 暂时性差异

暂时性差异是指资产或负债的账面价值与其计税基础之间的差额。由于资产、负债的

账面价值与其计税基础不同,产生了在未来收回资产或清偿负债的期间内,应纳税所得额增加或减少并导致未来期间应交所得税增加或减少的情况,在这些暂时性差异发生的当期,应当确认相应的递延所得税负债或递延所得税资产。

某些不符合资产、负债的确认条件,未作为财务会计报告中资产、负债列示的项目,如果按照税法规定可以确定其计税基础,该计税基础与其账面价值之间的差额也属于暂时性差异。

按照暂时性差异对未来期间应税金额的影响,分为应纳税暂时性差异和可抵扣暂时性差异。

（1）应纳税暂时性差异。应纳税暂时性差异是指在确定未来收回资产或清偿负债期间的应纳税所得额时,将导致产生应税金额的暂时性差异。资产的账面价值大于其计税基础或是负债账面价值小于其计税基础时,会产生应纳税暂时性差异。其产生当期应当确认为递延所得税负债。

**【例 10-22】**

甲公司 20×1 年年末持有一项交易性金融资产,成本为 1 000 万元,期末公允价值为 1 500 万元,试确定其账面价值及计税基础。

分析:按照企业会计准则规定,交易性金融资产期末应以公允价值计量,公允价值的变动计入当期损益,即该交易性金融资产的账面价值为 1 500 万元。

按照税法规定,交易性金融资产在持有期间公允价值变动不计入应纳税所得额,即其计税基础保持 1 000 万元不变。

该交易性金融资产的账面价值 1 500 万元与计税基础 1 000 万元之间的差额 500 万元属于应纳税暂时性差异。

（2）可抵扣暂时性差异。可抵扣暂时性差异是指在确定未来收回资产或清偿负债期间的应纳税所得额时,将导致产生可抵扣金额的暂时性差异。资产的账面价值小于其计税基础或是负债账面价值大于其计税基础时,会产生可抵扣暂时性差异。其产生当期应当确认为递延所得税资产。

**【例 10-23】**

甲公司 20×1 年 12 月 31 日应收账款余额为 3 000 万元,该公司期末对应收账款计提了 300 万元的坏账准备。按照税法规定,应收账款期末余额的 5‰计提的坏账准备允许税前扣除。假定该企业期初应收账款及坏账准备的余额均为零。试确定其账面价值及计税基础。

分析:该项应收账款在 20×1 年资产负债表日的账面价值为 2 700（3 000－300）万元。其计税基础为账面价值 3 000 万元减去按照税法规定可予税前扣除的坏账准备 15 万元,即为 2 985 万元,该计税基础与其账面价值 2 700 万元之间产生的 285 万元属于可抵扣暂时性差异。

（3）特殊项目产生的暂时性差异。有些项目有计税基础,但由于不符合资产、负债的确认条件而未体现为资产负债表中的资产或负债,但按税法规定能够确定其计税基础的,其账面价值零与计税基础之间的差异也构成暂时性差异。比如,开办费,会计于发生时计入管理费用,税法规定可以在 3 年内分期计入应纳税所得额,两者差异也形成暂时性差异。

可抵扣亏损及税款抵减产生的暂时性差异，按照税法规定可以结转以后年度的未弥补亏损及税款抵减，虽不是因资产、负债的账面价值与计税基础不同产生的，但本质上可抵扣亏损和税款抵减与可抵扣暂时性差异具有同样的作用，均能够减少未来期间的应纳税所得额，进而减少未来期间的应交所得税，在会计处理上，视同可抵扣暂时性差异，符合条件的应确认与其相关的递延所得税资产。

对于非同一控制下企业合并，购买方对于合并中取得的可辨认资产、负债按照企业会计准则规定应当按照其在购买日的公允价值确认，而如果该合并按照税法规定属于免税改组，即购买方在合并中取得的可辨认资产、负债维持其原计税基础不变，则会产生因企业合并中取得可辨认资产、负债的公允价值与其计税基础不同，形成暂时性差异。

5. 递延所得税资产和递延所得税负债的确认与计量

1）递延所得税资产的确认与计量

资产、负债的账面价值与其计税基础不同产生可抵扣暂时性差异的，在估计未来期间能够取得足够的应纳税所得额用以利用该抵扣暂时性差异时，应当以很可能取得用来抵扣可抵扣暂时性差异的应纳税所得额为限，确认相关的递延所得税资产。

确认递延所得税资产时，应当以预期收回该资产期间的适用所得税税率为基础计算确定。无论相关的可抵扣暂时性差异转回期间如何，递延所得税资产均不要求折现。

2）递延所得税负债的确认与计量

应纳税暂时性差异在转回期间将增加未来期间的应纳税所得额和应交所得税时，导致企业经济利益流出，从其发生当期看，构成企业应支付税金的义务，应确认为递延所得税负债。

确认递延所得税负债时，应当以相关应纳税暂时性差异转回期间适用的所得税税率计量。在我国，除享受优惠政策的情况外，企业适用的所得税税率在不同年度之间一般不会发生变化，企业在确认递延所得税负债时，可以现行适用税率为基础计算确定，递延所得税负债的确认不要求折现。

需要说明的是，因税收法规的变化，导致企业在某一会计期间适用的所得税税率发生变化的，企业应对已确认的递延所得税资产和递延所得税负债按照新的税率进行重新计量。在适用税率变动的情况下，应对原已确认的递延所得税资产及递延所得税负债的金额进行调整。除直接计入所有者权益的交易或事项产生的递延所得税资产及递延所得税负债，相关的调整金额应计入所有者权益以外，其他情况下产生的调整金额应确认为税率变化当期的所得税费用（或收益）。

6. 所得税核算的账户设置

（1）"所得税费用"账户。该账户属于损益类，核算企业按规定应从当期利润中扣除的所得税费用。该账户借方登记从当期损益中扣除的所得税；贷方登记期末转入"本年利润"账户的所得税税额；期末结转后，该账户应无余额。该账户可按"当期所得税费用""递延所得税费用"进行明细分类核算。

（2）"递延所得税资产"账户。该账户属于资产类，核算企业确认的可抵扣暂时性差异产生的递延所得税资产以及根据税法规定可用以后年度税前利润弥补的亏损及税款抵减产生的所得税资产。借方登记资产负债表日企业确认的递延所得税资产，资产负债表日递延所得税资产的应有余额大于其账面余额的差额，与直接计入所有者权益的交易或事项相关的递延所得税资产;贷方登记资产负债表日递延所得税资产的应有余额小于其账面余额的差额、资产负债表日预计未来期间很可能无法获得足够的应纳税所得额用以抵扣可抵扣暂时性差异的,按原已确认的递延所得税资产中应减记的金额。该账户期末借方余额,反映企业确认的递延所得税资产。该账户可按可抵扣暂时性差异的项目进行明细分类核算。

(3)"递延所得税负债"账户。该账户属于负债类,核算企业确认的应纳税暂时性差异产生的递延所得税负债。贷方登记资产负债表日企业确认的递延所得税负债,资产负债表日递延所得税负债的应有余额大于其账面余额的差额;借方登记资产负债表日递延所得税负债的应有余额小于其账面余额的差额。该账户期末贷方余额,反映企业已确认的递延所得税负债。该账户可按应纳税暂时性差异的项目进行明细分类核算。

7. 所得税费用的确认与计量

采用资产负债表债务法核算所得税的情况下,利润表中的所得税费用由当期所得税和递延所得税两个部分组成。

1) 当期所得税

当期所得税是企业按照税法规定计算确定的针对当期发生的交易和事项,应缴纳给税务部门的所得税金额,即应交所得税。应纳税所得额是在会计利润(即利润总额)的基础上调整确定的,计算公式为

应纳税所得额＝税前会计利润±纳税调整增加(减少)额

式中,纳税调整增加额主要包括税法规定允许扣除项目中,企业已计入当期费用但超过税法规定扣除标准的金额(如超过税法规定标准的职工福利费、工会经费、职工教育经费、业务招待费、公益性捐赠支出、广告费和业务宣传费等),以及税法规定不允许扣除项目的金额(如税收滞纳金、罚款和罚金);纳税调整减少额主要包括按税法规定允许弥补的亏损和准予免税的项目,如前5年内的未弥补亏损和国债利息收入等。

企业当期所得税的计算公式为

应交所得税＝应纳税所得额×所得税税率

2) 递延所得税

递延所得税是指按照所得税准则规定当期应予确认的递延所得税资产和递延所得税负债金额,即递延所得税资产和递延所得税负债当期发生额的综合结果。用公式表示为

递延所得税＝(递延所得税负债的期末余额－递延所得税负债的期初余额)
－(递延所得税资产的期末余额－递延所得税资产的期初余额)

计算结果为正,称为递延所得税费用;计算结果为负,称为递延所得税收益。

企业因确认递延所得税资产和递延所得税负债产生的递延所得税,一般应当计入所得税费用,但以下两种情况除外。

(1) 如果某项交易或事项按照企业会计准则规定应计入所有者权益,由该交易或事项产生的递延所得税资产或递延所得税负债及其变化也应计入所有者权益,不构成利润表中的递延所得税费用(或收益)。如可供出售金融资产公允价值的变动导致账面价值与计税基础不同的差额,会形成应纳税时间性差异,但由于会计上可供出售金融资产公允价值与计税基础的差额是计入资本公积的,与当期损益无关。因此,确认的递延所得税负债直接计入资本公积,不影响当期所得税费用。

(2) 企业合并中取得的资产、负债,其账面价值与计税基础不同,应确认相关递延所得

税的,递延所得税的确认影响合并中产生的商誉或是计入当期损益的金额,不影响所得税费用。

3)所得税费用

计算并确定当期所得税及递延所得税资产和递延所得税负债对企业所得税费用的影响后,利润表中应予确认的所得税为两者之和,即

所得税费用＝当期所得税＋递延所得税

或 ＝当期所得税＋递延所得税费用(或递延所得税收益)

### 【例 10-24】

某企业20×1年利润表中的利润总额为700万元,适用的所得税税率为25％,所得税核算采用资产负债表债务法,年初递延所得税资产和递延所得税负债的账面余额为零。该企业当年会计与税收之间的差异包括以下事项。

(1) 国债利息收入50万元。

(2) 税款滞纳金60万元。

(3) 交易性金融资产公允价值增加60万元。

(4) 20×1年1月开始计提折旧的一项固定资产,成本为500万元,使用年限为10年,净残值为零,会计处理按双倍余额递减法计提折旧,税法处理按直线法计提折旧。假定税法规定的使用年限及净残值与会计规定相同。

(5) 提取存货跌价准备200万元。

(6) 因售后服务预计销售费用100万元。

(7) 假设除以上事项外,没有发生其他纳税调整事项。

要求:计算20×1年所得税费用,并编制相应的会计分录。

(1) 计算确定20×1年应纳税所得额及应交所得税。

应纳税所得额＝利润总额700万元－国债利息收入50万元＋税款滞纳金60万元

－交易性金融资产公允价值增加60万元

＋会计比税法规定多提的折旧50万元＋提取存货跌价准备200万元

＋因售后服务预计销售费用100万元＝1 000万元

应交所得税＝1 000×25％＝250(万元)

(2) 计算确定20×1年递延所得税。

该企业20×1年12月31日暂时性差异分析如表10-2所示。

表10-2 暂时性差异分析　　　　　　　　　　单位:元

| 项 目 | 差 异 | |
|---|---|---|
| | 应纳税暂时性差异 | 可抵扣暂时性差异 |
| 交易性金融资产 | 600 000 | |
| 固定资产 | | 500 000 |
| 存货 | | 2 000 000 |
| 预计负债 | | 1 000 000 |
| 总 计 | 600 000 | 3 500 000 |

$$递延所得税资产 = 350 \times 25\% = 87.5(万元)$$
$$递延所得税负债 = 60 \times 25\% = 15(万元)$$
$$递延所得税 = 15 - 87.5 = -72.5(万元)$$

(3) 利润表中应确认的所得税费用。

所得税费用 $= 250 - 72.5 = 177.5(万元)$，确认所得税费用的会计分录如下。

借：所得税费用　　　　　　　　　　　　　　　1 775 000
　　递延所得税资产　　　　　　　　　　　　　　875 000
　　贷：应交税费——应交所得税　　　　　　　　　　　2 500 000
　　　　递延所得税负债　　　　　　　　　　　　　　150 000

【例 10-25】

沿用例 10-24 的资料，假定 20×2 年该企业应纳税所得额为 1 800 万元，适用的所得税税率为 25%，资产负债表中部分资产负债的情况如表 10-3 所示，其他资产、负债项目不存在会计和税收差异。

要求：计算 20×2 年所得税费用，并编制相应的会计分录。

表 10-3　部分资产负债的情况　　　　　　　　　　　　　　　单位：元

| 项　目 | 账面价值 | 计税基础 | 差　异 | |
|---|---|---|---|---|
| | | | 应纳税暂时性差异 | 可抵扣暂时性差异 |
| 交易性金融资产 | 2 800 000 | 3 300 000 | | 500 000 |
| 固定资产 | 6 800 000 | 7 300 000 | | 500 000 |
| 无形资产 | 2 000 000 | 0 | 2 000 000 | |
| 预计负债 | 600 000 | | | 600 000 |
| 总　计 | | | 2 000 000 | 1 600 000 |

(1) 计算 20×2 年应交所得税。

$$20 \times 2 \text{ 年应交所得税} = 1\,800 \times 25\% = 450(万元)$$

(2) 20×2 年递延所得税。

可抵扣暂时性差异 160 万元，递延所得税资产账户应有余额（期末余额）：$160 \times 25\% = 40(万元)$，期初余额 87.5 万元，递延所得税资产减少：$87.5 - 40 = 47.5(万元)$。

20×1 年应纳税暂时性差异 200 万元，递延所得税负债账户应有余额（期末余额）：$200 \times 25\% = 50(万元)$，期初余额 15 万元，递延所得税负债增加 35 万元。

$$递延所得税费用 = 47.5 + 35 = 82.5(万元)$$

(3) 20×2 年应确认的所得税费用。

所得税费用 $= 450 + 82.5 = 532.5(万元)$，确认所得税费用的会计分录如下。

借：所得税费用　　　　　　　　　　　　　　　5 325 000
　　贷：应交税费——应交所得税　　　　　　　　　　　4 500 000
　　　　递延所得税资产　　　　　　　　　　　　　　475 000
　　　　递延所得税负债　　　　　　　　　　　　　　350 000

### 10.3.3 利润结转核算

企业按照规定的方法计算出本年应交所得税和所得税费用后,将利润总额减去所得税费用后就形成了企业的净利润。

1. 利润结转的方法

本年利润(profit of the year)的结转方法有表结法和账结法两种。

(1) 表结法。在表结法下,每月月末只需结计出各损益类账户的本月发生额和月末累计余额,无须转入"本年利润"账户,而是将其本月发生额合计数填入利润表的本月数栏,将本月累计余额填入利润表的本年累计数栏,通过利润表计算各期的利润(或亏损)。到了年末再使用账结法将全年累计余额转入"本年利润"账户,结转整个年度的累计余额。表结法下,年中损益类账户无须转入"本年利润"账户,从而减少了转账环节和工作量,同时并不影响利润表的编制及有关损益指标的利用。

(2) 账结法。在账结法下,每月月末要将在账上结计出的各损益类账户的余额,转入"本年利润"账户。结转后"本年利润"账户的本月合计数反映当月实现的利润或发生的亏损,"本年利润"账户的本年累计数反映本年累计实现的利润或发生的亏损。账结法在各月均可通过"本年利润"账户提供当月及本年累计的利润(或亏损额),但增加了转账环节的工作量。

2. 利润结转的核算

为了反映和监督企业本年度实现净利润(或发生净亏损)情况,企业应设置"本年利润"账户,贷方登记各收益类账户的余额转入数,借方登记各成本费用或支出类账户的余额转入数。结转后"本年利润"账户如为贷方余额,反映企业年初到本期末累计实现的净利润;如为借方余额,反映企业年初到本期末累计发生的净亏损。

会计期末,企业应将各收益类账户贷方余额转入该账户贷方登记,借记"主营业务收入""其他业务收入""投资收益""营业外收入"等账户,贷记"本年利润"账户;将成本费用或支出类账户借方余额转入该账户借方登记,借记"本年利润"账户,贷记"主营业务成本""其他业务成本""税金及附加""销售费用""管理费用""财务费用""资产减值损失""营业外支出""所得税费用"等账户。"公允价值变动损益""投资收益"账户如为净收益,借记"公允价值变动损益""投资收益"账户,贷记"本年利润"账户;如为净损失,借记"本年利润"账户,贷记"公允价值变动损益""投资收益"账户。

年度终了,应将本年损益相抵后结出的本年实现的净利润转入"利润分配"账户,借记"本年利润"账户,贷记"利润分配——未分配利润"账户;如为净亏损,借记"利润分配——未分配利润"账户,贷记"本年利润"账户。结转后,"本年利润"账户应无余额。

【例 10-26】

某企业 20×1 年 12 月各损益类账户如表 10-4 所示。请将各损益账户余额结转至"本年利润"账户。

表 10-4　损益类账户余额　　　　　　　　　　　　单位：元

| 会计账户 | 借方余额 | 贷方余额 |
|---|---|---|
| 主营业务收入 |  | 350 000 |
| 主营业务成本 | 234 550.80 |  |
| 税金及附加 | 1 258 |  |
| 销售费用 | 20 000 |  |
| 管理费用 | 32 320 |  |
| 财务费用 | 8 150 |  |
| 投资收益 |  | 15 000 |
| 其他业务收入 |  | 5 000 |
| 其他业务成本 | 4 500 |  |
| 营业外收入 |  | 2 500 |
| 营业外支出 | 20 000 |  |
| 所得税费用 | 17 068 |  |

根据以上资料，该企业月末按规定将损益类账户余额结转到"本年利润"账户，应作会计分录如下。

（1）结转各项收入、利得类账户

借：主营业务收入　　　　　　　　　　　　350 000

　　其他业务收入　　　　　　　　　　　　　5 000

　　投资收益　　　　　　　　　　　　　　 15 000

　　营业外收入　　　　　　　　　　　　　　2 500

　　贷：本年利润　　　　　　　　　　　　372 500

（2）结转各项费用、损失类账户

借：本年利润　　　　　　　　　　　　　337 846.80

　　贷：主营业务成本　　　　　　　　　　234 550.80

　　　　税金及附加　　　　　　　　　　　　1 258

　　　　其他业务成本　　　　　　　　　　　4 500

　　　　销售费用　　　　　　　　　　　　 20 000

　　　　管理费用　　　　　　　　　　　　 32 320

　　　　财务费用　　　　　　　　　　　　　8 150

　　　　营业外支出　　　　　　　　　　　 20 000

　　　　所得税费用　　　　　　　　　　　 17 068

经过上述结转后，"本年利润"账户的贷方发生额合计 372 500 元减去借方发生额合计 337 846.80 元，即"本年利润"账户期末贷方余额 34 653.20 元，为该企业 12 月实现的净利润。

# 课后练习

一、判断题

1．收入肯定会导致所有权益的增加。　　　　　　　　　　　　　　　　　　　（　　）

2. 企业应在客户取得相关商品控制权时确认收入,取得相关商品控制权,是指能够主导该商品的使用并从中获得几乎全部的经济利益。（   ）
3. 甲公司与乙公司签订了一项合同,甲公司为乙公司生产设备并提供安装服务,安装过程需要根据现场条件对设备进行重大修改与调整,甲公司将设备与安装服务一同售卖。在该项合同中,甲公司应将转让商品的承诺与提供安装服务作为两项履约义务进行会计处理。（   ）
4. 合同资产和应收款项一样,都是企业无条件收取合同对价的权利。（   ）
5. 对于合同折扣,企业应在各单项履约义务之间按相对单独售价的比例分摊。（   ）
6. 企业应当在履行了合同中的履约义务,即客户取得相关商品控制权时确认收入,即使企业在某一时段内履行履约义务,也应当在客户取得相关商品控制权时点确认收入。（   ）
7. 企业发生的所有借款利息都作为财务费用处理。（   ）
8. 企业已计入营业外支出的非公益性捐赠可以作调整减少项目,调减企业的应纳税所得额。（   ）
9. 对于附有销售退回条款的销售,企业应当在退货期满时确认收入。（   ）
10. 在资产负债表债务法下,凡是形成暂时性差异确认的递延所得税资产和递延所得税负债均会影响当期确认的所得税费用。（   ）

二、单项选择题
1. 企业应当在履行了合同中的履约义务,即在(    )时确认收入。
   A. 签订合同              B. 发出商品
   C. 客户取得相关商品控制权  D. 风险报酬转移
2. 甲公司为设备安装企业,20×1年10月接受一项安装期为4个月的设备安装任务。合同总收入480万元,至12月31日甲公司已预收合同价款350万元。实际发生安装费200万元,预计还将发生安装费100万元。该合同仅包含一项履约义务且该履约义务满足在某一时段内履行的条件。甲公司按实际发生的成本占预计总成本的比例确定合同履约进度,则该企业设备安装业务应确认的收入为(    )万元。
   A. 320        B. 350        C. 450        D. 480
3. 甲公司为增值税一般纳税人,20×1年3月10日与乙公司签订委托代销合同,委托乙公司销售A产品2 000件,该批产品单位成本60元。合同约定,乙公司按每件100元对外销售,甲公司按不含增值税价格的10%向乙公司支付手续费,则甲公司向乙公司发出A产品时确认的金额是(    )元。
   A. 120 000    B. 200 000    C. 135 600    D. 220 000
4. 甲公司为其客户建造一栋厂房,合同约定的价款为100万元,若甲公司不能在合同签订之日起的120天内竣工,需支付10万元罚款,该罚款从合同价款中扣除,若甲公司提前一个月完工,客户将奖励甲公司10万元。甲公司对合同结果的估计如下:工程按时完工的概率为10%,提前一个月完工的概率为60%,延期完工的概率为30%。假定不考虑相关增值税,该公司认为,按照最可能发生金额能够更好地预测其有权获取的对价金额。甲公司应估计的交易价格为(    )万元。
   A. 100        B. 94         C. 103        D. 110

5. 某企业为增值税一般纳税人,适用的增值税税率为13%。20×1年12月1日,该企业向客户销售商品10 000件,单位售价30元(不含增值税),单位成本10元。企业给予客户10%的商业折扣。当日发出商品并符合收入确认条件,销售合同约定的现金折扣条件为2/10,1/20,n/30。假定计算现金折扣时考虑增值税。不考虑其他因素,该客户于12月8日付款时享有的现金折扣为(    )元。

   A. 3051　　　　　　B. 5400　　　　　　C. 6102　　　　　　D. 6780

6. 下列不属于政府补助的特征是(    )。

   A. 政府补助具有无偿性　　　　　　B. 政府补助通常附有条件
   C. 政府补助具有强制性　　　　　　D. 政府补助不包括政府的资本性投入

7. 下列税金中,不应该记入"税金及附加"账户的是(    )。

   A. 消费税　　　　　　　　　　　　B. 增值税
   C. 印花税　　　　　　　　　　　　D. 城市维护建设税

8. 某企业各月月末将损益账户的余额转入"本年利润"账户,则12月31日各损益类账户转账后,"本年利润"账户贷方余额表示(    )。

   A. 本年度12月实现的净利润　　　　B. 本年度全年实现的净利润
   C. 本年度12月实现的利润总额　　　D. 本年度全年实现的利润总额

9. 下列各项投资收益中,按税法规定免交所得税,在计算应纳所得额时应予调整的项目是(    )。

   A. 股票转让净收益　　　　　　　　B. 公司债券转让净收益
   C. 国债利息收入　　　　　　　　　D. 公司债券利息收入

10. 在进行所得税会计处理时,下列各项交易或事项不会导致资产、负债产生暂时性差异的是(    )。

    A. 计提固定资产折旧
    B. 期末按公允价值调整交易性金融资产的账面价值
    C. 确认的工资薪酬超过计税工资标准
    D. 期末计提坏账准备

### 三、多项选择题

1. 收入确认的五步法中,主要与收入的计量相关的有(    )。

   A. 识别与客户订立的合同
   B. 确定交易价格
   C. 将交易价格分摊至各单项履约义务
   D. 履行各单项履约义务时确认收入

2. 下列各项中关于合同履约成本的表述正确的是(    )。

   A. 销售佣金属于合同履约成本
   B. 与合同直接相关的成本
   C. 该成本增加了企业未来用于履行履约义务的资源
   D. 该成本预期能够收回

3. 下列各项中不符合收入定义的是(    )。

   A. 固定资产处置净收益　　　　　　B. 发行公司债券筹资

C. 接受所有者投资　　　　　　　　D. 出租机器设备租金
4. 下列各项中,会影响企业交易价格的有(　　)。
   A. 商业折扣　　B. 价格折让　　C. 返利　　D. 奖励积分
5. 在账务处理中,可能与"营业外支出"账户的借方发生对应关系的贷方账户有(　　)。
   A. 待处理财产损溢　　　　　　　B. 固定资产清理
   C. 银行存款　　　　　　　　　　D. 本年利润
6. 下列各项中,对企业而言,需调整增加企业应纳税所得额的项目有(　　)。
   A. 管理用设备比按税法规定多提折旧3万元
   B. 非公益性捐赠支出15万元
   C. 取得国库券利息收入4万元
   D. 业务招待费7万元(超标2万元)
7. 企业为取得合同发生的下列支出中,不应确认为资产的有(　　)。
   A. 销售佣金　　　　　　　　　　B. 差旅费
   C. 投标费　　　　　　　　　　　D. 合同变更需要支付的额外佣金
8. 下列项目中,会产生可抵扣暂时性差异的有(　　)。
   A. 预计的产品售后保修费用
   B. 计提存货跌价准备
   C. 会计计提的折旧大于税法规定的折旧
   D. 会计计提的折旧小于税法规定的折旧
9. 下列项目中,不属于政府补助准则规定的政府补助有(　　)。
   A. 财政拨款　　　　　　　　　　B. 政府与企业间的债务豁免
   C. 增值税的出口退税款　　　　　D. 无偿划拨的非货币性资产
10. 下列项目中,会产生应纳税暂时性差异的有(　　)。
    A. 企业购入固定资产,会计采用直线法计提折旧,税法采用年数总和法计提折旧
    B. 企业购入交易性金融资产,期末公允价值小于其初始确认成本
    C. 企业购入无形资产,作为使用寿命不确定的无形资产进行核算
    D. 采用权益法核算的长期股权投资,因被投资单位实现净利润而调整增加的长期股权投资

### 四、业务题

1. 某公司为增值税一般纳税人,增值税税率为13%。20×1年发生以下业务。

(1) 2月5日销售一批商品,不含税价款为50 000元,由于是长期客户,给予5%的折扣,款项尚未收到。

(2) 2月底客户对2月5日销售的商品质量提出异议,并要求给予8%的折扣。

(3) 3月1日销售一批商品,不含税价款为120 000元,实际成本75 000元,销售信用条件为"2/10,1/20,n/30",该笔款项于15天后收到(采用总价法核算,只对货款部分给予现金折扣)。

(4) 3月底客户认为3月1日销售的商品品种不符合要求,并要求退货,公司已经同意并退款。

要求:根据以上经济业务进行相应的账务处理。

2. 要求：根据本项目案例导入所述经济业务编制相应的会计分录，并计算该公司20×1年3月实现的主营业务收入、主营业务成本。（答案中的金额单位用万元表示）

3. 甲公司为增值税一般纳税人，装修服务适用增值税税率为9%。20×1年3月1日，与乙公司签订一项为期3个月的装修合同，合同约定装修价款为500 000元，增值税税额为45 000元，装修费用每月末按完工进度支付。甲公司按照实际测量的完工进度确定履约进度。

(1) 20×1年3月31日，经专业测量师测量后，确定该项劳务的完工程度为25%，乙公司按完工进度支付价款及相应的增值税税款。截至3月31日，甲公司为完成该合同累计发生劳务成本100 000元（假定均为装修人员薪酬），估计还将发生劳务成本300 000元。

(2) 4月30日，经专业测量师测量后，确定该项劳务的完工程度为70%，乙公司按完工进度支付价款及相应的增值税税款。甲公司4月为完成该合同发生劳务成本180 000元（假定均为装修人员薪酬），估计还将发生劳务成本120 000元。

(3) 5月31日，装修完工，乙公司验收合格，按完工进度支付价款同时支付相应增值税税款。5月甲公司为完成该合同发生劳务成本120 000元（假定均为装修人员薪酬）。

假定该业务属于甲公司的主营业务，全部由其自行完成；该装修服务构成单项履约义务，并属于在某一时段内履行的履约义务。

要求：

(1) 计算甲公司20×1年3月、4月、5月确认的收入。

(2) 编制甲公司20×1年3月、4月、5月实际发生的劳务成本、收到项目款、确认收入和费用的会计分录。

4. 某股份有限公司20×1年3月发生以下业务。

(1) 以银行存款支付银行借款利息25 000元（其中在建工程利息费用15 000元，该利息尚未预提）。

(2) 以库存现金支付咨询费500元；办公费用850元。

(3) 以银行存款支付职工社会保险费1 200元；产品广告费用4 000元；另购入土地使用权12 500元；对外捐赠支出2 000元；生产车间水电费800元；缴纳各项税收款项及滞纳金1 450元；违反合同罚款760元。

(4) 分配职工工资50 000元，其中生产工人工资40 000元，车间管理人员工资2 000元；公司管理人员工资3 000元；建筑工程人员工资5 000元。

(5) 以银行存款支付生产用固定资产修理费用5 000元。

(6) 本月摊销无形资产价值4 000元。

(7) 结转本月发生的管理费用、销售费用、财务费用、营业外支出。

要求：根据上述经济业务编制相关的会计分录。

5. 20×1年1月1日，政府拨付A企业500万元财政拨款（同日到账），要求用于购买大型科研设备1台；并规定若有结余，留归企业自行支配。当年2月1日，A企业购入大型设备（假设不需安装），实际成本为480万元，使用寿命为10年。20×5年2月1日，A企业出售了这台设备。

要求：根据上述经济业务编制有关政府补助的会计分录。

6. 某公司20×1年利润表中的利润总额为800万元，适用的所得税税率为25%，所得税核算采用资产负债表债务法,年初递延所得税资产和递延所得税负债的账面余额为零。该企业当年会计与税收之间的差异包括以下事项。

(1) 国债利息收入 80 万元。
(2) 违反税收政策支付罚款 40 万元。
(3) 交易性金融资产公允价值变动收益 40 万元。
(4) 本期提取存货跌价准备 210 万元。
(5) 预计产品质量保证费用 50 万元。
(6) 假设除以上事项外,没有发生其他纳税调整事项。

要求:根据以上经济业务,分析以上差异的类型,计算 20×1 年的应纳税所得额和应交所得税,计算 20×1 年应确认的递延所得税资产、递延所得税负债和所得税费用,并作出账务处理。

7. 甲股份有限公司(以下简称甲公司)为增值税一般纳税人企业,其销售产品为应纳增值税产品,适用的增值税税率为 13%,产品销售价款中均不含增值税税额。甲公司适用的所得税税率为 25%。产品销售成本按经济业务逐项结转。

20×1 年甲公司发生以下经济业务事项。

(1) 销售 A 产品一批,产品销售价款为 800 000 元,产品销售成本为 350 000 元。产品已经发出,并开具了增值税专用发票,同时向银行办妥了托收手续。

(2) 收到乙公司因产品质量问题退回的 B 产品一批,并验收入库。甲公司用银行存款支付了退货款,并按规定向乙公司开具了红字增值税专用发票。该退货系甲公司 20×1 年 12 月 20 日以提供现金折扣方式(折扣条件为 2/10,1/20,n/30,折扣仅限于销售价款部分)出售给乙公司的,产品销售价款为 40 000 元,产品销售成本为 22 000 元。销售款项于 12 月 29 日收到并存入银行(该项退货不属于资产负债表日后事项)。

(3) 委托丙公司代销 C 产品一批,并将该批产品交付丙公司。代销合同规定甲公司按售价的 10% 向丙公司支付手续费,该批产品的销售价款为 120 000 元,产品销售成本为 66 000 元。

(4) 甲公司收到了丙公司的代销清单。丙公司已将代销的 C 产品全部售出,款项尚未支付给甲公司。甲公司在收到代销清单时向丙公司开具了增值税专用发票,并按合同规定确认应向丙公司支付的代销手续费。

(5) 收到国债利息收入 45 000 元,存入银行。
(6) 年末计提存货跌价准备 10 000 元。
(7) 企业收到因销售新产品返还的增值税税款 12 000 元。
(8) 用银行存款支付管理费用 67 800 元,按税法规定计提应收账款坏账准备 4 000 元。
(9) 销售产品应交的城市维护建设税为 2 100 元,应交的教育费附加为 900 元。
(10) 计算应交所得税,适用所得税税率 25%(假定甲公司不存在其他纳税调整因素,期初没有递延所得税资产和递延所得税负债,采用资产负债表债务法核算所得税费用)。
(11) 结转本年利润,并将本年实现的净利润转入利润分配。

要求:根据上述经济业务,编制甲公司 20×1 年的相应会计分录。

# 项目 11　所有者权益核算

Xiangmu 11

## 技能目标

1. 了解企业注入资金、验资、增资等引起工商登记相关业务的办理。
2. 基本会进行所有者权益会计核算岗位的各项工作。
3. 能按照规范流程和方法进行投入资本、资本公积及留存收益等所有者业务的账务处理。

## 知识目标

1. 熟悉《公司法》等财经法规中关于资本金制度及其他相关所有者权益项目的各项规定。
2. 掌握投入资本、资本公积及留存收益等所有者权益业务的会计核算方法。

## 案例导入

20×1年3月，某高校会计专业毕业生刘景到甲股份有限责任公司进行顶岗实习。甲公司原由投资者A和投资者B共同出资成立，每人出资200 000元，各占50%的股份。经营两年后，投资者A和投资者B决定增加公司资本，此时有一新的投资者C要求加入甲公司。经有关部门批准后，甲公司实施增资，将实收资本增加到900 000元。经三方协商，一致同意，完成下述投入后，三方投资者各拥有甲公司300 000元实收资本，并各占甲公司1/3的股份。协议约定投入资产按评估值入账。取得的增值税专用发票均于当月认证。各投资者的出资情况如下。

（1）投资者A以一台设备投入甲公司作为增资，该设备原价180 000元，已提折旧95 000元，评估确认原价180 000元，评估确认净值126 000元。

（2）投资者B以一批原材料投入甲公司作为增资，该批材料账面价值105 000元，评估确认价值110 000元，税务部门认定应交增值税税额14 300元。投资者B已开具了增值税专用发票。

（3）投资者C以银行存款投入甲公司390 000元。

请问：刘景应如何进行公司接受投资者A、投资者B增资时以及投资者C初次出资时业务的账务处理？

## 任务 11.1　实收资本核算

### 11.1.1　实收资本概述

1. 实收资本的含义

实收资本(paid-in capital)是指所有者按照企业章程或者合同、协议的约定,投入企业的资本。实收资本是企业创建时所有者投入企业的"本钱",是企业进行生产经营活动的必要物质基础。2013年10月国务院部署公司注册资本登记制度改革,放宽注册资本登记条件。除法律、法规另有规定外,公司实收资本不再作为工商登记事项。注册资本由实缴登记改为认缴登记,降低开办公司成本。实行由公司股东(发起人)自主约定认缴出资额、出资方式、出资期限等,并对缴纳出资情况真实性、合法性负责的制度。

企业收到投资者投入资本时,必须聘请注册会计师验资,出具验资报告,并由企业签发出资证明,以保护债权人和各方投资者的合法权益。投资者投入资金后,不允许随意抽回资金。在经营过程中,实收资本的变动受到法律、法规的约束。如果出现实收资本比原注册资金数额增减超过20%的情况,应持资金使用证明或者验资证明,向原登记主管机关申请变更登记。投资者投入资本未经办理验资手续,不得以任何形式减少或抽回。

2. 实收资本的分类

(1) 按投资主体不同分类。实收资本按投资主体不同分为国家资本金、法人资本金、个人资本金和外商资本金。其中,国家资本金是指有权代表国家投资的政府部门或机构以国有资产投入企业形成的资本;法人资本金是指具有法人资格的经济组织以其依法可支配的资产投入企业形成的资本;个人资本金是指我国企业职工或其他公民以其合法财产投入企业形成的资本;外商资本金是指外国投资者以及我国香港特别行政区、澳门特别行政区和台湾地区的投资者以其资产投入企业形成的资本。

(2) 按投入形态不同分类。实收资本按投入形态不同分为货币投资、实物投资和无形资产投资。其中,货币投资是指投资人将货币资金投入被投资企业的方式;实物投资是指投资人以被投资企业所需的厂房、设备等固定资产和材料、产品等流动资产进行投资的方式;无形资产投资是指投资人以专利权、商标权、非专利技术、土地使用权和著作权等无形资产进行投资的方式。

### 11.1.2　有限责任公司实收资本的账务处理

有限责任公司又称有限公司,是指股东以其认缴的出资额为限对公司承担责任,公司以其全部财产对公司的债务承担责任的公司。有限公司对收到的投资应通过"实收资本"账户核算,该账户为所有者权益类,其贷方登记公司实际收到的投资者交付的资本额,以及按规定用资本公积金、盈余公积金转增资本金的数额;借方登记公司按法定程序减资时减少的注册资本数额,或公司解散清算时注销的注册资本数额;期末贷方余额表示公司现有的资本金数额。

1. 接受现金资产投资

公司收到投资者以现金或银行存款等货币资金投入的资本时,不能以合同、协议规定的应收货币金额和日期记账,而应以实际收到或存入开户银行的金额作为实收资本的入账价值。对于实际收到或存入公司开户银行的金额超过投资者在公司注册资本中所占份额的部分,应计入资本公积。

【例 11-1】

A 公司为有限责任公司,该公司于 20×1 年 8 月 5 日收到银行通知,B 企业投入本公司的 500 000 元资金已存入银行。请编制相应的会计分录。

A 公司应作会计分录如下。

借:银行存款　　　　　　　　　　　　　　　　　　500 000
　　贷:实收资本——B 企业　　　　　　　　　　　　　　　500 000

2. 接受非现金资产投资

企业接受固定资产、无形资产等非现金资产投资时,应按投资合同或协议约定的价值(不公允的除外)作为固定资产、无形资产的入账价值,按投资合同或协议约定的投资者在企业注册资本或股本中所占份额的部分作为实收资本或股本入账,投资合同或协议约定的价值(不公允的除外)超过投资者在企业注册资本或股本中所占份额的部分,计入资本公积。

【例 11-2】

A 公司为有限责任公司,设立时收到 C 公司作为资本投入的一批甲材料,该批材料的投资合同中约定价值为 100 000 元(不含可抵扣的增值税进项税额),增值税进项税额为 13 000 元,C 公司已开具了增值税专用发票。假设合同约定价值与公允价值相符,增值税专用发票于取得当月经平台确认予以抵扣。不考虑其他因素,根据上述经济业务,请编制相应的会计分录。

A 公司应作会计分录如下。

借:原材料——甲材料　　　　　　　　　　　　　　100 000
　　应交税费——应交增值税(进项税额)　　　　　　　13 000
　　贷:实收资本——C 公司　　　　　　　　　　　　　　113 000

【例 11-3】

A 公司为有限责任公司,设立时收到 D 公司作为资本投入的不需要安装的机器设备一台,合同约定该机器设备的价值为 2 000 000 元,增值税税额为 260 000 元,增值税专用发票于取得当月确认。合同约定的固定资产价值与公允价值相符,不考虑其他因素,根据上述经济业务,请编制相应的会计分录。

A 公司应作会计分录如下。

借:固定资产　　　　　　　　　　　　　　　　　　2 000 000
　　应交税费——应交增值税(进项税额)　　　　　　　260 000
　　贷:实收资本——D 公司　　　　　　　　　　　　　　2 260 000

【例 11-4】

A 公司为有限责任公司,设立时收到 E 公司作为资本投入的一项土地使用权,投资合同中约定价值为 80 000 元,增值税为 7 200 元。假设 A 公司接受该项土地使用权符合国家注册资本管理的有关规定,可按合同约定价值作为实收资本入账,合同约定的价值与公允价值相符,增值税专用发票于取得当月确认,不考虑其他因素,根据上述经济业务,请编制相应的会计分录。

A 公司应作会计分录如下。

借:无形资产——土地使用权　　　　　　　　　　　80 000
　　应交税费——应交增值税(进项税额)　　　　　　 7 200
　　贷:实收资本——E 公司　　　　　　　　　　　　　　　87 200

## 11.1.3　股份有限公司股本的账务处理

股份有限公司又称股份公司,是指将公司全部资本分为等额股份,股东以其认购的股份为限对公司承担责任,公司以其全部财产对公司的债务承担责任的公司。

股份有限公司是以发行股票的方式来筹集资本,股票的面值与股份总额的乘积为股本,股本应等于股份有限公司的注册资本。为了如实反映公司的股本数额,股份有限公司应设置"股本"账户,该账户属于所有者权益类,其贷方登记因发行股票、可转换债券调换成股票和发放股票股利等而增加的股本;借方登记按法定程序报经批准减少注册资本时实际发还的股款数;期末贷方余额表示公司实际拥有的股本数额。为提供公司股份的构成情况,应在"股本"账户下,按普通股和优先股及股东单位或姓名设置明细账。

从理论上讲,股票发行有三种情况:①溢价发行,即公司发行股票所得收入大于股本总额;②折价发行,即公司发行股票所得收入小于股本总额;③面值发行也称平价发行,即公司发行股票所得收入等于股本总额。我国有关法律规定,股份有限公司应在核定的股本总额及核定的股份总额范围内平价或溢价发行股票。公司平价发行股票时,应按股票面值和核定股份总额的乘积计算的金额记入"股本"账户。发行股票相关的手续费、佣金等交易费用,如果是溢价发行股票的,应从溢价中抵扣,冲减资本公积的股本溢价。无溢价发行股票或溢价金额不足以抵扣的,应将不足抵扣的部分冲减盈余公积和未分配利润。

【例 11-5】

某股份有限公司 20×1 年 1 月 1 日发行普通股 4 000 万股,优先股 500 万股,普通股和优先股的每股面值均为 1 元,均按面值发行,全部股款已收妥入账。请编制相应的会计分录。

某公司应作会计分录如下。

借:银行存款　　　　　　　　　　　　　　　　　　45 000 000
　　贷:股本——普通股　　　　　　　　　　　　　　　　40 000 000
　　　　　——优先股　　　　　　　　　　　　　　　　　 5 000 000

## 11.1.4 实收资本(或股本)增加的账务处理

一般情况下,企业的实收资本应相对固定不变,但在某些特定情况下,实收资本也可能发生增减变化。增加资本的途径主要有:股份有限公司增资扩股、分配股票股利、用盈余公积或资本公积转增资本;有限责任公司有新投资人介入,或投资人增加资本、用盈余公积或资本公积转增资本等。我国《企业法人登记管理条例》中规定,除国家另有规定外,企业的注册资金应当与实收资本相一致,当实收资本比原注册资金增加或减少的幅度超过20%时,应持资金信用证明或验资证明,向原登记主管机关申请变更登记。如擅自改变注册资本或抽逃资金,要受到工商行政管理部门的处罚。企业在生产经营过程中需要增加注册资本时,应当由股东大会或董事会等企业最高权力机构通过增加资本或修改公司章程,办理了增资手续后才能增加股本或实收资本。

(1) 投资者追加投资。投资者追加投资的核算与初始投资核算相同。需注意的是,有限责任公司有新投资者介入时,收到的出资额大于按约定的投资比例计算的金额的差额应记入"资本公积——资本溢价(或股本溢价)"账户。由于投资者追加投资的核算与初始投资相同,此处不再赘述。

(2) 公积金转增资本。用资本公积和盈余公积转增资本,须经股东大会或类似机构决议批准。独资企业比较简单,可直接进行结转。转增资本时,借记"资本公积""盈余公积"账户,贷记"实收资本"账户。有限责任公司或股份有限公司转增资本时,应按照原投资者所持有的股份同比例增加各投资者的出资额。

【例 11-6】

丁公司按有关规定办理增资手续后,将资本公积 200 000 元转增资本,将法定盈余公积 600 000 元用于增加资本。请编制相应的会计分录。

丁公司应作会计分录如下。

借:资本公积 200 000
　　盈余公积——法定盈余公积 600 000
　　贷:实收资本 800 000

(3) 发行新股转增资本。股份有限公司为了满足开发新产品、引进新技术、进行设备更新改造以及扩大经营规模等资金需要,报经有关部门批准,符合增资条件的,经股东大会决议后,可以向外界公开发行增资股票。对于公司增资需要而发行的新股票,除了由外界新股东认购外,公司的原股东具有优先认购权。

【例 11-7】

甲股份有限公司发行普通股 7 000 万股,普通股的每股面值为 1 元,按面值发行,全部股款已收妥入账。请编制相应的会计分录。

甲公司应作会计分录如下。

借:银行存款 70 000 000
　　贷:股本 70 000 000

(4) 发放股票股利增资。股票股利是股份有限公司以增发股票的方式向股东分派股利。通常是按现有股东的持股比例,采用增发普通股的形式来分派给普通股股东。股票股利实质上是公司将留存收益的一部分予以资本化,它既不会影响公司的资产和负债,也不会影响股东权益总额。它只是在股东权益内部,一方面减少了留存收益;另一方面增加了股本。如果公司为简单资本结构类型(公司的资本仅由普通股所构成),则按股东所持有的股份比例发放股票股利后,公司的股权结构不会发生变化。股东大会批准的利润分配方案中的股票股利,应在办理增资手续后,借记"利润分配"账户,贷记"股本"账户。

**【例 11-8】**

甲股份有限公司现有普通股 2 000 万股,每股面值 1 元,经股东大会决定,分派 20% 的股票股利。请编制相应的会计分录。

甲公司应作会计分录如下。

借:利润分配——转作股本的普通股股利　　　4 000 000
　　贷:股本　　　　　　　　　　　　　　　　　　　　4 000 000

(5) 可转换公司债券转换为股本。可转换公司债券持有人行使转换权利,将其持有的债券转换为股票时,应按可转换公司债券的余额,借记"应付债券——可转换公司债券(面值、利息调整)"账户,按其权益成分的金额,借记"资本公积——其他资本公积"账户,按股票面值和转换的股数计算的股票面值总额,贷记"股本"账户,按其差额贷记"资本公积——股本溢价"账户。如有现金支付不可转换股票,还应贷记"银行存款"账户。

除此之外,企业增加实收资本(或股本)的途径还有将重组债务转为资本和以权益结算的股份支付在行权日增加实收资本,本书不再展开阐述。

## 11.1.5 实收资本(或股本)减少的账务处理

公司的实收资本(或股本)在通常情况下不能随意减少,投资者在公司存续期间内,按照有关法律规定不能抽回资本(或股本)。但在公司发生缩小经营规模、资本过剩或发生重大亏损而短期内又无力弥补等特殊情况下,公司须减少注册资本。公司减少实收资本应按规定在原登记机关申请变更,减资后的注册资本不得低于法定的最低限额。

新修订的公司法设置了股份有限公司股东股权回购的请求权,在出现规定的有关情形时,股东可以要求公司按照合理价格收购其股权。为此,股份有限公司应设置"库存股"账户,核算公司收购的尚未转让或注销的本公司股份金额。

股份有限公司回购股份的全部支出转作库存股成本,回购的股份在注销或转让之前,作为库存股管理。股份有限公司收购本企业股票,按实际回购价借记"库存股"账户,贷记"银行存款"等账户。库存股注销时,按照注销的股份数量减少相应的股本,库存股本成本高于对应股本的部分,依次冲减资本公积金、盈余公积金、以前年度未分配利润;低于对应股本的部分,增加资本公积金。如果回购股票支付的价款高于其面值,应按股票面值总额,借记"股本"账户,贷记"库存股"账户,然后按库存股与股票面值之间的差额,依次借记"资本公积""盈余公积""利润分配——未分配利润"账户;如果回购股票支付的价款低于其面值,应按股票面值总额,借记"股本"账户,贷记"库存股"账户,按库存股成本与股票面值之间的差额,贷记"资本公积——股本溢价"账户。

企业转让库存股时,应按实际收到的金额,借记"银行存款"账户,按转让库存股的账面余额,贷记"库存股"账户,实际收到的金额与库存股成本的差额,贷记"资本公积——股本溢价"账户。如为借方差额的,借记"资本公积——股本溢价"账户,股本溢价不足以冲减的,应依次冲减盈余公积、未分配利润,借记"盈余公积""利润分配——未分配利润"账户。

【例 11-9】

A 股份有限公司 20×1 年 12 月 31 日的股本为 100 000 000 股,面值为 1 元,资本公积(股本溢价)30 000 000 元,盈余公积 40 000 000 元,经股东大会批准,A 公司以现金回购本公司股票 20 000 000 股并予以注销。假设 A 公司按每股 2 元的价格回购股票,不考虑其他因素,请编制相应的会计分录。

A 公司应作会计分录如下。

(1) 回购本公司股票

库存股成本 = 20 000 000×2 = 40 000 000(元)

借:库存股　　　　　　　　　　　　　40 000 000
　　贷:银行存款　　　　　　　　　　　　　40 000 000

(2) 注销本公司股票

应冲减的资本公积 = 20 000 000×2 − 20 000 000×1 = 20 000 000(元)

借:股本　　　　　　　　　　　　　　20 000 000
　　资本公积——股本溢价　　　　　　20 000 000
　　贷:库存股　　　　　　　　　　　　　40 000 000

【例 11-10】

承接例 11-9,假设 A 公司按每股 3 元的价格回购股票,其他条件不变,请编制相应的会计分录。

A 公司应作会计分录如下。

(1) 回购本公司股票

库存股成本 = 20 000 000×3 = 60 000 000(元)

借:库存股　　　　　　　　　　　　　60 000 000
　　贷:银行存款　　　　　　　　　　　　　60 000 000

(2) 注销本公司股票

应冲减的资本公积 = 20 000 000×3 − 20 000 000×1 = 40 000 000(元)

借:股本　　　　　　　　　　　　　　20 000 000
　　资本公积——股本溢价　　　　　　30 000 000
　　盈余公积　　　　　　　　　　　　10 000 000
　　贷:库存股　　　　　　　　　　　　　60 000 000

【例 11-11】

承接例 11-9,假设 A 公司按每股 0.9 元的价格回购股票,其他条件不变,请编制相应的会计分录。

A 公司应作会计分录如下。

(1) 回购本公司股票

　　库存股成本 = 20 000 000×0.9 = 18 000 000(元)

借：库存股　　　　　　　　　　　　　　18 000 000
　　贷：银行存款　　　　　　　　　　　　　　　18 000 000

(2) 注销本公司股票

　　应增加的资本公积 = 20 000 000×1 - 20 000 000×0.9 = 2 000 000(元)

借：股本　　　　　　　　　　　　　　　20 000 000
　　贷：库存股　　　　　　　　　　　　　　　　18 000 000
　　　　资本公积——股本溢价　　　　　　　　　2 000 000

此外,股份有限公司以外其他公司因资本过剩而减资,一般要发还投资款,经公司登记机关批准后,向投资者发还投资款时,借记"实收资本"账户,贷记"银行存款"等账户。公司在经营中由于特殊原因发生了重大亏损,在短期内难以用利润和公积金弥补,就不能发放股利,以后年度实现了利润,可首先弥补亏损。如果一个公司长期不发放股利,这势必会动摇投资者的信心,影响其投资信誉,所以经股东大会决议,在履行减资手续后,可用实收资本弥补亏损,从而使公司能放下包袱转入正常经营。用实收资本弥补亏损时,借记"股本"或"实收资本"账户,贷记"利润分配——未分配利润"账户。

## 任务 11.2　资本公积核算

### 11.2.1　资本公积概述

资本公积(capital surplus)是指企业收到的投资者出资金额超出其在注册资本(或股本)中所占份额的部分以及其他资本公积等。资本公积是所有者权益的组成部分,它虽然不构成实收资本,但就其实质来看,可以视为一种准资本,是资本的一种储备形式。其主要用途就是根据企业经营、发展的需要,通过履行一定的法定程序后转增资本。资本公积由全体投资者共同享有,在转增资本时,按投资者在公司实收资本(或股本)中所占比例,分别转入各投资者名下。

### 11.2.2　资本公积的账务处理

资本公积的核算包括资本溢价(或股本溢价)、其他资本公积、资本公积转增资本的核算等内容。企业为了总括反映资本公积的增减变动情况,应设置"资本公积"账户。该账户属于所有者权益类账户,其贷方登记因投资者资本溢价(或股本溢价)、其他原因而增加的资本;借方登记资本公积的减少数;期末贷方余额表示资本公积的结余数。"资本公积"账户应按资本公积的内容设置明细分类账,进行明细分类核算,资本公积一般应当设置以下明细账户。

(1) "资本溢价"账户,该明细账户用来核算有限责任公司成立后,企业重组或有新的投资者介入时,投资者的出资额高于其享有的投资比例金额的部分。

(2)"股本溢价"账户,该明细账户用来核算股份有限公司溢价发行时,股票价格超过股本的溢价额以及发行权益性证券直接相关的手续费、经纪人佣金等交易费用。

(3)"其他资本公积"账户,该明细账户用来核算除上述资本公积以外所形成的资本公积。

### 1. 资本溢价核算

除股份有限公司外的其他类型企业,在企业创立时,投资者认缴的出资额与注册资本一致,一般不会产生资本溢价。但在企业重组或有新的投资者加入时,为了维护原有投资者的权益,新加入投资者的出资额,并不一定全部作为实收资本处理。这是因为,企业创建时的资金投入和企业已走向经营正轨时期的资金投入,即使在数量上相等,但其盈利能力却不一致;企业在正常生产经营后,其资本利润率通常都要高于企业初创阶段。另外,企业可能有一定的内部积累,如从净利润中提取的盈余公积、未分配利润等,新投资者加入企业后,与原投资者一样有权参与原有留存收益的分配,所以,只有新的出资额大于实收资本,才能维护原投资者的已有权益。投资者多交的这部分就形成了资本溢价。

**【例 11-12】**

某有限责任公司有 A、B、C 三位投资者各出资 1 000 000 元设立,设立时的实收资本为 3 000 000 元。经过 3 年的经营,该公司留存收益为 1 500 000 元,此时,有 D 投资者愿意出资 1 800 000 元而仅占该公司股份的 25%。请编制相应的会计分录。

该公司应作会计分录如下。

借:银行存款　　　　　　　　　　　　　1 800 000
　　贷:实收资本——D 投资者　　　　　　　　1 000 000
　　　　资本公积——资本溢价　　　　　　　　　800 000

### 2. 股本溢价核算

股份有限公司是以发行股票的方式筹集股本的,从理论上讲,股票既可以按面值发行,也可以溢价或折价发行。但我国《公司法》明确规定,公司不准许折价发行股票。股份有限公司的法定股本是由等额股份构成的,其数额为每股面值与股份总数的乘积,因此,在股票溢价发行的情况下,作为股本入账的数额也只能按面值计算;溢价部分虽属于投入资本,构成所有者权益,但必须作为资本公积单独反映。

股份有限公司在股票融资中必然要发生相应的支出,如发行股票支付的手续费或佣金、股票印制成本等。该类支出可分两种情况处理:在溢价发行的情况下,上述支出应从溢价中予以抵销,冲减资本公积(股本溢价);在按面值发行或是溢价金额不足以抵扣的情况下,应将不足抵扣的部分冲减盈余公积和未分配利润。

**【例 11-13】**

甲股份有限公司发行普通股 1 000 万股,每股面值为 1 元,发行价格为每股 2 元。在股票发行过程中,由证券公司直接支付并从发行收入中扣除的手续费、宣传费、印刷费等共计 100 000 元。请编制相应的会计分录。

甲公司应作会计分录如下。

(1)收到发行收入时

应增加的资本公积 = 10 000 000×(2-1) = 10 000 000(元)

借:银行存款　　　　　　　　　　　　　20 000 000

贷：股本——普通股　　　　　　　　　　　　　10 000 000
　　　　　资本公积——股本溢价　　　　　　　　　　10 000 000
（2）支付发行费用时
　　借：资本公积——股本溢价　　　　　　　　　　　100 000
　　　贷：银行存款　　　　　　　　　　　　　　　　　　100 000

**3. 其他资本公积核算**

其他资本公积是指除资本溢价（或股本溢价）项目以外所形成的资本公积。

企业长期股权投资采用权益法核算的，在持股比例不变的情况下，被投资单位除净损益以外所有者权益的其他变动，企业按持股比例计算应享有的份额，借记"长期股权投资——所有者权益其他变动"账户，贷记"资本公积——其他资本公积"账户。

出售采用权益法核算的长期股权投资时，还应按处置长期股权投资的投资成本比例结转原记入"资本公积——其他资本公积"账户的金额，借记或贷记"资本公积——其他资本公积"账户，贷记或借记"投资收益"账户。

企业以权益结算的股份支付换取职工或其他方提供服务的，应按权益工具授予日的公允价值，在行权日，应按实收行权的权益工具数量计算确定的金额，借记"资本公积——其他资本公积"账户，按计入实收资本或股本的金额，贷记"实收资本"或"股本"账户，按其差额，贷记"资本公积——资本溢价（或股本溢价）"账户。

**【例 11-14】**

A 公司为有限责任公司，于 20×1 年 1 月 1 日向 B 公司投资 8 000 000 元，拥有该公司 20% 的股份，并对该公司有重大影响，因而对 B 公司长期股权投资采用权益法核算。20×1 年 12 月 31 日，B 公司除净损益、其他综合收益及利润分配外的因素导致其他所有者权益增加了 1 000 000 元。假定除此之外，B 公司的所有者权益没有变化，A 公司的持股比例没有变化，B 公司资产的账面价值与公允价值一致，不考虑其他因素，请编制相应的会计分录。

A 公司应作会计分录如下。

　　　　　A 公司增加的资本公积 = 1 000 000×20% = 200 000（元）
　　借：长期股权投资——B 公司　　　　　　　　　200 000
　　　贷：资本公积——其他资本公积　　　　　　　　　200 000

## 任务 11.3　其他综合收益核算

### 11.3.1　其他综合收益概述

其他综合收益（other comprehensive income）是指根据企业会计准则规定未在当期损益中确认的各项利得和损失扣除所得税影响后的净额（未实现损益）。其他综合收益不是当期已实现的收益，而是企业未来潜在的收益，比如企业持有的以公允价值计量的准备长期持有的金融资产，在持有期间市场价格波动，但并没有实际的现金流入或流出。这份潜在收益是否能实现,要看资产的性质以及未来实际出售时的情况。其中有的可以在未来处置资产时计入损益,有的在以后期间永远不会转入损益。

属于其他综合收益,并能在以后期间重分类计入损益的项目包括以下情况:①金融资产重分类日公允价值与账面余额的差额;②权益法核算的被投资单位其他综合收益中可在以后期间计入损益的变动对应的份额;③现金流量套期工具利得或损失中属于有效套期的部分以及其后续的转出;④境外经营外币报表折算差额;⑤其他,如自用房地产转换为采用公允价值模式计量的投资性房地产,转换当日的公允价值大于原账面价值的差额。

属于其他综合收益,但不能在以后期间重分类计入损益的项目包括以下情况:①设定受益计划,重新计量其净资产(或净负债)产生的变动;②权益法下,被投资单位属于以后期间不可计入损益的其他综合收益变动对应的份额。

### 11.3.2 其他综合收益的账务处理

有其他综合收益相关业务的企业,应当设置"其他综合收益"账户进行会计处理,该账户按照其他综合收益项目的具体内容设置明细账户。企业在对其他综合收益进行会计处理时,应当与资本公积相区分,资本公积和其他综合收益都会引起企业所有者权益发生增减变动,资本公积不会影响企业的损益,但其他综合收益中的一部分项目会在满足规定条件时,可以重分类计入损益,从而成为企业利润的一部分。

**【例 11-15】**

20×1年,企业经董事会批准达成决议,将原办公楼进行出租,以赚取租金收入,该办公楼位于商业中心,所在地区房地产交易活跃。12月底办公楼停止自用,20×2年1月1日与丁公司达成三年期租赁协议,即日生效。已知企业对出租的办公楼采用公允价值模式计量,20×2年1月1日公允价值为4 200万元,其原价为5 500万元,已提折旧1 500万元。不考虑相关税费,请编制相应的会计分录。

该企业应作会计分录如下。

借:投资性房地产——办公楼——成本　　　　42 000 000
　　累计折旧　　　　　　　　　　　　　　　15 000 000
　　贷:固定资产　　　　　　　　　　　　　　　　55 000 000
　　　　其他综合收益　　　　　　　　　　　　　　2 000 000

**【例 11-16】**

20×1年9月15日,甲公司以公允价值500 000元购入一项债券投资,并按规定将其分类为以公允价值计量且其变动计入其他综合收益的金融资产,该债券的账面余额为500 000元。20×2年10月15日,公司变更了其管理债券投资组合的业务模式,其变更符合重分类的要求,于20×3年1月1日将该债券重分类为以摊余成本计量的金融资产。当日该债券的公允价值为490 000元,已确认的信用减值准备为6 000元。假设不考虑利息收入。请编制相应的会计分录。

该企业应作会计分录如下。

借:债权投资　　　　　　　　　　　　　　　　500 000

```
    其他债权投资——公允价值变动            10 000
    其他综合收益——信用减值准备             6 000
  贷：其他债权投资——成本                         500 000
    其他综合收益——其他债权投资公允价值变动  10 000
    债权投资减值准备                              6 000
```

## 任务 11.4 留存收益核算

留存收益是指企业从历年实现的利润中提取或形成的留存于企业内部的积累，是企业税后利润减去所分派的股利后留存企业的部分。

投资者投入企业的资本，通过企业的生产经营活动，不仅要保值，而且要力求增值，即获得盈利。企业的盈利在依法缴纳税费后，剩余部分称为净利润。净利润属于所有者权益，本来可以作为一种投资回报全部向所有者进行分配，但出于增加资本、扩充营业规模、留作意外准备、平衡各年利润分配等原因的考虑，《公司法》要求企业必须留有一定积累，而将其中一部分留下不进行分配，作为股东原始投入资本的补充，以利于企业持续经营、维护债权人利益等。企业历年实现的净利润中累计未分配出去的部分，形成留存收益，其中一部分是限定用途的，称为盈余公积；另一部分是未限定用途的，称为未分配利润。

### 11.4.1 利润分配概述

1. 利润分配的顺序

利润分配是将企业实现的净利润，按照国家规定的分配形式和分配顺序，在国家、企业和投资者之间进行的分配。利润分配的过程与结果，是关系到所有者的合法权益能否得到保护，企业能否长期、稳定发展的重要问题，为此，企业必须加强利润分配的管理和核算。根据《公司法》等有关法规规定，企业当年实现的净利润，一般应当按照以下顺序进行分配。

(1) 弥补公司以前年度亏损。公司的法定公积金不足以弥补以前年度亏损的，在依照规定提取法定公积金之前，应当先用当年利润弥补亏损。

(2) 提取法定盈余公积金。公司分配当年税后利润时，应当提取利润的10%（非公司制企业也可按照超过10%的比例提取）列入公司法定公积金。公司法定盈余公积金累计额为公司注册资本的50%以上的，可以不再提取。

公司的法定公积金不足以弥补以前年度亏损的，在提取法定公积金之前，应当先用当年利润弥补亏损。

(3) 经股东会或者股东大会决议提取任意盈余公积金。公司从税后利润中提取法定公积金后，经股东会或者股东大会决议，还可以从税后利润中提取任意公积金。非公司制企业经权力机构批准，也可提取任意盈余公积。

(4) 向投资者分配利润或支付股利。公司弥补亏损和提取公积金后所余税后利润，有限责任公司股东按照实缴的出资比例分取红利；公司新增资本时，股东有权优先按照实缴的出资比例认缴出资。但是，全体股东约定不按照出资比例分取红利或者不按照出资比例优先认缴出资的除外;股份有限公司按照股东持有的股份比例分配,但股份有限公司章程规定不按持股比例分配的除外。

股份有限公司还应按顺序进行分配。企业按照利润分配方案分配优先股现金股利,然后分配普通股现金股利,最后是分配普通股股票股利。如果企业以利润转增资本,也应按这一程序进行分配。

经过上述利润分配程序,企业剩余的利润就形成了企业未分配利润滚存至下一年度,形成企业不规定用途的留存收益。

2. 利润分配核算的账户设置

企业应设置"利润分配"账户,进行利润分配的核算。该账户属于所有者权益类,核算企业利润的分配(或亏损的弥补)和历年分配(或弥补)后的余额。该账户的贷方反映年末从"本年利润"账户转入的本年净利润以及用盈余公积补亏的数额;借方反映按规定提取的盈余公积、向投资者分配的利润数额以及年末从"本年利润"账户转入的本年亏损数额。该账户年末余额,反映企业历年的未分配利润(或未弥补亏损)。在"利润分配"账户下应当分别设置"提取法定盈余公积""提取任意盈余公积""应付现金股利或利润""转作股本的股利""盈余公积补亏""未分配利润"等明细账户,进行明细核算。

### 11.4.2 盈余公积核算

1. 盈余公积的组成及其用途

盈余公积(surplus reserve)是指企业按照规定从净利润中提取的积累资金。企业的盈利首先必须按规定提取盈余公积,然后才能在出资者之间进行分配。

一般企业和股份有限公司的盈余公积主要包括以下两部分。

(1) 法定盈余公积。法定盈余公积是指企业按规定比例从净利润中提取的公积金。如果以前年度未分配利润有盈余(即年初未分配利润余额为正数),在计算提取法定盈余公积的基数时,不应包括企业年初未分配利润;如果以前年度有亏损(即年初未分配利润余额为负数),应先弥补以前年度亏损再提取盈余公积。

(2) 任意盈余公积。任意盈余公积是指企业经股东大会或类似机构批准,按照规定比例从净利润中提取的公积金。它与法定盈余公积的区别在于其提取比例是由企业自行决定的,而法定盈余公积的提取比例则由国家有关法规决定。

企业提取的盈余公积主要有以下几方面的用途。

(1) 弥补亏损。根据企业会计制度和有关税法规定,企业发生亏损时可用缴纳所得税前的利润弥补;超过用所得税前利润弥补期限仍未补足的亏损,可以用企业实现的净利润弥补亏损。如果企业发生特大亏损,用净利润仍不能弥补的,可以用提取的盈余公积弥补亏损。用盈余公积弥补亏损应当由董事会提议,股东大会或相应的权力机构批准后方可进行。

(2) 转增资本。企业提取的盈余公积较多时,可以将提取的盈余公积转增资本,但必须经过股东大会或类似机构批准。在将盈余公积转增资本时,应按投资者的持股比例进行结转。盈余公积在转增资本时,对任意盈余公积转增资本的法律没有限制,但用法定盈余公积转增资本时,转增后法定盈余公积的比例不得少于转增前企业注册资本的25%。

(3) 发放现金股利或利润。原则上企业当年没有利润,不得分配股利。当有特殊情况需要用盈余公积分配股利,必须符合下列条件:①用盈余公积弥补亏损后,该项公积金仍有结余;②用盈余公积分配股利时,股利率不能太高,不得超过股票面值的6%;③分配股利后,法定盈余公积金不得低于注册资本的25%。

盈余公积的用途,并不是指其实际占用形态,提取盈余公积也并不是单独将这部分资金从企业资金周转过程中抽出。企业盈余公积的结存数,实际只表现为企业所有者权益的组成部分,表明企业生产经营资金的一个来源而已。其形成的资金可能表现为一定的货币资金,也可能表现为一定的实物资产,如存货和固定资产等,随同企业的其他来源所形成的资金进行循环周转,用于企业的生产经营。

2. 盈余公积的账务处理

为了正确地核算盈余公积的形成及使用情况,企业应设置"盈余公积"账户,该账户属于所有者权益类账户,其贷方登记按一定标准提取的盈余公积数额;借方登记按规定用途使用的盈余公积数额;期末贷方余额表示盈余公积的结余数额。因法定盈余公积与一般盈余公积有不同的用途,企业应当分别进行明细核算,设置"法定盈余公积"和"任意盈余公积"明细账户,详细记录盈余公积的增减变化及其结果。

(1)盈余公积提取。企业按规定提取盈余公积时,借记"利润分配——提取法定盈余公积、提取任意盈余公积"账户,贷记"盈余公积——法定盈余公积、任意盈余公积"账户。

【例 11-17】

乙股份有限公司20×1年实现税后利润为6 000 000元,分别按10%、8%的比例提取法定盈余公积和任意盈余公积。请编制相应的会计分录。

乙公司应作会计分录如下。

```
借:利润分配——提取法定盈余公积          600 000
         ——提取任意盈余公积          480 000
    贷:盈余公积——法定盈余公积          600 000
              ——任意盈余公积          480 000
```

(2)盈余公积弥补亏损。企业发生亏损可用以后年度实现的利润弥补,经过股东大会或相应的权力机构批准后,也可用提取的法定盈余公积弥补亏损。企业在用盈余公积弥补亏损时,借记"盈余公积——法定盈余公积"账户,贷记"利润分配——盈余公积补亏"账户。

【例 11-18】

某股份有限公司以前年度累计的未弥补亏损为600 000元,按照规定已超过以税前利润弥补亏损的期间。本年度公司董事会决定并经股东大会批准,以法定盈余公积弥补以前年度未弥补的亏损200 000元。请编制相应的会计分录。

该公司应作会计分录如下。

① 用法定盈余公积弥补亏损时

```
借:盈余公积——法定盈余公积             200 000
    贷:利润分配——盈余公积补亏             200 000
```

② 结转"利润分配"账户时

```
借:利润分配——盈余公积补亏             200 000
    贷:利润分配——未分配利润             200 000
```

(3)盈余公积转增资本。企业根据投资者的决议,用盈余公积转增资本时,应按投资者持有的比例进行转增资本,借记"盈余公积——法定盈余公积"账户,贷记"实收资本(或股本)"账户。

### 【例 11-19】

因扩大经营规模需要,经股东大会批准,A 股份有限公司将法定盈余公积 800 000 元转增为股本。请编制相应的会计分录。

A 公司应作会计分录如下。

借:盈余公积——法定盈余公积　　　　　　　　　800 000
　　贷:股本　　　　　　　　　　　　　　　　　　　　　800 000

### 11.4.3　未分配利润核算

**1. 未分配利润概述**

未分配利润(undistributed profit)是指企业留待以后年度进行分配的结存利润,也是企业所有者权益的组成部分。相对于企业所有者权益的其他组成部分而言,企业对未分配利润的使用和分配具有较大的自主权。从数量上看,未分配利润是期初未分配利润,加上本期实现的净利润,减去本期提取的各种盈余公积和向所有者分配利润后的余额。未分配利润包括两层含义:一是留待以后年度处理的利润;二是尚未指定用途的利润。从会计报表项目的钩稽关系来看,未分配利润是连接利润分配表和资产负债表的桥梁。

**2. 未分配利润的账务处理**

未分配利润是在"利润分配"账户下设置"未分配利润"明细账户进行核算的。年度终了,企业应将全年实现的净利润或净亏损,自"本年利润"账户转入"利润分配——未分配利润"账户,并将"利润分配"账户下的其他有关明细账户的余额,转入"未分配利润"明细账户。结转后,"未分配利润"明细账户的贷方余额,表示累积未分配的利润数额,如果出现借方余额,则表示累积未弥补亏损的数额。

### 【例 11-20】

乙股份有限公司 20×1 年年初股本为 100 000 000 元,每股面值 1 元,年初未分配利润为贷方 80 000 000 元,当年初现净利润 60 000 000 元。假定公司经批准的 20×1 年利润分配方案如下:按照 20×1 年实现净利润的 10% 提取法定盈余公积,5% 提取任意盈余公积,同时向股东按每股 0.2 元派发现金股利,按每 10 股送 3 股的比例派发股票股利。20×2 年 3 月 15 日,公司以银行存款支付了全部现金股利,新增股本也已经办理完股权登记和相关增资手续。请编制相应的会计分录。

乙公司应作会计分录如下。

(1) 20×1 年年末结转本年利润时

借:本年利润　　　　　　　　　　　　　　　　　60 000 000
　　贷:利润分配——未分配利润　　　　　　　　　　　　60 000 000

(2) 提取法定盈余公积和任意盈余公积时

借:利润分配——提取法定盈余公积　　　　　　　 6 000 000
　　　　　　　——提取任意盈余公积　　　　　　　 3 000 000
　　贷:盈余公积——法定盈余公积　　　　　　　　　　　 6 000 000
　　　　　　　　——任意盈余公积　　　　　　　　　　　 3 000 000

(3) 结转"利润分配"的明细账户

借：利润分配——未分配利润　　　　　　　9 000 000
　　贷：利润分配——提取法定盈余公积　　　　　　6 000 000
　　　　　　　　——提取任意盈余公积　　　　　　3 000 000

公司20×1年年底"利润分配——未分配利润"账户的余额为

$$80\,000\,000 + 60\,000\,000 - 9\,000\,000 = 131\,000\,000(元)$$

即贷方余额131 000 000元，反映企业的累计未分配利润为131 000 000元。

(4) 批准发放现金股利时

$$100\,000\,000 \times 0.2 = 20\,000\,000(元)$$

借：利润分配——应付现金股利　　　　　　20 000 000
　　贷：应付股利　　　　　　　　　　　　　　　20 000 000

(5) 20×2年3月15日，实际发放现金股利时

借：应付股利　　　　　　　　　　　　　　20 000 000
　　贷：银行存款　　　　　　　　　　　　　　　20 000 000

(6) 20×2年3月15日，发放股票股利时

$$100\,000\,000 \times 1 \times 30\% = 30\,000\,000(元)$$

借：利润分配——转作股本的股利　　　　　30 000 000
　　贷：股本　　　　　　　　　　　　　　　　　30 000 000

(7) 结转"利润分配——转作股本的股利"明细账户

借：利润分配——未分配利润　　　　　　　30 000 000
　　贷：利润分配——转作股本的股利　　　　　　30 000 000

## 课后练习

一、判断题

1. 所有者权益和负债一样，也有固定的偿还期限和偿还金额。　　　　　　　　(　　)

2. 企业在筹集资本金过程中吸收投资者的无形资产（不包括土地使用权）出资不得超过企业注册资金的20%。　　　　　　　　　　　　　　　　　　　　　　　　(　　)

3. 当企业投资者投入的资本高于其注册资本时，应将超出部分计入营业外收入。
　　　　　　　　　　　　　　　　　　　　　　　　　　　　　　　　　　　(　　)

4. 企业将资本公积转增资本并不引起所有者权益总数的增加，而只是引起企业所有者权益结构的变化。　　　　　　　　　　　　　　　　　　　　　　　　　　(　　)

5. 盈余公积是所有者权益的一部分，在一般情况下，不得用于向投资者分配利润或股利。　　　　　　　　　　　　　　　　　　　　　　　　　　　　　　　　(　　)

6. 企业用盈余公积弥补亏损后，会导致留存收益减少。　　　　　　　　　　　(　　)

7. 股份有限公司发行股票的面值应通过"股本"账户核算。　　　　　　　　　(　　)

8. "利润分配——未分配利润"账户年终应无余额，若有余额，应是上年利润的数额。
　　　　　　　　　　　　　　　　　　　　　　　　　　　　　　　　　　　(　　)

9. 无论是以税前利润还是以税后利润弥补亏损,其会计处理方法均相同,不同之处仅在于两者计算缴纳所得税的依据不同。　　　　　　　　　　　　　　　　　(　　)

10. 企业年末资产负债表中的未分配利润的金额一定等于"利润分配"账户的年末余额。　　　　　　　　　　　　　　　　　　　　　　　　　　　　　　(　　)

## 二、单项选择题

1. 股份有限公司发行股票的面值应通过(　　)账户核算。
   A. 实收资本　　　B. 资本公积　　　C. 股本　　　D. 盈余公积

2. 甲公司收到乙公司作为资本投入的原材料一批,该批原材料投资合同约定的价值(不含进项税额)为 400 000 元,增值税进项税额为 52 000 元。乙公司已开具了增值税专用发票。假设合同约定的价值与公允价值相符,该进项税额允许抵扣,不考虑其他因素,甲公司应计入实收资本的金额为(　　)元。
   A. 400 000　　　B. 452 000　　　C. 424 000　　　D. 366 000

3. 有限责任公司在增资扩股时,如有新投资者介入,新介入的投资者缴纳的出资额大于其约定比例计算的其在注册资本中所占的份额部分,不记入"实收资本"账户,而作为(　　)处理。
   A. 盈余公积　　　B. 资本公积　　　C. 未分配利润　　　D. 营业外收入

4. 企业的盈余公积转增资本时,转增资本后留存的盈余公积以不低于注册资本的(　　)为限。
   A. 10%　　　B. 15%　　　C. 20%　　　D. 25%

5. 某企业年初未分配的利润为 1 000 000 元,本年实现的净利润为 2 000 000 元,按 10%和 5%分别提取法定盈余公积和任意盈余公积,则该企业可供投资者分配的利润为(　　)元。
   A. 2 000 000　　　B. 2 550 000　　　C. 2 700 000　　　D. 3 000 000

6. 20×1 年 1 月 1 日,某企业的所有者权益情况如下:实收资本为 2 000 000 元,资本公积为 170 000 元,盈余公积为 380 000 元,未分配利润为 320 000 元,则该企业 20×1 年 1 月 1 日的留存收益为(　　)元。
   A. 380 000　　　B. 320 000　　　C. 700 000　　　D. 870 000

7. 下列各项不涉及留存收益总额发生变化的是(　　)。
   A. 将盈余公积转增资本　　　B. 分配现金股利
   C. 以盈余公积弥补亏损　　　D. 分配股票股利

8. 某企业当年盈利 300 万元,以前年度未弥补亏损 40 万元(已超过规定的弥补期限),企业用盈余公积弥补了 30 万元,另外 10 万元,可用(　　)。
   A. 资本公积弥补　　　B. 以后年度的盈余公积弥补
   C. 所得税税后利润弥补　　　D. 所得税税前利润弥补

9. 企业接受非现金资产投资时,应按(　　)(其不公允的除外)确定非现金资产价值和在注册资本中应享有的份额。
   A. 投资合同约定的价值　　　B. 被投资方确定的价值
   C. 投资方非现金资产的账面价值　　　D. 投资方确定的价值

10. 企业年终未分配利润的数额等于(　　)。
    A. 当年实现的净利润

B. 当年实现的净利润加年初未分配利润
C. 留存收益
D. 当年实现的净利润加年初未分配利润减当年提取的盈余公积及分配利润后的数额

## 三、多项选择题

1. 企业增加资本的方式有(　　)。
   A. 资本公积转增　　　　　　　　B. 盈余公积转增
   C. 新投资者投入　　　　　　　　D. 发放现金股利

2. 下列项目中,同时引起资产和所有者权益发生增减变化的项目有(　　)。
   A. 投资者投入资本　　　　　　　B. 减少实收资本
   C. 实际发放投资者股利　　　　　D. 用盈余公积弥补亏损

3. 企业减少实收资本应按法定程序报经批准,一般发生在企业(　　)而需要减资的情况下。
   A. 资本过剩　　B. 发生重大亏损　　C. 投资者要求　　D. 盈利

4. 下列各项,构成企业留存收益的有(　　)。
   A. 实收资本　　B. 资本公积　　C. 盈余公积　　D. 未分配利润

5. 下列应在"资本公积"账户下设置的明细账户有(　　)。
   A. 资本溢价　　B. 股本溢价　　C. 其他资本公积　　D. 未分配利润

6. 下列各项中,会引起资本公积账面余额发生变化的有(　　)。
   A. 资本公积转增资本　　　　　　B. 股本溢价
   C. 应付账款获得债权人豁免　　　D. 提取任意盈余公积

7. 在通常情况下,企业的盈余公积减少是由于(　　)。
   A. 用盈余公积转增资本　　　　　B. 用盈余公积向投资人分配利润
   C. 用盈余公积弥补亏损　　　　　D. 用盈余公积对外捐赠

8. 企业弥补亏损的渠道主要有(　　)。
   A. 用以后年度的税前利润弥补　　B. 用以后年度的税后利润弥补
   C. 用盈余公积弥补　　　　　　　D. 用资本公积弥补

9. 下列各项会引起年末未分配利润数额变化的有(　　)。
   A. 企业减资　　　　　　　　　　B. 用资本公积转增资本
   C. 本年利润转入　　　　　　　　D. 提取盈余公积

10. "利润分配——未分配利润"账户的借方发生额可能表示(　　)。
    A. 转入"本年利润"账户的年末余额
    B. 转入"盈余公积"账户的年末余额
    C. 转入"利润分配"账户下的其他明细账户期末余额
    D. 转入"资本公积"账户的年末余额

## 四、业务题

1. 要求:根据本项目案例导入所述经济业务,分别编制甲公司接受投资者A、投资者B增资时以及投资者C初次出资时的会计分录。

2. B股份有限公司首次公开发行了普通股50 000 000股,每股面值1元,每股发行价格为4元。B公司以银行存款支付发行手续费、咨询费等费用共计6 000 000元。假定发行收入已全部收到,发行费用已全部支付,不考虑其他因素。

要求：根据上述经济业务，编制相应的会计分录。

3. 丙公司20×1年年初未分配利润为250 000元，本年实现净利润为1 500 000元。本年提取法定盈余公积金150 000元，支付现金股利400 000元。因扩大经营规模的需要，经批准，丙公司决定将资本公积100 000元和盈余公积200 000元转增资本。

要求：
(1) 编制丙公司上述业务相应的会计分录。
(2) 计算丙公司20×1年年末"利润分配——未分配利润"账户的期末余额。

4. 丁公司20×1年12月31日的股数为8 000 000股，面值为1元，资本公积（股本溢价）2 000 000元，盈余公积3 000 000元，未分配利润6 000 000元。经股东大会批准，丁公司以现金回购本公司股票1 000 000股并注销。假定不考虑其他因素。

要求：
(1) 如果丁公司按每股3元回购股票，作出相关的会计分录。
(2) 如果丁公司按每股5元回购股票，作出相关的会计分录。
(3) 如果丁公司按每股0.5元回购股票，作出相关的会计分录。

5. 甲股份有限公司（以下简称甲公司）20×1—20×9年有关业务资料如下。

(1) 20×1年1月1日，甲公司股东权益总额为46 500万元（其中，股本总额为10 000万股，每股面值为1元；资本公积为30 000万元；盈余公积为6 000万元；未分配利润为500万元）。20×1年实现净利润400万元。股本与资本公积项目未发生变化。

(2) 20×2年3月1日，甲公司董事会提出如下预案：①按20×1年实现净利润的10%提取法定盈余公积金；②以20×1年12月31日的股本总额为基数，以资本公积（股本溢价）转增股本，每10股转增4股，计4 000万股。

(3) 20×2年5月5日，甲公司召开股东大会，审议批准了董事会提出的预案，同时决定分派现金股利300万元。20×2年6月10日，甲公司办妥了上述资本公积转增股本的有关手续。

(4) 20×2年，甲公司发生净亏损3 142万元。

(5) 20×3—20×8年甲公司分别实现利润总额200万元、300万元、400万元、500万元、600万元和600万元。假定甲公司适用的所得税税率为25%；无其他纳税调整事项。

(6) 20×9年5月9日，甲公司股东大会决定以法定盈余公积弥补20×8年12月31日账面累计未弥补亏损。

假定：
(1) 20×2年发生的亏损可用以后5年内实现的税前利润弥补。
(2) 除前述事项外，其他因素不予考虑。

要求：
(1) 编制甲公司20×2年3月提取20×1年法定盈余公积的会计分录。
(2) 编制甲公司20×2年5月宣告分派20×1年现金股利的会计分录。
(3) 编制甲公司20×2年6月资本公积转增股本的会计分录。
(4) 编制甲公司20×2年结转当年净亏损的会计分录。
(5) 计算甲公司20×8年应交所得税并编制结转当年净利润的会计分录。
(6) 计算甲公司20×8年12月31日账面累计未弥补亏损。
(7) 编制甲公司20×9年5月以法定盈余公积弥补亏损的会计分录。
（"利润分配""盈余公积"账户要求写出明细账户，答案中的金额单位用万元表示。）

# 财务报表编制

项目12
Xiangmu 12

## 技能目标

1. 基本会进行总账报表会计核算岗位的各项工作。
2. 会编制资产负债表、利润表等基本财务报表。
3. 能解读资产负债表等基本财务报表所蕴含的财务和经营信息。

## 知识目标

1. 熟悉《企业会计准则——财务报表列报》《企业会计准则——中期财务报告》,熟悉企业财务报告的构成体系。
2. 理解资产负债表、利润表等基本财务报表的编制原理。
3. 掌握资产负债表、利润表等基本财务报表的内容、结构和方法。

## 案例导入

20×2年12月,某高校会计专业毕业生孙红到甲企业报表总账岗位进行顶岗实习。甲企业和乙企业均为增值税一般纳税企业。甲企业销售的产品、材料均为应纳增值税货物,增值税税率为13%,产品、材料销售价格中均不含增值税。甲企业材料和产品均按实际成本核算,其销售成本随销售同时结转。乙企业为甲企业联营企业,甲企业对乙企业的投资占乙企业有表决权资本的25%,甲企业对乙企业的投资按权益法核算。

甲企业20×1年1月1日有关账户余额如表12-1所示。

表12-1 账户余额表  单位:元

| 账户名称 | 借方金额 | 账户名称 | 贷方金额 |
| --- | --- | --- | --- |
| 库存现金 | 500 | 短期借款 | 300 000 |
| 银行存款 | 400 000 | 应付票据 | 50 000 |
| 应收票据 | 30 000 | 应付账款 | 180 000 |
| 应收账款 | 200 000 | 应付职工薪酬 | 5 000 |
| 坏账准备 | −1 000 | 应交税费 | 12 000 |
| 其他应收款 | 200 | 长期借款 | 1 260 000 |
| 原材料 | 350 000 | 实收资本 | 2 000 000 |
| 周转材料 | 30 000 | 盈余公积 | 120 000 |
| 库存商品 | 80 000 | 利润分配(未分配利润) | 7 700 |

续表

| 账户名称 | 借方金额 | 账户名称 | 贷方金额 |
|---|---|---|---|
| 长期股权投资——乙企业 | 600 000 | | |
| 固定资产 | 2 800 000 | | |
| 累计折旧 | -560 000 | | |
| 无形资产 | 5 000 | | |
| 合　计 | 3 934 700 | 合　计 | 3 934 700 |

甲企业20×2年发生如下经济业务。

（1）购入原材料一批，实际成本300 000元，增值税专用发票上注明的增值税税额为39 000元，并于取得当月认证。材料已经验收入库。企业开出商业承兑汇票。

（2）销售给乙企业一批产品，销售价格40 000元，产品成本32 000元。产品已经发出，开出增值税专用发票，款项尚未收到。

（3）对外销售一批原材料，销售价格26 000元，材料实际成本18 000元。销售材料已经发出，开出增值税专用发票。款项已经收到并存入银行。

（4）出售一台不需用设备给乙企业，设备账面原价150 000元，已提折旧24 000元，出售价格180 000元，增值税23 400元。出售设备价款已经收到并存入银行。

（5）甲企业经过减值测试，报经批准后决定按应收账款年末余额的5‰计提坏账准备。假定无其他项目计提减值。

（6）用银行存款偿还到期应付票据20 000元，缴纳所得税2 300元。

（7）乙企业本年实际净利润280 000元，甲企业按投资比例确认其投资收益。

（8）摊销自用无形资产价值1 000元；计提管理用固定资产折旧8 766元。

（9）按25%的税率计算本年度所得税费用，假定不涉及纳税调整事项；按净利润的10%计提法定盈余公积。

请问：孙红根据上述经济业务应如何进行相应的账务处理？并编制甲企业20×2年12月31日的资产负债表。

### 知识链接12-1　　财务报告构成

财务报告（financial report）是指企业对外提供的反映企业某一特定日期的财务状况和某一会计期间的经营成果、现金流量等会计信息的文件。财务报告包括财务报表和其他应当在财务报告中披露的相关信息和资料，主要由财务报表、财务报表附注、财务情况说明书三部分内容组成。

财务报表（financial statements）是对企业财务状况、经营成果和现金流量的结构性表述。财务报表具有报告的性质，是以表格为主要形式，反映、提供和传输财务信息的书面报告文件，是财务报告的核心组成部分。财务报表是传输企业会计信息的重要工具，是根据会计账簿记录的有关资料，按规定的报表格式，总括反映一定期间的经济活动和财务收支及其结果的文件。由财务报表和其他相关资料组成的财务报告是企业会计工作的最终成果，是输出企业会计信息的主要形式，是企业与外部联系的桥梁。

企业的交易和事项最终通过财务报表进行列示,通过附注进行披露。为了达到财务报表有关决策有用和评价企业管理层受托责任的目标,一套完整的财务报表至少应当包括"四表一注",即资产负债表、利润表、现金流量表、所有者权益变动表以及附注。

高质量的会计信息是保证会计决策有用的基石。从诸多企业经营的历史来看,不讲究诚信原则的企业,虽然可能暂时成功,但是无法长期地保持竞争力。所以,财务报表所揭示的会计信息应遵循会计准则和公认会计原则的基本要求。为了充分发挥会计信息的作用,确保信息质量,各会计主体单位必须按照一定的程序、方法和要求,编报合法、真实和公允的财务报表。

## 任务 12.1　资产负债表编制

### 12.1.1　资产负债表概述

**1. 资产负债表的定义和作用**

资产负债表(balance sheet)是反映企业在某一特定日期(月末、季末、半年末、年末)财务状况的报表。它根据资产、负债、所有者权益三个会计要素的相互关系,依据一定的分类标准和顺序,把企业在一定日期的资产、负债、所有者权益项目予以排列,并根据账户资料编制而成。

资产负债表主要提供有关企业静态的财务状况方面的信息,即某一特定日期关于企业资产、负债、所有者权益的状况及其相互关系。其作用主要包括:①可以提供某一日期的资产总额及其结构,表明企业拥有或控制的经济资源及其分布情况,使用者可以一目了然地从资产负债表上了解企业在某一特定日期所拥有的资产总量及其结构;②可以提供某一日期的负债总额及其结构,表明企业未来需要用多少资产或劳务清偿债务以及清偿时间;③可以反映所有者在某一日期所拥有的权益,据以判断资本保值、增值的情况以及对负债的保障程度。此外,资产负债表还可以提供进行财务分析的基本资料,如将流动资产与流动负债进行比较,计算出流动比率指标等,这些数据可以反映企业的变现能力、偿债能力和资金周转能力,从而有助于报表使用者作出相关的经济决策。

**2. 资产负债表列报的总体要求**

(1) 分类列报。资产负债表应当按照资产、负债和所有者权益三大类别,在报表的左右两方分类列报。左方列报的资产项目反映资产的构成,右方列报的负债和所有者权益项目反映权益结构,即资产的来源渠道。

(2) 资产和负债按流动性列报。资产和负债各项目应当按照其流动性,分为流动资产和非流动资产、流动负债和非流动负债进行列报。通常资产的流动性按照变现或耗用时间长短来确定,而负债的流动性则是按照偿还时间长短来确定。

(3) 所有者权益按先后次序列报。所有者权益各项目应当按照资本的永久性高低进行先后次序的排列,永久性高者在前,永久性低者在后。

(4) 列报相关的合计、总计项目。资产负债表中的资产部分应当列示流动资产和非流动资产的合计项目及资产总计项目;负债部分至少应当列示流动负债、非流动负债以及负债的合计项目;所有者权益部分应当列示所有者权益的合计项目;负债和所有者权益还要列示总计项目。

3. 资产负债表的结构

在我国,资产负债表采用账户式结构,通常包括表头、表身和表尾三部分。表头主要包括资产负债表的名称、编制单位、编制日期和金额单位;表身主要包括资产、负债和所有者权益各项目的年初余额和期末余额,是资产负债表的主要部分;表尾主要包括附注资料等。资产负债表的表身部分分为左右两边,左边列示资产,右边列示负债和所有者权益。每个项目又分为"年初余额"和"期末余额"两栏分别填列。通常这种结构的报表被称为"账户式资产负债表"。

## 12.1.2 资产负债表编制说明

资产负债表是反映企业某一特定日期财务状况的报表。资产、负债和所有者权益各项目列报的数据有年初数和期末数两项,因此在编制时,应根据对应于列报项目的账户的年初余额和期末余额分别填列。其中,资产项目应根据资产类账户年初借方余额和借方期末余额填列,负债及所有者权益项目应根据负债及所有者权益类账户年初贷方余额和贷方期末余额填列。

1. "年初余额"栏的填列

资产负债表各项目"年初余额"栏内的数字,应根据上年年末资产负债表"期末余额"栏内所列数字填列。如果本年度资产负债表规定的各个项目的名称和内容与上年度不一致,应对上年年末资产负债表各项目的名称和数字按照本年度的规定进行调整,填入本年度资产负债表"年初余额"栏内。

2. "期末余额"栏的填列

资产负债表各项目"期末余额"栏内的数字填列,主要有以下几种方法。

(1) 根据总账账户余额填列。如"短期借款""应付票据""实收资本(或股本)""资本公积""库存股""盈余公积"等项目,应根据有关总账账户的余额填列。

(2) 根据几个总账账户的期末余额分析计算填列。在资产负债表中,某些项目涵盖范围广,需根据几个总账账户的期末余额计算填列。如"货币资金"项目,应根据"库存现金""银行存款""其他货币资金"三个总账账户的期末余额的合计数填列;"其他应付款"项目应根据"应付利息""应付股利"和"其他应付款"等几个账户的期末余额合计数填列;"其他非流动资产""其他流动负债"项目,应根据有关账户的期末余额分析填列。

(3) 根据明细账账户余额分析计算填列。资产负债表中的部分项目涉及不同总账账户的内容,要根据相应几个总账账户所属部分明细账账户余额分析计算填列。如"预收款项"项目,应根据"预收账款"和"应收账款"账户所属明细账的期末贷方余额合计填列;应付账款项目,应根据"应付账款"和"预付账款"账户所属明细账的期末贷方余额合计填列;"开发支出"项目,应根据"研发支出"账户中所属的"资本化支出"明细账户期末余额填列;"一年内到期的非流动资产""一年内到期的非流动负债"项目,应根据有关非流动资产或非流动负债项目的明细账户的余额分析填列;"长期借款"和"应付债券"项目,应分别根据"长期借款""应付债券"账户的明细账户余额分析填列;"未分配利润"项目,应根据"利润分配"账户中所属的"未分配利润"明细账户的期末余额填列。

**注意**:"应交税费"账户下的"应交增值税""未交增值税""待抵扣进项税额""待认证进项税额"等明细账户期末借方余额,挂账时间未超过一年的,应在资产负债表中的"其他流动资产"项目列示;挂账时间超过一年的,应在"其他非流动资产"项目列示;"应交税费"账户下的"未交增值税""简易计税""转让金融商品应交增值税"等明细账户期末贷方余额应在资产负债表中的"应交税费"项目列示。对"应交税费——待转销项税额"账户贷方余额,挂账时间未超过一年的,在"其他流动负债"项目列示,挂账时间超过一年的,在"其他非流动负债"项目列示。

(4) 根据总账账户余额和所属明细账账户余额分析计算填列。资产负债表中的部分项目按性质只反映某总分类账户余额一部分,应根据明细账余额作相应调整扣减后填列。如"长期借款"项目,需根据"长期借款"总分类账户余额扣除"长期借款"所属明细账户中将在资产负债表日起一年内到期,且企业不能自主地将清偿义务展期的长期借款后的金额计算填列,这部分扣除的金额填列在"一年内到期的非流动负债"项目内;"长期待摊费用"项目,应根据"长期待摊费用"账户的期末余额减去将于一年内(含一年)摊销的数额后的金额填列;"其他非流动负债"项目,应根据有关账户的期末余额减去将于一年内(含一年)到期偿还数额后的金额填列。

(5) 根据有关账户余额减去其备抵账户余额后的净额填列。如"债权投资""其他债权投资""长期股权投资""在建工程""商誉"项目,应根据相关账户的期末余额填列,已计提减值准备的,应扣减相应的减值准备;"固定资产""无形资产""投资性房地产""生产性生物资产""油气资产"项目,应根据相关账户的期末余额扣减相关的累计折旧、累计摊销填列,已计提减值准备的,还应扣减相应的减值准备,采用公允价值计量的上述资产,应根据相关账户的期末余额填列;"长期应收款"项目,应根据"长期应收款"账户的期末余额,减去相应的"未实现融资收益"和"坏账准备"所属相关明细账账户期末余额后的金额填列;"长期应付款"项目,应根据"长期应付款"账户的期末余额,减去相应的"未确认融资费用"账户期末余额后的金额填列。

(6) 综合运用上述填列方法分析填列。如"其他应收款"项目,应根据"应收利息""应收股利""其他应收款"账户的期末余额合计数,减去"坏账准备"账户中有关其他应收款的坏账准备期末余额后的金额填列;"应收账款"项目,应根据"应收账款"和"预收账款"账户所属明细账的期末借方余额合计数,减去"坏账准备"账户中有关应收账款的坏账准备期末余额后的金额填列;"预付款项"项目,应根据"预付账款"和"应付账款"账户所属明细账的期末借方余额合计数,减去"坏账准备"账户中有关预付账款的坏账准备期末余额后的金额填列;"存货"项目,应根据"材料采购"(或"在途物资")"原材料""库存商品""委托加工物资""周转材料""发出商品""受托代销商品"等账户的期末余额合计,减去"受托代销商品款""存货跌价准备"账户期末余额后的金额填列,材料采用计划成本核算,以及库存商品采用计划成本核算或售价核算的企业,还应按加上或减去"材料成本差异""商品进销差价"相应数额后的金额填列。

## 12.1.3 资产负债表编制实例

**1. 报表编制实例基本资料**

（1）企业基本情况介绍。M股份有限公司于2010年5月成立，属于机械制造行业，是一家主要从事微型小型水泵和园林机械的研发、设计、制造和销售的高新技术企业，生产销售的主要产品为除草机、碎枝机等园林机械。其所生产的产品以外销为主，出口销售的比例高达95%以上，其中自营出口的比例为70%左右。企业已执行新的企业会计准则和报表编制要求，按增值税一般纳税人相关政策进行税款计算、申报和缴税，适用企业所得税税率为25%。

（2）20×1年12月31日资产负债表，如表12-2所示。

表 12-2　资产负债表　　　　会企01表
编制单位：M股份有限公司　　20×1年12月31日　　　　单位：元

| 项　目 | 期末余额 | 年初余额 | 项　目 | 期末余额 | 年初余额 |
|---|---|---|---|---|---|
| 流动资产 | | | 流动负债 | | |
| 　货币资金 | 23 436 512.51 | | 　短期借款 | 43 196 019.80 | |
| 　交易性金融资产 | | | 　交易性金融负债 | | |
| 　衍生金融资产 | | | 　衍生金融负债 | | |
| 　应收票据 | | | 　应付票据 | 59 678 601.17 | |
| 　应收账款 | 88 686 681.76 | | 　应付账款 | 79 894 849.41 | |
| 　应收款项融资 | | | 　预收款项 | 5 243 722.03 | |
| 　预付款项 | 38 714 700.45 | | 　合同负债 | | |
| 　其他应收款 | 4 596 432.16 | | 　应付职工薪酬 | 9 986 680.23 | |
| 　存货 | 85 244 074.38 | | 　应交税费 | −7 048 039.69 | |
| 　合同资产 | | | 　其他应付款 | 3 077 045.91 | |
| 　一年内到期的非流动资产 | | | 　一年内到期的非流动负债 | 14 024 640.00 | |
| 　其他流动资产 | | | 　其他流动负债 | | |
| 　流动资产合计 | 240 678 401.26 | | 　流动负债合计 | 208 053 518.86 | |
| 非流动资产 | | | 非流动负债 | | |
| 　债权投资 | | | 　长期借款 | 16 033 110.00 | |
| 　其他债权投资 | | | 　应付债券 | | |
| 　长期应收款 | | | 　　其中：优先股 | | |
| 　长期股权投资 | 1 000 000.00 | | 　　　　　永续债 | | |
| 　其他权益工具投资 | | | 　租赁负债 | | |
| 　其他非流动金融资产 | | | 　长期应付款 | 800 000.00 | |
| 　投资性房地产 | | | 　预计负债 | | |
| 　固定资产 | 89 871 411.34 | | 　递延收益 | | |
| 　在建工程 | 2 519 095.54 | | 　递延所得税负债 | | |
| 　生产性生物资产 | | | 　其他非流动负债 | | |
| 　油气资产 | | | 　非流动负债合计 | 16 833 110.00 | |
| 　使用权资产 | | | 负债总计 | 224 886 628.86 | |

续表

| 项　　目 | 期末余额 | 年初余额 | 项　　目 | 期末余额 | 年初余额 |
|---|---|---|---|---|---|
| 无形资产 | 8 120 137.61 | | 所有者权益（或股东权益） | | |
| 开发支出 | | | 实收资本（或股本） | 56 280 000.00 | |
| 商誉 | | | 其他权益工具 | | |
| 长期待摊费用 | | | 其中：优先股 | | |
| 递延所得税资产 | 1 559 445.81 | | 永续债 | | |
| 其他非流动资产 | | | 资本公积 | 167 844.25 | |
| 非流动资产合计 | 103 070 090.30 | | 减：库存股 | | |
| | | | 其他综合收益 | | |
| | | | 专项储备 | | |
| | | | 盈余公积 | 9 203 030.41 | |
| | | | 未分配利润 | 53 210 988.04 | |
| | | | 所有者权益（或股东权益）合计 | 118 861 862.70 | |
| 资产总计 | 343 748 491.56 | | 负债和所有者权益（或股东权益）总计 | 343 748 491.56 | |

法定代表人：张祥荣　　　　主管会计工作的负责人：余广林　　　　会计机构负责人：李松

（3）20×2 年 M 股份有限公司发生的经济业务及其账务处理（含填制凭证、登记账簿等）（略）。

（4）20×2 年 12 月 31 日账户资料如表 12-3 所示。

**表 12-3　科目余额表**

20×2 年 12 月 31 日　　　　　　　　　　　　　　　　　　　单位：元

| 账户名称 | 借方期末余额 | 贷方期末余额 |
|---|---|---|
| 库存现金 | 16 267.00 | |
| 银行存款 | 109 734 524.01 | |
| 其他货币资金 | 6 365 776.26 | |
| 应收票据 | 4 000 000.00 | |
| 应收账款 | 129 683 543.22 | |
| 预付账款 | 30 460 751.81 | |
| 其他应收款 | 4 384 516.20 | |
| 坏账准备 | | 7 548 672.79 |
| 　其中：计提应收账款坏账准备 | | 7 428 957.11 |
| 　　　　计提其他应收款坏账准备 | | 119 715.68 |
| 原材料 | 28 731 788.09 | |
| 库存商品 | 41 408 558.29 | |
| 委托加工物资 | 12 485 700.35 | |
| 周转材料 | 4 146 859.37 | |
| 　其中：包装物 | 1 965 841.92 | |
| 　　　　低值易耗品 | 2 181 017.45 | |
| 生产成本 | 20 059 606.00 | |

续表

| 账户名称 | 借方期末余额 | 贷方期末余额 |
|---|---|---|
| 自制半成品 | 26 926 761.19 | |
| 存货跌价准备 | | 386 374.63 |
| 长期股权投资 | 19 600 000.00 | |
| 固定资产 | 188 791 308.21 | |
| 累计折旧 | | 37 084 697.70 |
| 固定资产减值准备 | | 926 490.98 |
| 在建工程 | 5 242 208.91 | |
| 无形资产 | 47 925 015.43 | |
| 累计摊销 | | 1 396 016.16 |
| 长期待摊费用 | 1 278 333.33 | |
| 递延所得税资产 | 1 791 728.50 | |
| 短期借款 | | 21 161 698.02 |
| 应付票据 | | 88 007 638.80 |
| 应付账款 | | 113 190 014.68 |
| 预收账款 | | 9 417 196.00 |
| 应付职工薪酬 | | 5 018 021.74 |
| 应交税费 | | −13 767 106.65 |
| 应付利息 | | 41 930.11 |
| 其他应付款 | | 5 073 992.41 |
| 长期应付款 | | 800 000.00 |
| 实收资本 | | 75 280 000.00 |
| 资本公积 | | 221 195 772.25 |
| 盈余公积 | | 13 988 812.22 |
| 利润分配 | | 96 283 024.37 |
| 其中：未分配利润 | | 96 283 024.37 |

2. 资产负债表的编制

根据以上资料编制资产负债表，如表 12-4 所示。

表 12-4  资产负债表   会企 01 表

编制单位：M 股份有限公司   20×2 年 12 月 31 日   单位：元

| 项目 | 期末余额 | 年初余额 | 项目 | 期末余额 | 年初余额 |
|---|---|---|---|---|---|
| 流动资产 | | | 流动负债 | | |
| 　货币资金 | 116 116 567.31 | 23 436 512.51 | 　短期借款 | 21 161 698.02 | 43 196 019.80 |
| 　交易性金融资产 | | | 　交易性金融负债 | | |
| 　衍生金融资产 | | | 　衍生金融负债 | | |
| 　应收票据 | 4 000 000.00 | | 　应付票据 | 88 007 638.80 | 59 678 601.17 |
| 　应收账款 | 122 254 586.11 | 88 686 681.76 | 　应付账款 | 113 190 014.68 | 79 894 849.41 |
| 　应收款项融资 | | | 　预收款项 | 9 417 196.00 | 5 243 722.03 |
| 　预付款项 | 30 460 751.81 | 38 714 700.45 | 　合同负债 | | |
| 　其他应收款 | 4 264 800.52 | 4 596 432.16 | 　应付职工薪酬 | 5 018 021.74 | 9 986 680.23 |

续表

| 项 目 | 期末余额 | 年初余额 | 项 目 | 期末余额 | 年初余额 |
|---|---|---|---|---|---|
| 存货 | 133 372 898.66 | 85 244 074.38 | 应交税费 | -13 767 106.65 | -7 048 039.69 |
| 合同资产 | | | 其他应付款 | 5 115 922.52 | 3 077 045.91 |
| 一年内到期的非流动资产 | | | 一年内到期的非流动负债 | | 14 024 640.00 |
| 其他流动资产 | | | 其他流动负债 | | |
| 流动资产合计 | 410 469 604.41 | 240 678 401.26 | 流动负债合计 | 228 143 385.11 | 208 053 518.86 |
| 非流动资产 | | | 非流动负债 | | |
| 债权投资 | | | 长期借款 | | 16 033 110.00 |
| 其他债权投资 | | | 应付债券 | | |
| 长期应收款 | | | 其中：优先股 | | |
| 长期股权投资 | 19 600 000.00 | 1 000 000.00 | 永续债 | | |
| 其他权益工具投资 | | | 租赁负债 | | |
| 其他非流动金融资产 | | | 长期应付款 | 800 000.00 | 800 000.00 |
| 投资性房地产 | | | 预计负债 | | |
| 固定资产 | 150 780 119.53 | 89 871 411.34 | 递延收益 | | |
| 在建工程 | 5 242 208.91 | 2 519 095.54 | 递延所得税负债 | | |
| 生产性生物资产 | | | 其他非流动负债 | | |
| 油气资产 | | | 非流动负债合计 | 800 000.00 | 16 833 110.00 |
| 使用权资产 | | | 负债总计 | 228 943 385.11 | 224 886 628.86 |
| 无形资产 | 46 528 999.27 | 8 120 137.61 | 所有者权益（或股东权益） | | |
| 开发支出 | | | 实收资本（或股本） | 75 280 000.00 | 56 280 000.00 |
| 商誉 | | | 其他权益工具 | | |
| 长期待摊费用 | 1 278 333.33 | | 其中：优先股 | | |
| 递延所得税资产 | 1 791 728.50 | 1 559 445.81 | 永续债 | | |
| 其他非流动资产 | | | 资本公积 | 221 195 772.25 | 167 844.25 |
| 非流动资产合计 | 225 221 389.54 | 103 070 090.30 | 减：库存股 | | |
| | | | 其他综合收益 | | |
| | | | 专项储备 | | |
| | | | 盈余公积 | 13 988 812.22 | 9 203 030.41 |
| | | | 未分配利润 | 96 283 024.37 | 53 210 988.04 |
| | | | 所有者权益（或股东权益）合计 | 406 747 608.84 | 118 861 862.70 |
| 资产总计 | 635 690 993.95 | 343 748 491.56 | 负债和所有者权益（或股东权益）总计 | 635 690 993.95 | 343 748 491.56 |

法定代表人：张祥荣　　　主管会计工作的负责人：余广林　　　会计机构负责人：李松

其中，资产负债表主要项目计算过程如下。

"货币资金"项目="库存现金"账户余额+"银行存款"账户余额+"其他货币资金"账户余额
$$=16\,267.00+109\,734\,524.01+6\,365\,776.26=116\,116\,567.27(元)$$

"应收账款"项目="应收账款"账户余额-与应收账款有关的"坏账准备"提取数
$$=129\,683\,543.22-7\,428\,957.11=122\,254\,586.11(元)$$

"其他应收款"项目="其他应收款"账户余额+"应收利息"账户余额+"应收股利"账户余额
　　　　　　　-与其他应收款有关的"坏账准备"提取数
$$=4\,384\,516.20-119\,715.68=4\,264\,800.52(元)$$

其中的"应收利息"账户余额仅反映相关金融工具已到期可收取但于资产负债表日尚未收到的利息。基于实际利率法计提的金融工具的利息应包含在相应金融工具的账面余额中。

"存货"项目="原材料"账户余额+"库存商品"账户余额+"委托加工物资"账户余额
　　　　　+"周转材料——包装物"账户余额+"周转材料——低值易耗品"账户余额
　　　　　+"生产成本"账户余额+"自制半成品"账户余额-"存货跌价准备"账户余额
$$=28\,731\,788.09+41\,408\,558.29+12\,485\,700.35+1\,965\,841.92+2\,181\,017.45$$
$$+20\,059\,606.00+26\,926\,761.19-386\,374.63=133\,372\,898.66(元)$$

"固定资产"项目="固定资产"账户余额-"累计折旧"账户余额
　　　　　　　-"固定资产减值准备"账户余额±"固定资产清理"账户的期末余额
$$=188\,791\,308.21-37\,084\,697.70-926\,490.98=150\,780\,119.53(元)$$

其中的"固定资产清理"账户余额反映企业尚未清理完毕的固定资产清理净损益。

"其他应付款"项目="应付利息"账户余额+"应付股利"账户余额+"其他应付款"账户余额
$$=41\,930.11+5\,073\,992.41=5\,115\,922.52(元)$$

其中的"应付利息"账户仅反映相关金融工具已到期应支付但于资产负债表日尚未支付的利息。基于实际利率法计提的金融工具的利息应包含在相应金融工具的账面余额中。

需要说明的是，"应交税费"项目的列报金额应根据"应交税费"账户各明细账户余额汇总填列，期末余额合计为-13 767 106.65元，主要系本期多交增值税所致（即本期销项税额101 883 743.76-本期进项税额 94 394 844.99-已交增值税金 21 256 005.42）。

填制资产负债表时还需要注意：①由于同一合同下的合同资产和合同负债应当以净额列示，企业也可以设置"合同结算"账户（或其他类似科目），以核算同一合同下属于在某一时段内履行履约义务涉及与客户结算对价的合同资产或合同负债。资产负债表日，"合同结算"账户余额在借方的，根据其流动性在"合同资产"或"其他非流动资产"项目中填列；期末余额在贷方的，根据其流动性在"合同负债"或"其他非流动负债"项目中填列。②企业根据规定确认为资产的合同取得成本，应当根据各明细账户的初始确认时摊销期限是否超过一年或一个正常营业周期，在"其他流动资产"或"其他非流动资产"项目中填列，已计提减值准备的，还应减去"合同取得成本减值准备"账户期末余额后的金额填列。③企业根据规定确认为资产的合同履约成本，应当根据各明细账户初始确认时摊销期限是否超过一年或一个正常营业周期，在"存货"或"其他非流动资产"项目中填列，已计提减值准备的，还应减去"合同履约成本减值准备"账户期末余额后的金额填列。④企业根据规定确认为资产的应收退货成本,应当判断其是否在一年或一个正常营业周期内出售,在"其他流动资产"或"其他非流动资产"项目中填列。

## 任务 12.2 利润表编制

### 12.2.1 利润表概述

1. 利润表的定义和作用

利润表(income statement)是反映企业在一定会计期间生产经营成果的会计报表。通过利润表可以反映企业经营业绩的主要来源和构成,反映企业在一定会计期间收入、费用、利润(或亏损)的数额、构成情况,帮助报表使用者全面地了解企业的经营成果,判断净利润的质量及其风险,分析企业的盈利能力,预测净利润的持续性等,如将赊销收入净额与应收账款平均余额进行比较,计算出应收账款周转率;将销货成本与存货平均余额进行比较,计算出存货周转率;将净利润与资产总额进行比较,计算出资产收益率等,可以反映企业资金周转情况及企业的盈利能力和水平,便于报表使用者判断企业未来的发展趋势,作出经济决策。

2. 利润表的结构

利润表通常有单步式和多步式两种结构。单步式利润表是将当期所有的收入列在一起,然后将所有的费用列在一起,两者相减得出当期净损益;多步式利润表是通过对当期的收入、费用、损失等项目按性质加以归类,按利润形成的主要环节列示一些中间性利润指标,分步计算当期净损益。

我国企业的利润表采用多步式格式进行列报,将不同性质的收入和费用类别进行对比,通过这些中间性的利润数据有助于使用者正确地理解企业经营成果的不同来源。企业可以按照下列 5 个步骤编制利润表。

(1) 以营业收入为基础,减去营业成本、税金及附加、销售费用、管理费用、研发费用、财务费用,加上公允价值变动收益(减去公允价值变动损失)、投资收益(减去投资损失)、资产处置损益,减去资产减值损失、信用减值损失,计算出营业利润。

(2) 以营业利润为基础,加上营业外收入,减去营业外支出计算出利润总额。

(3) 以利润总额为基础,减去所得税费用,计算出净利润(或净亏损)。

(4) 普通股或潜在股已公开交易的企业,以及正处于公开发行普通股或潜在普通股过程中的企业,还应当在利润表中列示每股收益信息。

(5) 以净利润(或净亏损)和其他综合收益为基础,计算出综合收益总额。

同时,企业需要提供比较利润表,以使报表使用者通过比较不同期间利润的实现情况,判断企业经营成果的未来发展趋势。利润表将各项目的金额栏再分为"本期金额"和"上期金额"两栏分别填列。

### 12.2.2 利润表编制说明

利润表各项目均需填列"本期金额"和"上期金额"两栏。其中"上期金额"栏内各项数字，应根据上年该期利润表的"本期金额"栏内所列数字填列。"本期金额"栏内各期数字，除"基本每股收益"和"稀释每股收益"项目外，应当按照相关账户的发生额分析填列。具体各项目的填列方法如下。

（1）"营业收入"项目，反映企业经营主要业务和其他业务所确认的收入总额。该项目应根据"主营业务收入"和"其他业务收入"账户的发生额分析计算填列。

（2）"营业成本"项目，反映企业经营主要业务和其他业务所发生的成本总额。该项目应根据"主营业务成本"和"其他业务成本"账户的发生额分析计算填列。

（3）"税金及附加"项目，反映企业经营活动应负担的消费税、城市维护建设税、资源税、土地增值税、教育费附加、房产税、车船税、城镇土地使用税、印花税等相关税费。该项目应根据"税金及附加"账户的发生额分析填列。

（4）"销售费用"项目，反映企业在销售商品过程中发生的包装费、广告费等费用和为销售本企业商品而专设的销售机构的职工薪酬、业务费等经营费用。该项目应根据"销售费用"账户的发生额分析填列。

（5）"管理费用"项目，反映企业为组织和管理生产经营发生的管理费用。该项目应根据"管理费用"账户的发生额分析填列。

（6）"研发费用"项目，反映企业进行研究与开发过程中发生的费用化支出，以及计入管理费用的自行开发无形资产的摊销。该项目应根据"管理费用"账户下的"研究费用""无形资产摊销"明细账户的发生额分析填列。

（7）"财务费用"项目，反映企业为筹集生产经营所需资金等而发生的应当进行费用化确认的筹资费用和应冲减的利息收入。该项目应根据"财务费用"账户的发生额分析填列。其中"利息费用"项目，反映企业为筹集生产经营所需资金等而发生的应予费用化的利息支出；"利息收入"项目，反映企业按照相关会计准则确认的应冲减财务费用的利息收入。

（8）"其他收益"项目，反映计入其他收益的政府补助，以及其他与日常活动相关且计入其他收益的项目。该项目应根据"其他收益"账户的发生额分析填列。企业作为个人所得税的扣缴义务人，根据《中华人民共和国个人所得税法》收到的扣缴税款手续费，应在该项目中填列。

（9）"投资收益"项目，反映企业以各种方式对外投资所取得的收益。该项目应根据"投资收益"账户的发生额分析填列；如为损失，以"－"号填列。其中，"以摊余成本计量的金融资产终止确认收益"项目，反映企业因转让等情形导致终止确认以摊余成本计量的金融资产而产生的利得或损失。该项目应根据"投资收益"账户的相关明细账户的发生额分析填列；如为损失，以"－"号填列。

（10）"净敞口套期收益"项目，反映净敞口套期下被套期项目累计公允价值变动转入当期损益的金额或现金流量套期储备转入当期损益的金额。该项目应根据"净敞口套期损益"账户的发生额分析填列；如为套期损失，以"－"号填列。

(11)"公允价值变动收益"项目,反映企业应当计入当期损益的资产或负债公允价值变动收益。该项目应根据"公允价值变动损益"账户的发生额分析填列;如为净损失,该项目以"一"号填列。

(12)"信用减值损失"项目,反映企业按照《企业会计准则第22号——金融工具确认和计量》的要求计提的各项金融工具信用减值准备所确认的信用损失。该项目应根据"信用减值损失"科目的发生额分析填列。

(13)"资产减值损失"项目,反映企业各项资产发生的减值损失。该项目应根据"资产减值损失"账户的发生额分析填列。

(14)"资产处置收益"项目,反映企业出售划分为持有待售的非流动资产(金融工具、长期股权投资和投资性房地产除外)或处置组(子公司和业务除外)时确认的处置利得或损失,以及处置未划分为持有待售的固定资产、在建工程、生产性生物资产及无形资产而产生的处置利得或损失。债务重组中因处置非流动资产(金融工具、长期股权投资和投资性房地产除外)产生的利得或损失和非货币性资产交换中换出非流动资产(金融工具、长期股权投资和投资性房地产除外)产生的利得或损失也包括在本项目内。该项目应根据"资产处置损益"科目的发生额分析填列;如为处置损失,以"一"号填列。

(15)"营业利润"项目,反映企业实现的营业利润。根据营业利润构成项目及关系依序计算求得;如为亏损,以"一"号填列。

(16)"营业外收入"项目,反映企业发生的除营业利润以外的收益,主要包括与企业日常活动无关的政府补助、盘盈利得、捐赠利得(企业接受股东或股东的子公司直接或间接的捐赠,经济实质属于股东对企业的资本性投入的除外)等。该项目应根据"营业外收入"账户的发生额分析填列。

(17)"营业外支出"项目,反映企业发生的除营业利润以外的支出,主要包括公益性捐赠支出、非常损失、盘亏损失、非流动资产毁损报废损失等。该项目应根据"营业外支出"账户的发生额分析填列。其中"非流动资产毁损报废损失"通常包括因自然灾害发生毁损、已丧失使用功能等原因而报废清理产生的损失。企业在不同交易中形成的非流动资产毁损报废利得和损失不得相互抵销,应分别在"营业外收入"项目和"营业外支出"项目进行填列。

(18)"利润总额"项目,反映企业实现的利润。根据利润总额构成项目及关系依序计算求得;如为亏损,以"一"号填列。

(19)"所得税费用"项目,反映企业应从利润总额中扣除的所得税费用。该项目应根据"所得税费用"账户的发生额分析填列。

(20)"净利润"项目,反映企业实现的净利润。如为亏损,以"一"号填列。其中"持续经营净利润"和"终止经营净利润"项目,分别反映净利润中与持续经营相关的净利润和与终止经营相关的净利润,应按《企业会计准则第42号——持有待售的非流动资产、处置组和终止经营》的相关规定分别列报;如为净亏损,以"一"号填列。

(21)"其他综合收益的税后净额"项目,反映企业根据规定未在损益中确认的各项利得和损失扣除所得税影响后的净额。该项目应根据"其他综合收益"账户的相关明细账户的发生额分析填列。其中,"其他权益工具投资公允价值变动"项目和"其他债权投资公允价值变动"项目,分别反映企业指定为以公允价值计量且其变动计入其他综合收益的非交易性权益工具投资和债权投资发生的公允价值变动。"企业自身信用风险公允价值变动"项目,反映企业指定为以公允价值计量且其变动计入当期损益的金融负债,由企业自身信用风险变动引起的公允价值变动而计入其他综合收益的金额。"其他债权投资信用减值准备"项目,反映企业按照《企业会计准则第 22 号——金融工具确认和计量》分类为以公允价值计量且其变动计入其他综合收益的金融资产的损失准备。该项目应根据"其他综合收益"账户下的"信用减值准备"明细账户的发生额分析填列。

(22)"综合收益总额"项目,反映企业净利润与其他综合收益税后净额的合计金额。

(23)"每股收益"项目,反映普通股或潜在普通股已公开交易的企业,以及正处在公开发行普通股或潜在普通股过程中的企业的每股收益信息。包括基本每股收益和稀释每股收益两项指标。

### 12.2.3 利润表编制实例

**1. 报表编制实例基本资料**

(1) M 股份有限公司的利润表上年同期数(略)。

(2) 承接任务 12.1 报表编制实例,M 股份有限公司 20×2 年 1—12 月各损益账户的累计发生额如表 12-5 所示。

**表 12-5 20×2 年损益类账户累计发生额**

20×2 年　　　　　　　　　　　　　　　　　　　　　　　　　　　　　单位:元

| 账 户 名 称 | 借方期末余额 | 贷方期末余额 |
| --- | --- | --- |
| 主营业务收入 |  | 770 521 806.04 |
| 其他业务收入 |  | 12 505 869.36 |
| 投资收益 | 4 117 708.61 |  |
| 营业外收入 |  | 5 047 858.89 |
| 资产处置损益 |  | 693 430.30 |
| 主营业务成本 | 619 125 658.94 |  |
| 其他业务成本 | 14 099 106.40 |  |
| 税金及附加 | 2 550 720.65 |  |
| 销售费用 | 46 719 056.36 |  |
| 管理费用 | 28 325 883.65 |  |
| 财务费用 | 7 389 036.46 |  |
| 营业外支出 | 1 988 396.40 |  |
| 所得税费用 | 13 392 465.19 |  |
| 信用减值损失 | 2 039 796.87 |  |
| 资产减值损失 | 1 163 316.92 |  |

**2. 利润表的编制**

根据以上资料编制 M 股份有限公司 20×2 年利润表,如表 12-6 所示。

表 12-6　利润表

会企 02 表

编制单位：M 股份有限公司　　　20×2 年　　　单位：元

| 项　目 | 本期金额 | 上期金额 |
| --- | --- | --- |
| 一、营业收入 | 783 027 675.40 | 618 087 467.27 |
| 　减：营业成本 | 633 224 765.34 | 500 938 948.94 |
| 　　　税金及附加 | 2 550 720.65 | 1 753 126.38 |
| 　　　销售费用 | 46 719 056.36 | 28 541 170.02 |
| 　　　管理费用 | 28 325 883.65 | 28 921 141.19 |
| 　　　研发费用 |  |  |
| 　　　财务费用 | 7 389 036.46 | 5 641 656.50 |
| 　　　其中：利息费用 |  |  |
| 　　　　　　利息收入 |  |  |
| 　加：其他收益 |  |  |
| 　　　投资收益（损失以"－"号填列） | −4 117 708.61 | 180 787.23 |
| 　　　其中：对联营企业和合营企业的投资收益 |  |  |
| 　　　　　　以摊余成本计量的金融资产终止确认收益（损失以"－"号填列） |  |  |
| 　　　净敞口套期收益（损失以"－"号填列） |  |  |
| 　　　公允价值变动收益（损失以"－"号填列） |  |  |
| 　　　信用减值损失（损失以"－"号填列） | −2 039 796.87 | −1 335 350.38 |
| 　　　资产减值损失（损失以"－"号填列） | −1 163 316.92 | −149 548.69 |
| 　　　资产处置收益（损失以"－"号填列） | 693 430.30 |  |
| 二、营业利润（亏损以"－"号填列） | 58 190 820.84 | 50 987 312.40 |
| 　加：营业外收入 | 5 047 858.89 | 1 395 776.51 |
| 　减：营业外支出 | 1 988 396.40 | 1 210 782.10 |
| 三、利润总额（亏损总额以"－"号填列） | 61 250 283.33 | 51 172 306.81 |
| 　减：所得税费用 | 13 392 465.19 | 14 009 085.25 |
| 四、净利润（净亏损以"－"号填列） | 47 857 818.14 | 37 163 221.56 |
| （一）持续经营净利润（净亏损以"－"号填列） |  |  |
| （二）终止经营净利润（净亏损以"－"号填列） |  |  |
| 五、其他综合收益的税后净额 |  |  |
| （一）不能重分类进损益的其他综合收益 |  |  |
| 　1. 重新计量设定受益计划变动额 |  |  |
| 　2. 权益法下不能转损益的其他综合收益 |  |  |
| 　3. 其他权益工具投资公允价值变动 |  |  |
| 　4. 企业自身信用风险公允价值变动 |  |  |
| 　…… |  |  |
| （二）将重分类进损益的其他综合收益 |  |  |
| 　1. 权益法下可转损益的其他综合收益 |  |  |
| 　2. 其他债权投资公允价值变动 |  |  |
| 　3. 金融资产重分类计入其他综合收益的金额 |  |  |
| 　4. 其他债权投资信用减值准备 |  |  |
| 　5. 现金流量套期储备 |  |  |
| 　6. 外币财务报表折算差额 |  |  |
| 　…… |  |  |

续表

| 项　　目 | 本期金额 | 上期金额 |
|---|---|---|
| 六、综合收益总额 | 47 857 818.14 | 37 163 221.56 |
| 七、每股收益 | 0.68 | 0.66 |
| （一）基本每股收益 | 0.68 | 0.66 |
| （二）稀释每股收益 | | |

法定代表人：张祥荣　　　　主管会计工作的负责人：余广林　　　　会计机构负责人：李松

## 任务 12.3　现金流量表编制

### 12.3.1　现金流量表概述

1. 现金流量表的定义和作用

现金流量表(cash flow statement)是反映企业一定会计期间现金和现金等价物流入流出的会计报表。从编制原则上看，现金流量表按照收付实现制原则编制，将权责发生制下的盈利信息调整为收付实现制下的现金流量信息，便于信息使用者了解企业净利润的质量。从内容上看，现金流量表被划分为经营活动、投资活动和筹资活动三部分，每类活动又分为各具体项目，这些项目从不同角度反映企业业务活动的现金流入和流出，弥补了资产负债表和利润表提供信息的不足。通过现金流量表，报表使用者可以了解现金流量的影响因素，评价企业的支付能力、偿债能力和周转能力，预测企业未来现金流量，为其决策提供有力依据。

这里的现金是指广义的现金，即在现金流量表中，现金和现金等价物被视为一个整体。

现金是指企业库存现金以及可以随时用于支付的存款，包括库存现金、银行存款、其他货币资金等。但不包括不能随时用于支付的存款，如不能随时支取的定期存款等不应作为现金；提前通知金融机构便可支取的定期存款则应包括在现金的范围内。

现金等价物是指企业持有的期限短、流动性强、易于转换为已知现金、价值变动风险很小的投资。"期限短"一般是指从购买日起3个月内到期，例如可在证券市场上流通的3个月内到期的短期债券投资。

不同企业现金及现金等价物的范围可能不同。企业应当根据经营特点等具体情况，确定现金及现金等价物的范围。

2. 现金流量的分类列示

现金流量是指企业现金和现金等价物的流入和流出。但现金存放形式的转换并不构成现金流量，例如将现金存入银行、用银行存款购买短期证券。现金流量表在结构上将一定期间的现金流量分为三类：经营活动产生的现金流量、投资活动产生的现金流量和筹资活动产生的现金流量。

(1) 经营活动产生的现金流量。经营活动是指企业投资活动和筹资活动以外的所有交易和事项。经营活动产生的现金流量主要包括销售商品或提供服务、购买商品或接受服务、支付工资和缴纳税款等流入和流出的现金和现金等价物。

(2) 投资活动产生的现金流量。投资活动是指企业长期资产的购建和不包括在现金等价物范围内的投资及其处置活动。投资活动产生的现金流量主要包括购建固定资产、处置子公司及其他营业单位等流入和流出的现金与现金等价物。

(3) 筹资活动产生的现金流量。筹资活动是指导致企业资本及债务规模和构成发生变化的活动。筹资活动产生的现金流量主要包括吸收投资、发行股票、分配利润、发行债券、偿还债务等流入和流出的现金与现金等价物。偿付应付账款、应付票据等商业应付款等属于经营活动，不属于筹资活动。

3. 现金流量表的结构

现金流量表采用报告式结构，通过主表和补充资料两部分进行完整详细的列报。

(1) 现金流量表主表。现金流量表主表主要列报经营活动产生的现金流量、投资活动产生的现金流量、筹资活动产生的现金流量，最后汇总反映企业现金及现金等价物净增加额。在有外币现金流量及境外子公司的现金流量折算为人民币的企业，还应单设"汇率变动对现金及现金等价物的影响"项目。

(2) 现金流量表补充资料。现金流量表补充资料是对现金流量表主表的补充说明，主要披露企业的重大投资及筹资活动情况。填列数据以企业当期的净利润为起点，调整对经营活动现金流或净利润造成影响的项目，采用间接计算方式倒推出当期的经营活动现金净流量，包括：调增不影响经营活动现金流量但减少净利润的项目和与净利润无关但增加经营活动现金流量的项目，调减不影响经营活动现金流量但增加净利润的项目和与净利润无关但减少经营活动现金流量的项目。计算结果"现金及现金等价物净增加额"对主表中所披露的"经营活动产生的现金流量净额"的数额进行验证，同时与资产负债表的"货币资金"项目的数额相核对。现金流量表补充资料主要包括三部分内容：①将净利润调整为经营活动的现金流量；②不涉及当期现金收支的重大投资、筹资活动；③现金及现金等价物净变动情况等项目。

## 12.3.2 现金流量表编制方法

在具体编制现金流量表时，可以采用工作底稿法或 T 形账户法，也可以根据有关账户记录分析填列。

1. 工作底稿法

采用工作底稿法编制现金流量表，是以工作底稿为手段，以资产负债表和利润数据为基础，对每一项目进行分析并编制调整分录，从而编制现金流量表。工作底稿法包括以下程序。

第一步，将资产负债表的期初数和期末数过入工作底稿的期初数栏和期末数栏。

第二步，对当期业务进行分析并编制调整分录。编制调整分录时，要以利润表项目为基础，从"营业收入"开始，结合资产负债表项目逐一进行分析。在调整分录中，有关现金和现金等价物的事项，并不直接借记或贷记现金，而是分别记入"经营活动产生的现金流量""投资活动产生的现金流量""筹资活动产生的现金流量"有关项目，借记表示现金流入，贷记表示现金流出。

第三步，将调整分录过入工作底稿中的相应部分。

第四步,核对调整分录,借方、贷方合计数均已相等,资产负债表项目期初数加减调整分录中的借贷金额以后,也等于期末数。

第五步,根据工作底稿中的现金流量表项目部分编制正式的现金流量表。

2. T形账户法

采用T形账户法编制现金流量表,是以T形账户为手段,以资产负债表和利润表数据为基础,对每一项目进行分析并编制调整分录,从而编制现金流量表。T形账户法包括以下程序。

第一步,为所有的非现金项目(包括资产负债表项目和利润表项目)分别开设T形账户,并将各自的期末期初变动数过入各该账户。如果项目的期末数大于期初数,则将差额过入和项目余额相同的方向;反之,过入相反的方向。

第二步,开设一个大的"现金及现金等价物"T形账户,每边分为经营活动、投资活动和筹资活动三个部分,左边记现金流入,右边记现金流出。与其他账户一样,过入期末期初变动数。

第三步,以利润表为基础,结合资产负债表分析每一个非现金项目的增减变动,并据此编制调整分录。

第四步,将调整分录过入各T形账户编制,并进行核对,该账户借贷相抵后的余额与原先过入的期末期初变动数应当一致。

第五步,根据大的"现金及现金等价物"T形账户编制正式的现金流量表。

3. 分析填列法

分析填列法是直接根据资产负债表、利润表和有关会计账户明细账的记录,分析计算出现金流量表各项目的金额,并据以编制现金流量表的一种方法。具体编制方法如下。

1) 经营活动产生的现金流量有关项目的编制

(1) 销售商品、提供劳务收到的现金。该项目反映企业销售商品、提供劳务实际收到的现金,包括销售收入和应向购买者收取的增值税销项税额。具体包括本期销售商品、提供劳务实际收到的现金,以及前期销售商品、提供劳务在本期实际收到现金的应收款项(含应收账款、应收票据),本期实际收到现金的预收款项,减去本期销售本期退回的商品和前期销售本期退回的商品支付的现金等。企业销售材料和代购代销业务收到的现金,也在本项目反映。该项目可以根据"库存现金""银行存款""应收票据""应收账款""预收账款""主营业务收入""其他业务收入"账户的记录分析填列,也可根据下列公式计算填列。

销售商品、提供劳务收到的现金
　　＝本期营业收入＋本期发生的增值税销项税额
　　　＋(应收账款账户期初余额－期末余额)(不考虑坏账准备)
　　　＋(应收票据账户期初余额－期末余额)
　　　＋(预收账款账户期末余额－期初余额)
　　　－本期收到的非现金资产抵债减少的应收款项(含应收账款、应收票据)
　　　－本期发生的坏账损失＋本期收回前期核销的坏账损失

(2) 收到的税费返还。该项目反映企业收到返还的各种税费,如收到的减免增值税退税、出口退税、减免所得税退税、减免消费税退税和收到的教育费附加返还款等。该项目可以根据"库存现金""银行存款""税金及附加""营业外收入"等账户的记录分析填列。

(3) 收到的其他与经营活动有关的现金。该项目反映企业除上述各项目外,收到的其他与经营活动有关的现金,如罚款收入、经营租赁的租金收入、流动资产损失中由个人赔偿的现金收入等。企业实际收到的政府补助,无论是与资产相关还是与收益相关,均在该项目填列。其他与经营活动有关的现金,如果价值较大的,应单列项目反映。该项目可以根据"库存现金""银行存款""管理费用""销售费用"等账户的记录分析填列。

(4) 购买商品、接受服务支付的现金。该项目反映企业购买材料、商品、接受服务实际支付的现金,包括支付的货款和增值税进项税额。具体包括本期购买商品、接受服务支付的现金,以及本期支付前期购买商品、接受服务的未付款项和本期预付款项,减去本期发生的购货退回收到的现金。为购置存货而导致的借款利息资本化部分,应在"分配股利、利润或偿付利息支付的现金"项目中反映。该项目可以根据"库存现金""银行存款""应付票据""应付账款""预付账款""主营业务成本""其他业务成本"等账户的记录分析填列,也可根据下列公式计算填列。

购买商品、接受服务支付的现金
＝本期营业成本＋本期购买商品、接受服务发生的增值税进项税额
＋(存货各账户期末余额－期初余额)(不考虑存货跌价准备)
＋本期支付的应付账款(＝应付账款账户期初余额－期末余额)
＋本期支付的应付票据金额(＝应付票据账户期初余额－期末余额)
＋本期实际支付的预付账款(＝预付账款账户期末余额－期初余额)
－以非现金资产抵偿债务而减少的应付款项－本期制造费用
－本期列入生产成本的职工薪酬

上式中,本期列入生产成本的职工薪酬和制造费用经过结转,最终包含在存货或销售成本中,因此应当根据记录分析计算并予以扣除。其中支付现金的部分应当根据账户记录分别按其用途反映在相关的报表项目中,例如以现金支付的职工薪酬反映在"支付给职工以及为职工支付的现金"项目中,以现金支付的水电费则应当反映在"支付的其他与经营活动有关的现金"项目中。

(5) 支付给职工以及为职工支付的现金。该项目反映企业实际支付给职工的现金以及为职工支付的现金,包括企业为获得职工提供的服务,本期实际给予各种形式的报酬以及其他相关支出,如支付给职工的工资、奖金、各种津贴和补贴等,以及为职工支付的其他费用,不包括支付给在建工程人员的工资。支付给在建工程人员的工资,在"购建固定资产、无形资产和其他长期资产所支付的现金"项目中反映。

企业为职工支付的医疗、养老、失业、工伤、生育等社会保险基金、补充养老保险、住房公积金,企业为职工缴纳的商业保险金,因解除与职工劳动关系给予的补偿,现金结算股份支付,以及支付给职工或为职工支付的其他福利费用等,应根据职工的工作性质和服务对象,分别在"购建固定资产、无形资产和其他长期资产所支付的现金"和"支付给职工以及为职工支付的现金"项目中反映。

该项目可以根据"库存现金""银行存款""应付职工薪酬"等账户的记录分析填列。

(6) 支付的各项税费。该项目反映企业按规定支付的各项税费,包括本期发生并支付的税费,以及本期支付以前各期发生的税费和预缴的税金,如支付的增值税(不包括支付的增值税进项税额)、消费税、教育费附加、印花税、房产税、土地增值税、车船税、所得税等,不

包括本期退回的增值税、所得税等。本期退回的增值税、所得税等在"收到的税费返还"项目中反映。该项目可以根据"应交税费""库存现金""银行存款"等账户的记录分析填列。

（7）支付其他与经营活动有关的现金。该项目反映企业除上述各项目外，支付的其他与经营活动有关的现金，如罚款支出、差旅费、业务招待费、保险费、经营租赁支付的现金以及支付给离退休人员的职工薪酬等。其他与经营活动有关的现金，如果金额较大的，应单列项目反映。该项目可以根据有关账户的记录分析填列。

2）投资活动产生的现金流量有关项目的编制

（1）收回投资收到的现金。该项目反映企业出售、转让或到期收回除现金等价物以外的交易性金融资产、以公允价值计量且其变动计入其他综合收益的金融资产、长期股权投资（不包括处置子公司及其他营业单位）、投资性房地产而收到的现金，不包括收到的现金股利和利息。收到的现金股利和利息，在"取得投资收益收到的现金"项目中反映；处置子公司及其他营业单位收到的现金净额单设项目反映。该项目可根据"交易性金融资产""投资性房地产""库存现金""银行存款"等账户的记录分析填列。

（2）取得投资收益收到的现金。该项目反映企业对其他单位的股权性投资而分得的现金股利，从子公司、联营企业或合营企业分回利润而收到的现金，因债券投资而取得的现金利息收入。股票股利不在该项目中反映；包括在现金等价物范围内的债权性投资，其利息收入在本项目中反映。该项目可以根据"应收股利""应收利息""投资收益""库存现金""银行存款"等账户的记录分析填列。

（3）处置固定资产、无形资产和其他长期资产收回的现金净额。该项目反映企业出售固定资产、无形资产和其他长期资产所取得的现金，减去为处置这些资产而支付的有关费用后的净额。处置固定资产、无形资产和其他长期资产所收到的现金，与处置活动支付的现金，两者在时间上比较接近，以净额更能准确地反映处置活动对现金流量的影响。由于自然灾害等原因造成的固定资产等长期资产报废、毁损而收到的保险赔偿收入，也在该项目中反映。如处置固定资产、无形资产和其他长期资产所收回的现金净额为负数，则应作为投资活动产生的现金流量，在"支付的其他与投资活动有关的现金"项目中反映。该项目可以根据"固定资产清理""库存现金""银行存款"等账户的记录分析填列。

（4）处置子公司及其他营业单位收到的现金净额。该项目反映企业处置子公司及其他营业单位所取得的现金，减去子公司或其他营业单位持有的现金和现金等价物以及相关处置费用后的净额。该项目可以根据有关账户的记录分析填列。

处置子公司及其他营业单位收到的现金净额如为负数，则将该金额填列至"支付其他与投资活动有关的现金"项目中。

（5）收到的其他与投资活动有关的现金。该项目反映企业除上述各项目外，收到的其他与投资活动有关的现金。收到的属于购买时买价中所包含的现金股利或已到付息期的利息应在该项目中反映。其他与投资活动有关的现金，如果价值较大的，应单列项目反映。该项目可以根据有关账户的记录分析填列。

（6）购建固定资产、无形资产和其他长期资产支付的现金。该项目反映企业购买、建造固定资产，取得无形资产和其他长期资产支付的现金，包括购买机器设备所支付的现金及增值税款、建造工程支付的现金、支付的由在建工程或无形资产负担的职工薪酬以及支付的计入固定资产价值的耕地占用税等现金支出，不包括为购建固定资产、无形资产和其他长期资产而发生的借款利息资本化部分,以及融资租入固定资产所支付的租赁费。为购建固定资产、无形资产和其他长期资产而发生的借款利息资本化的部分,在"分配股利、利润或偿付利息支付的现金"项目中反映;融资租入固定资产所支付的租赁费,在"支付的其他与筹资活动有关的现金"项目中反映。该项目可以根据"固定资产""在建工程""工程物资""无形资产""库存现金""银行存款"等账户的记录分析填列。

(7) 投资支付的现金。该项目反映企业进行权益性投资和债权性投资所支付的现金,包括企业取得的除现金等价物以外的交易性金融资产、以公允价值计量且其变动计入其他综合收益的金融资产而支付的现金,以及支付的佣金、手续费等交易费用。企业在购买债券的价款中含有债券利息的,以及溢价或折价购入的,均按实际支付的现金反映。

企业在购买的价款中包含的已宣告发放但尚未收到的现金股利或已到付息期但尚未领取的利息应在"支付的其他与投资活动有关的现金"项目中反映;收回购买股票和债券时支付的已宣告但尚未收取的现金股利或已到付息期但尚未领取的债券利息,应在"收到的其他与投资活动有关的现金"项目中反映。

该项目可以根据"交易性金融资产""投资性房地产""长期股权投资""库存现金""银行存款"等账户的记录分析填列。

(8) 取得子公司及其他营业单位支付的现金净额。该项目反映企业取得子公司及其他营业单位购买出价中以现金支付的部分,减去子公司或其他营业单位持有的现金和现金等价物后的净额。该项目可以根据"长期股权投资""库存现金""银行存款"等账户的记录分析填列。

取得子公司及其他营业单位支付的现金净额如为负数,应在"收到其他与投资活动有关的现金"项目中反映。

(9) 支付其他与投资活动有关的现金。该项目反映企业除上述各项目外,支付的其他与投资活动有关的现金。如果价值较大的,应单列项目反映。该项目可以根据有关账户的记录分析填列。

3) 筹资活动产生的现金流量有关项目的编制

(1) 吸收投资收到的现金。该项目反映企业以发行股票方式筹集资金实际收到的款项净额(发行收入减去支付的佣金等发行费用后的净额)。以发行股票等方式筹集资金而由企业直接支付的审计、咨询等费用,不在本项目中反映,而在"支付的其他与筹资活动有关的现金"项目中反映。该项目可以根据"实收资本(或股本)""资本公积""库存现金""银行存款"等账户的记录分析填列。

(2) 取得借款收到的现金。该项目反映企业举借各种短期、长期借款而收到的现金以及以发行债券方式筹集资金实际收到的款项净额(发行收入减去支付的佣金等发行费用后的净额)。该项目可以根据"短期借款""长期借款""交易性金融负债""应付债券""库存现金""银行存款"等账户的记录分析填列。

(3) 收到其他与筹资活动有关的现金。该项目反映企业除上述各项目外,收到的其他与筹资活动有关的现金。如果价值较大的,应单列项目反映。该项目可以根据有关账户的记录分析填列。

(4) 偿还债务支付的现金。该项目反映企业以现金偿还债务的本金而支付的现金,包括归还金融企业的借款本金、偿付企业到期的债券本金等。企业偿还的借款利息、债券利息，在"分配股利、利润或偿付利息所支付的现金"项目中反映。该项目可以根据"短期借款""长期借款""交易性金融负债""应付债券""库存现金""银行存款"等账户的记录分析填列。

（5）分配股利、利润或偿付利息支付的现金。该项目反映企业实际支付的现金股利、支付给其他投资单位的利润或用现金支付的借款利息、债券利息等。不同用途的借款，其利息的开支渠道不一样，如在建工程、财务费用等，均在该项目中反映。该项目可以根据"应付股利""应付利息""利润分配""财务费用""制造费用""在建工程""研发支出""库存现金""银行存款"等账户的记录分析填列。

（6）支付其他与筹资活动有关的现金。该项目反映企业除上述各项目外，支付的其他与筹资活动有关的现金，如以发行股票债券等方式筹集资金而由企业直接支付的审计、咨询等费用，融资租赁所支付的现金、以分期付款方式购建固定资产以后各期支付的现金等。如果价值较大的，应单列项目反映。该项目可以根据有关账户的记录分析填列。

4）汇率变动对现金及现金等价物的影响

编制现金流量表时，应当将企业外币现金流量以及境外子公司的现金流量折算成记账本位币。按准则规定，应当采用现金流量发生日的即期汇率或按照系统合理的方法确定的、与现金流量发生日即期汇率近似的汇率折算。汇率变动对现金的影响额应当作为调节项目，在现金流量表中单独列报。

汇率变动对现金的影响，指企业外币现金流量以及境外子公司的现金流量折算成记账本位币时，所采用的现金流量发生日的汇率或按照系统合理的方法确定的、与现金流量发生日即期汇率近似的汇率，而现金流量表"现金及现金等价物净增加额"项目中外币现金净增加额是按资产负债表日的即期汇率折算。这两者的差额即为汇率变动对现金的影响。

### 12.3.3 现金流量表编制实例

根据任务12.1和任务12.2有关资料，采用分析填列法编制M股份有限公司现金流量表，如表12-7所示。

表12-7 现金流量表

编制单位：M股份有限公司　　　　　　20×2年　　　　　　　　　会企03表　单位：元

| 项　目 | 本期金额 | 上期金额 |
| --- | --- | --- |
| 一、经营活动产生的现金流量： | | |
| 　销售商品、提供劳务收到的现金 | 786 975 380.44 | |
| 　收到的税费返还 | 62 531 381.20 | |
| 　收到其他与经营活动有关的现金 | 5 259 774.85 | |
| 　　经营活动现金流入小计 | 854 766 536.49 | |
| 　购买商品、接受劳务支付的现金 | 728 052 859.25 | |
| 　支付给职工以及为职工支付的现金 | 55 361 569.82 | |
| 　支付的各项税费 | 37 431 473.95 | |
| 　支付其他与经营活动有关的现金 | 32 983 576.80 | |
| 　　经营活动现金流出小计 | 853 829 479.82 | |
| 　　经营活动产生的现金流量净额 | 937 056.67 | |

续表

| 项　　目 | 本期金额 | 上期金额 |
|---|---|---|
| 二、投资活动产生的现金流量： | | |
| 　收回投资收到的现金 | 27 802 291.39 | |
| 　取得投资收益收到的现金 | 180 000.00 | |
| 　处置固定资产、无形资产和其他长期资产收回的现金净额 | 783 576.25 | |
| 　处置子公司及其他营业单位收到的现金净额 | | |
| 　收到其他与投资活动有关的现金 | | |
| 　　投资活动现金流入小计 | 28 765 867.64 | |
| 　购建固定资产、无形资产和其他长期资产支付的现金 | 72 678 156.29 | |
| 　投资支付的现金 | 50 700 000.00 | |
| 　取得子公司及其他营业单位支付的现金净额 | | |
| 　支付其他与投资活动有关的现金 | | |
| 　　投资活动现金流出小计 | 123 378 156.29 | |
| 　　投资活动产生的现金流量净额 | −94 612 288.65 | |
| 三、筹资活动产生的现金流量： | | |
| 　吸收投资收到的现金 | 246 104 500.00 | |
| 　取得借款收到的现金 | 182 088 321.78 | |
| 　收到其他与筹资活动有关的现金 | | |
| 　　筹资活动现金流入小计 | 428 192 821.78 | |
| 　偿还债务支付的现金 | 234 180 393.56 | |
| 　分配股利、利润或偿付利息支付的现金 | 1 580 569.44 | |
| 　支付其他与筹资活动有关的现金 | 6 076 572.00 | |
| 　　筹资活动现金流出小计 | 241 837 535.00 | |
| 　　筹资活动产生的现金流量净额 | 186 355 286.78 | |
| 四、汇率变动对现金及现金等价物的影响 | | |
| 五、现金及现金等价物净增加额 | 92 680 054.80 | |
| 　加：期初现金及现金等价物的余额 | 23 436 512.51 | |
| 六、期末现金及现金等价物余额 | 116 116 567.31 | |

法定代表人：张祥荣　　　　主管会计工作负责人：余广林　　　　会计机构负责人：李松

M 股份有限公司 20×2 年现金流量主要项目金额分析确定如下。

(1)"销售商品、提供劳务收到的现金"项目

＝本期主营业务收入＋其他业务收入＋本期增值税销项税额贷方发生额

　＋(应收账款账户期初余额－期末余额)＋(应收票据账户期初余额－期末余额)

　＋(预收账款账户期末余额－期初余额)＋本期收回前期核销的坏账损失

＝770 521 806.04＋12 505 869.36＋(101 883 743.76－90 145.95)

　＋(31 657 141.29－129 683 543.22)＋(0－4 000 000.00)

　＋(9 417 196.00－5 243 722.03)＋7 035.19

＝786 975 380.44(元)

该项目应分析"应收账款""坏账准备"等账户记录计算填列。其中，"应收账款——应收出口退税"明细账期初余额 62 531 381.20 元，期末余额为 0 元，发生额 62 531 381.20 元应记入"收到的税费返还"项目；"坏账准备"账户中记录本期收回已核销的坏账损失 7 035.19

元;本期销项税额发生额 101 883 743.76 元,其中有 90 145.95 元为处置固定资产的增值税税额,应记入"处置固定资产、无形资产和其他长期资产收回的现金净额"项目;"主营业务收入""其他业务收入"和销项税额发生额均为扣减销售退回的净额。

(2)"购买商品、接受劳务支付的现金"项目

=本期主营业务成本+其他业务成本
+本期购买商品、接受劳务发生的增值税进项税额
+(存货各账户期末余额-期初余额)+(应付账款账户期初余额-期末余额)
+(应付票据账户期初余额-期末余额)+(预付账款账户期末余额-期初余额)
-以非现金资产抵偿债务而减少的应付款项-本期制造费用
-本期列入生产成本的职工薪酬
=619 125 658.94+14 099 106.40+(87 346 805.30-12 457 799.75)
+(133 759 273.29-85 244 074.38)+(79 894 849.41-52 146 764.24)
+(59 678 601.17-88 007 638.80)+(30 460 751.81-38 714 700.45)
-3 968 715.08-(114 187 676.07-98 415 181.70)
=728 052 859.25(元)

该项目应分析"应付账款""应交税费——应交增值税"等账户记录计算填列。"应付账款"账户期末余额 113 190 014.68 元中有 52 146 764.24 元为应付购货款,另有 61 043 250.44 元为应付购置固定资产的款项,不在该项目列示;本期进项税额发生额 87 346 805.30 元,其中有 12 457 799.75 元为购置固定资产、无形资产发生的增值税税额,应在"购建固定资产、无形资产和其他长期资产支付的现金"项目中填列;本期"应付职工薪酬"账户贷方发生额中有 3 968 715.08 元为应计入生产成本的职工薪酬;本期发生的制造费用 114 187 676.07 元,其中 98 415 181.70 元为生产车间领用原材料发生金额,已记入存货部分,不能重复计算,应予以减除,其余金额为非现金支付。

(3)"处置固定资产、无形资产和其他长期资产收回的现金净额"项目

=资产处置损益账户净发生额+固定资产处置的销项税额
=693 430.30+90 145.95=783 576.25(元)

该项目根据对"资产处置损益""固定资产清理"等账户的记录分析填列。

(4)"购建固定资产、无形资产和其他长期资产支付的现金"项目

=固定资产账户借方发生额+(在建工程账户期末余额-期初余额)
+无形资产账户借方发生额+长期待摊费用账户借方发生额
+本期支付的与购建固定资产、无形资产和其他长期资产有关的款项(含增值税进项税额)
=77 458 144.85+(5 242 208.91-2 519 095.54)+39 804 015.43
+1 278 333.33+12 457 799.75-61 043 250.44
=72 678 156.29(元)

该项目应分析"应付账款""应交税费——应交增值税"等账户记录计算填列。"应付账款"账户期末余额中有 61 043 250.44 元为未付购置固定资产的款项,应在填列时扣减;本期进项税额发生额 87 346 805.30 元,其中有 12 457 799.75 元为购置固定资产、无形资产发生的增值税税额,应在该项目中填列。

(5) "吸收投资收到的现金"项目
　　＝实收资本账户贷方发生额＋资本公积账户贷方发生额
　　＝19 000 000＋227 104 500
　　＝246 104 500(元)
(6) "偿还债务支付的现金"项目
　　＝短期借款借方发生额＋长期借款借方发生额
　　＝204 122 643.60＋30 057 750
　　＝234 180 393.60(元)
(7) "支付其他与筹资活动有关的现金"项目。该项目根据对"资本公积"账户发生额分析填列,6 076 572.00 元为支付给上市发行中介机构费用。

## 任务 12.4　所有者权益变动表编制

### 12.4.1　所有者权益变动表概述

1. 所有者权益变动表的定义和作用

所有者权益变动表(statement of equity change)是指反映构成所有者权益各组成部分当期增减变动情况的会计报表。所有者权益变动表应当全面反映一定时期所有者权益变动的情况,不仅包括所有者权益总量的增减变动,还包括所有者权益增减变动的重要结构性信息,特别是要反映直接计入所有者权益的利得和损失,让报表使用者准确地理解所有者权益增减变动的根源。

所有者权益变动表在一定程度上体现了企业综合收益。综合收益是指企业在某一期间与所有者之外的其他方面进行交易或发生其他事项所引起的净资产变动。综合收益的构成包括两部分:净利润和其他综合收益扣除所得税影响后的净额。其中,前者是企业已实现并以确认的收益,后者是企业未实现但根据会计准则已确认的收益。

所有者权益变动表为公允价值的广泛运用创造了条件;所有者权益变动表可以从综合收益角度为企业的股东和投资者提供更加全面的财务信息;所有者权益变动表既能够反映企业以历史成本计价已确认实现的收入、费用、利得和损失,又能反映以多种计量属性计价的已确认但未实现的利得和损失,有利于全方面反映企业的经营业绩,进而满足报表使用者对企业会计信息披露多样化的需求。

2. 企业所有者权益变动表的结构

为了清楚地表明构成所有者权益的各组成部分当期的增减变动情况,所有者权益变动表以矩阵的形式列示:一方面,列示导致所有者权益变动的交易或事项,即所有者权益变动的来源,对一定时期所有者权益变动情况进行全面反映;另一方面,按照所有者权益各组成部分(包括实收资本、其他权益工具、资本公积、库存股、其他综合收益、盈余公积、未分配利润)列示交易或事项对所有者权益各部分的影响。此外,企业还需要提供比较所有者权益变动表,因此,所有者权益变动表还将各项目再分为"本年金额"和"上年金额"两栏分别填列。具体格式如表 12-8 所示。

表 12-8 所有者权益变动表

会企 04 表
单位: 元

年度

| 项目 | 本年金额 ||||||||| 上年金额 |||||||||
|---|---|---|---|---|---|---|---|---|---|---|---|---|---|---|---|---|---|---|
| | 实收资本(或股本) | 其他权益工具 ||| 资本公积 | 减:库存股 | 其他综合收益 | 专项储备 | 盈余公积 | 未分配利润 | 所有者权益合计 | 实收资本(或股本) | 其他权益工具 ||| 资本公积 | 减:库存股 | 其他综合收益 | 专项储备 | 盈余公积 | 未分配利润 | 所有者权益合计 |
| | | 优先股 | 永续债 | 其他 | | | | | | | | | 优先股 | 永续债 | 其他 | | | | | | | |
| 一、上年年末余额 | | | | | | | | | | | | | | | | | | | | | | |
| 加:会计政策变更 | | | | | | | | | | | | | | | | | | | | | | |
| 前期差错更正 | | | | | | | | | | | | | | | | | | | | | | |
| 其他 | | | | | | | | | | | | | | | | | | | | | | |
| 二、本年年初余额 | | | | | | | | | | | | | | | | | | | | | | |
| 三、本年增减变动金额(减少以"一"号填列) | | | | | | | | | | | | | | | | | | | | | | |
| (一)综合收益总额 | | | | | | | | | | | | | | | | | | | | | | |
| (二)所有者投入和减少资本 | | | | | | | | | | | | | | | | | | | | | | |
| 1.所有者投入的普通股 | | | | | | | | | | | | | | | | | | | | | | |
| 2.其他权益工具持有者投入资本 | | | | | | | | | | | | | | | | | | | | | | |
| 3.股份支付计入所有者权益的金额 | | | | | | | | | | | | | | | | | | | | | | |
| 4.其他 | | | | | | | | | | | | | | | | | | | | | | |
| (三)利润分配 | | | | | | | | | | | | | | | | | | | | | | |
| 1.提取盈余公积 | | | | | | | | | | | | | | | | | | | | | | |
| 2.对所有者(或股东)的分配 | | | | | | | | | | | | | | | | | | | | | | |
| 3.其他 | | | | | | | | | | | | | | | | | | | | | | |

续表

| 项目 | 本年金额 | | | | | | | | | 上年金额 | | | | | | | | |
|---|---|---|---|---|---|---|---|---|---|---|---|---|---|---|---|---|---|---|
| | 实收资本（或股本） | 其他权益工具 | | 资本公积 | 减:库存股 | 其他综合收益 | 专项储备 | 盈余公积 | 未分配利润 | 所有者权益合计 | 实收资本（或股本） | 其他权益工具 | | 资本公积 | 减:库存股 | 其他综合收益 | 专项储备 | 盈余公积 | 未分配利润 | 所有者权益合计 |
| | | 优先股 | 永续债 | 其他 | | | | | | | | | 优先股 | 永续债 | 其他 | | | | | | |
| （四）所有者权益内部结转 | | | | | | | | | | | | | | | | | | | | |
| 1.资本公积转增资本（或股本） | | | | | | | | | | | | | | | | | | | | |
| 2.盈余公积转增资本（或股本） | | | | | | | | | | | | | | | | | | | | |
| 3.盈余公积弥补亏损 | | | | | | | | | | | | | | | | | | | | |
| 4.设定受益计划变动额结转留存收益 | | | | | | | | | | | | | | | | | | | | |
| 5.其他综合收益结转留存收益 | | | | | | | | | | | | | | | | | | | | |
| 6.其他 | | | | | | | | | | | | | | | | | | | | |
| 四、本年年末余额 | | | | | | | | | | | | | | | | | | | | |

公司法定代表人：　　　　　　　　主管会计工作负责人：　　　　　　　　会计机构负责人：

## 12.4.2　所有者权益变动表编制说明

1. 所有者权益变动表各项目的列报说明

1)"上年年末余额"项目

"上年年末余额"项目,反映企业上年资产负债表中实收资本(或股本)、其他权益工具、资本公积、库存股、其他综合收益、专项储备、盈余公积、未分配利润的年末余额。

2)"会计政策变更""前期差错更正"项目

"会计政策变更""前期差错更正"项目,分别反映企业采用追溯调整法处理的会计政策变更的累积影响金额和采用追溯重述法处理的会计差错更正的累积影响金额。

3)"本年增减变动金额"项目

(1)"综合收益总额"项目,反映净利润和其他综合收益扣除所得税影响后的净额相加后的合计金额。

(2)"所有者投入和减少资本"项目,反映企业当年所有者投入的资本和减少的资本。

①"所有者投入的普通股"项目,反映企业接受投资者投入形成的实收资本(或股本)和资本溢价或股本溢价。

②"其他权益工具持有者投入资本"项目,反映企业发行的除普通股以外分类为权益工具的金融工具的持有者投入资本的金额。

③"股份支付计入所有者权益的金额"项目,反映企业处于等待期中的权益结算的股份支付当年计入资本公积的金额。

(3)"利润分配"项目,反映企业当年的利润分配金额。

(4)"所有者权益内部结转"项目,反映企业构成所有者权益的组成部分之间当年的增减变动情况。

①"资本公积转增资本(或股本)"项目,反映企业当年以资本公积转增资本或股本的金额。

②"盈余公积转增资本(或股本)"项目,反映企业当年以盈余公积转增资本或股本的金额。

③"盈余公积弥补亏损"项目,反映企业当年以盈余公积弥补亏损的金额。

④"设定受益计划变动额结转留存收益"项目,反映企业因重新计量设定受益计划净负债或净资产所产生的变动计入其他综合收益,结转至留存收益的金额。

⑤"其他综合收益结转留存收益"项目,主要反映：a.企业指定为以公允价值计量且其变动计入其他综合收益的非交易性权益工具投资终止确认时,之前计入其他综合收益的累计利得或损失从其他综合收益中转入留存收益的金额；b.企业指定为以公允价值计量且其变动计入当期损益的金融负债终止确认时,之前由企业自身信用风险变动引起而计入其他综合收益的累计利得或损失从其他综合收益中转入留存收益的金额。

2. "上年金额"栏的填列方法

所有者权益变动表"上年金额"栏内各项数字,应根据上年度所有者权益变动表"本年金额"栏内所列数字填列。上年度所有者权益变动表规定的各个项目的名称和内容同本年度不一致的,应对上年度所有者权益变动表各项目的名称和数字按照本年度的规定进行调整,填入所有者权益变动表的"上年金额"栏内。

3."本年金额"栏的填列方法

所有者权益变动表"本年金额"栏内各项数字一般应根据"实收资本(或股本)""其他权益工具""资本公积""库存股""其他综合收益""专项储备""盈余公积""利润分配""以前年度损益调整"科目的发生额分析填列。

企业的净利润及其分配情况作为所有者权益变动的组成部分,不需要单独编制利润分配表列示。

## 任务12.5 财务报表附注编写

### 12.5.1 财务报表附注概述

1. 附注的定义

附注是财务报表不可或缺的组成部分,是对资产负债表、利润表、现金流量表和所有者权益变动表等报表中列示项目的文字描述或明细资料,以及对未能在这些报表中列示项目的说明等。

财务报表中的数字是经过分类与汇总后的结果,是对企业发生的经济业务的高度简化和浓缩的数字,如果没有形成这些数字所使用的会计政策、理解这些数字所必需的信息披露,财务报表就不可能充分发挥效用。因此,附注与资产负债表、利润表、现金流量表和所有者权益变动表等报表具有同等的重要性,是财务报表的重要组成部分。报表使用者为了充分了解企业的财务状况、经营成果和现金流量,应当全面阅读附注。

2. 附注披露的基本要求

(1) 附注披露的信息应是定量、定性信息的结合,从而能从量和质两个角度对企业经济事项完整地进行反映,也才能满足信息使用者的决策需求。

(2) 附注应当按照一定的结构进行系统合理的排列和分类,有顺序地披露信息。由于附注的内容繁多,因此,更应按逻辑顺序排列,分类披露,条理清晰,具有一定的组织结构,以便于使用者理解和掌握,也更好地实现财务报表的可比性。

(3) 附注相关信息应当与资产负债表、利润表、现金流量表和所有者权益变动表等报表列示的项目相互参照,以有助于使用者联系相关联的信息,并由此从整体上更好地理解财务报表。

### 12.5.2 财务报表附注的披露内容

附注应当按照如下顺序披露相关内容。

1. 企业基本情况

(1) 企业注册地、组织形式和总部地址。

(2) 企业的业务性质和主要经营活动,如企业所处的行业、所提供的主要产品或服务、

客户的性质、销售策略、监管环境的性质等。

(3) 母公司以及集团最终母公司的名称。

(4) 财务报告的批准报出者和财务报告批准报出日。

2. 财务报表的编制基础

财务报表的编制基础是指财务报表是在持续经营上还是在非持续经营的基础上编制的。企业一般是在持续经营的基础上编制财务报表,清算、破产属于非持续经营基础。

3. 遵循企业会计准则的声明

企业应当声明编制的财务报表符合企业会计准则的要求,真实、完整地反映了企业的财务状况、经营成果和现金流量等有关信息。以此明确企业编制财务报表所依据的制度基础。

如果企业编制的财务报表只是部分地遵循了企业会计准则,附注中不得作出这种表述。

4. 重要会计政策和会计估计

根据财务报表列报准则的规定,企业应当披露采用的重要会计政策和会计估计,不重要的会计政策和会计估计可以不披露。

1) 重要会计政策的说明

由于企业经济业务的复杂性和多样性,某些经济业务可以有多种会计处理方法,即存在不止一种可供选择的会计政策。例如,存货的计价可以有先进先出法、加权平均法、个别计价法等;固定资产的折旧,可以有平均年限法、工作量法、双倍余额递减法、年数总和法等。企业在发生某项经济业务时,必须从允许的会计处理方法中选择适合本企业特点的会计政策,企业选择不同的会计处理方法,可能极大地影响企业的财务状况和经营成果,进而编制出不同的财务报表。为了有助于报表使用者理解,有必要对这些会计政策加以披露。

需要特别指出的是,说明会计政策时还需要披露下列两项内容。

(1) 财务报表项目的计量基础。会计计量属性包括历史成本、重置成本、可变现净值、现值和公允价值,这直接显著地影响报表使用者的分析,这项披露要求便于使用者了解企业财务报表中的项目是按何种计量基础予以计量的,如存货是按历史成本还是可变现净值计量等。

(2) 会计政策的确定依据,主要是指企业在运用会计政策过程中所作的对报表中确认的项目金额最具影响的判断。例如,企业如何判断持有的金融资产是到期收回本息的投资而不是交易性投资;又如,对于拥有的持股不足50%的关联企业,企业如何判断企业拥有的控制权因此将其纳入合并范围;再如,企业如何判断与租赁资产相关的所有风险和报酬已转移给企业,从而符合融资租赁的标准;以及投资性房地产的判断标准是什么等,这些判断对在报表中确认的项目金额具有重要影响。因此,这项披露要求有助于使用者理解企业选择和运用会计政策的背景,增加财务报表的可理解性。

2) 重要会计估计的说明

财务报表列报准则强调了对会计估计不确定因素的披露要求,企业应当披露会计估计中所采用的关键假设和不确定因素的确定依据,它们在下一会计期间内很可能导致对资产、负债账面价值进行重大调整。

在确定报表中确认的资产和负债的账面价值金额过程中,企业有时需要对不确定的未来事项在资产负债表日对这些资产和负债的影响加以估计。例如,固定资产可收回金额的计算需要根据其公允价值减去处置费用后的净额与预计未来现金流量的现值两者之间的较高者确定,在计算资产预计未来现金流量的现值时需要对未来现金流量进行预测,并选择适当的折现率,应当在附注中披露未来现金流量预测所采用的假设及其依据、所选择的折现率为什么是合理的,等等。又如,为正在进行中的诉讼提取准备时最佳估计数的确定依据等。这些假设的变动对这些资产和负债项目金额的确定影响很大,有可能会在下一个会计年度内作出重大调整。因此,强调这一披露要求,有助于提高财务报表的可理解性。

5. 会计政策和会计估计变更以及差错更正的说明

企业应当按照《企业会计准则第28号——会计政策、会计估计变更和差错更正》及其应用指南的规定,披露会计政策和会计估计变更以及差错更正的有关情况。

6. 报表重要项目的说明

企业应当以文字和数字描述相结合,尽可能以列表形式披露报表重要项目的构成或当期增减变动情况,并且报表重要项目的明细金额合计应当与报表项目金额相衔接。在披露顺序上,一般应当按照资产负债表、利润表、现金流量表和所有者权益变动表的顺序及其项目列示的顺序。

7. 其他需要说明的重要事项

主要包括或有和承诺事项、资产负债表日后非调整事项、关联方关系及其交易等,具体的披露要求须遵循相关准则的规定。

## 课后练习

### 一、判断题

1. 资产负债表是反映企业某一特定日期全部资产、负债和所有者权益的报表,应按月编制。（　　）
2. 资产负债表中的"货币资金"项目应根据银行存款日记账余额填列。（　　）
3. "收入－费用＝利润"这个会计等式是编制利润表的基础。（　　）
4. 利润分配表和现金流量表都是资产负债表的附表。（　　）
5. 我国企业的利润表是单步式利润表。（　　）
6. 现金流量表是反映企业在一定会计期间现金流入和现金流出的财务报表,按旬编制和报送。（　　）
7. 根据《企业会计准则——现金流量表》规定,支付的现金股利归属于经营活动。（　　）
8. 所有者权益变动表将净利润和其他综合收益均单独列报,能全面反映企业综合收益的构成。（　　）
9. 反映企业全部财务成果的指标是净利润。（　　）
10. 资产负债表应收账款项目的填列方法是直接根据"应收账款"账户余额填列。（　　）

### 二、单项选择题

1. 按经济内容分类,资产负债表属于(　　)。
   A. 财务成果报表　　　　　　　　B. 财务状况报表
   C. 费用、成本报表　　　　　　　D. 汇总会计报表

2. 在填写资产负债表表头的编制时间时,正确的书写是( )。
   A. 一定时期,如2×××年1月1日15时
   B. 一个会计期间,如2×××年1月
   C. 任何一个地点,如2×××年1月25日
   D. 某一个会计期间的期末,如2×××年1月31日
3. 利润表中各项目的"本期金额"是根据有关损益类账户的( )填制。
   A. 期末余额　　　B. 本期发生额　　　C. 累计发生额　　　D. 期初余额
4. 所有者权益变动表是( )。
   A. 主表　　　B. 报表附注　　　C. 附表　　　D. 月度报表
5. 现金流量表是以( )为基础编制的反映企业财务状况变动的报表。
   A. 现金、银行存款　　　　　　　B. 现金及现金等价物
   C. 现金等价物　　　　　　　　　D. 现金、银行存款、其他货币资金
6. 我国《企业会计准则》规定,企业的利润表采用( )结构。
   A. 单步式　　　B. 多步式　　　C. 账户式　　　D. 报表式
7. 资产负债表编制的依据是( )。
   A. 资产总额=流动资产+固定资产　　　B. 利润=收入-费用
   C. 资产=负债+所有者权益　　　　　　D. 余额试算平衡公式
8. 短期债权人在进行财务报表分析时最关心的是( )。
   A. 偿债能力　　　B. 营运能力　　　C. 获利能力　　　D. 资本结构
9. 下列不属于财务报告的是( )。
   A. 资产负债表　　　B. 利润表　　　C. 附注　　　D. 审计报告
10. 企业收益的主要来源是( )。
    A. 投资活动　　　B. 经营活动　　　C. 筹资活动　　　D. 投资收益

### 三、多项选择题

1. 企业对外财务报表至少应当包括下列( )。
   A. 资产负债表　　　B. 利润表　　　C. 现金流量表
   D. 所有者权益变动表　　　　　　　E. 附注
2. 资产负债表和利润表同属于( )。
   A. 对外报表　　　B. 动态报表　　　C. 月报　　　D. 财务成果报表
3. 在编制资产负债表时,下列项目中可根据有关总账账户的期末余额直接填列的有( )。
   A. 存货　　　B. 固定资产　　　C. 短期借款　　　D. 交易性金融资产
4. 下列项目中,影响企业营业利润的项目有( )。
   A. 销售费用　　　B. 所得税费用　　　C. 投资收益　　　D. 管理费用
5. 按会计制度规定,在资产负债表中应作为"存货"项目列示的有( )。
   A. 生产成本　　　B. 在建工程　　　C. 材料采购　　　D. 原材料
6. 企业财务报告体系由( )构成。
   A. 财务报表　　　　　　　　　　B. 财务情况说明书
   C. 财务报表附注　　　　　　　　D. 注册会计师的审计报告

7. 通过对资产负债表的阅读与分析可以了解以下（    ）内容。
   A. 企业拥有的资产总额　　　　　　B. 企业的资产结构
   C. 企业的资金来源　　　　　　　　D. 企业的资本保全情况
8. 现金流量表中现金所包括的范围有（    ）。
   A. 库存现金　　B. 银行存款　　C. 短期证券　　D. 其他货币资金
9. 下列项目中,属于经营活动产生的现金流量的有（    ）。
   A. 销售商品收到的现金　　　　　　B. 分配股利支付的现金
   C. 材料采购提供劳务收到的现金　　D. 企业缴纳税款支出的银行存款
10. 下列项目属于期间费用的有（    ）。
    A. 销售费用　　B. 财务费用　　C. 制造费用　　D. 管理费用

### 四、业务题

1. B公司20×1年5月有关账户余额如表12-9所示。

表12-9　账户余额表　　　　　　　　　　　　　　　　　　单位:元

| 账户名称 | 期末借方余额 | 期末贷方余额 |
| --- | --- | --- |
| 库存现金 | 5 200 | |
| 银行存款 | 532 800 | |
| 其他货币资金 | 61 000 | |
| 固定资产 | 360 800 | |
| 累计折旧 | | 73 000 |
| 固定资产减值准备 | | 5 800 |

要求：计算填列资产负债表中"货币资金""固定资产"两个项目的金额。

2. D公司20×1年6月有关账户的期末余额如表12-10所示。

表12-10　账户余额表　　　　　　　　　　　　　　　　　　单位:元

| 账户名称 | 期末借方余额 | 期末贷方余额 |
| --- | --- | --- |
| 原材料 | 55 240 | |
| 生产成本 | 22 350 | |
| 库存商品 | 50 380 | |
| 长期借款 | | 280 000 |
| 其中：一年内到期的长期借款 | | 60 000 |
| 本年利润 | | 31 750 |
| 利润分配 | | 8 000 |

要求：计算填列资产负债表中"存货""长期借款"和"未分配利润"三个项目的金额。

3. E公司20×1年6月有关账户的期末余额如表12-11所示。

表12-11　账户余额表　　　　　　　　　　　　　　　　　　单位:元

| 账户名称 | 总账余额 | 明细账借方余额 | 明细账贷方余额 |
| --- | --- | --- | --- |
| 应收账款 | 11 040(借方) | | |
| ——A单位 | | 12 340 | |
| ——B单位 | | | 6 000 |

续表

| 账户名称 | 总账余额 | 明细账借方余额 | 明细账贷方余额 |
|---|---|---|---|
| ——C工厂 | | | 7 300 |
| 应付账款 | 10 200（贷方） | | |
| ——甲公司 | | | 15 600 |
| ——乙公司 | | | 3 800 |
| ——丙企业 | | 1 200 | |
| ——丁企业 | | 8 000 | |

要求：计算填列该公司6月30日资产负债表中"应收账款""预付款项""应付账款""预收款项"四个项目的金额。

4. 要求：根据本项目案例导入所述，对甲企业经济业务编制相应的会计分录（各损益类账户结转本年利润以及与利润分配有关的会计分录除外。除"应交税费"账户外，其余账户可不写明细账户）。并编制甲企业20×2年12月31日的资产负债表。

5. 甲公司为增值税一般纳税企业，适用增值税税率为13%。商品销售价格中均不含增值税额。按每笔销售分别结转销售成本。甲公司销售商品、零配件及提供劳务均为主营业务。

甲公司20×2年9月发生的经济业务如下。

（1）向A公司采用托收承付方式销售商品一批，实际成本为17万元，开出的增值税发票上注明：售价20万元，增值税2.6万元。该批商品已经发出，并已向银行办妥托收手续。

（2）与B公司签订协议，委托其代销商品一批。根据代销协议，B公司按代销商品协议价的5%收取手续费，并直接从代销款中扣除。该批商品的协议价为5万元，实际成本为3.6万元，商品已运往B公司。本月末收取B公司开来的代销清单，列明已售出该批商品的50%；同时收到已售代销商品的代销款（已扣除手续费）。

（3）与C公司签订一项设备安装合同。该设备安装期为两个月，合同总价款为3万元，分两次收取。本月末收到第一笔价款1万元，并存入银行。按合同规定，安装程序完成日收取剩余的款项。至本月末，已实际发生安装成本1.2万元（假定均为安装人员工资）。

（4）向D公司销售一件特定商品。合同规定，该件商品须单独设计制作，总价款35万元，自合同签订起两个月内交货。D公司已预付全部价款。至本月末，该件商品尚未完工，已发生生产成本15万元（其中，生产人员工资5万元、原材料10万元）。

（5）向E公司销售一批配件。该批零件的销售价格为100万元，实际成本为80万元。增值税专用发票及提货单已交给E公司。E公司已开出承兑的商业汇票，该商业汇票期限为3个月，到期日为12月10日。E公司因受场地限制，推迟到下月23日提货。

（6）与H公司签订一项设备维修服务协议。本月末，该维修服务完成并经H公司验收合格，同时收到H公司按协议支付的劳务款50万元。为完成该项维修服务，发生相关费用10.4万元（假定均为维修人员工资）。

（7）M公司退回20×1年12月28日购买的商品一批，该批商品的销售价格为6万元，实际成本为4.7万元。该批商品的销售收入已在售出时确认，但款项尚未收取。经查明，退货理由符合原合同规定。本月末已办妥退货手续并开具红字增值税专用发票。

（8）计算本月应交所得税，假定该公司适用的所得税税率为25%，采用资产负债表债务法核算所得税,假定本期无任何税调整事项。

其他相关资料:除上述经济业务外,甲公司登记9月发生的其他经济业务形成的账户余额如表12-12所示。

表12-12 账户余额表 单位:万元

| 账户名称 | 借方余额 | 贷方余额 |
|---|---|---|
| 其他业务收入 |  | 2 |
| 其他业务成本 | 1 |  |
| 投资收益 |  | 1.53 |
| 营业外收入 |  | 20 |
| 营业外支出 | 40 |  |
| 税金及附加 | 10 |  |
| 管理费用 | 5 |  |
| 财务费用 | 1 |  |

要求:

(1) 编制甲公司上述(1)~(8)项经济业务相关的会计分录("应交税费"账户要求写出明细账户及专栏名称)。

(2) 编制甲公司9月的利润表(单位为万元,计算结果保留两位小数)。

# 参考文献

[1] 财政部.企业会计准则 2006[M].北京:经济科学出版社,2006.
[2] 财政部.企业会计准则——应用指南 2006[M].北京:中国财政经济出版社,2006.
[3] 财政部会计资格评价中心.初级会计实务[M].北京:经济科学出版社,2019.
[4] 财政部会计资格评价中心.中级会计实务[M].北京:经济科学出版社,2020.
[5] 中国注册会计师协会.会计[M].北京:中国财政经济出版社,2020.
[6] 陈强.财务会计实务[M].3 版.北京:高等教育出版社,2017.
[7] 陈强.财务会计习题与全真实训[M].3 版.北京:高等教育出版社,2017.
[8] 陈强.会计学基础——非财务会计类专业使用[M].4 版.北京:清华大学出版社,2020.
[9] 刘永泽.中级财务会计[M].6 版.大连:东北财经大学出版社,2018.
[10] 贺志东.新会计准则下财务报告的列示与披露[M].北京:电子工业出版社,2007.
[11] 戴德明.新企业会计准则阐释、应用与难点透析[M].北京:中国人民大学出版社,2007.
[12] 陈强.中级财务会计[M].北京:清华大学出版社,2008.
[13] 邬展霞.中级财务会计[M].2 版.北京:中国人民大学出版社,2014.